Die Politik der Nationalsozialisten gegen ihre politischen Gegner im Innern des Reiches, gegen Juden und Christen, gegen Schriftsteller und Künstler in den Jahren 1933—1939 ist in ihren wesentlichen Zügen heute bekannt. Daß die deutsche Reichsregierung, die Gestapo, der SD und die deutschen Auslandsvertretungen ihre Opfer vielfach noch systematisch auch jenseits der Grenzen verfolgten, ist bisher nur an einigen exemplarischen Beispielen nachgewiesen worden: So etwa an der Entführung von Berthold Jacob aus der Schweiz oder der Ermordung von Theodor Lessing in der Tschechoslowakei.

Herbert E. Tutas beschreibt auf der Grundlage eines bisher unveröffentlichten Archivmaterials aus dem Bundesarchiv Koblenz und dem Politischen Archiv des Auswärtigen Amtes in Bonn die Technik und die Praxis nationalsozialistischer Gegnerbekämpfung. Was als »Abwehrmaßnahme« ausgegeben wurde, erkennen wir heute als perfide Diffamierungskampagne, als systematischen Bruch des Völkerrechts: Auf die Rechtsgüter der betroffenen Exilländer wurde nicht die geringste Rücksicht genommen.

Geschildert werden die Auswirkungen der Maßnahmen auf die Betroffenen, vor allem aber die Organisationen und Entscheidungsabläufe, die Motive, Mittel, Methoden und Ziele der nationalsozialistischen Emigrantenpolitik vor Ausbruch des Zweiten Weltkriegs. In einem Exkurs wird die Entwicklung im Saargebiet behandelt.

Herbert E. Tutas, geboren 1942, studierte Geschichte und Germanistik an den Universitäten Münster und München. Er veröffentlichte verschiedene Aufsätze zum Thema Exil, u. a. ›NS-Propaganda und deutsches Exil, 1933–1939‹, Worms: 1974.

Herbert E. Tutas
Nationalsozialismus und Exil

Die Politik des Dritten Reiches
gegenüber der deutschen politischen Emigration
1933-1939
Carl Hanser Verlag

ISBN 3-446-12060-2
Alle Rechte vorbehalten
© 1975 Carl Hanser Verlag München Wien
Umschlagentwurf: Klaus Detjen,
unter Verwendung einer Fotomontage
von Karl Vaněk, ›Der braune Friedenstiger‹
aus der ›AIZ‹ vom 30. 5. 1935
Satz und Druck: Frühmorgen & Holzmann, München
Einband: Conzella, München
Printed in Germany

Inhalt

Einleitung *7*

Das Exil als Gegner des Nationalsozialismus und die Abwehrmaßnahmen des NS-Regimes *11*

Allgemeine Abwehrmaßnahmen *14*

1. *Bemühungen um Ausschaltung des Exils als Faktor der Meinungsbildung 14*

   Abwehr durch Propaganda *17*

   Interventionen *24*

   ‹Schädlicher Einfluß› der Emigranten *24* Regime-Kritik und außenpolitische Belastung *33* Interventionen und Appeasement-Politik *40*

   Das Exil als innenpolitischer Faktor *50*

2. *Überwachung. Organisation, Umfang und Intensität 66*

   Motive und Ziele der Überwachung *66*

   Institutionen *68*

   Gestapo *69* Sicherheitsdienst (SD) *71* Auswärtiges Amt *73*

   Mittel und Methoden *73*

   Zusammenarbeit von Gestapo und Auswärtigem Amt *73* Systematisierung der Emigrantenerfassung *82* ‹Legale› Mittel der Überwachung *83* ‹Illegale› Mittel der Überwachung und ihre Auswirkungen *87*

   Auswertung und Auswirkung der Überwachung *98*

3. *Behandlung rückkehrender Emigranten. Die staatspolizeilichen und politischen Zielsetzungen der Maßnahmen des Dritten Reiches 105*

   Rückkehrverbot und Einweisung in Konzentrationslager *106*

   Sprachregelung für das Ausland *116*

   Schulungslager *119*

   Ausnahmeregelungen *127*

   Behandlung von rückwandernden Nicht-Emigranten *130*

   Erwünschte Rückkehrer *133*

Maßnahmen gegen einzelne Emigranten *138*

1. *Ausbürgerungspolitik 138*
   Das Ausbürgerungsgesetz und seine Anwendung als Straf- und Abschreckungsmaßnahme *138*
   Ausdehnung des Anwendungsbereichs. Massenausbürgerung *151*
2. *Geiselpolitik 166*
3. *Auslieferungsbegehren 174*
4. *Entführung und Mord 188*

Die deutsche Emigration als internationales Problem und die Haltung des Dritten Reiches

1. *Die Einsetzung des Hohen Kommissars für die Flüchtlinge aus Deutschland durch den Völkerbund 205*
2. *Die Tätigkeit des Flüchtlingskommissars McDonald bis zu seinem Rücktritt 1935 212*
   Paßtechnische Behandlung der Emigranten durch die deutschen Behörden *217*
   Bemühungen McDonalds um eine materielle Beteiligung Deutschlands an der Lösung des Flüchtlingsproblems *222*
   Rücktritt McDonalds *228*
3. *Fortsetzung der ‹unpolitischen› Flüchtlingshilfe durch den Völkerbund und Auflösung des Kommissariats für Flüchtlinge aus Deutschland 231*

Das Exil als Faktor nationalsozialistischer Politik, dargestellt am Beispiel des Abstimmungskampfes für die Rückgliederung des Saargebietes 1933—1935

1. *Die Abstimmungsziele des Nationalsozialismus 241*
2. *Die Situation im Saargebiet nach der Machtergreifung im Reich 243*
3. *Die Einstellung von reichsdeutschen Emigranten in den saarländischen öffentlichen Dienst 245*
4. *Die Frage der Sicherheitsgarantien für die Bewohner des Saargebietes 259*
5. *Abstimmungspropaganda und Exil 271*

Schlußbemerkung 281

Anhang
Quellen- und Literaturverzeichnis, Anmerkungen 286

1. Quellen *286* 2. Darstellungen *291* Anmerkungen *295*

Einleitung

Hans Rothfels wandte sich 1948 in der amerikanischen Ausgabe seines Buches über den deutschen Widerstand gegen diejenigen, »die nur Emigranten als oppositionell gelten lassen wollten und die spezifischen Probleme des Widerstandes in einem totalitären Staat verkannten«[1]. Er hat mit seinen Untersuchungen entscheidend mit dazu beigetragen, diese spezifischen Probleme zu erhellen und »Hindernisse auf dem Weg zur Wahrheit«[2] auszuräumen, allerdings mit dem, von ihm sicher nicht beabsichtigten, Ergebnis, daß die deutsche politische Emigration von dem Begriffsfeld Widerstand nahezu ausgeschlossen wurde[3]. 1968 stellte Werner Röder fest, daß die Erweiterung des Begriffs ‹Widerstandsbewegung› auf die deutsche politische Emigration kaum Aussicht auf Durchsetzung haben würde, obwohl dies nach »Charakter und Ziel« der im Exil tätigen Gruppen »vollauf gerechtfertigt« sei[4]. Hans-Albert Walter schreibt 1973, und er erinnert an die jahrelang in der Bundesrepublik geführten Auseinandersetzungen um die Berechtigung des Attentats vom 20. Juli 1944, daß der »antifaschistische Widerstand der Exilierten die ihm gebührende Anerkennung« noch nicht gefunden habe. Nach wie vor gehöre die »vom Faschismus erzwungene Emigration und alles, was mit ihr zusammenhängt, zu den Desiderata des allgemeinen Bewußtseins«; die Forschung habe sich »bemerkenswerter Zurückhaltung befleißigt«[5] und die Erforschung der deutschen Emigration, der literarischen wie der politischen, stehe erst am Anfang[6].

Die deutsche politische Emigration nach 1933 als Phänomen der Zeitgeschichte, die, wie Hans Rothfels definierte, die »Epoche der Mitlebenden und ihre wissenschaftliche Bearbeitung«[7] ist, hat erst in jüngster Zeit verstärkt das wissenschaftliche Interesse wachzurufen vermocht[8].

Eine Zuordnung der politischen Emigration zur deutschen Widerstandsbewegung gegen den Nationalsozialismus macht eine Unterscheidung zur jüdischen Massenauswanderung aus dem Deutschen Reich nach 1933 notwendig[9]. Beiden ist die nationalsozialistische Diktatur als politischer Grund für das Verlassen Deutschlands gemeinsam, doch legt der inzwischen in der Forschung gebräuchliche Begriff der ‹politischen

Emigration› den Akzent auf das politische Verhalten der Emigranten im Exil. Als ‹politische Emigranten› werden daher jene Emigranten aus dem Dritten Reich verstanden, die »aus oppositionellem weltanschaulichen und politischen Engagement«[10] zeitweilig ihr Land verlassen haben, in »irgendeiner Form aktiv politisch (nicht nur im engen Sinne von Parteipolitik) gegen den Nationalsozialismus tätig wurden«[11] und mit dem Willen zur Rückkehr von jenseits der Grenzen versuchten, am Sturz des NS-Regimes und der Neugestaltung Deutschlands mitzuwirken[12]. In Anlehnung an den angelsächsischen Sprachgebrauch, der den (zumeist) unpolitischen ‹Emigranten› begrifflich von dem politisch tätigen »exile« trennt, wird in der vorliegenden Untersuchung der Ausdruck Exil, Exilierter, Exilgruppen usw. vorwiegend dann gebraucht, wenn es gilt, die im oben beschriebenen Sinne in irgendeiner Form politisch Tätigen von der Mehrheit der »passivpolitischen assimilationswilligen Emigration« zu unterscheiden[13].

So wie über diese Unterscheidung, so herrscht auch in der Literatur darin Übereinstimmung, daß es *die* deutsche politische Emigration als homogene organisatorisch-politische und geistige Gruppe nicht gab[14]. Die Verschiedenartigkeit und Widersprüchlichkeit der im Exil vertretenen politischen Grundsätze und Ziele, die aus den Kämpfen der Weimarer Zeit mit ins Exil gebrachten und hier vielfach noch verschärft ausgetragenen Gegensätze und schließlich die Unfähigkeit, sich selbst zur Geschlossenheit im Kampf gegen den Nationalsozialismus zusammenzufinden, förderten »zentrifugale Tendenzen und sektiererische Verhärtung« unter den verschiedenen Gruppen der politischen Emigration[15]. Allen Gruppen gemeinsam war nur die Ablehnung der nationalsozialistischen Herrschaft[16] und das Ziel, draußen und auch durch Hineinwirken in das Dritte Reich ihren Beitrag zum Sturz des NS-Regimes zu leisten[17].

Trotz dieser Verschiedenartigkeit und solchermaßen entschieden reduzierter Wirkungsmöglichkeiten blieb die in ihren Kräften zersplitterte deutsche Opposition im Ausland aus der Sicht des totalitären NS-Staates und der Freund-Feind-Ideologie des Nationalsozialismus ein in seinen äußeren Merkmalen einheitlicher und in seinem Ziel einiger – nicht nur quantitativ – bedeutender Gegner[18], den das Regime mit allen Mitteln bekämpfte. Allerdings, und das ist entscheidend, waren dem Regime, anders als bei der Bekämpfung sämtlicher oppositioneller Bewegungen durch Gestapo und SD im Reich, in der Übertragung der Methoden der Gegnerbekämpfung Grenzen gesetzt, die einer Wiederholung der relativ raschen Zerschlagung organisierten Widerstandes im

Reich entgegenstanden. Die Tatsache, daß sich der Gegner im Ausland befand und von dort am Sturz des Regimes arbeitete, erforderte zum Teil andere Mittel und Methoden, die mehr oder weniger direkt auch die Außenpolitik des Dritten Reiches berührten. Insofern fiel das Vorgehen nicht allein in polizeiliche Zuständigkeit, sondern auch in die der politischen Instanzen. Die Verwirklichung des einzigen und klar formulierten Ziels, die Ausschaltung des Gegners, war weitgehend auch an die Anwendung politischer Mittel gebunden. In allen Darstellungen über den Kampf der politischen Emigration gegen den Nationalsozialismus ist, wie könnte es anders sein, auch von den Maßnahmen des Dritten Reiches die Rede, mit denen dieses auf die Tätigkeit der politischen Emigration reagierte bzw. präventiv die Möglichkeit, politisch zu wirken, einzuschränken oder ganz auszuräumen bestrebt war; denn nicht allein die von den Asylländern der Emigration auferlegten Bedingungen, sondern auch die vom Dritten Reich unternommenen Abwehrmaßnahmen und Versuche, die in der Regel ohnehin keinen allzu großen Spielraum gebenden Bedingungen in Richtung völlige Aufhebung zu verschärfen, bestimmten auch weitgehend den Rahmen, innerhalb dessen die politische Emigration überhaupt wirken konnte. Grossmann hat dafür das eindrucksvolle Bild vom »braunen Arm«, der über die Grenze greift, geprägt[19] und damit zugleich auch schon einen Teil nationalsozialistischer Emigrationspolitik gekennzeichnet als die Übertragung innenpolitischer Kampfmethoden auf die Außenpolitik.

Hier soll nicht in erster Linie diese Politik in ihren Auswirkungen von den Betroffenen her untersucht werden; vielmehr ist der Versuch gemacht worden, auf der Grundlage bisher überwiegend unveröffentlichten Materials[20] hinter den äußerlich sichtbaren Ergebnissen auch die Organisation und den Entscheidungsgang sichtbar zu machen, Motive, Mittel, Methoden und Ziele nationalsozialistischer Emigrantenpolitik und einige über den Gegenstand dieser Politik hinausweisende Tendenzen nationalsozialistischer Politik in einer ersten zusammenhängenden Darstellung aufzuzeigen. Dabei sind Politik gegenüber der politischen Emigration im oben definierten Sinne und nationalsozialistische Rassenpolitik nicht immer voneinander zu trennen, da sich vielfach die Maßnahmen des Dritten Reiches nicht gegen die politische Emigration speziell richteten, sondern gegen die gesamte Emigration. Um aber Akzente setzen, Zusammenhänge aufweisen und annähernd den Stellenwert festlegen zu können, den das Exil in der nationalsozialistischen Politik innehatte, war eine Berücksichtigung auch anderer Faktoren in ihrer Zuordnung zur Emigrantenpolitik geboten.

Die zunehmend restriktive Emigrantenpolitik der Asylländer und die damit zusammenhängende Einschränkung politischer Betätigung für die Emigration, der Verlust ehemals enger Kontakte zwischen Emigration und Widerstandsbewegung im Reich – einmal aufgrund der Abwehrarbeit der Gestapo, zum andern, weil eine Operationsbasis der Emigration nach der anderen verlorenging, nachdem deutsche Truppen die Reichsgrenzen überschritten hatten –, Internierung der Hitlergegner und schließlich die fast jede politische Arbeit ausschließende Zerstreuung der Exilierten über die ganze Welt während des Krieges[21] lassen eine zeitliche Begrenzung des Themas auf die Vorkriegszeit gerechtfertigt erscheinen[22]. Mit abnehmender Möglichkeit für die Exilierten, politisch zu wirken, verlor auch das Exil als antinationalsozialistischer Faktor für das Dritte Reich an Bedeutung.

Die vorliegende Untersuchung ist die leicht überarbeitete Fassung einer Dissertation, die 1974 von der Philosophischen Fakultät der Ludwig Maximilians Universität München angenommen wurde. Ich möchte an dieser Stelle all jenen danken, die mit kritischer Anteilnahme den Fortgang der Studie verfolgt haben. Den Damen und Herren des Instituts für Zeitgeschichte in München, des Bundesarchivs in Koblenz und des Politischen Archivs des Auswärtigen Amtes in Bonn danke ich für die Hilfe bei der Bereitstellung des Archivmaterials. Mein besonderer Dank gilt Herrn Professor Dr. Albert Schwarz, der die Arbeit betreute, Herrn Dr. Werner Röder vom Institut für Zeitgeschichte in München, der mir den Zugang zu dem Thema eröffnete und in Gesprächen zahlreiche Anregungen gab, sowie Herrn Dr. Oldenhage vom Bundesarchiv in Koblenz für seine stete Hilfsbereitschaft, die Arbeit auf breitester Quellengrundlage entstehen zu lassen. Nicht zuletzt bin ich der Friedrich-Ebert-Stiftung zu Dank verpflichtet, die durch ein großzügig gewährtes Stipendium die notwendigen Archivforschungen überhaupt erst möglich gemacht hat.　H. E. T.

Das Exil als Gegner des Nationalsozialismus und die Abwehrmaßnahmen des NS-Regimes

In den politischen Emigranten erwuchs dem NS-Regime ein Gegner, dessen Stärke sich für die Machthaber zunächst einmal daraus ergab, daß er der politischen und geistigen Formierung wie dem unmittelbaren Zugriff der Verfolgungsorgane entzogen war; er konnte unter den Bedingungen des Exils in relativ großer Bewegungsfreiheit (gemessen an dem, was der in die Illegalität abgedrängten innerdeutschen Opposition als Aktionsrahmen vorgegeben war) auf den Sturz des Regimes hinarbeiten. Überdies stand ihm in der Verfolgung dieses Zieles die Möglichkeit offen, Bündnispartner zu finden. Gelang es ihm, und sei es auch nur mittelbar, Einfluß auf die Politik des Auslands gegenüber dem Dritten Reich zu gewinnen, so war nicht von der Hand zu weisen, daß das, insbesondere in der Konsolidierungsphase, unter außenpolitischen Erfolgszwängen stehende Regime politisch und moralisch isoliert und unter Druck gesetzt wurde. Dies wiederum konnte nicht ohne schädigende Rückwirkungen auf die innenpolitische Entwicklung im Reich bleiben und die in hohem Grade erfolgsorientierte Bindung an den Nationalsozialismus gefährden. Damit konnte aber die breite Zustimmung zum Nationalsozialismus als eine neben dem Terror entscheidende Stütze des Systems einstürzen und die Erfolgsaussichten einer Oppositionsbewegung schlagartig um ein Vielfaches erhöhen. Ein mögliches Zusammenwirken des Auslands – selbst wenn dieses den Sturz Hitlers gar nicht unmittelbar anstrebte – mit der deutschen Opposition im Reich und im Exil wurde vom Regime als Gefahr für seinen Bestand überaus ernstgenommen.

Für die Machthaber war somit die Einschätzung des Exils als Gegner entscheidend mitbestimmt von dessen mutmaßlichen Wirkungsmöglichkeiten, von denen man sich in Berlin zuweilen doch recht übertriebene Vorstellungen machte. Diese Einstellung gründete allerdings in Erfahrungen der ersten Wochen und Monate, in denen Aktivitäten der Exilierten in Verbindung mit der Welle der Ablehnung, die dem Regime aus dem Ausland entgegenschlug, eine Durchbrechung der politischen, wirtschaftlichen und moralischen Isolierung und die Anerkennung des

Nationalsozialismus als nicht mehr ohne weiteres aus der Welt zu schaffendes innerdeutsches und internationales Faktum ungeheuer erschwert hatten. Auch in der Folgezeit blieben die Exilierten ein Störfaktor ersten Ranges, da sie mit ihrer ‹Wahrheitsoffensive› die Strategie der Selbstverharmlosung des Regimes und die Verschleierung seiner Absichten ständig durchkreuzten.

Zum andern bestimmte sich die Gegnerbedeutung aus der totalitären nationalsozialistischen Ideologie selbst. Mit dem Anspruch, ein ‹anderes Deutschland› zu repräsentieren[1], trat das Exil der vom Regime behaupteten Identität von Regierung und Staat, von Nationalsozialismus und Deutschland entschieden entgegen. Das Vorhandensein einer innerdeutschen Opposition spielte für das Exil insofern eine entscheidende Rolle, als nach durchgehend übereinstimmender Auffassung das Hitler-Regime nur von Innen her gestürzt und überwunden werden dürfe und nicht etwa durch militärische Intervention des Auslands. Für die eigene konkrete Arbeit folgte daraus, daß sie ganz auf Unterstützung im weitesten Sinne dieser innerdeutschen oppositionellen Bewegungen ausgerichtet sein mußte. Das Exil bedurfte mehr einer solchen Opposition als es umgekehrt der Fall war[2]; es brauchte diese Opposition, um seinen Repräsentationsanspruch zu legitimieren, es brauchte sie aber auch, um nicht selbst als isolierter, hoffnungslos geschlagener Haufe vor der Welt zu stehen, so, wie es die NS-Propaganda stets behauptete; und schließlich brauchte es die Berufung auf eine innerdeutsche Opposition, um dem entgegenwirken zu können, was das Regime immer wieder als unbezweifelbare Tatsache vorstellte: daß nämlich Nationalsozialismus und Deutschland eins seien, daß das deutsche Volk geschlossen hinter Hitler stehe und seine Taten billige, ja, freudig begrüße. Das Exil brauchte die Opposition, um unablässig auf die Unterscheidung von Nationalsozialismus und Deutschland hinweisen und damit verhindern zu können, daß das Ausland tatsächlich deutsch mit nationalsozialistisch identifizierte. Das aber war nichts anderes, als so einen Teil jenes politischen, moralischen und geistigen Ansehens Deutschlands zu retten, das der Nationalsozialismus sich anschickte, vollends zu zerstören.

Damit stellte sich das Exil auch dem Totalitätsanspruch des Nationalsozialismus und dem von ihm angestrebten Monopol auf ‹Verwaltung› alles dessen, was als deutsch zu gelten habe, entgegen. Aber mit diesem Anspruch vertrug es sich nicht, wenn Deutschland gleichsam auf zweierlei Weise – einmal durch das offizielle Hitler-Deutschland, zum andern durch die Exilierten – vertreten war. Das Regime war daher mit allen Mitteln bestrebt, die Exilierten und mit ihnen auch ein politisches, moralisches und geistiges Gegengewicht zum Nationalsozialismus auszuschalten.

Dies richtete sich natürlich in erster Linie gegen die Exilorganisationen und gegen jene Emigranten, die sich durch ihr Verhalten im Exil als Gegner des Regimes zu erkennen gaben, sei es innerhalb von Organisationen, sei es als Einzelperson, z. B. als Publizist, als Schriftsteller oder Wissenschaftler. Aber darüber hinaus galt die Aufmerksamkeit der NS-Organe ebenso auch jenen, die, ohne als Regime-Gegner aufzutreten, doch durch die Flucht ihre Gegnerschaft bekundet hatten. Denn das Regime sah schon in der Flucht allein eine politische Demonstration, die auch die Vermutung regimefeindlicher Tätigkeit rechtfertige. Auf jeden Fall hatten sie damit, wie Gestapo-Chef Diels sagte, den »Feinden Deutschlands ein Argument zur Verleumdung in die Hände gespielt«[3], und das reichte, um sie als Gegner einzustufen.

Der Katalog der Gegenmaßnahmen des Regimes reichte von allgemeinen Abwehrmaßnahmen, wie Abwehr der antifaschistischen Propaganda des Exils durch Goebbels' Propaganda-Apparat, Überwachung durch Gestapo und amtliche deutsche Auslandsvertretungen, Rückkehrverbot, bis hin zu gezielten Maßnahmen gegen einzelne Exilierte, wie Ausbürgerungen, Geiselnahme von Verwandten, angestrengter Auslieferung durch ein Asylland und schließlich auch Entführung und Mord.

Welche Motive diesen Maßnahmen zugrunde lagen, welche Ziele damit verfolgt wurden, welche Mittel und Methoden das NS-Regime dabei anwandte, das soll ausführlich dargestellt und erörtert werden.

Allgemeine Abwehrmaßnahmen

1. Bemühungen um Ausschaltung des Exils als Faktor der Meinungsbildung

Mit seiner publizistischen Tätigkeit, mit der Aufklärung der Weltöffentlichkeit über die Vorgänge im Dritten Reich und ihre Hintergründe sowie über dessen versteckte Absichten, mit dem Versuch, die öffentliche Meinung zu beeinflussen und mit der Warnung vor dem Irrtum, der Nationalsozialismus sei eine rein innerdeutsche Angelegenheit[1], nahm das Exil den Kampf mit dem Regime auf dem Felde der Darstellung und Selbstdarstellung auf. Es machte Goebbels das Nachrichten- und Meinungsmonopol streitig und stellte so beständig die volle Wirkung der von den Machthabern der eigenen Propaganda gestellten Aufgabe in Frage. Diese hatte als entschiedenes Mittel nationalsozialistischer Politik doppelte Funktion: Sie hatte bis zum Kriege außenpolitisch die Politik der Gewalt – und diese schien Hitler ohnehin der einzig gangbare Weg zur Lösung der ‹deutschen Frage›[2] – als Friedenspolitik und Politik der friedlichen Revision mit dem Anspruch auf Rechtmäßigkeit zu vertreten und vorzubereiten und die Möglichkeiten zu schaffen, stets aus der Position der Stärke heraus zu handeln. Innenpolitisch hatte sie für den dazu notwendigen inneren Frieden zu sorgen oder ihn vorzutäuschen, die Gewaltpolitik nach Innen zu verschleiern, gesellschaftliche Widersprüche im Sprachlichen und damit nur scheinbar aufzuheben, die Illusion zu vermitteln, teilzuhaben an den Entscheidungen, die Bevölkerung im Taumel der Begeisterung und Siegeszuversicht zu halten, den Blick für Realitäten zu versperren, die psychologische Bereitschaft zur Aktion herzustellen und letztlich die Regierungsmaßnahmen unabhängig von der öffentlichen Meinung zu machen.

Hier lagen die Ansatzpunkte für die Aufklärungsarbeit des Exils, und zwar sowohl in Richtung Reich als auch in Richtung Ausland. Aufgrund enger Kontakte zu Widerstandskreisen und mit Hilfe illegaler Nachrichtendienste konnte das Exil mit Nachrichten und Meinungen aus dem Dritten Reich versorgt werden, die die gleichgeschalteten Nachrichtenmedien des Regimes verschweigen oder unterdrücken wollten. Sie fanden dann als Berichte, Analysen und Meinungen ihren Niederschlag in der Exilpresse und Informationsdiensten des Exils für ausländische Zeitungen und führende Personen des öffentlichen Lebens. Auf gleichen Wegen konnten auch in umgekehrter Richtung Auslandsmeldungen und illegale Literatur ins Reich geschmuggelt werden.

Diese Mittlerfunktion des Exils umschrieb, auf die eigene Arbeit bezogen, aber doch allgemeingültig, beispielsweise der vom Parteivorstand der SPD im Exil herausgegebene ›Deutschland-Dienst‹ folgendermaßen: Sammlung von Erfahrungen und Tatsachen »als Grundlage für die Politik der Parteileitung im Ausland«, laufende Unterrichtung aller Glieder der illegalen Sozialdemokratie im Reich, »Organisierung eines laufenden Erfahrungs- und Meinungsaustausches zwischen den Teilen der Bewegung drinnen und draußen« und schließlich »Verbreitung der Wahrheit über Deutschland in der Welt«[3].

So gab die Partei seit Frühjahr 1934 den Informationsdienst ›Deutschlandberichte‹ heraus, der auch in Englisch und Französisch an Staatsmänner, Politiker, und »opinion leader« in der ganzen Welt verschickt wurde[4]. Diese Berichte hatten ein Maß an Objektivität und Exaktheit, »das mehr von der Gestapo als den Empfängern im Ausland anerkannt wurde«[5].

Trotz immer verfeinerter Methoden, illegale Tätigkeiten aufzuspüren und zu verhindern, gelang es der Gestapo jedoch nicht, den Nachrichtenverkehr im gewünschten Maße zu unterbinden. So mußte die Stapostelle Berlin noch im Frühjahr 1939 in einem Lagebericht feststellen, daß, wie aus den Artikeln der Exilpresse und -informationsdienste hervorgehe, »die im Ausland befindlichen Herausgeber dieser Hetzschriften sehr gute Beziehungen zu den verschiedensten Betrieben und Organisationen haben, da sie häufig über interne, der Allgemeinheit weniger bekannte Dinge berichten«[6].

War damit unter Beweis gestellt, daß weiterhin eine nicht zu unterschätzende Opposition im Reich tätig war, so bedeutete die Vermittlung durch das Exil, daß die Abschirmung nach außen ständig durchbrochen wurde und die Kontrolle über die Auswirkung solcher Informationen im Ausland weitgehend dem Einfluß der NS-Lenkungsinstanzen für Nachrichten und Meinungen entzogen war. Da die Informationsdienste des Exils nicht selten »lebhaft« von der ausländischen Presse benutzt wurden, wie die deutsche Botschaft in Paris z. B. für den von Willi Münzenberg herausgegebenen Informationsdienst ›inpress‹ feststellen mußte, drangen die deutschen Auslandsvertretungen weisungsgemäß bei den ausländischen Regierungen (zum Teil mit Erfolg) auf Unterdrückung dieser Nachrichtenquellen. Die deutsche Botschaft machte in Paris »auf die Schädlichkeit von ›inpress‹ aufmerksam«, bekam jedoch nur zu hören, daß den französischen Behörden »leider jede rechtliche Grundlage fehle, um gegen die Agentur einzuschreiten«[7].

Die Gestapo sah in der Exilpresse »eine der wesentlichen Ursachen der fortgesetzten Vergiftung der internationalen Politik«. Die Blätter hätten »mit Hilfe der ins Ausland geflüchteten Politiker eine internationale Stellung, die ernste Gefahren in sich birgt, wenn nicht alsbald Gegenmaßnahmen ergriffen werden«, denn die Exilpresse beschränke sich ja nicht allein darauf, »das neue Deutschland zu verleumden«, sondern greife auch »in die ausländische Politik gegenüber dem neuen Deutschland ein«[8].

Zweifellos lag hier eine Überschätzung der tatsächlichen Wirkungsmöglichkeiten des Exils vor. Die angesprochene direkte Einwirkung auf die Politik des Auslands gegenüber dem nationalsozialistischen Deutschland war, wenn sie überhaupt zum Tragen kam, in Wirklichkeit doch nur sehr mittelbar. Rückschauende Betrachtungen von Emigranten und schließlich die politische Entwicklung in den dreißiger Jahren sprechen da eine deutlichere Sprache. So schrieb Friedrich Stampfer nach dem Kriege, die Regierungen der freien Welt hätten, solange Frieden war, den Kampf gegen Hitler den deutschen Emigranten überlassen, und es sei »schon viel des Guten« gewesen, »wenn sie ihnen nicht geradezu in den Arm fielen«[9]. Thomas Mann beschrieb 1938, auf dem Höhepunkt der Appeasement-Politik und kurz nach dem Münchner Abkommen, das »furchtbare Erlebnis« und die bittere Erkenntnis, zu der sich Exil und innere Opposition hatten durchringen müssen: »Es war das qualvoll langsame, bis zum Äußersten immer wieder geleugnete Gewahrwerden der Tatsache, daß wir, die Deutschen der inneren und äußeren Emigration, Europa, zu dem wir uns bekannt hatten und das wir moralisch hinter uns zu haben glaubten, in Wirklichkeit nicht hinter uns hatten; daß dieses Europa den mehrmals in greifbare Nähe gerückten Sturz der nationalsozialistischen Diktatur *gar nicht wollte*.«[10]

Aber dies waren abschließende Feststellungen nach über fünfjährigem Kampf gegen das Hitler-Regime. Doch während dieser Zeitspanne blieb die Tätigkeit der Exilierten für das Regime auch nach dessen eigener Einschätzung eine Gefahr. Der tatsächliche Einfluß ließ sich kaum exakt nachweisen. Es war letztlich die Unwägbarkeit dieses Einflusses, daß in den Augen der Machthaber die Exilierten ein so bedeutender antinationalsozialistischer Faktor waren. So wies das AA die deutschen Auslandsvertretungen in Paris, London, Bern und Wien im Sommer 1936 an, der Tätigkeit des Pazifisten Friedrich Wilhelm Foerster, den das Reich schon 1933 ausgebürgert hatte, entsprechende Aufmerksamkeit zu widmen, denn wie man aus vertrauenswürdiger Quelle erfahren hatte, agitierte Foerster nicht nur öffentlich gegen das Dritte Reich; daneben versah er auch einflußreiche Persönlichkeiten, wie z. B. Lord Tyrell,

H. St. Chamberlain, Kardinal Innitzer und Schuschnigg laufend mit »tendenziösem« Material[11].

Die Wirkung der Informationen aus Exil-Quelle auf die Politiker des Auslands sollte nicht zu hoch veranschlagt werden[12], was man im Reich zweifellos tat, wenn man ihnen hier und da maßgeblichen Einfluß auf die Haltung eines Politikers gegenüber Deutschland beimaß. Diese Einschätzung gründete zum Teil darin, daß man die kritische Haltung des Auslands weniger als selbständiges Urteil wertete, sondern darin eher noch das Produkt der von den Exilierten betriebenen ‹Greuel- und Hetzpropaganda› sah, womit das Regime jede kritische Haltung gegenüber dem Nationalsozialismus beschrieb.

Das Regime sah jedoch in den häufigen Parallelen zwischen Exil- und Auslandspresse zumeist auch schon den Beweis dafür erbracht, daß hier eine direkte Beeinflussung durch das Exil vorlag. Man kalkulierte langfristig das Exil als einen den nationalsozialistischen Interessen entgegenstehenden Faktor ein. »Wir müssen damit rechnen«, heißt es in den ›Mitteilungen‹ des Gestapa vom Januar 1934, »daß noch lange Zeit die Emigrantenpresse eine Macht gegen Deutschland darstellt, und zwar auch deshalb, weil die ausländischen Zeitungen kommentarlos Meldungen (Greuel- und Hetzartikel) aus der Emigrantenpresse übernehmen und dadurch dem Ausland ein den Tatsachen völlig widersprechendes Bild von dem neuen Deutschland geben«[13].

Abwehr durch Propaganda

Zunächst versuchte die ‹nationale Regierung› mit amtlichen Erklärungen den ‹Greuelmeldungen› entgegenzutreten. Man bezeichnete die in der Auslandspresse von »angeblichen Flüchtlingen stammenden Gerüchte« über Verhaftungen und Mißhandlungen politischer Gegner schlichtweg als sämtlich frei erfunden und stellte »mit allem Nachdruck« fest, daß diese von den Feinden der neuen Regierung »in böswilliger Absicht« verbreiteten Meldungen »in das Reich der Fabel« gehörten[14]. Solche Verlautbarungen mußten jedoch angesichts immer neuer Berichte über das, was sich im Reich abspielte, wirkungslos verpuffen. Nach Gründung des Propagandaministeriums ging die nunmehr gleichgeschaltete deutsche Presse zur aktiven Gegenpropaganda über. Dabei begnügte man sich nicht mit Dementis, sondern versuchte, die Emigranten, angeblich die Quelle, aus der diese ‹Lügenmeldungen› hauptsächlich flossen, als obskure Elemente darzustellen, deren Informationen schon deswegen unglaubwürdig seien, weil sie sie als Feinde des Nationalsozialismus verbreiteten.

Goebbels erklärte vor Vertretern der Auslandspresse, daß dem, der »bei Erforschung deutscher Verhältnisse marxistischen Emigranten, die bei Nacht und Nebel über die Grenze gingen«, mehr Glauben schenke »als uns, die wir hier blieben« [!], am Ende nicht zu helfen sei[15].

Er konnte schwerlich erwarten, daß die Auslandspressevertreter seiner Aufforderung zur Hofberichterstattung nachkommen und sich allein auf das stützen würden, was ihnen vom Propagandaministerium als Tatsachen vorgesetzt wurde. Je mehr aber eine freie Berichterstattung und die Möglichkeiten zur Nachrichtenbeschaffung außerhalb der offiziellen Verlautbarungen eingeschränkt wurden, um so bedeutungsvoller wurden jene Meldungen, deren Richtigkeit zwar nicht immer nachgeprüft, an deren Authentizität aber ebenso oft begründete Zweifel nicht zu erheben waren.

Über den Weg, die Emigranten als Informationsquelle unglaubwürdig zu machen, unternahm es das Regime, die ihm unangenehmen Nachrichten und die von ihm nicht genehmigten Meldungen in ihrer Wirkung zu neutralisieren.

Nach allem, was seinerzeit über die begangenen Greuel als erwiesene Tatsachen bekanntgeworden ist, und nach allem, was nach dem Kriege zu nicht mehr zu bezweifelnder Gewißheit wurde, erscheint es müßig, hier noch einmal auf den tatsächlichen Hintergrund dieser ‹Greuelpropaganda› einzugehen. Dennoch sei hier ein Beispiel angeführt, das als charakteristisch für die Rechtspflege im Dritten Reich gelten kann und ein bezeichnendes Licht auf das wirft, was von der NS-Propaganda als ‹Greuelhetze› abqualifiziert wurde und wie man dem zu begegnen versuchte.

Umlaufende Gerüchte über Mißhandlungen von politischen Häftlingen im Konzentrationslager Kemna bei Wuppertal veranlaßten 1934 die zuständige Staatsanwaltschaft, zunächst vertrauliche [!] Ermittlungen darüber anzustellen, die schließlich den Wahrheitsgehalt dieser Gerüchte nur bestätigen[16]. Das daraufhin eingeleitete Ermittlungsverfahren schleppte sich über zwei Jahre hin; wie es scheint, wurde von höherer Stelle aus ‹korrigierend› in dieses Verfahren eingegriffen[17]. Mochte 1934 noch Aussicht bestanden haben, ein Strafverfahren gegen Angehörige der Wachmannschaften durchzuführen, zwei Jahre später wurden diese Aussichten aber als äußerst gering angesehen, und zwar mit der demaskierenden Begründung, daß als Zeugen im wesentlichen ‹nur› ehemalige Kommunisten zur Verfügung stünden, deren Aussagen vom Gericht kaum als beweiskräftig angesehen werden würden! Aus innen- wie außenpolitischen Gründen beantragte Justizminister Gürtner in einem Schreiben an Hitler, das Verfahren niederzuschlagen[18], denn zur Hauptverhandlung müßten eben jene Kommunisten als Zeugen geladen werden, so daß selbst bei Ausschluß der Öffentlichkeit anzunehmen sei, daß die Zeugen bei den bekannt guten Verbindungen der Kommunisten ins Ausland Mitteilungen darüber machen und die »alten Hetzereien« wieder aufgegriffen würden. Als Beweis dafür, daß diese Gefahr bestand, wurde ein von der Gestapo im Juli 1934 durch Postkontrolle erfaßter Zeitungsausschnitt herangezogen, in dem die Vorfälle in Kemna von einem Arbeiter geschildert wurden, der selbst dort inhaftiert und anschließend ins Saargebiet geflüchtet war. Und wie sich herausstellte, deckte sich sein Bericht in den wesentlichen Punkten mit den vertraulichen Ermittlungen der Staatsanwaltschaft. Außer der Besorgnis, eine Gerichtsverhandlung könne neuen Stoff für die ‹Greuelpropaganda› liefern, glaubte Gürtner auch deswegen für eine Niederschlagung eintreten zu sollen, weil die Vorfälle sich »kurz nach der formalen Beendigung der Revolution« zugetragen hätten und »nach Ablauf von nahezu 2½ Jahren mit der Rechtsauffassung normaler Zeiten nicht zu werten« seien. Hitler verfügte die Niederschlagung des Verfahrens[19].

Je weniger sich das Regime in der Lage sah, diese wie im angeführten Beispiel nachweisbaren Greuel durch einen Gegenbeweis zu entkräften, um so mehr versteifte es sich darauf, pauschal die Emigranten und ihre angeblichen Helfershelfer im Hintergrund als die eigentlichen Erfinder, Verbreiter und Nutznießer einer völkerverhetzenden Greuelpropaganda zu diffamieren.

Die ausländische Presse solle sich »zu gut« sein, meinte Rudolf Heß, als Sprachrohr dieser Elemente zu dienen[20], und Hitler verbat es sich im Tone moralischer Entrüstung, das Exil als geeignet anzusehen, »ein Bild des deutschen Volkes zu entwerfen«[21]. Die Frage, ob man denn lieber den Emigranten oder den legitimierten Vertretern des neuen Regimes Glauben schenken wolle, wurde zu einer Frage des Anstands, der »internationalen Courtoisie« erhoben[22].

Den Exilierten wurden Beweggründe unterstellt, die ihre ns-feindliche Haltung – von der NS-Propaganda stets ‹antideutsch› genannt – erklären sollten: Sie würden einzig und allein von ihrem Haß bestimmt[23], der sie in blinder Wut gegen das neue Deutschland hetzen lasse. »Innerlich und äußerlich vaterlandslos«, kennten sie »nur ein Ziel«, nämlich »Rache an den Völkern zu üben, die sie ausgestoßen haben. Sie können nur im trüben fischen, sie können als die Verachteten aller Völker nur im Hintergrund sticheln, sie können hetzen und lügen und mit Kriegsgerede Unruhe schaffen, sonst haben sie keinen politischen Daseinszweck!«[24]

Ihre Angriffe seien »Machwerke ohnmächtiger Wut«[25], Wut darüber, daß sie aus den Positionen gedrängt wurden, die sie sich auf Kosten des Volkes angeeignet und an denen sie sich bereichert hätten. Unter dem Deckmantel der Politik suchten sie nur ihre Privatinteressen zu vertreten und in die alten Positionen zurückzugelangen. Ihre »moralische Minderwertigkeit und Unwahrhaftigkeit«[26] müsse daher von allen erkannt werden. Sie seien der »Auswurf der Menschheit, und der wütet gegen alles, was anständig und nicht seinesgleichen ist«[27]. Und schließlich hieß es, bewußt die Angst vor dem Kommunismus ausspielend, die Emigranten wollten mit ihrer Propaganda gegen das »antikommunistische Deutschland« nichts weiter als die »kommunistische Bewegung in *allen* Ländern« fördern[28].

Die NS-Propaganda konstruierte einen geschichtlichen Zusammenhang, der über die konkrete politische Situation im Reich als Ursache für die Emigration hinwegtäuschen sollte. Die Hetze der Emigranten, hieß es, habe ihr »geschichtliches Gegenstück in der skrupellosen Greuelpropaganda und dem landesverräterischen Treiben« während des I. Weltkrieges. Es seien die gleichen »entarteten, pazifistisch verseuchten, für ihre Verleumdungen und Verrätereien zumeist bezahlten Subjekte, die die letzten blutmäßigen und geistigen Bindungen mit ihrem Volk verloren« hätten. Hinter dem »Mantel pazifistischer Phraseologie« verberge sich nur »übelste Gesinnungslumperei, Liebedienerei gegenüber den Kriegshetzern in den fremden Staaten«. Es seien die »gleichen Elemente, die damals wie heute den Landesverrat als schmutziges Geschäft betreiben«[29]. Die ‹Kontinuität› sei allein dadurch schon erwiesen, daß die Hetze damals wie heute von »Rassegenossen« betrieben werde[30].

Ziel dieser ganzen propagandistischen Auseinandersetzung mit dem Exil und seiner gegen den Nationalsozialismus gerichteten Tätigkeit war es, das deutsche Volk wie das Ausland glauben zu machen, Emigrant und Lüge seien eins, so daß man ihnen weder die ‹Greuelmeldungen› abnehmen noch ihre Warnungen vor Hitler als einer Kriegsgefahr ernst nehmen konnte.

Gewiß gab es Übertreibungen, gewiß wurden auch Greuelmeldungen aus Deutschland »durch das Sensationsbedürfnis der Boulevardpresse ins Maßlose gesteigert«[31]; die dadurch eher emotional bedingte Ablehnung des Nationalsozialismus konnte jederzeit umkippen in einen Rassismus mit antideutschem Vorzeichen. Aber das Regime sah nicht in erster Linie deswegen im Exil eine nicht zu unterschätzende Gefährdung seiner eigenen Machtposition und politischen Zielsetzungen, sondern wegen der vielfach hohen Qualität der durch das Exil verbreiteten Informationen und Analysen und aufgrund der Tatsache, daß diese von der Weltpresse – und eben nicht nur einer Sensationspresse – aufgegriffen wurden.

Um die Identität von Emigrant und Lüge herzustellen und glaubhaft zu machen, damit auch andere die Emigranten damit identifizierten, setzte das Regime eine hemmungslos betriebene Propaganda gegen das Exil ein. Und der Erfolg? Zweifellos erwarb sich das Dritte Reich als ‹Bollwerk gegen den Kommunismus› zahlreiche Sympathien. Das schloß Entrüstung über die Vorgänge im Innern des Reichs und auch deren Verurteilung nicht aus. Die Tatsache aber, daß die überwiegende Zahl der Exilierten der politischen Linken zuzurechnen war, hat es der NS-Propaganda erleichtert, mit antikommunistischen und antimarxistischen Parolen Gehör zu finden und die Exilierten als Übermittler authentischer Nachrichten zu diskreditieren.

»Communism must follow if Hitler fails!«, schrieb der ehemalige britische Premier Lloyd George im Oktober 1933 in einem Zeitungsartikel, und mit seiner Auffassung, daß es nach einem Sturz Hitlers zur Anarchie in Deutschland und zur Machtübernahme durch die Kommunisten kommen werde, stand er nicht allein. Solche Stimmen aus dem Ausland wurden bevorzugt von der deutschen Auslandspropaganda als Gegengewicht zur antinationalsozialistischen Propaganda in die Waagschale geworfen[32]. Darüber hinaus konnte sich die NS-Propaganda bei ihrer Abwehr der Exilpropaganda sowohl im Inland wie im Ausland auf die weit verbreitete Auffassung stützen, die Emigranten seien wohl nicht grundlos geflohen, daß sie etwas ‹verbrochen› haben mußten und daß man ansonsten im Ausland oder vom Ausland her alles falsch sehe, eine Auffassung, die der Gewissensberuhigung diente und half, vor den Realitäten im Reich die Augen zu verschließen oder unangenehme Erscheinungen als vorübergehend anzusehen, als die Späne, die beim Hobeln nun einmal fliegen müßten. Grundlage für diese auch heute noch anzutreffende Auffassung ist das Festhalten an der Fiktion, das nationalsozialistische Deutschland sei ein Rechtsstaat gewesen.

Auch die Exilierten waren sich solcher Vorbehalte, die man ihnen entgegenbrachte, bewußt. Die ›Deutschen Briefe‹, ein Organ des katholischen Exils, sahen sich wiederholt veranlaßt, darauf hinzuweisen, daß die eine oder andere Nachricht nicht von Emigranten stammte, von keiner Emigrantenpsychose geprägt war[33]. Von der gleichen Einsicht ließ sich ein Schweizer katholisches Blatt leiten, wenn es einem Bericht über die Lage der katholischen Kirche im Reich die Feststellung hinzufügte – »um gewisse Mißdeutungen zu vermeiden« –, daß der Verfasser kein Emigrant sei[34]. Solche Bemerkungen spiegeln eine offenbar weitverbreitete Meinung von der Unglaubwürdigkeit oder Unzulänglichkeit der Informationen aus Emigrantenquelle wider – eine Auffassung, die Goebbels und seine Propaganda aus dem Bereich des Ungewissen, dem Ressentiment zur Gewißheit zu machen suchten, wobei der NS-Propaganda noch zugute kam, was für die Exilierten eine der größten Schwierigkeiten in ihrem Bemühen um Aufklärung der Weltöffentlichkeit war: die Unterschätzung, ja geradezu Sorglosigkeit des Auslands gegenüber dem Nationalsozialismus[35].

Die ›Deutschen Briefe‹ kennzeichneten die Gefahren, die sich aus der reservierten bzw. ablehnenden Haltung gegenüber den Exilierten ergaben, sehr gut, wenn sie diese Haltung einreihten in »zwei der gefährlichsten, weil lähmenden, Irrtümer, die gegenüber der NS-Weltanschauung und ihrem Totalitätsanspruch bestehen«[36], der Irrtum nämlich, der »Führer« wisse von nichts, alles, was geschehe, seien Entgleisungen untergeordneter Chargen, und zweitens der Irrtum, es sei alles nicht so schlimm, das, was man höre, seien »Übertreibungen ununterrichteter Pessimisten, ressentimentgefüllter Deutschlandfeinde und Emigranten«[37].

Diese Irrtümer betrafen nicht nur das, was an Greueltaten bekannt wurde. Ein ebenso lähmender Irrtum war die Fehleinschätzung der ‹Friedensliebe› Hitlers. Die Greuelmeldungen selbst hatten sogar eine ablenkende Wirkung. Heinrich Fraenkel weist darauf hin, daß die Welt zwar mit Grauen die Berichte aufnahm, darüber aber vergaß, auf die Vorbereitungen Hitlers für seine Eroberungskriege zu achten[38]. Die NS-Propaganda ihrerseits nutzte diesen Umstand, indem sie sich an die ‹Erfinder› der Greuelmeldungen hielt, um die vom Regime getroffenen Maßnahmen und die damit verbundenen Zielsetzungen zu verschleiern. Das NS-Regime versuchte, die Gegenpropaganda des Exils, die sich gleichermaßen auf beide Gegenstände bezog, eben dadurch unwirksam zu machen, daß es, wie gesagt, das Exil mit Lüge gleichsetzte und bestrebt war, dies auf seine Weise dem deutschen Volk und dem Ausland einzuimpfen. Je mehr es ihm gelingen konnte, so das Kalkül, mit der Verunglimpfung der Emigranten Gehör zu finden, je mehr es ihm gelang, ihre Analysen der NS-Politik und deren Zielsetzungen als nichtrepräsentative, unmaßgebliche Äußerungen existentiell, geistig und moralisch minderwertiger Subjekte auszugeben, desto weniger brauchte es auf die tatsächlichen Hintergründe einzugehen und brauchte es zu befürchten, daß der Selbstverharmlosung des Regimes und damit auch seiner Absicherung Abbruch getan wurde.

Die Aufforderung der Exilierten, angesichts der immer deutlicher werdenden Vorbereitungen Hitlers auf eine bewaffnete Auseinandersetzung dem Regime entschiedener entgegenzutreten und ihm, solange es noch nicht für den großen Waffengang gerüstet war, nicht durch Konzessionen dafür den Rücken zu stärken, nutzte die NS-Propaganda dazu, die Exilierten als die eigentlichen Kriegstreiber und völkerverhetzenden Elemente anzuprangern. Sie erklärte die Berichte über angebliche Angriffsabsichten Deutschlands zu Produkten »kurzsichtiger Literaten und international bekannter Unruhestifter«[39]; was heute sich als Emigranten bemühe, sagte Hitler, »ehrliche und anständige Völker gegeneinander zu hetzen«, seien nichts weiter als »verbrecherische Elemente«, die glaubten, »ihre niederen Instinkte zuungunsten ihrer Mitmenschen frei austoben lassen zu können«[40]. Goebbels warnte davor, daß sich die »literarische Giftmischerei eines entwurzelten Emigrantenklüngels« zu einer »europäischen Gefahr« auswachsen könne[41]. Die Verführer der ‹Systemzeit›, sagte Hitler, seien es, die, heute im Ausland lebend und in fremdem Solde stehend, das deutsche Volk verleumdeten und versuchten, es »dem Haß der Umwelt auszuliefern, ja wollten es, wenn möglich, auf den Schlachtfeldern als wehrlos Angegriffene niederkartätschen lassen«[42].

Als Albert Einstein vor belgischen Pazifisten davon sprach, daß man angesichts der Bedrohung durch den Faschismus kein Recht mehr darauf habe, als Pazifist den Kriegsdienst zu verweigern, wertete die NS-Propaganda dies als Beweis dafür, daß das ‹Weltjudentum› systematisch zum Krieg gegen Deutschland hetze[43]. Zugleich galt es als Bestätigung für die These, daß letztlich überall dort, wo Juden Einfluß im öffentlichen Leben hätten, auch die Emigranten wirksam werden könnten[44].

Daß trotz aller Verunglimpfung des Exils dessen Ausschaltung als meinungsbildender Faktor nicht gelang, mußte das Regime immer wieder feststellen. In einem SD-Pressebericht vom April 1936 heißt es dazu, der Einfluß der Emigranten spreche allein schon aus der Tatsache, »daß sich die gesamte europäische Presse zu gewissen Zeiten, in denen Deutschland innenpolitisch besonders empfindlich [!] war, an der Greuelberichterstattung beteiligt hat«. Gerade jetzt, da Deutschland wieder allgemein als internationale Großmacht anerkannt werde, werde »mit der alten Hetze begonnen«[45]. Vom Regime wurde die ihm daraus möglicherweise drohende Gefahr weit klarer erkannt und ernster genommen als dies im Ausland als Gelegenheit erkannt wurde, politisch Druck auf das Regime auszuüben.

Interventionen

‹Schädlicher Einfluß› der Emigranten

Parallel zur NS-Propaganda und ebenso vehement arbeitete die Diplomatie des NS-Staates daran, die politisch-kulturellen Emigranten als bedeutendes Element der gegen das Regime gerichteten politischen Kräfte im Ausland und als Störfaktor nationalsozialistischer Interessen wie auch als Teil einer deutschen Opposition zu eliminieren. Das schloß die Wendung gegen alle diejenigen ein, die sich in der Ablehnung des Nationalsozialismus auf einer Linie mit den Exilierten fanden. Und schließlich ging es dem Regime um die Durchsetzung des Monopolanspruchs auf Repräsentation dessen, was als ‹deutsch› zu gelten hatte – ein Anspruch, der ihm vom Exil streitig gemacht wurde.

In zahllosen Protesten führten die deutschen Auslandsvertretungen bei den Regierungen der Asylländer Klage darüber, daß die Emigranten nahezu ungestört ihre ‹Hetz- und Lügenpropaganda› betreiben und gegen die ‹nationale Regierung› in Berlin agitieren dürften. Auf Betreiben des Gestapo-Chefs Diels erhob der deutsche Gesandte in Prag »dringende diplomatische Vorstellungen« bei der Prager Regierung wegen der »gehässigsten Ausfälle gegen die deutsche Regierung« in dem in Prag erscheinenden Exilorgan ›Der Simplicus‹[46]. Der deutsche Gesandte in Bern, von Weizsäcker, protestierte gegen die Verbreitung des von Heinrich Mann herausgegebenen Buches ›Es kommt der Tag – Deutsches Lesebuch‹, das nichts anderes bezwecke, als das deutsche Volk »verächtlich zu machen und vor dem Nationalsozialismus Abscheu zu wecken«. Dabei wies von Weizsäcker zugleich darauf hin, daß sich der Fall »außerdem dazu eigne, dem Verfasser eine Verwarnung zu erteilen«, so daß »bei Wiederholung der Hetztätigkeit dieses Emigranten in der Schweiz seine Ausweisung vorbereitet sei«[47]. Ebenso lag dem AA an einem Verbot der »Pfeffermühle«, dem Kabarett Erika Manns in der Schweiz[48]. Auf eine Intervention des deutschen Gesandten in Budapest hin entzog das ungarische Handelsministerium dem in Karlsbad erschienenen Buch ›Adolf Hitler, deine Opfer klagen an‹ das Postdebit[49]. Auf nachhaltige Vorstellungen Berlins entschloß sich die Schweiz während des Krieges, Rauschnings Buch ›Die Revolution des Nihilismus‹ und die Memoiren des früheren preußischen Ministerpräsidenten Otto Braun ›Von Weimar zu Hitler‹ zu beschlagnahmen und die Verbreitung in der Schweiz zu verbieten[50].

Ganz gleich, ob es sich um die Exilpresse, Publikationen einzelner

Emigranten, Vorträge oder sonstige Veranstaltungen handelte, Berlin erhob stets Protest und drang auf Unterdrückung und Verbot der Emigrantentätigkeit oder doch zumindest eine Eingrenzung ihres Wirkungsbereiches. Die deutsche Gesandtschaft in Prag brachte allein 1934 »weit mehr als hundert diesbezügliche Einzelfälle« bei der Prager Regierung zur Sprache[51].

Die Bemühungen Berlins hatten jedoch nur in seltenen Fällen so unmittelbar Erfolg wie 1933 mit einer Intervention im griechischen Außenministerium. Der deutsche Gesandte Eisenlohr konnte erfolgreich die geplante Einreisegenehmigung für 1000 emigrierte deutsche Intellektuelle und Politiker hintertreiben, nachdem er darauf hingewiesen hatte, daß »der Aufenthalt solcher Flüchtlinge in Griechenland früher oder später zu Schwierigkeiten führen« müsse, welche die »erfreulich guten Beziehungen zwischen den Regierungen möglicherweise trüben könnten«[52]. Ein ähnlich promptes Eingehen auf die deutschen Wünsche zeigte Ungarn, das, wie der Leiter der Politischen Abteilung des Budapester Außenministeriums dem dortigen deutschen Gesandten im November 1933 versicherte, dem von deutschen Stellen angetragenen Ersuchen »bereitwilligst Rechnung« trug[53] und diese Bereitwilligkeit auch durch ein Abkommen zwischen den Politischen Polizeien beider Länder besiegelte, wonach jede Seite hinsichtlich der politischen Emigranten »auf Wunsch Maßnahmen an bestimmten Stellen oder bei bestimmten Personen vorzunehmen« versprach[54]. Erfolgreich konnte Berlin auch gegen die Anstellung des ehemaligen preußischen Kultusministers Grimme, des ehemaligen Polizeipräsidenten von Berlin, Grzesinski, und des ehemaligen Polizeivizepräsidenten von Berlin, Bernhard Weiss, in chinesische Staatsdienste intervenieren. Die ursprünglich vom chinesischen Außenminister gegebene Zusage, bereits abgeschlossene Anstellungsverträge mit dem früheren preußischen Finanzminister Klepper oder dem früheren Bürgermeister von Altona, Brauer, wieder zu lösen, wurde unter Berufung auf juristische Schwierigkeiten zurückgenommen[55].

Solche Bemühungen der Nationalsozialisten, Exilierte an der Übernahme öffentlicher Ämter in den Asylländern zu hindern bzw. sie aus solchen öffentlichen Stellungen zu vertreiben, zielten nicht allein auf Beseitigung möglicher Störfaktoren in politisch-praktischem Sinne, sondern darüber hinaus auch schon auf die Durchsetzung des Anspruches, daß jeder, der in deutschem Namen auftrat, dies allein in nationalsozialistischem Auftrag oder mit nationalsozialistischer Billigung tun durfte. Die Repräsentation ‹deutschen Geistes› und ‹deutscher Kultur› hatten sich die Nationalsozialisten vorbehalten. Hitler hatte schon auf der Kulturtagung des Reichsparteitages von 1933 unmißverständlich zu verstehen gegeben, daß er den »kulturellen Ausdruck« des Dritten Reiches nicht durch die »Repräsentanten des Verfalls« verfälschen lassen wolle[56]. Die dementsprechende Formierung und Ausrichtung alles politischen, geistigen und kulturellen Lebens auf die Ziele des Nationalsozialismus galt nicht nur intra muros. Hitlers »fanatischer Missionsdrang«[57] machte an den Reichsgrenzen nicht halt.

Die Exilierten waren noch am allerwenigsten geeignet, der neuen und nun als allein gültig ausgegebenen ‹deutschen› Geisteshaltung Ausdruck zu verleihen. Sie waren nichts weiter als lästige Konkurrenten, die der Anerkennung des nationalsozialistischen Deutschland als dem ‹wahren› Deutschland im Wege standen. Die Tatsache, daß sie, und nicht die Vertreter des ‹neuen Deutschland› vielfach Weltgeltung genossen, erregte den Zorn der Machthaber. Zugleich galt den Machthabern die Anerkennung der Exilierten als Bestätigung dafür, daß es sich bei dieser Emigration dem »Wesen« nach gar nicht um eine »wirkliche Emigration« handele, denn als »a-völkische« und »antivölkische« Elemente seien die Emigranten nicht Opfer, sondern das Dritte Reich habe sie als »Internationalisten«, zu denen sie sich ja stets selbst gezählt hätten, ausgestoßen, damit das »deutsche Volk nicht Opfer« wurde[58].

Auf diese Richtigstellung legte auch der ›Völkische Beobachter‹ Wert, nachdem Thomas Mann von der Harvard Universität 1935 der Ehrendoktortitel verliehen worden war und der Präsident der Universität ihn als »Wächter der großen Tradition deutscher Kultur« gewürdigt hatte. Die Tatsache, daß Thomas Mann Emigrant sei, schrieb das Blatt, könnte zu der Ansicht »verführen«, daß es mit ihm ähnlich stehe, wie mit den deutschen Auswanderern im 19. Jahrhundert, »mit jenen Auswanderern also, die gerade in den Vereinigten Staaten vor rund hundert Jahren eine besondere, selbstgesetzte Mission für den deutschen Geist« erfüllt hätten. Ein Vergleich zu 1933 aber ergebe erst die richtige »Bewertungsperspektive«, denn anders als die Emigranten von 1933 seien die Auswanderer des 19. Jahrhunderts »bis ins Mark deutschbewußt« gewesen, und allein »darum mußten sie gehen«[59].

Das Regime meldete so auch schon einen Anspruch auf Anerkennung seiner Ideologie durch das Ausland an, und die in dieser Richtung unternommenen Interventionen waren gleichermaßen von einem praktischen Interesse, eben der Abwehr antinationalsozialistischer Bekundungen, wie ideologisch-doktrinär bestimmt. So wurde auf Nachrichten hin, daß deutsche Emigranten anläßlich der Weltausstellung 1937 in Paris eine Lesehalle auf dem Messegelände errichten wollten, die deutsche Botschaft angewiesen, bei der französischen Regierung auf Unterdrückung solcher Bestrebungen zu drängen. Die Annäherung der beiden Völker werde aufs »empfindlichste gefährdet«, wenn deutsche Reisende »der Offensive von Elementen ausgesetzt werden, die dem neuen Deutschland feindlich gegenüberstehen«. Treffe Frankreich keine Gegenmaßnahmen, so sei »mit Sicherheit mit Zusammenstößen zu rechnen, da die deutschen Reisenden kaum ohne Gegenwehr eine derartig massive Propaganda hinnehmen werden«[60].

Gerade auf einer Weltausstellung mußte ein Auftreten des ‹anderen Deutschland› die Selbstdarstellung des nationalsozialistischen Deutschland empfindlich stören, weil faktisch jede nicht vom Regime inszenierte Darstellung Deutschlands einer Propagandaschau gegen den Nationalsozialismus gleichkam[61].

Aber auch jedes Auftreten von Emigranten ohne ausgesprochen antinationalsozialistische Spitze genügte Berlin, um dagegen zu intervenieren, vermutete man doch hinter den Kulissen eine kulturpolitische Tätigkeit, »die sich naturgemäß gegen die völkisch-deutschen Interessen richtete«. Dies z. B. war der Beweggrund, daß die deutsche Presse die tschechoslowakische Regierung in Prag angriff, weil der ehemalige Ministerialrat im Preußischen Kultusministerium, Professor Leo Kestenberg, Emigrant und inzwischen tschechoslowakischer Staatsbürger, als Sekretär der Prager Gesellschaft für Musikerziehung tätig sein durfte[62]. Ebenso bemühte sich das AA auf Betreiben des Propagandaministeriums, den in Japan tätigen Dirigenten Gurlitt aus dem japanischen Musikleben zu verdrängen[63].

Es war aber auch nicht mit nationalsozialistischen Grundsätzen vereinbar, wenn deutsche emigrierte Wissenschaftler im Ausland weiterhin forschen, lehren und publizieren konnten[64]. Nach den Festellungen des AA vom Januar 1938 entfaltete die »Notgemeinschaft deutscher Wissenschaftler im Ausland«, eine im Ausland gegründete Hilfsorganisation für deutsche Gelehrte, »eine den deutschen kulturpolitischen Belangen im Auslande in hohem Maße abträgliche Tätigkeit«[65]. Den Anstrengungen des Reichswissenschaftsministeriums, freiwerdende Lehrstühle »mit geeigneten deutschen Dozenten zu besetzen«, würden dadurch »erhebliche Schwierigkeiten« bereitet, daß das Ausland diese Stellen mit Emigranten besetze. Den Bemühungen um »Ausschaltung der antideutschen Kräfte« im wissenschaftlichen Leben des Auslandes werde »solange ein durchschlagender Erfolg versagt bleiben, als die fremden Regierungen sich nicht entschließen, Berufungen deutscher Hochschullehrer allein im Benehmen mit den zuständigen deutschen amtlichen Stellen vorzunehmen«. Daher würden die deutschen Auslandsvertretungen angewiesen, die Regierungen bei Bekanntwerden von Lehrstuhlvakanzen »immer wieder mit Nachdruck darauf hinzuweisen, daß emigrierte deutsche Wissenschaftler nie und nimmer als Vertreter der deutschen Geisteshaltung angesehen werden können«[66]. Dem Regime war es also entschieden darum zu tun, Wissenschaft als ‹deutsche Wissenschaft› nur von linientreuen Nationalsozialisten im Ausland repräsentiert zu sehen. Daß dies sich nicht nur auf die Berufung emigrierter Wissenschaftler auf Lehrstühle an ausländischen Hochschulen bezog, sondern auch auf Auslandsreisen von Hochschullehrern, die weiterhin im Reich tätig sein konnten, weiß Gerhard Ritter aus persönlicher Erfahrung zu berichten. Mehrfach konnte der NS-Dozentenbund geplante Vortragsreisen Ritters im Ausland hintertreiben. Als er dennoch einmal zu Vorträgen in die Türkei reisen konnte, hatte er sich dort unverzüglich bei der Ortsgruppe der NSDAP zu melden. Seine Vortragstätigkeit wurde überwacht, und der Ortsgruppenleiter forderte ihn nachdrücklich auf, jeden Umgang mit Emigrantenkreisen zu vermeiden[67].

Selbst humanitäre Hilfe für Emigranten führte zu nationalsozialistischer Kritik, weil man dahinter antinationalsozialistische Machenschaften witterte. Es gehört wohl zu einem wesentlichen Kennzeichen der Diktatur, daß sie es für sich ablehnt, Grundsätze der Humanität gegenüber ihren Opfern walten zu lassen und die von diesen Grundsätzen getragenen Handlungen anderer nicht als legitim anerkennt. Solidarität mit ihren Opfern wertet die Diktatur als gegen sich gerichtete politische Manifestation und ist deswegen bestrebt, diese Solidarität zu untergraben und ihre Wirkungen als politisches Gefahrenmoment auszuschalten.

Hier lag ein Widerspruch der nationalsozialistischen Politik vor. Zum einen erzwang sie, wie später noch genauer zu zeigen sein wird, daß eine internationale Flüchtlingshilfe für die deutschen Emigranten durch den Völkerbund unterblieb und ganz auf private Hilfe von Organisationen und Einzelpersonen im Ausland abgestellt werden mußte; auf der anderen Seite begrüßte Hitler die Fluchtbewegung der in ihrer überwiegenden Zahl jüdischen Flüchtlinge, da sie seiner »völkischen Politik«, die auf die Vertreibung der Juden zielte, entgegenkam. Den Flüchtlingen wurde, auch wenn sie die deutsche Staatsangehörigkeit besaßen, die Rückkehr verweigert. Um aber zu erreichen, daß die Flüchtlinge sich nicht aus Not und Verzweiflung zur Rückkehr entschlossen oder von den Asylländern als lästige Ausländer wieder nach Deutschland abgeschoben wurden, war gerade die private Hilfe für die Flüchtlinge nötig, um ihre Existenz zu sichern, ihnen eine neue Heimat zu geben und sie dort seßhaft werden zu lassen. In der Wendung gegen die private Hilfstätigkeit für die deutschen Emigranten wird ein Zug nationalsozialistischer Politik deutlich, der tendenziell auf physische Vernichtung des Gegners gerichtet war.

Die »Reichskirchenregierung« rühmte sich in einem Schreiben an das AA, einem Weihnachtsaufruf englischer Kirchenführer zu Spenden für die deutschen politischen Flüchtlinge, dem »weitergehende Pläne ausländischer kirchlicher Kreise vorausgegangen« seien, »mit Erfolg« entgegengetreten zu sein. Es sei zwar gelungen, »die Veröffentlichung des Aufrufs zunächst für einige Zeit hinauszuschieben«, andererseits habe keine Möglichkeit bestanden, »den Aufruf zu verhindern«, zumal die »Gefahr« bestanden habe, daß die Sammlung, die »besonders für Christen jüdischer Abstammung« Verwendung finden sollte, in die »unrichtigen Hände« gelangte, wie etwa in die des vom Völkerbund eingesetzten Kommissars für die deutschen Flüchtlinge. Man werde aber auch in Zukunft »alles daran setzen, um auf die kirchlichen Kreise des Auslandes aufklärend einzuwirken und insbesondere eine politische Auswertung der kirchlichen Sammlung zu verhindern«[68].

Das Bekenntnis zur humanitären Verpflichtung trug einem Asylland deutsche Proteste ein und lieferte zugleich auch profaschistischen Kreisen zusätzlich Agitationsstoff gegen die Regierung ihres Landes. Im März 1937 begann die dänische Zeitung ›National-Socialisten‹ eine Serie mit ‹Enthüllungen› über die in Dänemark lebenden Emigranten. Das Blatt machte sich zur Aufgabe, da der »parlamentarische Justizminister mit Rücksicht auf die Volksstimmung die Emigranten deckt«, das »Labyrinth« eben auf eine andere Art zu durchdringen und ans Licht zu bringen: 20 000 Emigranten lebten in Dänemark, und das dänische Volk habe ein Recht darauf zu wissen, »was das für Menschen sind, die den eigenen Kindern des Landes das Brot aus dem Mund wegnehmen« und »welche verbrecherischen Elemente hier im Lande unter besonderem Schutz stehen«[69]. Der dänische Justizminister Munch nahm öffentlich dazu Stellung. Er nannte solche Angriffe der dänischen Nationalsozialisten ungerechtfertigt. Nicht 20 000, sondern etwas mehr als 2000 Emigranten lebten in Dänemark. Er betonte in seiner Rede die Verpflichtung zur Humanität, und daß deswegen auch die Zahl der Emigranten nicht geringer werden könne. Aus Gründen der Humanität sei auch der Begriff des politischen Flüchtlings erweitert worden, so daß auch Personen darunter fielen, die in ihrer Heimat längere Freiheitsstrafen zu erwarten hätten; auch die Richtlinien für die Arbeitserlaubnis seien aufgrund der Notlage vieler Emigranten erweitert worden[70].

Als das dänische Folketing im März 1938 einen Posten von 25 000 Kronen aus dem dänischen Staatshaushalt zur Linderung der Not für hilfsbedürftige Emigranten gegen die Stimmen der Konservativen, die außenpolitischen Schaden befürchteten, bereitstellte, drückte der deutsche Gesandte in Kopenhagen gegenüber dem Justizminister, der die Bereitstellung dieser Summe befürwortet hatte, seine »Verwunderung« aus und erklärte, daß die Unterstützung politischer Emigranten »sicher im Ausland Befremden erregen würde«. Munch beeilte sich zu versichern, daß die Maßnahme rein karitativ und völlig unpolitisch sei. Zudem gestatte sich die dänische Regierung, »eine stärkere Kontrolle über einen erheblichen Teil der Emigranten auszuüben«[71].

Berlin wollte die vorgebrachten humanitären Gründe nicht akzeptieren. Obschon Kopenhagen versicherte, die Zahl begrenzen zu wollen und den Emigranten nur vorläufig ein Dach zu geben, bis über ihre Ansiedlung in einem anderen Land definitiv entschieden sei, und obschon Munch hinzufügte, es würden alle Maßnahmen getroffen, »um irgendwelche politische Aktivität zu unterbinden«, verwies der deutsche Gesandte auf die durch die Aufnahme von Emigranten entstandene Störung des deutsch-dänischen Verhältnisses. Ohne Zweifel, sagte Renthe-Fink, übten die in Dänemark lebenden Emigranten »bereits einen schädlichen Einfluß auf die öffentliche Meinung aus«, und es könne nicht bestritten werden, »daß Dänemark von den Emigranten als Basis benutzt würde, um subversive Propaganda nach Deutschland zu treiben«. Dänemark müßte, fügte Renthe-Fink abschließend hinzu, und seine Worte hatten nach den Ereignissen vom Sommer und Herbst 1938 größte Aktualität, »in dieser Beziehung um so vorsichtiger sein, als es direkt an Deutschland angrenzte«[72].

Stellt man dagegen das Verhalten deutscher Behörden zu den Fluchtbewegungen nach dem »Anschluß« Österreichs im März 1938 und nach der sogenannten Reichskristallnacht im November des gleichen Jahres, so zeigt sich die nationalsozialistische Politik von kaum noch zu überbietendem Zynismus gekennzeichnet: Die an Deutschland grenzenden Länder schlossen angesichts der – überwiegend jüdischen – Massenflucht ihre Grenzen und schoben illegal eingewanderte vielfach wieder über die Grenze nach Deutschland ab. Dort aber stand die Gestapo und trieb sie wieder über die Grenzen oder verbrachte die Flüchtlinge in Konzentrationslager[73].

An den hier aufgeführten Beispielen wird erkennbar, daß überall dort, wo deutsche Flüchtlinge in irgendeiner Weise in Erscheinung traten, die nach nationalsozialistischer Auffassung dem eigenen Ansehen im Ausland abträglich war oder der gebührenden Anerkennung des Nationalsozialismus als einzig legitimen Repräsentanten Deutschlands im Wege stand, das Regime bestrebt war, diesen unerwünschten Zustand mit allen Mitteln zu beseitigen. Die unternommenen Anstrengungen richteten sich in erster Linie gegen die antinationalsozialistische Propaganda der Exilierten; aber darüber hinaus zielten sie auf Ausschaltung sämtlicher Emigranten, auch ohne daß eine ausgesprochen regimefeindliche Tätigkeit vorlag. Der Aufenthalt in den Asylländern selbst war schließlich ein Dorn in nationalsozialistischen Augen. Die Opfer nationalsozialistischer Politik als Anklage gegen das Regime – das war diesem ein unerträglicher Zustand.

Im Grunde hätte es wohl den nationalsozialistischen Vorstellungen noch am ehesten entsprochen, wenn die Asylländer sich dazu entschlossen hätten, die Emigranten mundtot zu machen und sie, da ihre Anwesenheit allein ja ein beredtes Zeugnis für nationalsozialistische Politik war, den Blicken der Öffentlichkeit zu entziehen und sie damit gleichsam nicht existent zu machen. Als daher die Niederlande im Februar 1935 mehrere deutsche kommunistische Emigranten gefangen setzten, fand das den ungeteilten Beifall Berlins. »Konzentrationslager für deutsche Emigranten in Holland«, frohlockte der ›Völkische Beobachter‹[74]. Kriminalrat Heller vom Gestapa reiste sofort nach Amsterdam, um dort »Verhandlungen« mit der Polizei zu führen[75]. In »erster Linie« wurde die Frage erörtert, wie man die »staatsfeindliche Betätigung der Verhafteten in Zukunft verhindern« könne. Die holländischen Gesprächspartner Hellers waren mit ihm einer Meinung, »daß das einzige Mittel, die Verhafteten für die Zukunft unschädlich zu machen, in der Einrichtung von Internierungslagern bestehe«. Gleich darauf erschienen gezielt in einigen holländischen Zeitungen Artikel, die sich mit den Gefahren der kommunistischen Betätigung von Ausländern befaßten und die Regierung aufforderten, energische Maßnahmen zu ergreifen. Diese Kampagne war als Vorbereitung für amtliche Maßnahmen gedacht. Unter Berufung auf amtliche Quellen berichteten sodann holländische Zeitungen, die Regierung habe die Absicht, »ein Internierungslager zu errichten, in dem Ausländer, die die öffentliche Ruhe und Ordnung gefährdeten, untergebracht werden sollten«.

Graf Zech, der deutsche Gesandte in den Niederlanden, notierte dazu, es bleibe abzuwarten, »ob die Regierung in der Lage sein wird, den Widerstand, den die Kammern diesem Plan zweifellos entgegensetzen werden, zu überwinden«. Da aber »zunächst« [!] nur an die Internierung von »staatsgefährlichen Ausländern« gedacht sei, werde es vielleicht gelingen, die Volksvertreter davon zu überzeugen, daß es kein anderes Mittel gebe, »diesen Elementen das Handwerk zu legen, als sie festzusetzen«!

Wenn Graf Zech die in niederländischen Regierungskreisen kursierenden Pläne mit »zunächst« richtig wiedergab, so bedeutete das zweifelsohne, daß in die Pläne nicht nur deutsche kommunistische Emigranten einbezogen waren, sondern auch die übrigen Emigranten, wobei der Maßstab der »Staatsgefährlichkeit« doch beliebig weit auszulegen war. Von deutscher Seite war man bemüht nachzuhelfen, damit solche Pläne, die augenscheinlich auf deutsche Anregung gereift waren, auch Wirklichkeit wurden.

Graf Zech wies in einem Gespräch mit Kriminalrat Heller darauf hin, daß in den nächsten Tagen eine holländische Delegation in Berlin über Arbeitsmarktfragen verhandeln werde und regte an, bei dieser Gelegenheit mit einem Referenten des niederländischen Außenministeriums namens Boer, der an den Verhandlungen teilnehme, »über die Frage der Errichtung eines Internierungslagers in Holland zu sprechen«, denn Herr Boer sei der dafür zuständige Referent. Die deutsche Gesandtschaft kenne und schätze ihn seit vielen Jahren, und er, Zech, verspreche sich von einer Fühlungnahme mit Boer »eine Förderung des Projektes, an dessen Verwirklichung wir ja ebenso interessiert sind wie Holland«[76].

Die Errichtung von Internierungslagern in Holland blieb Episode[77]. Das Dritte Reich hatte aber klar zu erkennen gegeben, daß ihm an einer Lösung der Emigrantenfrage auf diese Weise sehr gelegen war und daran auch die Hoffnung knüpfte, daß nicht nur kommunistische Emigranten interniert wurden. Allerdings, entscheidenden Einfluß konnte Berlin darauf nicht gewinnen, daß die auch von niederländischen Regierungskreisen gewünschte Internierung zur Dauereinrichtung wurde. Jahre später, unter veränderten Voraussetzungen, konnten die NS-Machthaber zumindest für einen Teil der Flüchtlinge eine solche Lösung diktieren, die jetzt allerdings weniger der Ausschaltung von Emigranten als dem nationalsozialistischen Ansehen abträglichen Elemente, sondern vielmehr der Verwirklichung nationalsozialistischer Rassenideologie galt. Wie Heydrich in einem Schreiben von 1940 an das AA hervorhob, war die Internierung von jüdischen Flüchtlingen im unbesetzten [!] Frankreich »auf deutsche Veranlassung mit dem Ziel erfolgt, sie im Rahmen der späteren Gesamtlösung des Judenproblems geschlossen nach dem zukünftigen Bestimmungslande abzutransportieren«[78].

Regime-Kritik und außenpolitische Belastung

Wenn auch ausländische Regierungen verschiedentlich den deutschen Wünschen und Forderungen nach Ausschaltung einzelner Exilierter oder Eindämmung der politischen und publizistischen Tätigkeit nachgekommen waren, so konnte man Mitte der dreißiger Jahre in Berlin doch noch nicht von einem durchschlagenden Erfolg sprechen. Wie der Gesandte Koch im März 1935 aus Prag berichtete, ging die ‹Hetze› der Exilierten »ungestraft« weiter, und alle Proteste in solchen Angelegenheiten fanden »nach wie vor keine sachliche Erledigung«[79]. Der deutsche Gesandte in Bern resumierte: »Nach mehr als dreijährigen Versuchen schriftlicher und mündlicher Proteste ist die Feststellung nötig, daß sich dieses Interventionsmittel abgenutzt hat und stumpf geworden ist[80].«

Die demokratischen Staaten, die ja die Hauptzufluchtländer der deutschen Emigration waren, parierten die deutschen Vorstöße einmal mit Hinweis auf das Asylrecht, in dessen Ausgestaltung und Handhabung sie doch souverän waren, wie auch ein für das AA angefertigtes Gutachten festhielt[81], zum andern damit, daß die Gesetze ihrer Länder keine Handhabe böten, gegen Emigranten einzuschreiten. Diese ständige Berufung auf die in demokratischen Staaten geltenden Gesetze und verbürgten Rechte und die Weigerung, im nationalsozialistischen Sinne Abhilfe zu schaffen, nannte der deutsche Gesandte in Prag in einem Gespräch mit dem tschechoslowakischen Außenminister Benesch schlichtweg »Schwindel« und führte, bezogen auf tschechoslowakische Verhältnisse u. a. aus, daß seit Jahr und Tag in der ČSR Exilzeitungen wie der ›Gegen-Angriff‹, der ›Neue Vorwärts‹, Otto Strassers ›Deutsche Revolution‹, der ›Simpl‹ und andere Blätter erschienen, die weder für die ČSR bestimmt seien noch in ihr gelesen würden. Sie würden »verlogenerweise mit dem ganzen Schutz des Pressegesetzes umgeben, obgleich sie faktisch gar nicht zur Presse dieses Landes« gehörten. In Wirklichkeit stellten sie nichts weiter dar »als ein raffiniertes Mittel, sich in die innere Politik eines Nachbarstaates zu mischen«[82].

Da sich Berlin kaum gegen das Asylrecht selbst wenden konnte, stellte die deutsche Argumentation auf den ‹Mißbrauch› des Asylrechts durch die Exilierten ab, und solange die Aufnahmeländer nicht dagegen einschritten, sollte dieser ‹Mißbrauch› als Schuldenlast auf die ausländischen Regierungen zurückfallen. So war der Grundtenor aller deutschen Proteste abgestimmt auf die angeblichen Verletzungen völkerrechtlicher Normen (was den deutschen Forderungen gleichsam den Charakter eines Rechtstitels verleihen sollte) und politisch auf die Gefährdung der Beziehungen der Staaten zum Dritten Reich durch die Emigrantenpolitik der Asylländer, die den Keim erweiterter Konflikte in sich trug.

Beispielhaft dafür war die Emigrantenfrage in den deutsch-tschechoslowakischen Beziehungen. Die Tschechoslowakei, Zufluchtsland vor allem der sozialdemokratischen Emigration, sah sich von Anfang an heftigen Angriffen der nationalsozialistischen Propaganda ausgesetzt, die immer wieder das ‹Mißverhältnis› von »emigrantenfreundlicher« Politik einerseits und »Unterdrückungspolitik« der Prager Regierung gegenüber den sudetendeutschen Nationalsozialisten andererseits hochspielte[83]. Dabei zielte die Propaganda bewußt darauf ab, Unterstützung der Emigranten und nationales Interesse der ČSR gegeneinander auszuspielen. Mit Ermunterungen an die tschechoslowakische Opposition, die durchweg die Emigrantenpolitik der Prager Regierung wegen des damit verbundenen außenpolitischen Risikos verurteilte, versuchte man deutscherseits, die Regierung auch von innen her unter Druck zu setzen[84].

Als im Frühjahr 1934 in Prag eine Karikaturen-Ausstellung des Kunstvereins »Manès« eröffnet wurde, erhob der Gesandte Koch sofort schärfsten Protest, weil »namentlich die von Emigranten ausgestellten Bilder« das politische Leben in Deutschland »in unerhörter Weise« verhöhnten. Die »brutalen Verzerrungen« erweckten den Eindruck, »als ob im Deutschen Reich nur Mord, Marter und Vergewaltigung an der Tagesordnung wären«[85]. Auf nachhaltige deutsche Vorstellungen hin wurden zunächst einige, und schließlich sämtliche von Berlin beanstandeten Bilder entfernt.

Nach Meinung des deutschen Gesandten konnte man angesichts der »sehr klaren Stellungnahme der tschechischen agrarischen und konservativen Elemente in der Regierung und Opposition gegen diese Ausstellung ruhig von einer schweren moralischen Niederlage der linken und emigrantenfreundlichen Elemente in der Regierung sprechen«[86]. In der Tat hatte die Ausstellung und die scharfe deutsche Reaktion darauf die schon seit langem geführte Diskussion über die Emigrantenpolitik der Regierung wieder angeheizt, und ein Großteil der tschechoslowakischen Presse nahm den Vorfall erneut zum Anlaß, die offenbar weitverbreitete Ablehnung der Emigranten zu bekunden, die doch nur das tschechoslowakische Verhältnis zu Hitler-Deutschland störten[87].

Der tschechoslowakische Gesandte in Berlin bestätigte im Grunde die Richtigkeit des nationalsozialistischen Konzepts, wenn er in einer Unterredung im AA erklärte, daß dem »weitaus größten und politisch ernst zu nehmenden Teil des tschechoslowakischen Volkes« diese Ausstellung »überaus peinlich« sei; aber, so fügte er gleich hinzu, die Sache habe »das Gute gehabt, daß man in der Tschechoslowakei jetzt selbst anfange, die

Emigrantenwirtschaft als störend und unfriedenstiftend zu empfinden«. Auf keinen Fall wolle man aber die Entwicklung der Beziehungen zu Berlin »durch landfremde Emigranten-Machenschaften stören oder gefährden lassen«[88].

In gleichlautenden Schreiben an Reichskanzlei, Propaganda- und Innenministerium wertete das AA seine Demarchen als »erheblichen Erfolg« für das deutsche Ansehen in der ČSR. Zugleich, hieß es, habe die Prager Regierung eine »Schlappe« erlitten, und die Aufmerksamkeit der Öffentlichkeit sei erstmals wirkungsvoll auf die Gefahren gelenkt worden, die der Zuzug von Emigranten für die ČSR darstelle. Mit der Entfernung der Bilder sei der deutsche Standpunkt von Prag voll anerkannt worden[89].

Benesch, der noch 1933 verkündet hatte, die Tschechoslowakei sei stolz darauf, den deutschen Flüchtlingen ein Asyl zu gewähren[90], sah sich bald verstärkt innenpolitischem Druck ausgesetzt, vor allem durch den rechten Flügel der tschechischen Agrarpartei, der sich scharf gegen die Emigranten wandte und eine Annäherung an Hitler-Deutschland suchte[91]. Diese innenpolitische Lage nutzte Berlin, um mit um so mehr Nachdruck auf eine Lösung der Emigrantenfrage in deutschem Sinne zu drängen. Auf tschechoslowakische Versuche, in Berlin Verständnis für die eigene Position zu wecken, antwortete Gesandter Koch im Februar 1935, das interessiere nicht; es sei »doch wohl Sache der Regierung, sich im Innern soviel Autorität zu verschaffen, daß sie ihren internationalen Verpflichtungen genügen könne«[92].

Mit zunehmender politischer Bedeutung der »Sudetendeutschen Frage« war Prag bemüht, sich in der Emigrantenfrage Entlastung zu verschaffen. Man trat mit dem Vorschlag an Berlin heran, ein ‹Emigranten-Abkommen› auszuhandeln[93]. Da ein solches Abkommen nur auf dem Prinzip der Gegenseitigkeit beruhen konnte, Deutschland also auch den im Reich lebenden sudetendeutschen Flüchtlingen, wie etwa dem ‹Tschechoslowakei-Experten› des ›Völkischen Beobachters‹, Karl Viererbel, hätte Zügel anlegen müssen, wurde ein solches beide Seiten bindendes Abkommen von Berlin entschieden abgelehnt[94].

Prag war aber an einer Entschärfung seines Verhältnisses zum Reich sehr gelegen, und so ließ es seinerseits bald Entgegenkommen erkennen. Mitte 1936 stellte die deutsche Gesandtschaft mit Befriedigung fest, daß das Prager Außenministerium auf eine Demarche wegen eines Artikels in dem Exilorgan ›Gegen-Angriff‹ »zum ersten Male« mitgeteilt habe, bei den zuständigen Stellen würde die Frage erwogen, »wie endlich den Angriffen gegen den Führer und Reichskanzler entgegengetreten werden kann«[95]. Als Gesandter Eisenlohr im Dezember 1937 nach Berlin berichtete, das Verbot der ›Sopade-Berichte‹, des ›Neuen Vorwärts‹ und das Verbot von Otto Strassers ›Deutsche Revolution‹ stehe bevor[96], wertete man dies im AA als »Symptom eines bevorstehenden Kurswechsels der tschechischen Regierung gegenüber dem deutschen Emigrantentum«[97].

Am 9. 11. 1937, vier Tage nach jener Besprechung in der Reichskanzlei, in der Hitler erklärt hatte, es gebe für die Lösung der »deutschen Frage« nur den Weg der Gewalt[98], gab der deutsche Gesandte, gerade aus Berlin zurück, Staatspräsident Benesch das »Ehrenwort« Goebbels', den Pressefeldzug gegen die ČSR einzustellen, wenn man in Prag der Exilpresse einen Maulkorb umhänge. Komme es zu einer solchen Regelung in Pressefragen, werde es auch möglich sein, »in der Vorbereitung des Modus vivendi fortzufahren«[99]. Prag ging sofort darauf ein und legte in Berlin einen Dreistufenplan vor, der die »sofortige Einstellung von zwei bis drei Emigranten-Organen« und die »Einstellung des ›Neuen Vorwärts‹ in einigen Wochen« vorsah; eine dämpfende Einwirkung auf die tschechoslowakische Presse wurde zugesichert[100]. Benesch selbst verbürgte sich für die Einhaltung, »ohne auf Erfüllung von Gegenforderungen« zu bestehen[101].

Das NS-Regime hatte nie ein Hehl daraus gemacht, daß es den demokratischen Grundsatz der Pressefreiheit nicht anerkannte und auch stets dem Ausland gegenüber zu erkennen gegeben, daß es ihn nicht respektierte. So war es nur folgerichtig, wenn es mit seinen Angriffen auf die Exilpresse Angriffe auf die Regierungen der Asylländer verband, weil sie diese Presse duldeten. Dies geschah in ständig zunehmendem Maße und der Intensität nach in engem Zusammenhang mit der Ausdehnung der Machtstellung des Dritten Reiches. Für den Nationalsozialismus gab es keinen prinzipiellen Unterschied zwischen oppositioneller Exilpresse und kritischer Haltung der Auslandspresse gegenüber dem NS-Regime; in beidem erblickte es Widersacher seiner Zielsetzungen. Das von ihm erstrebte Verbot der Exilpresse lag darum auch auf einer Linie mit der Forderung nach Zurückhaltung der Auslandspresse. In dem Maße, wie es dem NS-Regime gelang, mit seinen Forderungen in diesem Punkte durchzudringen – im ersten Falle unter dem Gesichtspunkt guter zwischenstaatlicher Beziehungen, im zweiten Falle unter dem Gesichtspunkt der Erhaltung des Friedens –, in dem Maße gewann es an politischem Einfluß und konnte schließlich einen Staat und nicht zuletzt auch die Demokratie zur Selbstaufgabe zwingen.

In einem bemerkenswerten Artikel setzte sich der ›Neue Vorwärts‹

im Dezember 1937 mit dem ins Gespräch gekommenen Begriff vom »Pressefrieden« mit dem Dritten Reich auseinander, und die Gedanken klingen wie ein Vermächtnis, denn die Tage waren gezählt, da der ›Neue Vorwärts‹ noch in der ČSR erscheinen konnte.

Worin, so fragte das Blatt, könne denn ein Pressefrieden zwischen Demokratie und Diktatur bestehen? Doch nur darin, »daß die Diktatur verspricht, nicht mehr über die Demokratie zu lügen, wogegen sich die Demokratie verpflichtet, über die Diktatur nicht mehr die Wahrheit zu sagen«. Wie aber könne die Demokratie eine solche Verpflichtung übernehmen, »ohne auf ihre Lebensgrundlage selbst, die Freiheit der Presse zu verzichten«? Ein sogenannter Pressefriede sei nichts weiter als ein Handel, »bei dem die Diktatur gar nichts, die Demokratie aber alles gibt – sogar sich selbst«[102].

Diese Warnung vor der Konsequenz eines Pressefriedens mit dem Dritten Reich blieb bei denen, an die sie sich vor allem richtete, bei den Westmächten, ungehört. Die Beseitigung von Reibungspunkten mit dem Dritten Reich wurde der Prager Regierung von den demokratischen Westmächten dringend anempfohlen[103].

Die ČSR hatte bis 1938 am Grundsatz der Pressefreiheit auch hinsichtlich der Exilpresse festgehalten, was ihr um so mehr Angriffe seitens des Reiches eintrug, als sich Prag gleichzeitig dagegen sträubte, der pronazistischen Henlein-Bewegung freie Hand in der Auflösung des tschechoslowakischen Staatsgebildes zu lassen. Lord Runciman, im Sommer des Krisenjahres 1938 als Vermittler in die ČSR gesandt, gab Benesch auf dem Höhepunkt der Sudetenkrise u. a. die Empfehlung, notfalls auch mit gesetzlichen Maßnahmen die »Agitation« jener Parteien und Personen in der Tschechoslowakei zu verbieten, die eine entschieden gegnerische Politik gegenüber den Nachbarn der ČSR betrieben hätten[104]. Wenige Tage später schon war diese Empfehlung durch die Unterzeichnung des Münchner Abkommens überholt.

Doch noch immer erschien, wie man in Berlin feststellen mußte, in der Tschechoslowakei ‹deutschfeindliche› Literatur, vor allem von Emigranten, und die deutsche Gesandtschaft in Prag wurde angewiesen, bei den zuständigen Stellen in Prag klar zu machen, daß diese Literatur »im Interesse der zukünftigen Gestaltung des Verhältnisses zwischen den beiden Staaten baldmöglichst verschwinden müsse«[105].

Die Tschechoslowakei hatte bereits ihren außenpolitischen Handlungsspielraum verloren, doch auch innenpolitisch war ihr zu freier Gestaltung nur mehr wenig Raum gegeben. Auf dem Gebiet der Presse blieb ihr nichts weiter, als sich dem Diktat Berlins zu beugen. Wie der Leiter der

Presseabteilung im Berliner AA feststellte, brauchte man nun nicht mehr in formelle Verhandlungen zu treten, die ja für gewöhnlich die Gegenseitigkeit von Abmachungen einschließen. Dies wolle und könne man deutscherseits jetzt auch vermeiden[106].

Die in Prag vorgetragenen deutschen ‹Wünsche› lassen erkennen, wie weit die Vorstellungen von einer, wie es euphemistisch hieß, »loyalen und vertrauensvollen Zusammenarbeit«[107] gingen: Eine »Sichtung des Journalistenbestandes« der Tschechoslowakei hatte zu einer Ausschaltung der »volksfremden (insbesondere jüdischen) Journalisten« zu führen, ferner zur Ausschaltung derjenigen, »die weiterhin in der Ideologie des Benesch-Systems befangen sind« und schließlich jener Journalisten, die die zur Zeit der Österreichisch-Ungarischen Monarchie »vielfach übliche Kampfmethode der passiven Resistenz anwenden«. Alle ausländischen Blätter, gleich ob in deutscher oder anderen Sprachen, die in Deutschland verboten waren, sollten auch in der Tschechoslowakei verboten werden. Dasselbe galt »selbstverständlich für die Emigrantenpresse und den Büchermarkt«. Korrespondenten ausländischer Blätter, »die auf das deutsch-tschechoslowakische Verhältnis störend wirken«, war jede Betätigungsmöglichkeit zu nehmen. Nicht genug damit. Prag hatte auch noch dafür zu sorgen, daß diese Korrespondenten nach Verlassen der Republik nicht einen Wirkungsort aufsuchten, »wo sie das deutsch-tschechoslowakische Verhältnis weiter und gar noch mehr schädigen können«. Selbst der für eine geknebelte Presse mögliche Weg, durch Zitate aus der ausländischen Presse die kritische Haltung zu erkennen zu geben, die selbst einzunehmen ihr verboten war, wurde versperrt, denn die Tschechoslowakei hatte sich bei der Auswahl von Zitaten und der Wiedergabe von Nachrichten »von dem Grundsatz unbedingter Loyalität gegenüber dem Deutschen Reich leiten zu lassen«.

Der Tschechoslowakische Außenminister Chvalkovski sicherte in Berlin zu, »alle Forderungen erfüllen zu wollen«, bat jedoch um eine Übergangsfrist von einigen Monaten, worauf ihm bedeutet wurde, daß einige wichtige Forderungen wie die »Unterdrückung der Emigranten- und Hetzliteratur, Ausweisung böswilliger Auslandskorrespondenten« keine Vorbereitungszeit brauchten[108]. Die Tschechoslowakei hatte keine Gelegenheit, selbst den deutschen Forderungen voll nachzukommen. Am 15. 3. 1939 zog Hitler in Prag ein.

Das nationalsozialistische Vorgehen gegen die Tschechoslowakei hatte Modellcharakter. Wo immer Berlin auf die Unterdrückung der Exilierten hinarbeitete, zielte es letztlich auch auf die Beseitigung anderer ihm entgegenstehender Faktoren; aber erst die politische Zwangslage, in die

Prag durch die Appeasementpolitik der Westmächte geraten war, verhalf Hitler, und gerade das wird am Beispiel der Tschechoslowakei deutlich, zu dem gewünschten Erfolg. Die sogenannte Beseitigung von Reibungspunkten zwischen den beiden Staaten hatte mit zunehmender Unterdrückung der Exilpresse nur ihren Anfang genommen. Sobald aber Prag in diesem Punkte Konzessionsbereitschaft hatte erkennen lassen, stieß Berlin auch schon mit neuen Forderungen nach[109].

Das NS-Regime war unablässig und überall bemüht, das Exil als Störfaktor nationalsozialistischer Politik auszuschalten. Das Exil war jedoch nicht nur Objekt nationalsozialistischer Angriffe, es wurde darüber hinaus auch zum Vorwand und Vehikel der Politik eines Regimes, dessen Totalitätsanspruch nicht an den Grenzen des Deutschen Reiches haltmachte. Wenn dies auch in der Zeit vor dem Krieg in dieser Deutlichkeit nur am Saargebiet vor dessen Rückgliederung an das Reich und an der Tschechoslowakei erkennbar wurde (der Krieg und erst recht die Lage eines von fremden Truppen besetzten Landes schufen neue Bedingungen), so sollte das jedoch nicht darüber hinwegtäuschen, daß der Kampf des Regimes gegen die politische Emigration mehr als der Kampf gegen eine in Opposition stehende nationale Gruppe war.

Es ist gewiß richtig, wenn Hans-Albert Walter schreibt, die Emigrantenfrage sei stets nur einer von vielen Streitpunkten mit dem Dritten Reich gewesen, der von den Gastländern noch am leichtesten gelöst werden konnte, denn, so Walter, »die Emigranten hatten nichts hinter sich, sie waren eine macht- und rechtlose Minorität, die um Duldung bettelte«[110]. Aber gerade im Falle Tschechoslowakei sollte doch nicht außer acht gelassen werden, daß dort die Entwicklung in diesem Punkt von Momenten mitbestimmt wurde, die auf andere Asylländer auch nicht annähernd zutrafen. Kein anderes Asylland hatte von Anfang an und so beständig wegen der dort lebenden und tätigen Emigranten unter propagandistischem und diplomatischem Druck gestanden wie die Tschechoslowakei. Parallel zur Emigrantenfrage und zeitweilig auch mit dieser verknüpft bestand als weiteres Problem (politisch gesehen das bedeutsamste), die ‹Sudetenfrage›. Wie in anderen Ländern auch, versuchte Berlin die Unterdrückung der Emigrantentätigkeit zu erreichen, aber darüber hinaus benutzte Hitler sowohl die Emigranten wie die ‹Sudetenfrage› als Mittel indirekter Aggression, um, wie er später es nannte, die Stellung ‹sturmreif› zu schießen. Nicht vorsorglich, nicht wegen eines befürchteten Drucks, sondern wegen des ständig zunehmenden deutschen und schließlich auch internationalen Drucks auf die ČSR sah sich diese genötigt, jede politische Aktivität der Emigranten einzudämmen. Auch jene Politiker in Prag, die sich von einem rigorosen Vorgehen gegen die Emigranten ein weniger konfliktgeladenes Verhältnis zum Dritten Reich einzuhandeln gehofft hatten[111], mußten schließlich erkennen, daß die deutschen Forderungen in der Emigrantenfrage nur Vorspiel zu viel weitergehenden, nun auch die Tschechen direkt betreffenden Forderungen waren.

Interventionen und Appeasement-Politik

Die ständigen Angriffe der NS-Propaganda auf die Emigrantenpolitik der Asylländer, Interventionen, politischer und offenbar auch wirtschaftlicher Druck[112] und nicht zuletzt die Tatsache des sich immer mehr als Großmacht gebärdenden Dritten Reiches ließen für die Asylländer die Emigranten mehr und mehr zu einem politischen Unsicherheitsfaktor werden. Ab Mitte der 30er Jahre wurde die Emigrantenpolitik vieler Länder zunehmend restriktiver, wofür unverkennbar politische Erwägungen ausschlaggebend waren, betonte doch Berlin stets die Belastung der außenpolitischen Beziehungen zum Dritten Reich gerade wegen der gegenüber den Emigranten geübten Praxis. Ein weiterer Grund dürfte in den Aktivitäten profaschistischer Kreise des Auslands zu suchen sein, die die NS-Propagandathese von den Emigranten als den subversiven Elementen mit Wort und Tat in den Asylländern unterstützten[113], und die, selbst wenn keine offizielle Beschränkung der Emigrantentätigkeit vorlag, über den Verwaltungsapparat Restriktionen ganz im Sinne nationalsozialistischer Wünsche durchsetzten. So erbot sich in Belgien eine Société d'Etudes Politiques et Sociales, die im September 1937 der deutschen Gesandtschaft in Brüssel eine Liste von deutschen Emigranten zur Verfügung gestellt hatte, bei den belgischen Behörden »die Ausweisung der gefährlichsten Elemente zu betreiben«[114].

Auch Organe der inneren Verwaltung, wie die Polizeien der Asylländer, sahen sich teilweise veranlaßt, entweder aus freien Stücken oder auf deutsche Vorstellungen hin, hinsichtlich der Emigranten die ihnen gestellten Aufgaben unter dem Blickwinkel der Pflege der Auslandsbeziehungen zu betreiben. Die Polizei in Rio de Janeiro ließ über das AA anfragen, ob die Abschiebung eines in Brasilien lebenden Emigranten, der angeblich dort Leiter der »Schwarzen Front« Otto Strassers war, erwünscht sei, was, wie es in einem Vermerk des AA heißt, allerdings »sehr erwünscht«[115] war. Auf deutsche Vorstellungen in Stockholm wegen der Verteilung antinationalsozialistischer Flugblätter an deutsche Reisende und Seeleute in Schweden erklärte der Leiter der Stockholmer

Polizei, daß man zwar keine rechtliche Handhabe gegen die Drucker von Flugblättern habe, die Polizei dennoch gegen die Verteiler verschiedentlich eingeschritten sei, obschon damit die Befugnisse der Polizei überschritten worden waren. Der Polizeichef trug keine Bedenken, dies auch in Zukunft zu tun, handelte es sich doch seiner Auffassung nach darum, »die Beziehungen Schwedens zu einer ausländischen Macht vor Schaden zu bewahren«[116].

Die Gestapo schätzte die Wirkung solcher Flugblätter auf deutsche Touristen immerhin für so gefährlich ein, daß sie unter Hinweis auf mehrere tausend Eisenbahnbeamte, die ihre jährliche freie Eisenbahnfahrt zu Urlaubsreisen in skandinavische Länder benutzten, vorschlug, solche Reisen einzuschränken; denn für die Gestapo lag es »auf der Hand, daß diese Beamte einer unerwünschten politischen Beeinflussung ausgesetzt sind«[117].

Was der schwedischen Polizei als Beitrag zur Entspannung der außenpolitischen Beziehungen zum Dritten Reich galt, war für die Gestapo in erster Linie willkommene Unterstützung in ihrem Bestreben, eine ‹unerwünschte politische Beeinflussung› von Reichsdeutschen zu verhindern.

Soweit Ausländer in enger Verbindung zu den Emigranten standen und ihre Aktivitäten tatkräftig unterstützten, forderte Berlin auch hier energische Gegenmaßnahmen. In seiner Monographie über den Schweizer Verleger Emil Oprecht hat Stahlberger die deutschen Interventionen eingehend untersucht[118]. Das Dritte Reich versuchte immer wieder, den Europa-Verlag Oprechts, der sich sehr um die deutschen Emigranten bemühte und zahlreiche Emigrantenpublikationen herausgab, auf diplomatischem Wege zum Schweigen zu bringen. Im Sommer 1937 entschloß sich der schweizerische Bundesrat auf verstärkten Druck Berlins hin, Oprecht in einem Brief zu verwarnen, da er Bücher herausgebracht habe, »die von Emigranten geschrieben und darauf gerichtet seien, die staatlichen Einrichtungen Deutschlands und besonders die Persönlichkeit seines Staatsoberhauptes in der öffentlichen Meinung herabzusetzen«[119]. Oprecht wurde unter Androhung entsprechender Maßnahmen nahegelegt, auf die Herausgabe von Büchern, die sich kritisch mit dem Dritten Reich auseinandersetzten, insbesondere solchen von Emigranten, zu verzichten. Berlin seinerseits versuchte, ihn wirtschaftlich auf die Knie zu zwingen. Durch Ausschluß aus dem Börsenverein deutscher Buchhändler wurde er mit seinen Verlagsprodukten vom deutschen Buchmarkt verdrängt[120]. Damit hatte das Dritte Reich ein Exempel statuiert und dem Aufruf des Deutschen Börsenvereins vom Oktober 1936 und 1937 Nachdruck verliehen, keine Bücher zu verlegen, »die unter böswilliger Verzerrung der historischen Wahrheit das Staatsoberhaupt eines Landes oder ein Volk beleidigen«[121]. Solche »Appelle« fielen, wie das Beispiel Oprecht zeigt, bei Politikern der Asylländer nicht nur auf steinigen Boden. Am Rande der Völkerbundtagung vom Herbst 1933 hatte Goebbels darüber geklagt, daß die Hetze der Emigranten von einem Teil der Weltpresse übernommen werde. Dies, so erklärte er, bleibe der deutschen Regierung unerträglich[122]. Knapp fünf Jahre später drohte Hitler unverhohlen dem gesamten Ausland und seiner Presse. In seiner vom Ausland mit Spannung erwarteten Rede nach dem Revirement von Anfang Februar 1938 erklärte Hitler am 20. Februar, daß, wenn »jemals internationale Hetze und Brunnenvergiftung den Frieden unseres Reiches brechen« sollte, »Stahl und Eisen das deutsche Volk und die deutsche Heimat unter ihren Schutz« nehmen würden. Er, Hitler, sei deshalb auch nicht mehr gewillt, »die zügellose Methode einer fortgesetzten Begeiferung und Beschimpfung unseres Landes und unseres Volkes unwidersprochen hinzunehmen«. Von jetzt ab werde man antworten, »und zwar mit nationalsozialistischer Gründlichkeit«[123].

Sein Generalangriff auf die Pressefreiheit, die er im Ergebnis mit Kriegshetze gleichsetzte, war gekoppelt mit dem Hinweis auf die Bereitschaft des Dritten Reiches zur kriegerischen Aktion, womit praktisch das Ausland unter Druck gesetzt und zum Wohlverhalten gegenüber dem Dritten Reich gezwungen werden sollte. Der neue Reichsaußenminister Ribbentrop wies die deutschen Auslandsvertretungen an, diesen Passus der Hitler-Rede »bei jeder Protestdemarche gegen eine antideutsche Veranstaltung in Presse, Theater, Rundfunk oder sonst in der Öffentlichkeit« zu verwenden. Verliefen solche Demarchen gegen »antideutsche Hetzveranstaltungen« ergebnislos, so sollten die Auslandsvertretungen sogleich »geeignete Gegenmaßnahmen *konkreter* Art gegen den betreffenden Staat in Vorschlag bringen«[124].

Nunmehr war nicht allein von der ‹Hetze der Emigranten› die Rede; *jede* ‹antideutsche› Bekundung im Ausland wollte das Regime mit nationalsozialistischer Gründlichkeit beantworten, und das konnte, bezogen auf die kritische außenpolitische Lage des Jahres 1938, durchaus Kriegsgefahr bedeuten, denn unter ‹antideutsch› fiel letztlich auch die Selbstbehauptung eines Staates wie die der Tschechoslowakei. Der Kreis schloß sich. Hatte Berlin bis dahin immer wieder mit allem Nachdruck auf ein Verbot der Exilpresse bei den Regierungen der Asylländer als Voraussetzung für ein konfliktfreies Verhältnis zum Dritten Reich gedrängt – was in der Regel von den betroffenen Staaten unter Hinweis auf die zur

Grundlage demokratischer Ordnung gehörende Pressefreiheit abgeschlagen wurde –, so richteten sich die nationalsozialistischen Angriffe jetzt verstärkt gegen diese Pressefreiheit selbst, und den Demokratien wurde zugemutet, ihrer Presse einen Maulkorb umzuhängen, wenn ihnen an der Erhaltung des Friedens gelegen sei. Das aber war letzten Endes nichts anderes als der erpresserische Versuch, durch eine Art ‹freiwilliger› Gleichschaltung der publizistischen Medien des Auslands diese zu willfährigen Werkzeugen nationalsozialistischer Wünsche zu machen.

Das jeweilige Maß an Entgegenkommen gegenüber den deutschen Forderungen in der Emigrantenfrage, sei es auf verstärkten Druck, sei es aus der Überlegung heraus, sich damit ein erträgliches Verhältnis zu dem mächtigen Nachbarn einzuhandeln, war entschieden mitbestimmt von den dem Asylrecht »übergeordneten« nationalen politischen Erwägungen der Asylländer. Liegt es da nicht auf der Hand, die fast überall zunehmend restriktive Emigrantenpolitik der Asylländer in engem Zusammenhang mit der Appeasement-Politik jener Jahre, oder sogar als ihre direkte Folge zu sehen? Tatsächlich bestanden hier recht auffällige Parallelen, und doch ist Walter recht zu geben, der hier, aufs Ganze gesehen, von einem »vermittelten Zusammenhang«[125] spricht.

Gewiß gaben Regierungen den deutschen Forderungen nach, und ebenso gewiß geschah dies vielfach nicht deswegen, weil man eine Berechtigung des deutschen Standpunktes, Emigranten verletzten das Asylrecht, anerkannte, sondern weil man das auf möglicherweise mehreren Ebenen belastete Außenverhältnis in einem Punkte zu bereinigen hoffte – aus politischen Gründen also. Doch ebenso unbestreitbar ist, daß nirgends in den demokratisch regierten Ländern die im Rahmen des gewährten Asyls in allerdings erheblichen Abstufungen mögliche politisch-publizistische Betätigung des Exils bis 1938 vollends auf dem Altar der Entspannung und Annäherung an das Dritte Reich geopfert wurde, obschon die Entschiedenheit, mit der das Dritte Reich gerade darauf drängte, an Deutlichkeit nichts zu wünschen übrig ließ.

Und schließlich ist nicht außer acht zu lassen, daß Berlin nicht allein auf die Ausschaltung der Exilierten, sondern auf Unterdrückung jedweden antinationalsozialistischen Faktors im Ausland zielte und die Regierungen der Asylländer auch hier Bereitschaft erkennen ließen, Einfluß auf Staatsbürger ihrer Länder, die Presse des eigenen Landes oder politische Gruppen zu nehmen. Eine restriktive Emigrantenpolitik fand so durchaus ihre Parallele in Bemühungen von Regierungen, im eigenen Hause politische Faktoren im Sinne der Appeasement-Politik auf die außenpolitischen Bedürfnisse auszurichten. So gesehen war die zunehmende Beschränkung der Emigrantentätigkeit aus außenpolitischen Gründen früher Ausdruck für einen Prozeß, der den fortschreitenden Abbau des unbedingten Festhaltens an demokratischen Prinzipien in zahlreichen politischen Bereichen erkennen ließ. Das aber war eine Ermunterung an die nationalsozialistische Adresse. Je mehr die Appeasement-Politik solcherart Rückwirkungen auf die Innenpolitik der Demokratien zeigte, um so mehr mußte sich das Dritte Reich in seinem Selbstbewußtsein gestärkt fühlen, unnachgiebiger fordern zu können. Wenn auch die Emigrantenfrage in keinem Falle auf die Ebene eines offenen Konflikts gehoben wurde – das hätte auf beiden Seiten unverrückbare Standpunkte vorausgesetzt und dies wiederum bei den Asylländern ein höheres Maß an Einsicht in die vom Faschismus drohende Gefahr und ein Mehr an Abwehrbereitschaft –, so barg sie in sich doch genügend Angriffsfläche, die zu beseitigen für die betroffenen Länder aus einem vermeintlichen weiter zu fassenden nationalen Interesse geboten und auch tragbar schien.

In einem Bericht[126] aus Paris an die Adjutantur des Führers vom November 1938, in dem versucht wird, eine Analyse der gegenwärtigen außenpolitischen Stellung des Dritten Reiches zu geben, heißt es u. a.: es herrsche Übereinstimmung, »daß Deutschland nun die Schlüsselfrage der europäischen, sogar der internationalen Politik einnehme. Man betrachtet hier Deutschland unter dem Gesichtswinkel, daß der Führer entschlossen sei, aus der Tatsache des Respektes, den sich die deutschen Rüstungen und ihre jetzige Einsatzbereitschaft erworben haben, neue, die Macht Deutschlands verstärkende Konsequenz zu ziehen. Man setzt dabei den Faktor ‹persönliches Prestige› und überhaupt das Prestige stärker in Rechnung«. Und schließlich herrsche die Meinung vor, das nationalsozialistische Deutschland schicke sich an, »dem Ausland jedwede Kritik an innerdeutschen Dingen zu untersagen und diese Haltung zu einem integrierenden Element auch der konkreten diplomatischen Geschäftsführung zu machen«.

Diese Beurteilung war eine weitgehend zutreffende Beschreibung sowohl jenes Verhaltens gegenüber dem nationalsozialistischen Deutschland, das das Ausland in den letzten Monaten hatte offenbar werden lassen, als auch des Selbstbewußtseins, aus dem heraus Hitler-Deutschland forderte und eine Erfüllung seiner Forderungen erwartete. Verschärfte Aufenthaltsbestimmungen für Emigranten, nunmehr vergrößert um die Zahl der österreichischen Flüchtlinge, und nachdrücklichere Vorstellungen Berlins bei den Regierungen der Asylländer waren die Folge.

Die belgische Regierung verbot im Juni 1938 den Exilierten jede politische Aktivität. Sie hatten sich jeder Teilnahme an den innerpolitischen Angelegenheiten in Belgien zu enthalten und alles zu vermeiden, »was die guten Beziehungen Belgiens mit fremden Regierungen trüben könnte«[127]. Jede Teilnahme an Versammlungen, Umzügen, Kongressen wie auch die Herausgabe und Verteilung von Zeitschriften, Broschüren, Flugblättern usf. wurde als unerwünscht bezeichnet und mit Ausweisung bedroht. Mit dieser rigorosen Unterbindung der Emigrantentätigkeit verband die belgische Regierung zugleich Auflagen für belgische Vereine und Organisationen. Wollten diese bei politischen Kundgebungen ausländische Redner auftreten lassen, hatten sie dafür rechtzeitig eine besondere Genehmigung einzuholen[128].

Ähnlich wie in Belgien waren nach den Feststellungen der Gestapo auch in den skandinavischen Ländern Verfügungen zur Eindämmung der Emigrantentätigkeit ergangen. Das Gestapa nahm diese Vorgänge zum Anlaß, eine Sonderakte »Staatsrechtliche Behandlung der Emigranten im Ausland« anzulegen, die dazu dienen sollte, einen Überblick über die einzelnen Maßnahmen der jeweiligen Polizeien gegen die Emigranten zu gewähren und die Möglichkeit zu geben, »in gebotenen Fällen eine entsprechende Anfrage an die vertraulichen Adressen« zu richten, »insbesondere dann, wenn es sich darum handelt, die vertrauliche Adresse auf das unliebsame Wirken hier mißliebig in Erscheinung getretener Emigranten hinzuweisen«[129].

Hatte die Gestapo so offensichtlich die Möglichkeit, gezielt auf die Ausschaltung einzelner Emigranten hinzuwirken, so nahm das AA seinerseits jede Gelegenheit wahr, im Rahmen des diplomatischen Verkehrs unter dem allgemeinen Hinweis der außenpolitischen Belastung einen Zustand zu erreichen, wie er inzwischen in Belgien eingetreten war. Nachdem auf deutschen Druck ein Großteil der Exilpresse in der ČSR nicht mehr erscheinen konnte, wollte man sich in Berlin diesen Erfolg nicht einfach dadurch schmälern lassen, daß diese Presse nun in einem anderen Land erschien. Der Umsiedlung der Exilpresse nach Frankreich sei größte Aufmerksamkeit zu widmen, hieß es in einer Weisung an die dortige Botschaft. Dem französischen Außenminister wurde »deutlich zu verstehen« gegeben, »daß, wenn auch der Grundsatz der Pressefreiheit in Frankreich uns durchaus bekannt sei, sowohl die Betätigung der Emigranten in angesehenen französischen Zeitungen als auch das unbehinderte Erscheinen von Emigrantenzeitungen in Frankreich unbedingt eine Belastung für die deutsch-französischen Beziehungen darstelle«[130].

Die NS-Presse, die sich diplomatische Zurückhaltung nur insoweit auferlegte, als dies zweckmäßig erschien, dafür aber zu anderen Gelegenheiten, wo die Diplomaten vorsichtiger formulierten, unverblümt aussprach, was als Auffassung der politischen Führung gelten konnte, verlieh den Bemühungen zur Ausschaltung der Emigrantentätigkeit propagandistischen Nachdruck. Als im Februar 1938 in Paris eine die fünf Jahre Hitler-Herrschaft in Deutschland dokumentierende Ausstellung eröffnet wurde, beschäftigte sich ein Leitartikel des ›Völkischen Beobachters‹ vom 15. Februar ausführlich mit diesem »Skandal in Paris«[131]. Die Ausstellung sei eine »brüske und brutale Kampfansage« und ziele auf die Zerstörung der sich anbahnenden freundschaftlichen Beziehungen zwischen Deutschland und Frankreich; das gehe »schon ohne weiteres aus der Tatsache hervor«, daß die »Hintermänner« deutsche Emigranten seien. Die Verlängerung der Ausstellung, trotz deutscher Proteste, müsse man als bewußte Spannungsverschärfung deuten. Das deutsche Volk protestiere gegen solche Praktiken der demokratischen Staaten; dergleichen werde in Zukunft nicht mehr widerspruchslos hingenommen werden. »Wir werden von nun ab jeden anständig behandeln, der uns anständig entgegentritt, jedem Friedensstörer aber die Hiebe versetzen, die er uns zu versetzen sucht.« Mit seiner »wohlwollenden Duldung« der Emigranten und ihrer Tätigkeiten mische sich Paris in die innerdeutschen Verhältnisse ein, und darum werde die französische Regierung »vor der Weltöffentlichkeit verantwortlich gemacht werden müssen für einen Zustand publizistischer Fehde, der eintreten wird, wenn man sich in Paris nicht bequemt, das nationalsozialistische Deutschland in der öffentlichen Meinung mit der Achtung zu behandeln, die es verdient«. Eine Bestätigung dafür, daß diese Ausführungen programmatischer Ausdruck zukünftiger nationalsozialistischer Politik waren, lieferte Hitler wenige Tage später in seiner Generalabrechnung mit der Pressefreiheit der demokratischen Staaten, die er mit »Kriegshetze« gleichsetzte und auf die er mit »nationalsozialistischer Gründlichkeit« zu antworten versprach[132].

Mochte dies Anfang 1938 auch in erster Linie auf die antinationalsozialistische Presse im Österreich vor dem »Anschluß« und auf die ČSR gemünzt sein, so daß sich die Großmächte selbst veranlaßt sahen, z. B. der Tschechoslowakei einen mäßigenden Einfluß auf ihre Presse anzuempfehlen, so nahm das jedoch nichts von der grundsätzlichen Forderung Hitlers, die er im Herbst auf einer Gautagung in Weimar erneuerte. »Schärfste Abrechnung des Führers mit den Kriegshetzern« nannte der ›Völkische Beobachter‹ die Rede Hitlers[133], in der er wiederum Attacken gegen die unter der Fahne der Freiheit geführte »Kriegshetze« in den Demokratien ritt. Abrüstung heiße zuerst Abrüstung der Kriegshetzer, und er nannte Churchill, der, statt mit »Deutschen«, lieber mit »Emigrantenkreisen, das heißt mit ausgehaltenen, vom Ausland bezahlten Landesverrätern« verkehre[134].

Nach München, so fürchtete Hitler zu recht, würden die Gegner der Beschwichtigungspolitik in ihren Ländern Auftrieb bekommen und womöglich seinen bislang durch diese Politik ermöglichten Weg der ‹friedlichen› Eroberungen durch verstärkte Abwehrbereitschaft ein Ende bereiten. Wenn er Churchill, einen entschiedenen Gegner der Appeasement-Politik, in die Nähe der Emigranten, den »Landesverrätern«, rückte, so ist unschwer als Absicht dahinter zu erkennen, den Befürworter einer englischen Aufrüstung politisch und moralisch zu erledigen. Diese Absicht wird bestätigt durch eine auf Veranlassung Ribbentrops ergangene Weisung an die deutsche Botschaft in London, »keinen Angriff auf Duff Cooper, Churchill und Eden zu versäumen« und darauf hinzuweisen, »daß die Aufrüstungspropaganda, die aus diesem Lager kommt, eine subversive ist, d. h., daß sie nicht aus Sorge um die Sicherheit des Landes betrieben wird, vielmehr zum Ziele hat, in England eine anti-deutsche Kriegspsychose zu schaffen«, die nur in einer erneuten Aufrüstungswelle enden könne. Das Ziel dieser Politiker sei so zu kennzeichnen, daß ihr Treiben »zu anhaltender unerträglicher Spannung in England, zu Krisen und schließlich zur generellen Katastrophe führen müßte«[135].

Die deutsche Presse schließlich wurde angewiesen, gegenüber diesen drei »Kriegshetzern«, die von englischen Zeitungen als Kandidaten für einen Kabinettsposten propagiert würden, eine »so ablehnende Haltung einzunehmen, daß, ohne daß es ausgesprochen wird, in der ganzen Welt sich von selbst die Meinung bildet, eine Betrauung derartiger Persönlichkeiten mit führenden Ämtern müsse von Deutschland geradezu als Provokation empfunden werden«[136].

Dieses Beispiel verdeutlicht das Ausmaß versuchter nationalsozialistischer Einwirkung auf politische Faktoren und Entwicklungen im Ausland. Wenn überhaupt in der nationalsozialistischen Führung ernsthaft damit gerechnet wurde, solchermaßen mit Aussicht auf Erfolg operieren zu können, so sprach daraus doch eine Einschätzung der politischen Macht, die davon ausging, Bedrohungsvorstellungen, die der betonte Anspruch auf diese Macht und ihre Demonstration bei anderen auslöste, rigoros und ohne Furcht vor unerwünschten Rückwirkungen als politisches Druckmittel einsetzen zu können. Dies verfing zwar bei den Großmächten insofern, als sie davon ausgingen, bei der ‹Großen Politik› den »berechtigten« Forderungen Hitlers nicht um den Preis eines Krieges entgegentreten zu sollen oder zu können. Doch auf der weit unterhalb dieser Ebene liegenden Emigrantenfrage, vor allem in der Frage der politischen Betätigung, fruchteten die deutschen Forderungen, ganz im Gegensatz zu den kleineren Anliegerstaaten Deutschlands, weit weniger. Heinrich Mann beispielsweise konnte von 1933 bis 1939 in Frankreich unangefochten monatlich einen Leitartikel in der angesehenen Regionalzeitung ›Dépêche‹ (Toulouse) erscheinen lassen. Auch andere Emigranten konnten in französischen Zeitungen publizieren[137]. Im Mai 1939 noch kam es zur Gründung der »Deutsch-Französischen Union« (L'Union Franco-Allemande), die für die Erhaltung des Friedens und ein friedliches Zusammenleben der Völker Europas »auf der gemeinsamen Basis der humanistischen Traditionen der abendländischen Welt«, für die »Solidarität der Friedensmächte gegen die Angriffslustigen Staaten und auch gegen die Erpressung durch die Drohung mit dem Kriege« warb[138]. Zu ihren Gründern zählten deutsche Emigranten wie Alfred Döblin, Franz Werfel, Otto Klepper, Willi Münzenberg und Hermann Rauschning; von französischer Seite verliehen ihr Paul-Boncour, ehemaliger Ministerpräsident und Außenminister, und Yvon Delbos, ehemaliger Außenminister, Rang und Namen[139].

Die veränderte politische Lage in Europa ab 1938, der verstärkte Einfluß Deutschlands auf dem Kontinent, der »Anschluß« Österreichs, die Besetzung des Sudetengebietes, die verschärfte antijüdische und antikirchliche Politik im Reich und die daraus folgenden Fluchtwellen – all dies trug mit dazu bei, daß auch jene Zufluchtsländer mit bisher liberaler Praxis mehr und mehr dazu übergingen, sich gegen den Zustrom neuer Flüchtlinge zu schützen und sich auch von den bereits im Lande lebenden zu befreien suchten[140]. Für die Emigranten bedeutete dies vor allem rigorose Verschärfung der Aufenthaltsbestimmungen, die naturgemäß gerade auch die politische Betätigung der Exilierten betrafen. Die Monate vor und schließlich der Ausbruch des Krieges setzten aller bis dahin noch möglichen Betätigung der Exilierten ein jähes Ende. Die entschiedenen Gegner Hitlers und früheren Opfer nationalsozialistischer Politik waren nun ‹feindliche Ausländer›, vor denen man sich schützte, indem man sie internierte.

Die Resistenz der Asylländer gegen die deutschen Forderungen nach Ausschaltung der Exilierten als einem vom Regime eher überschätzten Gegner war zu einem erheblichen Teil mit davon bestimmt, welches politische Gewicht dem betroffenen Land in den europäischen Machtverhältnissen zukam. Gerade die kleineren Anliegerstaaten Deutschlands waren mit wachsender Stärke des Dritten Reiches bemüht, nach außen hin deutlich Entgegenkommen zu zeigen. Das Beispiel Tschechoslowakei machte deutlich, wie sehr die Emigrantenpolitik eines Asyllandes schließlich von überwiegend außenpolitischen Faktoren, auf die es selbst kaum noch Einfluß hatte, entschieden wurde. Zugleich wurde an den von deutscher Seite erhobenen, nun viel weitergehenden Forderungen nach Ausschaltung der Exilpresse erkennbar, und insofern hatte das deutsche Vorgehen Modellcharakter, daß dies nur Vorstufe zum Verbot jeder Kritik am Nationalsozialismus gewesen war. Hitler selbst ließ keinen Zweifel daran, daß er den Grundsatz der Pressefreiheit nicht akzeptierte; er zielte letztlich nicht nur auf das Verbot der Exilpresse in allen Ländern, sondern darüber hinaus auf Unterdrückung jeder ‹antideutschen› Bekundung im Ausland. Durch Drohung mit der militärischen Macht wollte er das Wohlverhalten des Auslands erzwingen.

Es wäre allerdings verfehlt, für die zunehmend restriktive Emigrantenpolitik der Asylländer einzig den außenpolitischen Druck verantwortlich zu machen. In den Asylländern erblickte man in den deutschen Emigranten nach anfänglich vielfach wohlwollender Aufnahme doch bald, sowohl vom innen- wie außenpolitischen Gesichtswinkel, vorwiegend nur lästige Ausländer. Die Bereitschaft, in bestimmten Fällen den deutschen Forderungen und Wünschen nachzukommen, war schon sehr früh, z. B. in den niederländischen Internierungsplänen, vorhanden. Das Bekenntnis zum Asylrecht hielt dann den außenpolitischen Belastungen nur mühsam stand. Allerdings, und das sollte nicht verkannt werden, bürdete gerade die planmäßige Vertreibung der Juden aus dem Dritten Reich und die dadurch ständig steigende Zahl von Flüchtlingen, die bald um die Flüchtlinge aus den besetzten Gebieten vergrößert wurde, den Zufluchtsländern Lasten auf, die zu tragen sich diese Länder nicht in der Lage sahen. Aber hier tritt eine fatale Logik zutage: Die Exilierten hatten unermüdlich auf das Unrechtsregime in Deutschland aufmerksam gemacht, hatten vor den teilweise noch verborgenen, dem Nationalsozialismus innewohnenden Tendenzen gewarnt und zum Sturz des Regimes aufgerufen, gerade auch weil der Nationalsozialismus nicht allein eine innerdeutsche Angelegenheit, sondern eine europäische Gefahr war. Aber die Warnungen blieben weitgehend unbeachtet; ja durch Einschränkung oder Unterdrückung der politisch-publizistischen Tätigkeit des Exils, zum Teil auf deutschen Druck hin, wurden die ungeliebten Mahner mundtot gemacht mit der Folge, daß die Rechnung, sich damit ein verträglicheres Verhältnis zum übermächtig werdenden Nachbarn einzuhandeln, nicht nur nicht aufging, sondern zu neuen Lasten und Belastungen führte.

Gezielt hatte der NS darauf hingearbeitet, das Exil als Kritiker des Regimes und meinungsbildenden Faktor im Ausland auszuschalten, sei es durch Diffamierung, um es in seiner Glaubwürdigkeit herabzusetzen, sei es durch Interventionen und schließlich auch durch politischen Druck. Dabei erstreckten sich die nationalsozialistischen Bemühungen nicht allein auf Ausschaltung der aktiv das Regime bekämpfenden Exilierten; jedes Auftreten von deutschen Flüchtlingen in deutschem Namen, jede Hilfsaktion für die Opfer nationalsozialistischer Politik offenbarten den ‹schädlichen Einfluß›, den die Flüchtlinge auf das Ausland ausübten. Sie stellten so in jedem Falle ein den nationalsozialistischen Interessen abträgliches Faktum dar. Wo immer sie in solcher Weise in Erscheinung traten, fielen sie auch unter die Kategorie ‹Gegnerbekämpfung›.

Das Exil als innenpolitischer Faktor

Im Mittelpunkt der bisherigen Darstellung stand die Abwehrarbeit des NS-Regimes gegen das Exil unter außenpolitischen Gesichtspunkten. Untrennbar damit verbunden war der Versuch der Machthaber im Reich, das Exil als innenpolitischen Faktor auszuschalten, denn das Exil, seinem Selbstverständnis nach dienender Teil der Opposition im Reich, war nicht nur bemüht, dieser Opposition draußen Gehör zu verschaffen und sie durch Einwirkung auf die außenpolitische Entwicklung zu unterstützen, es kämpfte ‹mit dem Gesicht nach Deutschland› und versuchte, direkt auf die Entwicklung im Reich Einfluß zu nehmen. Dem trug die Gestapo u. a. dadurch Rechnung, daß sie beispielsweise in einem Erlaß über die illegale kommunistische und marxistische Bewegung die Stapostellen zum Bericht »über die von der illegalen Leitung im Ausland geleistete Arbeit und deren Einfluß auf die Entwicklung der illegalen Bewegung im Reich« aufforderte[141]. Gestapo-Berichte und die Urteile der NS-Justiz geben Zeugnis vom Umfang jener illegalen Widerstandstätigkeit, die in direktem oder mittelbarem Zusammenhang mit dem Exil stand. Insbesondere die vom Regime in seiner negativen Auswirkung so hoch eingeschätzte Nachrichtenübermittlung durch die Exilpresse war ja ohne eine solche enge Zusammenarbeit gar nicht denkbar. Umfang und Qualität der durch die Exilpresse verbreiteten Nachrichten waren ein untrügliches Indiz für fortbestehende Widerstandstätigkeit im Reich[142]. Von der genauen Beobachtung und Auswertung der Exilpresse erhoffte sich denn auch die Gestapo wesentliche Aufschlüsse über Organisationen und Personen des innerdeutschen Widerstands[143], um die Illegalen ausheben zu können und damit gleichzeitig auch den unerwünschten Nachrichtenverkehr zu unterbrechen.

Die Abwehr aller ‹staatsfeindlichen Bestrebungen› wurde den Organen des Dritten Reiches nicht zuletzt dadurch erschwert und bereits erzielte Erfolge in Teilen dadurch wieder aufgehoben, daß das Exil vom Ausland her den innerdeutschen Widerstand tatkräftig unterstützte, womit der Kampf gegen das Exil zugleich auch eine innenpolitische Komponente erhielt. Das galt insbesondere für jene Aktivitäten, die auf die Wiederherstellung oder Aufrechterhaltung eines organisatorischen Zusammenhalts der im Reich verbotenen Organisationen (Parteien, Gewerkschaften, Vereine) zielten. So hatte beispielsweise die SPD rings um Deutschland Grenzsekretariate errichtet, die von ihrem Standort aus den nächstgelegenen Teil Deutschlands zu betreuen und zwischen ihnen und der Zentrale der Parteileitung in Prag die Verbindung herzustellen hatten. Die KPD löste nach 1935 die bis dahin noch nicht von der Gestapo zerschlagenen Führungsgremien im Reich auf; ihre Aufgaben wurden von Vertretern der Partei im angrenzenden Ausland übernommen, Instrukteure hielten die Verbindung zu den illegalen Kadern im Reich aufrecht.

Trotz eingehender Überwachung vermuteter Staatsfeinde, trotz zahlloser Verhaftungen und trotz wachsender Effektivität der eigenen Schlagkraft sah sich die Gestapo immer wieder vor die Tatsache gestellt, daß den vielfältigen Verbindungen zwischen Widerstandsgruppen im Reich und den Exilorganisationen nur äußerst schwer beizukommen war. Die eingangs zitierte Weisung an die Staatspolizeistellen von 1937 ist Ausdruck dafür, daß nach Auffassung der Gestapo der Kampf gegen das Exil zugleich ein Kampf gegen den inneren Feind war. Dabei war die Frage, ob etwa Strategie und Taktik des Kampfes der innerdeutschen Opposition vom Exil entscheidend mitbestimmt wurden, von sekundärer Bedeutung; was zählte, war, daß hier wie dort Feinde des Nationalsozialismus am Werke waren und ihr mögliches oder tatsächliches Zusammenwirken eine Gefahr bedeutete, die mit allen Mitteln des totalitären Polizeistaates beseitigt werden mußte.

Es würde zu weit führen, hier die Vielschichtigkeit der Beziehungen zwischen Exilorganisationen und Widerstandskreisen im Reich nachzuzeichnen. Dies ist zum Teil, vor allem für die großen Parteien KPD und SPD und ihre Abzweiger sowie deren Nebenorganisationen, bereits weitgehend geschehen; Regionalstudien haben wertvolle Ergänzungen geliefert[144]. Ein Bereich der Widerstandstätigkeit von Exil und innerdeutscher Opposition sei hier herausgehoben: die Einfuhr illegaler Schriften. Dabei soll nicht die Frage nach den Erfolgsaussichten im Vordergrund stehen, vielmehr geht es darum, die dadurch auf den Plan gerufenen Abwehrmaßnahmen des NS-Regimes in ihren Motiven und Zielsetzungen zu erörtern. So wie es sich das Exil zur Aufgabe gemacht hatte, die Welt über das nationalsozialistische Regime aufzuklären, so war es ihm ein ebenso großes Anliegen, »der Wahrheit einen Weg nach Deutschland hinein zu sprengen«[145], und so wie im Ausland machte es damit – vermindert zwar – auch Goebbels das absolute Nachrichten- und Meinungsmonopol im Innern streitig.

Gleich am Beginn der nationalsozialistischen Herrschaft stand eine Notverordnung »gegen Verrat am Deutschen Volke und hochverräterische Umtriebe«[146]. Sie verschärfte nicht allein die Strafbestimmungen für Hoch- und Landesverrat, sondern stellte diesen Begriff geradezu auf den Kopf, denn selbst die Verbreitung von Nachrichten, die im Ausland bereits bekannt waren, wurde unter Strafe gestellt; das hieß also Unterdrückung von Nachrichten im Inland, deren Verbreitung im Ausland man nicht hatte verhindern können[147]. Das sogenannte Heimtücke-Gesetz vom 21. 3. 1933 untersagte auch mündliche Kritik am Regime; es war ein Instrument, selbst harmlose, »aber mit dem totalitären Anspruch der nationalsozialistischen Führung nicht zu vereinbarende Kritik mundtot zu machen«[148]. Das Ausbürgerungsgesetz vom 14. 7. 1933 schließlich bot den Machthabern die Handhabe, die unerwünschte Kritik durch Exilierte im Ausland mit der Entziehung der deutschen Staatsangehörigkeit zu ahnden[149].

Eine Woche später entdeckte Göring eine beachtliche Lücke in der Absicherung des NS-Regimes gegen die fortdauernden und sich steigernden Angriffe »staatsfeindlicher Elemente«, so z. B. auch »auf dem Gebiete der Einfuhr illegaler Schriften«[150]. Er legte den Entwurf eines »Gesetzes zur Gewährleistung des Rechtsfriedens« vor, das zur »Abwehr von Angriffen volksschädlicher Elemente gegen den Staat« wirksam werden sollte. Am 13. 10. 1933 wurde das nur unwesentlich gegenüber dem Entwurf Görings abgeänderte Gesetz verkündet[151]. Es stellte nicht nur Staatsbeamte und Angehörige der NSDAP unter erhöhten Strafschutz, sondern brachte auch eine Reihe wesentlich verschärfter Strafbestimmungen für die Herstellung, Einfuhr und Verbreitung nicht genehmer und wegen ihrer möglichen Wirkung als gefährlich angesehener Druckschriften. Danach wurde mit dem Tode bzw. mit lebenslangem Zuchthaus oder mit Zuchthaus bis zu 15 Jahren bestraft, wer im Ausland Druckschriften herstellte, verbreitete »oder zum Zwecke der Verbreitung« bereithielt, die den Tatbestand des Hochverrats nach den Bestimmungen des Strafgesetzbuches begründeten, ferner wer es unternahm, solche Schriften zum Zwecke der Verbreitung ins Inland einzuführen bzw. bereits eingeführte verbreitete. Die Bedeutung dieser Vorschriften lag nach der Begründung zu diesem Gesetz »in einem Doppelten«: zum einen erweiterten sie den Strafrahmen nach oben hin, zum andern wurde für die Verfolgung des im Ausland begangenen Hochverrats an die Stelle des bisherigen Opportunitätsprinzips das Legalitätsprinzip eingeführt[152].

Als Kampfmaßnahme richtete sich das Gesetz laut Begründung »in erster Linie gegen das politische Verbrechertum«. Alle Angriffe gegen den »Bestand, die Sicherheit und das Ansehen« des NS-Staates sollten »unter Einsatz aller staatlichen Machtmittel unterdrückt« werden. Als »besonders gefährlich« wurden alle Bestrebungen »derjenigen staatsfeindlichen Kräfte« angesehen, die das »Feld ihrer gegenrevolutionären Tätigkeit« ins Ausland verlegt hatten, um von dort aus den Sturz des NS-Regimes zu betreiben. Da diese Kräfte immer mehr dazu übergingen, »das Material für ihre Wühlarbeit im Ausland herzustellen und von dort aus ins Inland hinein zu verbreiten«, sollte dem durch Strafdrohungen »mit erhöhter Abschreckungskraft entgegengetreten werden«[153]. Deswegen wurde in § 2 des Gesetzes eine besondere Strafbestimmung für die Einfuhr staatsgefährlicher Druckschriften geschaffen. Sofern nicht die Einfuhr von Druckschriften ohnehin den Tatbestand des »Hochverrats« erfüllte, wurde derjenige mit bis zu fünf Jahren Zuchthaus bestraft, der Druckschriften ins Reich »in der Absicht der Verbreitung zu staatsgefährdenden Zwecken« einführte[154].

Das richtete sich sowohl gegen die von Exilorganisationen unternommenen Versuche, den organisatorischen Zusammenhalt der im Reich verbotenen Parteien und Vereine aufrechtzuerhalten oder wiederherzustellen, als auch gegen Druckschriften, die den Straftatbestand des § 3 des sogenannten Heimtücke-Gesetzes vom 21. März 1933 erfüllten, das jedes Aufstellen oder Verbreiten unwahrer oder »gröblich entstellter« Behauptungen »tatsächlicher Art«, die geeignet waren, das Wohl des Reiches oder das Ansehen der Reichsregierung und der hinter ihr stehenden Parteien und Verbände »schwer zu schädigen«[155], unter Strafe stellte und damit praktisch jede den Machthabern mißliebige Äußerung.

In den ersten Jahren nationalsozialistischer Herrschaft sahen es die Exilorganisationen vor allem von KPD und SPD als bedeutenden Beitrag ihres Kampfes gegen das Regime an, illegale Schriften in Massen über die Reichsgrenze zu schmuggeln und diese durch ehemalige Parteiangehörige und Sympathisanten mehr oder weniger gezielt verteilen zu lassen. Flugschriften, eigens dafür in Kleinformat hergestellte Zeitungen und Tarnschriften wurden durch Kuriere über die Grenze geschafft[156]. In einem Runderlaß des AA vom November 1935 heißt es beispielsweise, von Dänemark aus würde »nicht nur in kleinen Mengen, sondern zentnerweise zersetzende Literatur eingeschmuggelt«[157].

Für die Gestapo war die Abwehr der Einfuhr illegaler Schriften allein deswegen schon dringend geboten, da sie auch Schulungsmaterial, Anleitungen für die Zersetzungsarbeit, Weisungen und Nachrichten für illegale Organisationen im Reich enthielten[158]. Bei erfolgreicher Abwehrarbeit konnte die Gestapo hoffen, Widerstandsgruppen mehr oder weniger orientierungslos werden zu lassen und damit deren Aktionsmöglichkeiten auf den begrenzten regionalen Raum der jeweiligen Gruppe einzuschränken. Dadurch wurde zwar noch nicht die Tatsache des Widerstandes selbst aus der Welt geschafft, wohl aber teilweise der Aufbau eines größeren organisatorischen Zusammenhangs der einzelnen Gruppen verhindert.

Die Abwehrarbeit der Gestapo konzentrierte sich dort, wo noch am ehesten die Verbreitung ins Reichsgebiet verhindert werden konnte, an der Grenze. Die Stapo Dresden nannte im August 1935 in einer Übersicht über Zusammenstöße mit kommunistischen Schriftenschmugglern an der Grenze zur ČSR fünf Fälle, in denen es auch zum Gebrauch von Schußwaffen gekommen war[159]. So kam es im Juli 1934 zu einer Schießerei zwischen Zollbeamten und 15 Kommunisten, als diese 7 Zentner illegales Druckschriftenmaterial über die Grenze brachten. Am 4. 7. 1935 kam es beim Abfangen eines Druckschriftentransportes, der zuvor durch einen Gestapo-Spitzel verraten worden war, zwischen Gestapo-Beamten und Illegalen zu einem regelrechten Feuergefecht, bei dem 3 Kommunisten erschossen wurden[160]. In einem Brief an Himmler wies Heydrich in dem Zusammenhang darauf hin, daß die illegale Tätigkeit der KPD »nicht allein an den Grenzen, sondern auch, wie festgestellt, im ganzen Reich an Aktivität ganz erheblich zugenommen hat«[161]. Sofort wurde eine Verhaftungswelle eingeleitet. Im September befahl Himmler erneut, »sofort durch eine großangelegte Aktion etwa 200 bis 300 Kommunisten, die längs der tschechischen Grenze wohnen, in Schutzhaft zu nehmen«. Dabei sollte »insbesondere« auf jene Kommunisten zurückgegriffen werden, »die bereits wegen politischer Vergehen in Schutzhaft gesessen haben«[162]. Unter Bezugnahme auf diese beiden Anordnungen schickte das Geheime Staatspolizeiamt Sachsen am 19. 11. 1935 zwei Listen nach Berlin, in denen insgesamt 703 verhaftete Personen aufgeführt waren[163].

Gewiß war der Vorfall an der Grenze auch Vorwand gewesen, die Massenverhaftung von Kommunisten im Reich durchzuführen. Aber ebenso sprach aus diesem Präventivschlag auch die Furcht vor einem

Wiedererstarken der illegalen Bewegung, wofür der Schmuggel von Druckschriften und ihr Auftauchen im Reich nur ein Indiz zu sein schien.

Trotz solcher Schläge konnte die Gestapo kaum von einem vollen Erfolg sprechen. Im Januar 1936 mußte sie feststellen, daß z. B. die Verteilung illegaler Schriften der SPD »unaufhaltsam« fortschritt und »außerordentlich schwer« abzudämmen war[164]. Deswegen hielt sie es auch für »dringend notwendig«, in den von der SPD zur Herstellung illegalen Materials benutzten »Graphia-Verlag« in Karlsbad »zentral vertraulich einzudringen, um die Anschriften der Empfänger der illegalen Literatur zu erhalten«[165].

Gerade durch V-Leute gelang es der Gestapo immer wieder, in den Verteilerapparat einzubrechen. So fungierte ein V-Mann der Gestapo in Kiel als Kurier für illegale Schriften der SPD von Dänemark nach Deutschland. Er nahm beispielsweise im August 1938 in Dänemark 1500 postversandfertige Briefe in Empfang, die die für das ganze Reichsgebiet bestimmte Schrift ›Laßt Tatsachen sprechen‹ enthielt. Der V-Mann gab nur die Kontrollbriefe auf, der Rest wurde von der Gestapo einbehalten[166]. Ebenso konnten durch einen V-Mann der Gestapo in Aachen im April 1938 630 Briefe der »Deutschen Freiheitspartei« erfaßt werden[167]. Im Juli und August 1938 verhaftete die gleiche Stapostelle mehrere Personen wegen Druckschriftenschmuggels und illegaler Tätigkeit für die SPD[168], desgleichen die Stapo Stuttgart bei einer Aktion gegen den illegalen Transportarbeiterverband[169].

Die Einfuhr und Verbreitung der Schriften führte zu großen Opfern unter den Illegalen. Die zahllosen Verhaftungen und Verurteilungen geben ein Bild vom Umfang der hier geleisteten Widerstandstätigkeit[170], auch wenn man berücksichtigt, daß, wie etwa im Falle der Massenverhaftungen im Zusammenhang mit dem Feuergefecht zwischen Polizei und Schriftenschmugglern im Sommer 1935, wahllos Verhaftungen vorgenommen wurden, ohne daß im Einzelfall konkrete Widerstandshandlungen vorliegen mußten.

Die mit dem Ziel betriebene Verbreitung illegaler Schriften, mit zu einer Massenerhebung gegen den Nationalsozialismus beizutragen und damit seinen Sturz herbeizuführen, erwies sich unter den Bedingungen totalitärer Institutionen und Strukturen mehr und mehr als Illusion. Die unter großen Opfern eingeführten und verbreiteten Schriften waren unter diesen Bedingungen für den illegalen Kampf nur bedingt geeignet. Die im Ausland hergestellten Druckschriften ließen zuweilen jedes Vertrautsein mit den Verhältnissen im Inland vermissen. Unter den gegebenen Bedingungen war es oft nicht mehr als Makulatur[171]. Überdies verhinderte die zunehmende Effektivität der Gestapo im Aufspüren und Zerschlagen organisierten Widerstands und in der Abwehr aller ‹staatsfeindlichen› Bestrebungen, so auch hinsichtlich der Verbreitung illegaler Schriften, daß diese auch jene erreichten, an die sie sich vornehmlich richteten: die Massen.

Allmählich setzte sich auch unter den Exilorganisationen die Erkenntnis durch, daß die Gegner des Regimes dessen ungebrochener organisierter Gewalt keine gleichwertige oder überlegene organisierte Gewalt entgegenstellen konnten[172], eine Erkenntnis, zu der die Illegalen im Reich zumeist schon weit früher gelangt waren, wie z. B. die Gruppe »Neu Beginnen«, die von Anfang an konspirativ arbeitete und die »Massenarbeit« ablehnte[173]. Nach drei Jahren Kampf bekannte auch der Parteivorstand der SPD im Exil, daß sich die eigene Massenarbeit angesichts der Massenverhaftungen als Katastrophe erwiesen habe[174].

Im September 1937 erschien in dem Exilorgan ›Der Kampf‹ ein Artikel über ›Die Träger der antifaschistischen Bewegung in Deutschland‹, der diese Erkenntnis als die inzwischen vollzogene Abkehr von bislang gehegten Illusionen kennzeichnete[175]. Der Faschismus werde nicht mehr als »episodenhafte, vorübergehende Erscheinung« eingeschätzt und dementsprechend seien auch die Kampfmethoden der ersten Jahre kaum mehr anzutreffen. Unter faschistischen Bedingungen sei eine gegnerische Massenorganisation nicht möglich, »da man Massen gar nicht illegal organisieren könne, höchstens sie in ihren Handlungen beeinflussen«. Die einzige ‹Organisation›, die möglich sei, sei der Betrieb, denn den könne die Gestapo nicht auflösen. Diese Ausführungen deckten sich, wie die Gestapo in einem Runderlaß festhielt, »vollkommen« mit den eigenen Beobachtungen und Erfahrungen über die illegale Bewegung der ‹Marxisten› in Deutschland[176]. Doch die Abkehr von den Bestrebungen, eine illegale Massenorganisation zu schaffen, war ja nicht Verzicht auf Widerstandstätigkeit, und die Gestapo mußte weiterhin in den Versuchen, die Handlungen der Massen zu beeinflussen und in der Betätigung illegaler Kreise in den Betrieben äußerst gefährliche Aktivitäten erblicken.

Gerade die Vertrauensrätewahlen von 1934 und 1935 hatten deutlich gemacht, daß die erhoffte Zustimmung zum Nationalsozialismus ausgeblieben war. Das Ergebnis der Vertrauensrätewahlen vom Februar 1934 wurde amtlich verschwiegen[177]. Mit ungeheurem Propaganda-Aufwand wurden die Wahlen von 1935 mit der Losung »Für Deutschland« vorbereitet. Doch auch sie brachten ein niederschmetterndes Ergebnis. Zwar verlautete amtlich, 82 % hätten für die Listen der Nationalsozialisten gestimmt, aber das war propagandistische Färbung. Tatsächlich lagen die Ergebnisse weit darunter, und intern gab man zu, daß sie die in die Wahl gesetzten Erwartungen in keiner Weise erfüllten[178].

Mit ihren Parolen, eingeschmuggelten Schriften und Mundpropaganda dürften die Illegalen wesentlich zu diesem Mißerfolg beigetragen haben[179]. Zahllose Verhaftungen waren die Folge. Trotzdem zeigte die »Kurve der illegalen Propagandatätigkeit«, wie es in einer Tagesmeldung des Gestapa vom September 1935 hieß, »ansteigende Tendenz«. Aus allen Teilen des Reiches lagen Meldungen über Beschriftungen, Postsendungen, Verbreitung von Flugblättern und andere Propagandatätigkeit vor[180].

Angesichts des Ergebnisses der letzten Vertrauensratswahl hielt es auch die Gestapo nicht für ausgeschlossen, daß für die bevorstehenden Wahlen von 1936 »größere Mengen von illegalem Material« z. B. von der Tschechoslowakei aus über die Grenze geschmuggelt würden; das mache eine »scharfe Kontrolle der von der ČSR nach Deutschland Einreisenden erforderlich«. Die Stapostellen in Sachsen und die Zollgrenzdienststellen wurden angewiesen, auf etwaigen Schriftenschmuggel zu achten[181]. Hitler zog es jedoch vor, die angesetzte Vertrauensratswahl auf unbestimmte Zeit zu verschieben.

Statt sich erneut einem in seinem Ausgang ungewissen Votum der Arbeiter zu stellen, wurde vielmehr im März 1936 in einer Besprechung über »bestimmte Erfordernisse der Staatssicherheit« unter dem Vorsitz Görings zwischen Himmler, Heydrich, dem Leiter der »Deutschen Arbeitsfront«, Ley, sowie Staatssekretären mehrerer Ministerien vereinbart, »alle Möglichkeiten eines getarnten Wirkens kommunistischer Kräfte« sorgfältig zu prüfen und eine »Durchprüfung und laufende Überprüfung ehemaliger Marxisten« in der DAF durchzuführen[182].

Doch nicht nur anläßlich der Vertrauensratswahlen, auch bei Reichstagswahlen befürchtete man eine negative Beeinflussung durch eingeschmuggelte illegale Druckschriften, die das angestrebte hohe Votum für Hitler beeinträchtigen könnten. So wurde zur Volksabstimmung vom August 1934, in der das deutsche Volk die Vereinigung der Ämter des Reichskanzlers und Reichspräsidenten nach dem Tode Hindenburgs sanktionieren sollte, die Grenzüberwachung verstärkt, um die Einfuhr illegaler Schriften zu verhindern[183]. Für die »Volksabstimmung über die deutsche Innen- und Außenpolitik in Form einer Reichstagswahl«[184] nach dem Einmarsch Hitlers in die entmilitarisierte Rheinlandzone traf das Propagandaministerium Vorkehrungen, die Einfuhr illegaler Schriften einzudämmen. Auf seine Initiative wurden »im Benehmen mit dem

Herrn Reichs- und Preußischen Minister des Innern, dem Herrn Reichskriegsminister und dem Herrn Reichsfinanzminister [...] zu diesem Zwecke vom SS-Sicherheitshauptamt 150 SS-Männer zur Verstärkung der Zollstellen bis zum 29. März«, dem Wahltage, allein in Sachsen eingesetzt[185].

In dem Zusammenhang gewann auch das Exil als ‹Wahlkampf›-Thema eine besondere Bedeutung. Bei den Plebisziten waren ja keine Entscheidungen verlangt, sondern Akklamation und pauschale Billigung der nationalsozialistischen Politik. Kritik am Regime sollte und durfte nicht aufkommen, schon gar nicht durfte das Wahlergebnis zu Spekulationen darüber Anlaß geben, ob denn vielleicht doch nicht, wie stets von den Machthabern behauptet, das ganze Volk geschlossen hinter Hitler stehe. So gaben die Nationalsozialisten für die Volksabstimmung vom 19. 8. 1934 die Parole aus: »Alle Macht dem Führer!«[186] Frick betonte, es gelte dem Ausland gegenüber die Behauptung, »in Deutschland herrsche eine verantwortungslose Diktatur«, als Zwecklüge zu entlarven[187], und Heß wies, nochmals die außenpolitische Bedeutung der Wahl unterstreichend, auf die »Gefahr« hin, daß »Hunderttausende von Zeitungsschreibern« nur darauf warteten, den Zusammenbruch des Dritten Reiches melden zu können, »wenn am 19. August auch nur eine geringere Zahl Deutscher weniger zur Wahl geht als am 12. November«[188], der Wahl von 1933 nach dem Austritt Deutschlands aus dem Völkerbund.

Immer wieder setzten sich die NS-Propagandisten im Wahlkampf mit dem Exil auseinander, gleichsam so, als gelte es, sich am Wahltage gegen das Exil und die von ihm verkörperten und vertretenen politischen und moralischen Zielsetzungen zu entscheiden. So forderte Goebbels auf einer Massenkundgebung in Berlin dazu auf, »den Lügnern der Emigrantenpresse endgültig das Maul zu stopfen«; man wolle ihnen am 19. August »eine Schmerzensstunde bereiten, wo ihnen Jubel und Begeisterung endgültig vergeht«. Sie sollten die Hoffnung aufgeben müssen, »jemals noch die deutsche Grenze überschreiten zu können«, und sie sollten wissen, »daß das deutsche Volk nicht erwacht ist, um nach 20 Monaten sich wieder in Schlaf zu legen«[189].

Unverkennbar zielte Goebbels hier auf bestehende Widerstände gegen das Regime. Angesichts der illegalen Propaganda, an der auch die vom Exil aus eingeschmuggelten Schriften einen erheblichen Anteil hatten, war seine Wendung gegen die Emigrantenpresse mehr als bloß Kampfansage an einen äußeren Feind. Der außen- und innenpolitische Nutzen, den sich die Machthaber von einem in Diktaturen üblichen ‹eindeutigen› Stimmergebnis erwarteten, hing auch mit davon ab, inwieweit es gelang, die Gegner und die in abwartender Haltung Verharrenden zur Stimmabgabe zu bewegen. Solange aber die weitgehend in Übereinstimmung mit der Gegenpropaganda der Exilierten stehende Propaganda der Illegalen im Reich auf fruchtbaren Boden fiel und sich etwa durch Stimmenthaltung nach außen sichtbar niederschlug, so lange war auch der angestrebte Erfolg im Abstimmungsergebnis nicht unbedingt gewährleistet.

Unablässig hatte die NS-Propaganda die Exilierten als politisch, geistig und moralisch minderwertige Elemente diffamiert[190]. Den propagandistischen Kampf gegen den politischen Gegner hatten die Nationalsozialisten schon während der Weimarer Zeit nach dem Grundsatz geführt, einen Keil zwischen Führung und Masse der Anhänger zu treiben, weniger die Massen selbst anzugreifen, sondern die Führer, um so leichter mit der eigenen Propaganda diese Massen zu gewinnen; das Vertrauen der Anhänger in ihre Führung sollte untergraben werden[191]. Nach dem gleichen Grundsatz und mit der gleichen Zweckbestimmung führte man auch nach der Machtergreifung die Kampagnen gegen das Exil. Vor allem, um die bis dahin den gegnerischen Parteien zuzurechnenden Massen der Arbeiter zu gewinnen, stellte die NS-Propaganda ihnen die emigrierten Führer und Funktionäre als Arbeiterverräter dar, die die Arbeiter betrogen hätten, sich auf ihre Kosten bereichert und die Feinde Deutschlands zur militärischen Intervention gegen den NS-Staat drängten, nur, um »ihre alten Pfründe wieder entgegenzunehmen«[192] und sich als die alten Blutsauger wieder in den alten Positionen festzusetzen[193]. Die Diffamierung der Arbeiterführer und die parallel laufende Zerschlagung der Organisationen durch die Gestapo sollten die ehemaligen Anhänger in die Arme der Nationalsozialisten treiben. Die ‹Erfolge› der nationalsozialistischen Herrschaft wurden von der NS-Propaganda gegen die düsteren Prognosen der Exilierten abgehoben. So gab sich Hitler in einer Rede zuversichtlich, daß die wirtschaftliche Entwicklung erfolgreich weitergetrieben werden könne, denn »trotz der charakterlosen, schamlosen Hetze der Emigranten« sei es im ersten Jahre der Herrschaft der Nationalsozialisten gelungen, »so weit vorwärts zu kommen«[194].

Diffamierung des Exils und die gleichzeitig damit verbundenen Angriffe gegen das durch das Exil verkörperte, dem Nationalsozialismus entgegenstehende Wertsystem stellten darauf ab, jedes weitere Festhalten an nichtnationalsozialistischen Vorstellungen unmöglich zu machen; durch Identifikation aller Abweichung und Opposition mit dem verleumdeten und verfemten Exil sollte die Solidarität und Zustimmung zum Nationalsozialismus gleichsam erzwungen werden. Wo immer von Exil in der NS-Propaganda die Rede war, geschah dies in der Weise, daß die Exilierten zum Vehikel der NS-Ideologie wurden.

Auch diejenigen, die sich reserviert verhielten, die gegenüber dem Nationalsozialismus für sich einen geistigen und moralischen Vorbehalt in Anspruch nahmen, auch ohne daß dies in Widerstandshandlungen erkennbar wurde, wurden von der NS-Propaganda mit dem verfemten Exil und den Todfeinden Deutschlands auf eine Stufe gestellt. So veröffentlichte der ›Völkische Beobachter‹ am Tage der Wahl vom 19. 8. 1934 einen Artikel ›Über die geistige Emigration‹[195], der sich polemisch mit jenen auseinandersetzte, die zwar noch im Reich lebten, geistig aber schon längst »emigriert« seien; sie trieben »Sabotage und Widerstand, soweit sich das eben treiben läßt, verwirren Schwachköpfe durch ihre Haltung, bezweifeln das Unbezweifelbare [...] tummeln überall ihren Argwohn, streuen überall ihre niederträchtigen Verleumdungen aus«. Wer heute nicht hingehe und Hitler sein Ja gebe, »der gehört entweder zu dieser geistigen Emigration, oder er hat sich doch – zur Freude der feindlichen Umwelt – in ihre Gesellschaft begeben« und sich damit »im Ergebnis« mit ihnen auf einer Linie gefunden und mit »Todfeinden Deutschlands gemein gemacht«.

Dieser Appell zur totalen Anpassung machte deutlich, daß es gegenüber dem Totalitätsanspruch des Nationalsozialismus kein legitimes Abseitsstehen gab, schon gar nicht legitime Opposition. Das Wahlergebnis von 84 % Ja-Stimmen war kein ungetrübter Erfolg für das Regime. Nicht allein, daß es damit um drei Prozent niedriger lag als ein Jahr zuvor, in vielen Städten war sogar ein hoher Anteil von Nein-Stimmen und Stimmenthaltungen zu verzeichnen gewesen[196].

Die ›Deutsche Allgemeine Zeitung‹ stieß in ihrer Wahlanalyse auf eine Richtung »nihilistischer Verneinung«, die in Deutschland »noch nicht völlig« verschwunden sei[197]. Das war gerade jene Richtung, die die NS-Propaganda noch am Tage der Wahl so heftig angegriffen hatte und durch die Parallele zum verfemten Exil als moralisch nicht zu vertretende Alternative gebrandmarkt hatte. Diese Richtung war es auch, die den Machthabern weiterhin, trotz aller Erfolge in der Verfolgung des aktiven Widerstands, als ernste Gefahr erschien, weil sie, ohne unmittelbar als Widerstand erkennbar und damit für die Gestapo weniger leicht zu bekämpfen, getarnt an der Zersetzung des NS-Regimes arbeitete oder doch ein Reservoir oppositioneller Kräfte darstellte, die zu gegebener Zeit aktiv werden konnten.

Auch nachdem die massenhafte Einfuhr illegaler Schriften seitens der Exilorganisationen wegen der damit verbundenen zu großen Opfer weitgehend zugunsten gezielter Verteilung oder durch Zusendung per Post aufgegeben worden war, blieb diese dem Umfang nach eingeschränkte illegale Propaganda, die nun auch verstärkt als Mundpropaganda betrieben wurde, für die Gestapo ein wichtiger Gegenstand ihrer Arbeit, dem sie im Sinne der Abwehr aller staatsfeindlichen Bestrebungen größte Aufmerksamkeit widmete, denn, so heißt es in einem Vermerk des Gestapa vom Januar 1938, nach »Lage der Sache« deuteten »alle Anzeichen darauf hin, daß die Agitation in der letzten Zeit eine wesentlich breitere Basis gefunden hat«[198].

Diese Verbreiterung der Basis kennzeichnete ein Lagebericht des Sicherheitshauptamtes vom Januar 1938 so, daß sich im Laufe der Entwicklung mehr und mehr »zwei Hauptgegner der nationalsozialistischen Weltanschauung und des nationalsozialistischen Staates herauskristallisiert« hätten, und zwar »die politischen Kirchen und die Reaktion«. Während sich auf dem Boden der Kirchen alle weltanschaulichen Gegner zusammenfänden und in der Opposition gegen den Staat eine geschlossene Front bildeten, die sich zu festigen beginne, sei die »Reaktion«, z. T. in Zusammenarbeit mit den Kirchen, bereits »äußerst aktiv geworden«[199]. Im Rückblick auf das Jahr 1938 stellte der Jahreslagebericht des Sicherheitshauptamtes fest, die »weltanschaulichen Gegner« hätten sich unter den »ideologischen Schlagworten des Liberalismus in einer Kampffront zusammengeschlossen«[200]. Die »liberalistischen Begriffe Freiheit, Toleranz, Fortschritt, Friede und Zusammenarbeit der Völker« bildeten nunmehr »für alle Gegner vom Kommunismus bis zur Reaktion die Kampfparolen gegen den Nationalsozialismus«[201]. Die Bedeutung des »Liberalismus« liege aber nicht »in den Organisationsformen, sondern in der inneren Haltung der einzelnen Träger liberalistischen Gedankengutes«[202].

Hatte in den ersten Jahren die Abwehrarbeit insbesondere der Verhinderung des Wiederaufbaus zerschlagener illegaler Organisationen gegolten, so trat, mit institutioneller Festigung der Macht, nunmehr verstärkt die Abwehr des ‹weltanschaulichen› Gegners in den Vordergrund.

»Das tiefste Geheimnis der Macht«, schrieb Friedrich Stampfer, sei nicht die »Gewalt an sich«, sondern die »Anerkennung der Gewalt durch die Beherrschten«[203]. Die Nationalsozialisten traten dem Staatsbürger »mit dem vollen Gewicht des Anspruchs auf Loyalität entgegen, der aus dem Anspruch auf Legalität folgte«[204]. Gerade die Legalitätstaktik der

Nationalsozialisten hatte entscheidend zum Erfolg der Machteroberung und der Festigung dieser Macht beigetragen; durch politische und geistige Gleichschaltung und durch Ausrichtung aller Wertmaßstäbe »auf die nationalistische und sozialdarwinistisch-antisemitische Machtideologie des Nationalsozialismus«[205] hatte sich dieser die Alleinherrschaft gesichert. Den Beherrschten wurde mehr und mehr die Möglichkeit einer selbständigen politischen, geistigen und moralischen Orientierung genommen. Mit der Zerstörung der Rechtssicherheit ging die gezielte Vernebelung und letztlich auf völlige Ausschaltung des Unrechtsbewußtseins zielende Demontage eines dem Nationalsozialismus entgegenstehenden Wertsystems einher. Was in dem Lagebericht als das überall verstärkt zu verzeichnende Auftreten der Gegner unter den »ideologischen Schlagworten des Liberalismus« vermerkt wurde, war aber Kennzeichen für die Reaktion auf den zunehmenden Druck, mit dem das Regime seinen Totalitätsanspruch durchsetzte, Kennzeichen für die zunehmende Mißbilligung, wenn auch nicht der Gesamtpolitik, so doch wesentlicher Teile. Ablehnung oder Mißbilligung waren zwar noch nicht Opposition, aber sie bereiteten den Boden für zielgerichtetes Handeln.

Die Entwicklung des Jahres 1938, heißt es in dem Lagebericht weiter, habe gezeigt, »daß gerade bürgerliche und intellektuelle Kreise bei der kleinsten Belastungsprobe durch ständigen Zweifel an der nationalsozialistischen Staatsführung die Quelle liberalistisch-pazifistischer Denkweise bilden und breitere Bevölkerungskreise in ungünstiger Weise beeinflussen«[206]. Eine illegale Propaganda, die diese ‹liberalistischen› Tendenzen der weltanschaulichen Gegner des Nationalsozialismus förderte, erschien der Gestapo um so gefährlicher, als diese Propaganda nunmehr auch in Kreise vordrang, die bislang von der organisierten Verfolgung nahezu ausgenommen waren und, schwer kontrollierbar, dort auf einen verstärkten Trend zur Sammlungsbewegung aller Unzufriedenen traf.

Kennzeichnend dafür ist die Einschätzung der »Deutschen Freiheitspartei« durch den Nationalsozialismus und die Reaktion der NS-Organe auf diese oppositionelle Bewegung. Die »Deutsche Freiheitspartei« (DFP) entstand 1936/37 im Exil, nachdem die Bemühungen der Exilierten um einen Zusammenschluß aller Hitler-Gegner zu einer Volksfront weitgehend gescheitert waren. Die DFP verstand sich als »Volksfront ohne Kommunisten«[207]. Als Oppositionsbewegung, die sich bewußt nach allen Seiten hin offenhielt und ebenso bewußt versuchte, nicht als Exilorganisation, sondern als innerdeutsche Opposition aufzutreten, entwickelte sie eine rege Propagandatätigkeit sowohl im Ausland wie ins

Reich hinein. Gegenüber der Flugblattverteilung der DFP traten, wie die Gestapo im Januar 1938 feststellte, »andere Versendungen in ihrer Bedeutung zurück«[208]. Aus dem Durcheinander der verschiedenen Exilgruppen habe sich die DFP mehr und mehr zu einer »Dachorganisation« entwickelt, deren Propagandaarbeit »stärkere Beachtung verdiene«[209]. Das Programm dieser Organisation, nämlich »Freiheit der Person, des Geistes, des Gewissens und des Glaubens« sowie die »geschickt geleistete Arbeit« seien geeignet, »die verschiedenen Gegnerkreise zusammenzuschließen«. Daß Männer wie Max Braun und Georg Bernhard, Willi Münzenberg, Spiecker, Treviranus und Rauschning zu ihr gehörten, verdeutliche nur, »welchen weiten Rahmen« die Freiheitspartei besitze[210].

Nach mehrmonatiger Überwachung gelang es der Gestapo im Herbst 1938, durch zahlreiche Festnahmen den Verteilerapparat so empfindlich zu stören, daß bald darauf die Stapostellen ein deutliches Nachlassen der Propagandatätigkeit der DFP melden konnten[211]. Eine ‹Organisation› konnte die Gestapo nicht zerschlagen, weil ein festes Organisationsgefüge gar nicht bestand, sondern vermutlich »nur ein Kreis von Sympathisierenden, die, aus der Weimarer Zeit miteinander bekannt, mit ihren Freunden wiederum diskutierten, die Lage erörterten und Informationen austauschten«[212].

Was die Auslandspresse in ihrer Stellungnahme zur DFP positiv hervorhob, entsprach zugleich den Befürchtungen der Gestapo: daß es nämlich trotz allem Terror und trotz aller Überwachung weiterhin oppositionelle Bewegungen im Reich gab, zu deren Charakteristikum es gehörte, daß sie sich nicht auf eine bestimmte Klasse oder politische Richtung beschränkten[213].

Der tatsächliche Einfluß der illegalen Propaganda auf die illegale Bewegung im Reich läßt sich schwerlich exakt feststellen. Er sollte auf keinen Fall zu hoch veranschlagt werden, denn lange Zeit im Exil gehegte Illusionen über die Möglichkeiten einer Opposition unter totalitären Bedingungen hatten der mit der Einfuhr illegaler Schriften beabsichtigten Wirkung vielfach ebenso entgegengestanden wie die Tatsache, daß die Gestapo mehr und mehr verhindern konnte, daß die illegalen Schriften ihre Adressaten auch erreichten.

Aber die Gestapo hatte weder genaue Kenntnis von dem Umfang des eingeschmuggelten Materials, so daß sie etwa anhand des abgefangenen hätte feststellen können, wieviel noch im Umlauf sein mußte, noch war für sie die Frage von vorrangiger Bedeutung, ob sich die Schriften tatsächlich für den illegalen Kampf eigneten oder nicht; gerade die Unwägbarkeit möglicher Wirkungen zwang zu verschärfter Abwehr. Die Feststellung, daß es »außerordentlich schwer« sei, die Verbreitung der Schriften einzudämmen[214], und die Anweisung vor den Märzwahlen 1936, der etwaigen Einfuhr besondere Aufmerksamkeit zu widmen[215], weisen darauf hin, daß die Gestapo dieser illegalen Propaganda durchaus bestimmenden Einfluß beimaß, zumal die Massenproduktion von illegalen Schriften im Reich durch die umfassende Überwachungstätigkeit überaus erschwert war. Einen Einblick, wie man deutscherseits die Einwirkung illegaler Propaganda bewertete, gibt auch der zwischen Gestapo und Propagandaministerium im Sommer 1939 erörterte Plan, auf ähnliche Weise auf die englische Öffentlichkeit einzuwirken. Auf Berichte hin, englische Kreise unterstützten die Propaganda der »Deutschen Freiheitspartei«, wurde im Juni 1939 die Möglichkeit erwogen, »ob nicht eine geeignete Propaganda auf ähnlicher Grundlage in England selbst durchgeführt werden kann«. Man dachte dabei daran, »England unliebsame Dinge in geeigneter Form durch Einzelschriften zur Kenntnis zu bringen, und zwar genau wie der Gegner in Deutschland es macht«, gegebenenfalls auch »unter Benennung einer ins Leben zu rufenden Organisation, die ebenso wie weite Kreise des Auslands einen kriegerischen Konflikt ablehnt«[216].

Im Herbst 1937 empfahl der Stellvertreter des Führers, Heß, die Bevölkerung erneut darüber aufzuklären, daß die Nichtablieferung von illegalen Flugblättern strafbar sei, um, wie er sagte, zu verhindern, »daß politisch harmlose Personen, die lediglich aus Fahrlässigkeit die Ablieferung unterlassen haben, zur Verurteilung gelangen«[217]. »Nach Lage der Dinge« hielt es jedoch die Gestapo nicht für angebracht, dies einfach durch eine Pressenotiz »ohne einen besonderen Anlaß abdrucken zu lassen«. Denn hierdurch könnte der Eindruck entstehen, »als ob innerhalb der Reichsgrenzen eine äußerst intensive Verbreitung illegaler Hetz- und Propagandaschriften stattfindet«. Das Ausland und die dort tätigen antifaschistischen Organisationen »würden durch dieses scheinbare Eingeständnis zweifellos zur Verdoppelung ihrer Wühlarbeit angespornt werden. Die Folge wäre weiter ein starkes Anwachsen des Schmuggels illegaler Flugblätter und Druckschriften«[218]. Stattdessen sollte die Bevölkerung anhand eines geeigneten Urteils auf die Gefahren der Nichtablieferung hingewiesen werden.

Aber selbst derjenige, der ein illegales Flugblatt abgeliefert hatte, war dennoch nicht über den Verdacht erhaben, kein Staatsfeind zu sein. Die Gestapo überprüfte zum Beispiel, ob der Betreffende Abonnent des ›Völkischen Beobachters‹ war, ob er andere NS-Zeitungen hielt oder nicht[219]. Die Tatsache, daß vielfach Professoren die ›Freiheitsbriefe‹ der

»Deutschen Freiheitspartei« vom Ausland zugeschickt bekamen, veranlaßte das Gestapa, nachdem es beim SD das Einverständnis eingeholt hatte, das Kultusministerium zu beauftragen, ein Rundschreiben an die deutschen Hochschulen »zwecks einheitlicher Abgabe der Hetzschriften an die zuständigen Stapostellen« zu richten[220]. Der SD bat zugleich, von jedem Auftauchen von Hetzschriften unterrichtet zu werden, da sie für das SD-Hauptamt »für die planmäßige politische Überwachung der Professoren wichtig sind«[221].

In seinem berühmten Brief an den Dekan der Bonner Universität hatte Thomas Mann geschrieben – und dieser Brief wurde auch durch die »Deutsche Freiheitspartei« ins Reich geschickt –, Sinn und Zweck des NS-Systems bestehe einzig darin, »das deutsche Volk unter unerbittlicher Ausschaltung, Niederhaltung, Austilgung jeder störenden Gegenregung für den ‹kommenden Krieg› in Form zu bringen, ein grenzenlos willfähriges, von keinem kritischen Gedanken angekränkeltes, in blinde und fanatische Unwissenheit gebanntes Kriegsinstrument aus ihm zu machen«[222]. Sämtliche Versuche der Gestapo, die Einfuhr illegaler Schriften zu verhindern, galten eben dieser »Austilgung jeder störenden Gegenbewegung«. Dabei war es unter den Bedingungen totalitärer Institutionen und Strukturen unerheblich, ob diese Schriften dem Wiederaufbau der von der Gestapo zerschlagenen illegalen Organisationen galten, oder ob sie mit ‹liberalistischen Schlagworten› versuchten, eine Front der Ablehnung und schließlich des Widerstandes gegen die NS-Diktatur aufzubauen. Beides richtete sich gegen den Totalitätsanspruch des NS-Staates, und auf dessen unbedingte Durchsetzung konnte dieser nicht verzichten, ohne sich selbst aufzugeben.

Wo immer eine unerwünschte Beeinflussung der Bevölkerung möglich schien, setzten die NS-Organe alles daran, dieser Beeinflussung auch präventiv entgegenzutreten. So wie das Regime den Kampf gegen das Exil geführt hatte mit dem Ziel, den politischen Gegner im Ausland auszuschalten, aber auch mit dem Ziel, jede Kritik am Nationalsozialismus und schließlich alles auszuschalten, was mit dem nationalsozialistischen Totalitätsanspruch nicht vereinbar war – und dazu gehörte auch das angestrebte Monopol auf alleinige Repräsentation dessen, was deutsch sei –, so wurde auch der Kampf gegen das Exil unter innenpolitischen Gesichtspunkten als Kampf gegen das ‹andere Deutschland›, das ein politisch, geistig und moralisch anderes als das gewünschte durch und durch nationalsozialistische Deutschland war, geführt. Die unablässige Diffamierung des Exils galt der Abwehr des politischen Gegners ebenso wie der Beseitigung von Alternativen zum Nationalsozialismus. Politische und geistige Gleichschaltung waren zwar institutionell abgesichert, aber die völlige Demontage eines dem Nationalsozialismus entgegenstehenden Wertsystems stieß in dem Maße auf wachsende Widerstände, wie die Ideologisierung nationalsozialistischer Politik voranschritt und in zunehmender Radikalität zutage trat. Die Sammlung der ‹weltanschaulichen Gegner› des Nationalsozialismus unter ‹liberalistischen Parolen› stand, wie man im Sicherheitshauptamt selbst feststellte, in direktem Zusammenhang mit dieser nationalsozialistischen Politik[223].

Daß auch die illegale Literatur des Exils die gleichen ‹liberalistischen Parolen› gebrauchte, machte sie in den Augen der Gestapo nur noch gefährlicher, als sie damit ja nach den eigenen Feststellungen auf fruchtbaren Boden fiel, und zwar nicht nur bei einer bestimmten Bevölkerungsgruppe. Die Abwehr des Stroms illegaler Schriften war nicht allein ein Kampf gegen die Reorganisation des geschlagenen politischen Gegners; das Selbstvertrauen der Gestapo in die eigene Effektivität bei der Zerschlagung organisierten Widerstandes war sehr groß[224]. Die Abwehr richtete sich auch gegen den – gefürchteten – Versuch, die nationalsozialistische ‹Idee› und die Institutionen des NS-Staates zu zersetzen, da die illegale Literatur ja auch gerade darauf gerichtet war, den dem Nationalsozialismus entgegenstehenden Wertungen neuen Auftrieb zu geben und sie nicht durch die NS-Propaganda verschütten zu lassen.

2. Überwachung
Organisation, Umfang und Intensität

Motive und Ziele der Überwachung

Keiner der Emigranten solle sich einbilden, erklärte der Leiter des Geheimen Staatspolizeiamtes, Diels, im Januar 1934 vor der deutschen Presse, »daß seine etwaige deutschfeindliche Betätigung« unbekannt geblieben wäre. Die Gestapo sei vielmehr »über jeden einzelnen Emigranten, der sich auch nur das Geringste zuschulden kommen lasse, auf das genaueste informiert«[1]. Das war, was die Kenntnis der Gestapo zu diesem Zeitpunkt anbelangte, zweifellos eine Übertreibung. Aber die von Diels als Tatsache ausgesprochene Überwachung der Emigranten war keineswegs leere Drohung, allein als Einschüchterung und Aufforderung zum Wohlverhalten gedacht.

Bereits im Frühjahr 1933 waren Weisungen ergangen, der Tätigkeit der Emigranten im Ausland verstärkte Aufmerksamkeit zuzuwenden.

Erste Anstöße zur umfassenden Beobachtung, zur systematischen Überwachung und Erfassung der Emigranten, ihrer Aktivitäten und Methoden des politischen Kampfes gegen das neue Regime kamen fast gleichzeitig aus dem Innenministerium und dem Gestapa. Am 2. 5. 1933 ersuchte das Reichsministerium des Innern das Auswärtige Amt, »der politischen Betätigung dieser Elemente besondere Aufmerksamkeit« zu schenken[2]. Zwei Tage später übersandte das Gestapa dem AA zur Kenntnisnahme einen Runderlaß, mit dem die Staatspolizeistellen angewiesen worden waren, Emigrantenlisten zu erstellen, nach denen dann in Berlin eine zentrale Namenskartei angelegt werden sollte. Zweck einer solchen namentlichen Erfassung aller Emigranten sollte es sein, eine »wirksame Bekämpfung aller gegen den Bestand und die Sicherheit des Staates gerichteten Angriffe zu ermöglichen«[3].

Die deutschen Auslandsvertretungen wurden aufgefordert, im Sinne der beiden Schreiben, die ihnen als Runderlasse des AA zugegangen waren, umgehend zu berichten[4]. Darüber hinaus sollten sie Angaben über die geschätzte Zahl der Emigranten, »nach jüdischen und marxistischen Flüchtlingen getrennt«, machen; sie sollten die Namen »besonders tätiger Führer« nennen, sowie Einzelheiten ihrer »antinationalen Betätigung« und eine eingehende Beurteilung des Problems der Emigration für den jeweiligen Amtsbezirk an die Zentrale nach Berlin liefern.[5] Aus den in der Wilhelmstraße eingegangenen Berichten, zu denen das Material, wie die Deutsche Gesandtschaft in Wien hervorhob[6], oft nur auf »Umwegen« zu beschaffen gewesen war, erstellte das AA im Herbst 1933 eine Aufzeichnung, die eine erste zusammenfassende Übersicht über den Stand und die Problematik der deutschen Emigration im europäischen Ausland bot[7]. Danach hätten die Emigranten vielfach positive Aufnahme gefunden, was als unverhohlener Ausdruck der Feindseligkeit weitester Bevölkerungskreise dieser Länder gegen das nationalsozialistische Deutschland zu werten sei. Die Regierungen der Gastländer stünden der politischen Betätigung der Emigranten zum Teil neutral gegenüber, was praktisch einer Unterstützung gleichkäme[8]. Die deutsche Botschaft in Paris sah in der politischen Betätigung der Emigranten »eine ernste Gefahr« für den NS-Staat[9], und in Berlin schien man durchaus zur gleichen Auffassung gelangt zu sein.

Das Ergebnis dieser ersten Bestandsaufnahme war Anlaß genug, die Auslandsvertretungen anzuweisen, neben der allgemeinen Berichterstattung »insbesondere über die gegen Deutschland gerichtete Tätigkeit der Emigranten, ihre Verbindungswege, Führerzentralen, Hilfsmittel und Einzelunternehmungen« genauere Informationen zu beschaffen[10]. Die von der Gestapo und auf ihre Initiative auch an die Auslandsvertretungen ergangenen Weisungen lassen unschwer Motive und Zielsetzungen einer systematischen Überwachung der Emigration erkennen. Entsprechend dem Selbstverständnis und der Aufgabenstellung der Politischen Polizei im totalitären Staat genügte weder die gelegentliche Information über den einzelnen Emigranten noch ein gelegentlicher Bericht über die politischen Aktivitäten des Exils. Vielmehr ergab sich aus der Tatsache, daß man diese Aktivitäten als »staatsfeindlich« und den einzelnen Emigranten als »Staatsfeind« ansah, auch die Notwendigkeit einer systematischen Überwachung, um jederzeit über den jeweiligen Stand der Organisation, die Ziele und Methoden der politischen Emigration unterrichtet zu sein. Man mußte die Mittel und Wege aufspüren, wie die bereits zerschlagenen Oppositionsbewegungen wieder aufgebaut wurden, auf welche Weise Informationen über die inneren Vorgänge im Dritten Reich ins Ausland und wie illegale Literatur ins Reich gelangte. Für die Gestapo gab es keinen Zweifel daran, daß die Emigration wesentlichen Anteil an der illegalen Tätigkeit im Reich hatte. Die Überwachung und systematische Erfassung der Emigration war als präventiv-polizeiliche Maßnahme notwendige Voraussetzung effektiver Gegnerbekämpfung. Überwog bei der Gestapo das staatspolizeiliche Interesse, so trat für das AA naturgemäß die außenpolitische Bedeutung der Emigration in den Vordergrund. Auch für das AA schien es unerläßlich, eingehende Informationen über die Aktivitäten der Emigration zu erhalten, um ihnen auf dem außenpolitischen Feld wirksam entgegentreten zu können. Schließlich erforderte die Durchführung neuer gesetzlicher Bestimmungen wie Ausbürgerung, Einziehung von Vermögen, Entzug von Renten und Versorgungsbezügen etc. wegen »staatsfeindlicher Betätigung« gezielte Nachforschungen über die politische Tätigkeit des Emigranten im Ausland. Observation und zentrale Erfassung sowohl des einzelnen Emigranten wie der Tätigkeit des Exils allgemein bildeten die Grundlage für die gesamte Emigrantenpolitik.

Institutionen

Mit der Überwachung der Emigranten befaßten sich in unterschiedlichem Ausmaß staatliche Organe (Gestapa, AA, Reichswehrministerium) und parteiamtliche Stellen (SD, SA, DAF, AO). Dazu kam eine Vielzahl berufener und unberufener Helfer, Privatpersonen, in amtlicher oder halbamtlicher Funktion, darüber hinaus Organisationen und Personen, die mit dem Nationalsozialismus sympathisierten oder aus anderen Gründen glaubten, in ihrem Bereich die Arbeit der Gestapo verrichten zu sollen. Nach Umfang wie nach Intensität war die Überwachungstätigkeit von Gestapo und SD einerseits, des Auswärtigen Amtes bzw. der deutschen Auslandsvertretungen andererseits von entscheidender Bedeutung. Ihre Zusammenarbeit erst ermöglichte eine unter den Bedingungen des totalitären Regimes notwendige und unter diesen Bedingungen die staatspolitischen und staatspolizeilichen Erfordernisse befriedigende Überwachung und Erfassung des zum Staatsfeind erklärten politischen Gegners.

Gestapo

In den Geschäftsverteilungsplänen des Gestapa[11] von 1933 bis 1941 sind verschiedene Referate, Dezernate und Dienststellen aufgeführt, zu deren Aufgabenbereich die Bearbeitung von Emigrantenangelegenheiten gehörte. So nennt der Geschäftsverteilungsplan vom 19. 6. 1933 ein Dezernat IX, das u. a. »Ausländer, Emigranten, Juden, Freimaurer« zu bearbeiten hatte. Nach dem Plan vom 25. 10. 1934 gab es ein Dezernat II 1 B 2, das für »Juden, Freimaurer, Logen, Emigranten (Ausbürgerungen, Widerruf von Einbürgerungen)« zuständig war, des weiteren ein Dezernat II 2 B 3 für »Emigrantenpresse und Greuelpropaganda«. Im Hauptamt Sicherheitspolizei, dessen Chef Heydrich war, gab es im Sommer 1936 ein Referat II B, zu dessen Obliegenheiten Kirchen, Juden, konfessionelle Verbände, Freimaurer und Emigranten gehörten, mit einer besonderen Dienststelle II B 5 für »allgemeine Bestimmungen über die Rückkehr von Emigranten«. Ab Januar 1938 befaßte sich innerhalb eines Referates II P, zuständig für die »politisch-polizeiliche Behandlung der Presse«, ein Sachgebiet II P 2 mit »Auslandspresse und Auslandsschrifttum, Minderheitenpresse, Emigrantenschrifttum, Greuelpropaganda«. Im Amt IV des Reichssicherheits-Hauptamtes, das die Bezeichnung »Gegner-Erforschung und -bekämpfung« trug, gab es ab März 1941 ein Referat IV A 3 für die Bearbeitung von »Reaktion, Opposition, Legitimismus, Liberalismus, Emigranten«. Allerdings war dieses Referat mit Emigrantenangelegenheiten nur insoweit befaßt, als diese nicht in die Zuständigkeit des Referates IV A 1 fielen, zu dessen Aufgabengebiet »Kommunismus, Marxismus und Nebenorganisationen, Kriegsdelikte, Illegale- und Feindpropaganda« zählten. Ein einziges Mal ist in den Geschäftsverteilungsplänen, und zwar in dem vom Januar 1938, ein Sonderdezernat II B 3 für die »Beobachtung und Überwachung des Emigrantentums« aufgeführt. Allerdings hatte auch schon im

Sommer 1933 ein solches Sonderdezernat für Emigrantenüberwachung bestanden[12].

Die Bearbeitung von Emigrantenangelegenheiten beschränkte sich keineswegs auf jene Referate, für die in den Geschäftsverteilungsplänen diese Frage als Sachgebiet ausgewiesen war. Da man den Emigranten weniger als Einzelperson betrachtete, sondern ihn einer politischen Richtung oder gesellschaftlichen Gruppe zuordnete, die entweder im Reich verboten oder staatsfeindlicher Betätigung verdächtigt wurde, erfolgte eine Überwachung und deren Auswertung auch durch andere Referate, wie die für Kommunismus, Marxismus, Pazifismus, Rechtsopposition, Kirchen usw. Diese Abteilungen in der Zentrale in Berlin unterhielten eigene Verbindungen zum Ausland, beauftragten Spitzel, schickten Agenten, ja selbst Beamte des Gestapa ins Ausland, um die Tätigkeit der Emigration auszuforschen und zu überwachen. Die nachgeordneten Dienststellen, die Staatspolizei-(leit-)-Stellen ergänzten diese Arbeit auf regionaler und lokaler Ebene.

Für die Überwachung und Nachrichtenbeschaffung galten zwei Prinzipien. Nach der »Quallenmethode« war durch vielseitige Verbindungen soviel Material wie möglich zu beschaffen, dessen Auswertung zentral erfolgte. Die »Hechtmethode« richtete sich auf eine spezielle Sache.[13] Entsprechend diesen Prinzipien hatten die Staatspolizeistellen laufend auch über die in ihrem Gebiet gemachten Beobachtungen hinsichtlich der Emigration nach Berlin zu berichten oder auf Weisung besondere Ermittlungen anzustellen. So wurden die Stapostellen z. B. durch Erlaß betreffend »kommunistische Bewegung in den an den dortigen Bereich angrenzenden Ländern« aufgefordert, »über Organisation und Tätigkeit der Kommunistischen Partei, deren Nebenorganisationen, die Emigration, die Grenzarbeit, den Sitz der Organisationen und der darin tätigen Personen« Nachforschungen anzustellen[14]. Ein Produkt solcher Ermittlungstätigkeit waren Emigrantenlisten, die zu Fahndungslisten zusammengestellt wurden und die Festnahme eines Illegalen bei Grenzübertritt erleichtern sollten[15]. Ein weiteres Ergebnis der Ermittlungen – neben den Exekutivmaßnahmen – stellten die Lageberichte dar, in denen der Versuch unternommen wurde, sich ein Bild über den jeweiligen Stand der Emigration, ihrer Lage in den Asylländern und ihrer gegen das Dritte Reich gerichteten Tätigkeit zu verschaffen.

Um sich umfassend über die Emigration, sowohl hinsichtlich der politischen Aktivität als auch des Verhaltens einzelner Emigranten ins Bild zu setzen, entfaltete die Gestapo eine rege Auslandstätigkeit. Berichte darüber in der Auslandspresse, vor allem der Exilpresse, waren, wenn auch in einzelnen Fällen unzutreffend oder vielfach übertrieben, keineswegs aus der Luft gegriffen, wie die NS-Propaganda das Ausland glauben machen wollte.

Sicherheitsdienst (SD)

Teils in Kooperation, teils in Konkurrenz mit dem Gestapa betrieb der »Sicherheitsdienst des Reichsführers SS« unter der Leitung Heydrichs eine intensive Überwachung der Emigranten. Wie die Gestapo, so verfolgte auch er die Regimegegner über die Reichsgrenzen hinaus[16]. Geschäftsverteilungspläne, wie sie für das Gestapa vorliegen, fehlen; auch ist über die Tätigkeit des SD in den ersten beiden Jahren nationalsozialistischer Herrschaft nur wenig bekannt[17], doch ein Lagebericht vom Mai/Juni 1934 belegt, daß auch zu dieser Zeit die Emigration zum Arbeitsgebiet des SD gehörte[18]. Die wenigen aus den folgenden Jahren erhalten gebliebenen Lageberichte lassen anhand der Ausführlichkeit, mit der die Frage der Emigration erörtert wird, auf eine ausgedehnte Überwachungstätigkeit schließen[19]. Insbesondere das ›Leitheft Emigrantenpresse‹ vom März 1937 macht deutlich, daß man das Exil zu den großen gegnerischen Organisationen zählte[20].

Nach einer Verfügung Himmlers vom 4. 7. 1934 nahm der SD »an der Erfüllung aller Aufgaben des Staatsschutzes teil« und bildete »eine wesentliche Ergänzung der mit diesen Aufgaben betrauten staatlichen Vollzugsorgane«[21]. Er tat dies durch Beobachtung der Emigrantenpresse[22] ebenso wie durch Überwachung einzelner Emigranten und der illegalen Tätigkeit. So teilte der SD-Oberabschnitt Rhein dem SD-Hauptamt mit, die III. Internationale halte demnächst in Zürich Tagungen ab, an denen auch zwei kürzlich in die Schweiz geflohene SPD-Funktionäre teilnehmen würden[23]. Mit Hilfe eines V-Mannes gelang es dem SD, der Tätigkeit des Grenzsekretärs der Sopade in Bodenbach (ČSR) auf die Spur zu kommen, ja ihm fiel sogar auf diese Weise illegales Material, das der Grenzsekretär Thiele dem V-Mann übergeben hatte, in die Hände[24]. In Zusammenarbeit mit dem Amt Information der Deutschen Arbeitsfront (DAF) beobachtete der SD die Vorgänge um die sich von der Sopade abspaltenden »Revolutionären Sozialisten« in der ČSR[25]. Ein nach Paris entsandter SD-Mann erstattete seiner Dienststelle einen »Erfahrungsbericht über SD-mäßiges Arbeiten in Frankreich und die notwendige V-Männerwerbung«. Der Berichterstatter, der häufig mit deutschen Emigranten zusammengekommen war, empfahl, ständigen Kontakt zu Emigranten zu halten, »um immer über die politischen Pläne des Emigranten- und Judentums unterrichtet zu sein«. Um V-Männer aus Emigrantenkreisen zu gewinnen, sollte man diesen eine kleine materielle Unterstützung zukommen lassen und bindende Zusagen machen, daß sie »nach einem Jahr Arbeit für uns ungehindert nach Deutschland zurückkommen dürften«[26]. Eichmann nahm auf dem Parteitag 1937 in Nürnberg Kontakt zu einem Amerikaner auf, den er für antijüdische Propaganda in Amerika und als Zuträger für den SD über Juden in Amerika und deutsche Emigranten, die Juden waren, gewinnen wollte[27]. Ab 1936 wurde mit dem Aufbau einer Judenkartei begonnen, die alle Juden im Ausland, auch jene politischen Emigranten, die Juden waren, systematisch erfassen sollte. Die Feststellung von »Beziehungen im Aufenthaltsland, zum Auslande und insbesondere zu deutschen jüdischen und nichtjüdischen Kreisen« sollte einer »dauernden Überprüfung« dienen[28].

Ein beredtes Beispiel dafür, daß sich der SD keineswegs auf die Ermittlung der Feinde der nationalsozialistischen »Idee« beschränkte und ihre Bekämpfung lediglich bei den staatlichen Organen anregte[29], sondern selbst die Exekutive in die Hand nahm, war die Ermordung des Emigranten Rudolf Formis, der im Auftrage Otto Strassers von der Tschechoslowakei aus einen illegalen Sender der »Schwarzen Front« betrieben hatte. Heydrich selbst gab den Befehl, den Sender unschädlich zu machen[30].

Die vorgesehene Zusammenarbeit mit der Gestapo wurde von dem auf Eigenständigkeit bedachten SD nicht immer verfolgt. Es kam vor, daß Gestapo und SD nebeneinander die Untergrundtätigkeit der Regimegegner überwachten[31]. Zur Regelung der Kompetenzen gab Himmler am 1. 7. 1937 den sogenannten Funktionserlaß heraus. Danach erhielt die Gestapo die Bearbeitung der Emigration in ihre ausschließliche Zuständigkeit[32]. Der SD betrachtete aber auch weiterhin die Emigration als eine in seinen Bereich gehörige Angelegenheit. So heißt es noch in einer Arbeitsanweisung des SD-Hauptamtes vom Februar 1938, es seien Kurierwege und Zentralen zu ermitteln, Grenzsekretariate und Anlaufstellen zu beobachten sowie »alle Fälle von Emigration wichtiger Katholiken« im Auge zu behalten[33]. Für Heydrich zählte die Bekämpfung des Exils eben auch zum Kapitel innere Sicherheit. Wie er in einem während des Krieges geschriebenen Zeitschriftenaufsatz festhielt, hatten sowohl die Bekämpfung des Judentums »mit der fast schon gelungenen Endlösung« als auch die »Auflösung aller staatsfeindlichen Parteien« und schließlich auch die »Verfolgung von Emigranten« der inneren Sicherheit des NS-Staates gegolten.[34]

Auswärtiges Amt

Wesentlichen Anteil an der Überwachung der Emigranten hatte das AA bzw. die von ihm damit beauftragten deutschen diplomatischen Vertretungen im Ausland. Als Schaltstelle fungierte dabei das »Referat Deutschland« im AA. Es war damit beauftragt, die innenpolitischen Vorgänge im Reich zu beobachten, »soweit sie für die Außenpolitik relevant waren«, zugleich war es Verbindungsstelle zu amtlichen und Parteistellen im Reich. Der Tätigkeitsbereich dieses Referates umfaßte die Zusammenarbeit mit Gestapo und SD, Parteipropaganda und deren Einsatz über die deutschen Missionen, Judenfrage, Antikomintern, internationale Polizei und Emigrantenangelegenheiten[35]. Zuständig für Emigrantenangelegenheiten war es insofern, als allgemein alle diesbezüglichen Vorgänge über das »Referat D« liefen[36]. Die Entscheidungen wurden natürlich nicht allein von dem Referat getroffen, sondern in Zusammenarbeit mit den innerdeutschen Stellen und unter Beteiligung der jeweils dafür in Frage kommenden Abteilung des AA. Leiter des Referates (und zugleich Protokollchef des AA) war Vico von Bülow-Schwante, ein Vetter Staatssekretärs von Bülow. Die Bedeutung des AA bzw. der Auslandsvertretungen für die Emigrantenüberwachung wird im Zusammenhang mit der Darstellung der Zusammenarbeit von AA und Gestapo erörtert.

Mittel und Methoden

Zusammenarbeit von Gestapo und Auswärtigem Amt

Die Initiative zur umfassenden Emigrantenüberwachung war vom RMdI und der Gestapo ausgegangen. Beide hatten sogleich das AA zur Mitarbeit aufgefordert [37]. Dem AA bzw. den deutschen Auslandsvertretungen mußte in der Frage der Emigrantenbeobachtung besondere Bedeutung zukommen, waren doch die einzelnen Missionen für ihren jeweiligen Amtsbezirk noch am ehesten in der Lage, ein einigermaßen zutreffendes Bild über die Aktivitäten der Exilierten, über ihre Aufnahme und über die Reaktion offizieller und inoffizieller Kreise der Asylländer zu zeichnen. Eine solche allgemeine Beobachtung entsprach auch der Anregung des Innenministeriums und lag durchaus noch auf der funktionellen Ebene der Auslandsvertretungen, nämlich Informationen innerhalb der geltenden Bestimmungen und der im diplomatischen Bereich üblichen Formen zu sammeln und darüber an die Zentralbehörde des Heimatlandes zu berichten. Demgegenüber zielten die Weisungen des Gestapa an die ihm nachgeordneten Stellen auf systematische Überwachung und Erfassung, wobei sich bei der Durchführung die Anwendung politisch-polizeilicher Mittel und Methoden von selbst verstand. Das war, abgesehen von mehr technischen Schwierigkeiten, innerhalb der Reichsgrenzen auch ohne weiteres möglich. Einer Erfüllung solcher Anforderungen jenseits der Grenzen standen jedoch erhebliche politische Bedenken entgegen. Dem augenscheinlich sachlich begründeten besonderen Interesse an einer eingehenden Beobachtung der Emigration, eben das von Diels angedeutete Ziel der Bekämpfung aller »staatsfeindlichen Bestrebungen«, wollte sich auch das AA nicht verschließen. Die Weisungen an die Auslandsvertretungen, über das Problem der Emigration zu berichten, wurden aber mehr und mehr zu direkten Nachforschungsaufträgen[38].

Den Missionen wurden damit außerhalb der Reichsgrenzen Aufgaben übertragen, die die Politische Polizei im Innern wahrnahm. Solche Weisungen mußten, wenn sie im Ausland bekannt wurden, nicht nur die Auslandsvertretung, die solche Nachforschungen anstellte, sondern das AA insgesamt kompromittieren und darüber hinaus zu außenpolitischen Verwicklungen und zu Belastungen der deutschen Außenpolitik führen. Einige Auslandsvertretungen machten sogleich erhebliche Bedenken gegen eine strikte Durchführung der Weisungen geltend. Das deutsche Konsulat in Genf wies darauf hin, daß »derartige Nachforschungen durch das Konsulat, ganz abgesehen davon, daß es die damit befaßten deutschen Beamten einer strafrechtlichen Verfolgung in der Schweiz aussetzt, formell und sachlich mit ganz besonderen Schwierigkeiten verknüpft« seien[39]. Auf »offiziellem oder legalem Wege« seien verläßliche Auskünfte nicht einzuziehen. Der Konsul warf die Frage auf, ob Maßnahmen, die auf eine »fortlaufende zuverlässige Materialbeschaffung zur statistischen und politischen Erfassung« der Emigranten, im Sinne einer »Einrichtung eines besonderen Flüchtlingsdienstes«, praktische Erfolge haben könnten, »die in irgendeinem nützlichen Verhältnis zu den damit verbundenen Kosten und vor allem zu den mit Sicherheit eintretenden Gefahren und Nachteilen für unsere politischen Gesamtbeziehungen zur und in der Schweiz stehen würden«. Die Botschaft in Paris warnte ebenfalls davor, daß eine solche Tätigkeit der Botschaft zu einer Belastung führen könne, »bei der die Möglichkeit von Zwischenfällen nicht von der Hand zu weisen ist«[40]. Der deutsche Gesandte in Bern, Adolf Müller, verwies in seinem Bericht auf Meldungen der Auslandspresse, wonach das AA Auslandsagenturen der Gestapo bei den deutschen Auslandsvertretungen eingerichtet habe, die die Aufgabe hätten, deutsche Emigranten zu überwachen. Solche Meldungen hätten bereits Aufsehen erregt und auch schon zu offiziellen Nachforschungen der schweizerischen Bundesanwaltschaft geführt. Deswegen und aus allgemeinen politischen Gründen riet Müller »dringend« von Maßnahmen ab, »die etwa auf eine persönliche Nachforschung nach deutschen Flüchtlingen in der Schweiz hinauskommen oder abzielen«[41].

Aber weder Staatssekretär von Bülow noch Außenminister von Neurath sahen die vielfältig vorgebrachten Bedenken der mit der Durchführung beauftragten Missionen als so schwerwiegend an – auch wenn man sich ihnen keineswegs verschloß –, daß sie sich zu einer Aufhebung oder Änderung der brisanten Weisungen verstanden hätten. Der deutschen Botschaft in Paris wurde mitgeteilt, ihre Berichte über die Emigration seien »für die zuständigen Stellen in Deutschland von besonderer Wichtigkeit«. Das AA glaubte daher auch, ihr die »arbeitsmäßige Mehrbelastung« (auf die die Botschaft zudem noch hingewiesen hatte) durchaus zumuten zu können. Es sei aber »selbstverständlich größte Vorsicht geboten. Unter keinen Umständen darf sich die Botschaft kompromittieren«[42]. Man beließ also die Auslandsvertretungen in der heiklen Lage, die Weisungen pflichtgemäß zu erfüllen und dabei ständig Gefahr zu laufen, außenpolitische Komplikationen heraufzubeschwören.

Jene »zuständigen Stellen in Deutschland« waren offensichtlich ausschlaggebend für das AA, grundsätzliche politische Bedenken gegen eine Überwachung der Emigranten gegenüber politisch-polizeilichen Erfordernissen hintanzustellen. Damit sind Probleme berührt, die die Frage nach der Haltung führender Beamter des Auswärtigen Amtes zur innenpolitischen Umwälzung und ihrer Einstellung zum Nationalsozialismus aufwerfen, Fragen, die den Widerspruch betreffen, daß diese Beamten einerseits im Amt blieben, um, wie es vielfach hieß, Schlimmeres zu verhüten, andererseits aber das Regime außenpolitisch abschirmten und dadurch einen wichtigen Beitrag zu seiner Konsolidierung leisteten[43]. Diese Fragen können hier nicht im einzelnen erörtert werden. Nur einige Aspekte sollen gestreift werden.

Außenminister Neurath hatte in der ›Nationalsozialistischen Beamtenzeitung‹ erklärt, die »Staatsraison des Nationalsozialismus« und dessen »ganzes Ideengut« hätten die »freudige Zustimmung« der Beamten des Auswärtigen Amtes gefunden[44]. Der kürzlich entdeckte Entwurf eines Entlassungsgesuchs Staatssekretärs von Bülow hingegen bezeugt, daß nicht alle hohen Beamte des Amtes sich in so völliger Übereinstimmung mit dem neuen Regime befanden, sondern angesichts verschiedener Vorgänge, hervorgerufen durch die innenpolitischen Veränderungen in Deutschland, in Loyalitätskonflikte gerieten[45]. Bülow führt in dem Entwurf aus, mit ihm seien die Botschafter in London, Paris und Moskau darin einig, daß die innerpolitische Neugestaltung »Erscheinungen und Vorgänge gezeigt« habe, »die mit der Würde und Sicherheit des Reiches und mit der Fortführung einer gesunden Außenpolitik unvereinbar sind«[46]. Auch wenn weder Bülow noch die von ihm genannten Botschafter zurücktraten, bleibt festzuhalten, daß Beamte des AA Inhalten und Methoden nationalsozialistischer Politik überaus kritisch gegenüberstanden. Wohl aus dieser kritischen Haltung heraus sahen sie in Hitler und der durch ihn hervorgerufenen Lage der deutschen Außenpolitik eine Gefährdung der nationalen deutschen Belange. Der Entschluß, nicht zu demissionieren, mag durch diese Erkenntnis bestärkt worden sein und den Willen gefestigt haben, vom beibehaltenen Amt aus die nationalsozialistische Regierung außenpolitisch zu zügeln[47].

Überdies sah sich das AA nach der Machtergreifung Hitlers einem Frontalangriff durch die Nationalsozialisten ausgesetzt. Die Versuche von dieser Seite, das Amt personell, strukturell und auch in den politischen Zielsetzungen gleichzuschalten, konnten im großen und ganzen erfolgreich bis 1938 abgewehrt werden[48].

Vielfältige Einmischungsversuche von Parteiseite und staatlichen Stellen erschwerten es jedoch dem AA, erfolgreiche Außenpolitik in seinem Sinne zu betreiben[49]. Seitens der Auslandsorganisation (A. O.) Bohles wurden bestimmte Missionschefs überwacht und in Berichten an Parteistellen wegen ›nationaler Unzuverlässigkeit‹ denunziert[50]. So hat wahrscheinlich auch der Landesleiter der NSDAP in der Schweiz, Gustloff, ‹belastendes› Material gegen den Gesandten Weiszäcker gesammelt. Bei der Zentrale der A. O. in Berlin liefen Meldungen ein, die Weiszäcker parteifeindlicher Haltung beschuldigten; er verkehre fast ausschließlich mit Gegnern des Regimes, Juden und prominente Emigranten gingen bei ihm ein und aus[51]. Der Geschäftsführer und stellvertretende Vorsitzende der Vereinigung der Deutschen Korrespondenten in Paris, zugleich Pressewart der dortigen NSDAP-Ortsgruppe, ging in einem Sonderbericht an das Außenpolitische Amt Rosenbergs auf das ‹nationale› Verhalten des deutschen Botschafters in Paris, Roland Köster, ein. Der Botschafter habe, heißt es im Bericht, »im Laufe des letzten Jahres durch unzählige Handlungen den Eindruck erweckt, als ob er ein entschiedener Gegner des Nationalsozialismus sei. Alle, auch die bescheidensten Regungen der Ortsgruppe Paris der NSDAP hat er zu sabotieren versucht.« Während er Mitglieder der Ortsgruppe erst gar nicht zu sich vorlasse, pflege er dagegen regen Verkehr mit Juden und Emigranten. So habe er den früheren Reichskanzler Wirth zu sich gebeten, Schauspieler der Reinhardt-Truppe zu sich eingeladen und zu Rudolf Breitscheid unterhalte er »enge Beziehungen«, ja, unterstütze ihn sogar mit Geld, »angeblich, um ihn von seinen Hetzreden abzubringen«[52].

Solche Berichte wurden auch Hitler vorgelegt[53]. Neurath, der vom Staatssekretär in der Reichskanzlei, Lammers, von ihrem Inhalt »vertraulich« in Kenntnis gesetzt wurde[54], bemerkte dazu: Die Einwirkung der Missionschefs auf die Emigranten liege ganz im »Interesse der allgemeinen Politik«. In welcher Weise im einzelnen Falle die Fühlungnahme mit den deutschen Emigranten erfolge, müsse »in das Ermessen der betreffenden Missionschefs gelegt werden«. Hauptsache sei, daß dadurch die Aussicht wachse, »die antideutsche Propaganda der deutschen Flüchtlinge zu beeinflussen und, wenn möglich, zu hintertreiben«. Von diesem Gesichtspunkt aus beurteile er auch das Verhalten Botschafter Kösters gegenüber Breitscheid. Es komme nicht darauf an, »die deutschen Flüchtlinge wie die Pestkranken zu meiden, sondern darauf, ihre unheilvolle Tätigkeit nach Möglichkeit zu verhindern«[55].

Ganz in Übereinstimmung damit handelte auch der deutsche Generalkonsul in New York, Kiep, der sich für den in Amerika weilenden Albert Einstein einsetzte und versuchte, ihn zur Rückkehr nach Deutschland zu bewegen, um damit einen agilen und populären Gegner des Regimes aus den USA abzuziehen. Kiep, der an einem Bankett zu Ehren Einsteins teilgenommen hatte, zog sich damit nur heftige Kritik der nationalsozialistischen Propaganda zu[56]. Die Emigrantenfrage bot somit vielfältige Angriffspunkte, nicht nur von seiten der Partei.

Im Sommer 1933 wehrte das AA Forderungen der Gestapo ab, die deutschen Auslandsvertretungen sollten, unter Umgehung der geltenden Geschäftsordnung, eilbedürftige Emigrantenangelegenheiten direkt dem Gestapa zuleiten. Das AA erklärte, eine unmittelbare Weitergabe von Berichten der Auslandsvertretungen ohne Vermittlung des AA komme »aus grundsätzlichen Erwägungen« nicht in Betracht[57]. Das AA hatte damit deutlich zu verstehen gegeben, daß es das Gestapa keineswegs als gleichrangige Behörde zu behandeln beabsichtigte. Doch wenig später sah sich das AA verstärktem Druck seitens der Gestapo ausgesetzt. Obgleich es die von den Auslandsvertretungen angeforderten Berichte über die Emigranten umgehend auch an die Gestapo weiterleitete, erteilte Diels dem AA eine Rüge wegen mangelnder Information in Emigrantenangelegenheiten[58]. Diels monierte, daß von den Missionen »nur in außerordentlich seltenen Fällen Mitteilungen übersandt werden, die für die

Überwachung der deutschen Emigrantenbewegung von wesentlicher Bedeutung sind«. Erneut drang er darauf, die für die Gestapo bedeutsamen Nachrichten »unverzüglich« von den Auslandsvertretungen dorthin leiten zu lassen. Auch Göring bekundete mehrfach sein persönliches Interesse an den Emigranten[59], und Hitler selbst legte größten Wert darauf, daß Emigranten überwacht und ihm über ihre Tätigkeiten berichtet wurde[60].

Das AA paßte sich den Forderungen der Gestapo, Görings und Hitlers an, trotz bestehender Bedenken. Wenn auch von dem Grundsatz nicht abgegangen werden konnte, die Überwachung der Emigranten unter Berücksichtigung des außenpolitisch Vertretbaren zu betreiben, so stellte sich doch die Bereitschaft, dies auch bei vergrößertem Risiko zu tun, sehr schnell ein. Das »hohe Maß an Anpassungsfähigkeit«, das das AA an den Tag legte, wurde wohl nicht zuletzt entscheidend dadurch mitbestimmt, daß infolge der machtpolitischen Veränderungen in Deutschland Rückwirkungen bestimmter Handlungsweisen immer schwerer abschätzbar wurden[61]. Die Übernahme politisch-polizeilicher Aufgaben, zu denen die Auslandsvertretungen von der Zentrale angewiesen worden waren, trägt zudem mancherlei Züge eines Entlastungsversuchs angesichts vielfältiger Angriffe von nationalsozialistischer Seite auf die bis dahin homogene, von NS-Einflüssen relativ freigehaltene Reichsbehörde.

Vom AA sind offenbar auch Versuche unternommen worden, auf eine Beendigung der Auslandstätigkeit der Gestapo in der Emigrantenüberwachung hinzuwirken, da diese Tätigkeit amtlichen Stellen des Auslands nicht verborgen blieb und zu entsprechenden Beschwerden im Auswärtigen Amt führte. Anläßlich eines diesbezüglichen Protestes durch den niederländischen Gesandten beauftragte Neurath den Leiter des »Referates Deutschland«, von Bülow-Schwante, zu dieser Sache Verbindung mit dem Gestapa aufzunehmen. In einer Unterredung mit Diels wurde Bülow-Schwante bedeutet, Göring habe angeordnet, daß der Nachrichtendienst des Gestapa, »soweit es sich um Nachrichten aus dem Ausland handele«, abgebaut werden solle, um ihn schließlich ganz einzustellen[62]. Ein solcher Versuch des AA, sollte er überhaupt Aussicht auf Erfolg haben, konnte allerdings nur um den Preis unternommen werden, die Überwachungstätigkeit verstärkt in eigener Regie zu betreiben. Dies geschah auch, ohne daß gleichzeitig die vom außenpolitischen Gesichtspunkt äußerst bedenkliche Gestapo-Tätigkeit im Ausland deswegen eingeschränkt oder aufgegeben worden wäre.

Im November 1936 wurden die Auslandsvertretungen nachdrücklich an einen im September 1933 ergangenen Erlaß erinnert. Es sei wiederholt vorgekommen, heißt es darin, daß über Emigranten, »die sich im Ausland deutschfeindlich betätigen, erst nach Aufforderung erstmalig berichtet wurde, obwohl der Sachverhalt der betreffenden Auslandsbehörde bereits seit längerer Zeit bekannt war«; sie sollten aber »künftig mehr denn je aus eigener Initiative« berichten[63]. Einzelne Missionschefs, wie der deutsche Gesandte in Prag, Eisenlohr, zeigten sich auch ohne besondere Aufforderung der Zentrale in der Wilhelmstraße äußerst regsam in Fragen Emigrantenüberwachung. Gegenüber dem AA begründete er die Intensität, mit der er diese Aufgabe erfüllte, damit, »daß mir anläßlich meines letzten Aufenthaltes im September d. J. der Abteilungsleiter im Geheimen Staatspolizeiamt, Sturmbannführer Müller, mitgeteilt hat, sein Ressort lege großen Wert auf Nachrichten über die Tätigkeit der Emigranten in der Tschechoslowakei«[64].

In ständig zunehmendem Umfang leitete das AA Anfragen, Ermittlungsersuchen und regelrechte Nachforschungsaufträge der Gestapo an die Auslandsvertretungen weiter[65]. Der Personenkreis umfaßte alle Personen, die nach der Machtergreifung durch Hitler, oder auch unmittelbar davor, Deutschland verlassen hatten »und die Vermutung rechtfertigten, daß sie im Auslande staatsfeindliche Bestrebungen verfolgen«[66]. Dazu gehörten Funktionäre, Mitglieder und Anhänger der ehemaligen Regierungsparteien und der KPD ebenso wie Wissenschaftler, Künstler und Geistliche, auch wenn sie selbst eigentlich nicht als Emigranten anzusehen waren. Bei Juden ging man ohnehin davon aus, daß sie wegen ihrer »wesensmäßigen« Gegnerschaft zum Nationalsozialismus zu den Staatsfeinden zu zählen waren. Nach nationalsozialistischer Auffassung war schließlich die Flucht allein schon Beweis staatsfeindlicher Gesinnung und Haltung.

Auf mehr als auf Vermutungen oder ganz vagen Angaben aus den unterschiedlichsten Quellen beruhten vielfach die Anfragen der Gestapo zur Weiterleitung an die Missionen denn auch nicht: Dieser oder jener Emigrant solle gesagt, getan haben, habe angeblich usw. Obschon man auch im AA das Vage solcher Angaben bemängelte[67], wurden sie weitergeleitet. Die Antworten der Auslandsvertretungen lauteten dementsprechend häufig negativ: Nichts bekannt, nach Sachlage auch nichts zu ermitteln. Die Gestapo machte mit derartigen Anfragen und dem damit verbundenen Ansinnen, die Auslandsvertretungen sollten Genaueres in Erfahrung bringen, offenkundig, daß sie die Auslandsvertretungen nicht lediglich als Ergänzung zu eigenen Ermittlungen heranzuziehen gedachte, sondern nahezu als eigene Außenstelle betrachtete. Die Flut von

Sonderaufträgen, mit denen die Missionen überschüttet wurden und die zu einer außerordentlichen Beanspruchung ihrer Arbeitskraft führten, hatte z. B. die deutsche Botschaft in Paris bereits im Herbst 1933 veranlaßt, um Einschränkung der Berichterstattung nachzusuchen[68]. Ein Jahr später kam die Botschaft erneut auf dieses Thema zurück[69]. Sie wies u. a. darauf hin, daß das »Emigrantenunwesen«, dessen Auswirkungen und Gefahren »begreiflicherweise die größte Aufmerksamkeit der inneren deutschen Behörden« erregt habe, die Botschaft mit Sonderaufgaben belaste, »die ihrem Charakter nach ganz neuartig waren und zu deren Lösung wir bisher nicht übliche Mittel verwenden mußten«. Man habe diese »kriminalistische« Tätigkeit »gewiß nicht leichten Herzens« übernommen und schon aus diplomatischem Interesse »auf das unbedingt Notwendige beschränkt«. Im Grunde sei es wünschenswert, wenn aus Mangel an finanziellen Mitteln die Botschaft von solchen Aufgaben befreit würde, vor allem von dem »wenig erwünschten Umgang« mit Mittelsmännern. Aber das liege wohl nicht »im Interesse der Sache«, denn dann könnte der bei weitem größte Teil der ständig weiter eingehenden Anfragen nicht mehr sachgemäß beantwortet werden. Bülow-Schwante anerkannte die durch die Emigrantenüberwachung entstandene zusätzliche Arbeitsbelastung, hielt aber andererseits die Weiterführung dieser Aufgabe für »unerläßlich«[70]. Was den Umfang der Anfragen betraf, sicherte Bülow-Schwante zu, »belanglose Sachen« zurückzuhalten, so wie er das bislang auch schon verschiedentlich getan habe.

Die Bemühungen des AA, die arbeitsmäßige Mehrbelastung der Missionen zu drosseln, scheinen nicht sehr erfolgreich gewesen zu sein. Im Februar 1937 meldete die Gesandtschaft in Kopenhagen, die Zahl der Nachfragen des Gestapa sei »auch im letzten Jahr wieder gestiegen«[71]. Der Gesandte v. Renthe-Fink machte allerdings von einer Möglichkeit Gebrauch, die in der Formel von dem »pflichtgemäßen Ermessen« lag. Unter Hinweis auf diesen Ermessensspielraum verlangte die Zentrale in Berlin von den Auslandsvertretungen die Erfüllung der politisch-polizeilichen Aufgaben, d. h. es war möglich, vielleicht nicht sämtliche, so doch aber den einen oder anderen Nachforschungsauftrag der Gestapo nicht auszuführen. Genau das hatte Renthe-Fink getan. Als Begründung dafür, daß er einen solchen Auftrag nicht ausgeführt hatte, führte er an, daß es sich bei den Nachfragen der Gestapo um »Angelegenheiten mehr polizeilicher Natur« handele, die der Gesandtschaft vom AA zur Verfügung gestellten Gelder jedoch »für politische Zwecke bestimmt« seien. Die Begründung ist insofern bemerkenswert, als sie als Argument die

»unpolitische« Finanzfrage benutzte. Ob allerdings ein solches Sachargument in Unterredungen zwischen dem AA und der Gestapo zu einer Einschränkung und eventuellen Aufgabe von Nachforschungsaufträgen des Gestapa, zumindest jener mit rein polizeilichem Charakter, geführt haben würde, ist unwahrscheinlich. Es fanden sich auch keine Hinweise, daß dies vom AA auf diese Weise ernsthaft versucht worden wäre. Das gemeinsame Interesse von Gestapo und AA an einer Beobachtung der Emigranten, einmal aus polizeilichen, zum anderen aus außenpolitischen Gründen, hielt die Erörterung solcher Fragen von vornherein auf der rein technischen Ebene[72]. Auch wenn in der Wilhelmstraße hinsichtlich der Übertragung politisch-polizeilicher Aufgaben auf die Auslandsvertretungen (die dies zum Teil ja beanstandeten) prinzipielle Vorbehalte bestanden haben sollten, so sind sie doch ohne erkennbare Auswirkungen geblieben.

Wie hoch der Anteil der durch die Auslandsvertretungen betriebenen Überwachungstätigkeit an erfolgreichen Exekutivmaßnahmen der Gestapo ist, läßt sich nicht bestimmen. Das AA erbat zwar immer wieder Auskunft darüber, ob die übermittelten Nachrichten nützlich gewesen waren. Die Gestapo zog es jedoch in der Regel vor, sich darüber in Schweigen zu hüllen[73]. Aus Schreiben des AA an einzelne Missionschefs, in denen ihnen Anerkennung für die geleistete Arbeit ausgesprochen wurde, eine Arbeit, die für die »zuständigen inneren Stellen« von größter Bedeutung gewesen sei, geht hervor, daß diese Leistungen beträchtlich gewesen sind. Das AA ermunterte die Auslandsvertretungen, Verbindungen zu Mittelsmännern, die qualifizierte Nachrichten geliefert hatten, »besonders« zu pflegen[74]. Vereinzelte Schreiben des Gestapa an das AA bestätigen, daß die Überwachungsergebnisse der Auslandsvertretungen ein wesentlicher Beitrag waren für die Abwehrarbeit der Gestapo. So hatte die Gesandtschaft in Prag aus den Büros der Flüchtlingskomitees Personalbogen der in der ČSR lebenden Emigranten beschafft. Diels bescheinigte, daß diese Mitteilungen von »allergrößter Bedeutung« gewesen waren[75]. Auf die Nachricht des Gesandten Koch in Prag, im Grenzabschnitt Graslich südlich Zwickau würden der ›Neue Vorwärts‹ und »sonstige hiesige Emigrantenerzeugnisse« nach Deutschland geschmuggelt, schrieb das Gestapa: »Es trifft zu, daß in der Tschechoslowakei hergestellte Hetzschriften an den genannten Stellen nach Deutschland geschmuggelt werden. Es sind bereits Maßnahmen getroffen worden, um diesem Übelstand abzuhelfen[76].«

Systematisierung der Emigrantenerfassung

Systematische Überwachung und zentrale Erfassung der Emigranten waren das von Diels bereits im Mai 1933 erklärte Ziel der Gestapotätigkeit. Unter tatkräftiger Mithilfe der deutschen Auslandsvertretungen, durch Spitzel, Agenten und Zuträger wurde so bei den Staatspolizeistellen und der Gestapo-Zentrale in der Prinz-Albrecht-Straße eine Fülle von Material über die Emigranten in Sachakten und Namenskartotheken gesammelt, verzeichnet und immer wieder auf den neuesten Stand gebracht[77]. Diese Unterlagen wurden zu vielfältigen Zwecken herangezogen. In erster Linie natürlich für Maßnahmen der Gestapo gegen die Regimegegner im In- und Ausland. In der namentlichen Erfassung sah die Gestapo eine Grundvoraussetzung für einen erfolgreichen Kampf gegen alle Staatsfeinde[78].

Beim Aufrollen der illegalen Organisationen im Reich stieß die Gestapo immer wieder auf die Tatsache, daß führende Funktionäre vom Ausland her die Verbindung zu den illegalen Kadern aufrechterhielten und daß, wenn auf Lokal- oder Bezirksebene eine Organisation zerschlagen worden war, gleich von den im Ausland tätigen Organisationen mit dem Neuaufbau begonnen wurde. Durch eigene Überwachung der Emigration blieb auch der Gestapo nicht verborgen, daß z. B. die illegale KPD mehr und mehr dazu überging, anstelle der im Reich zumeist schon bekannten und observierten Funktionäre die emigrierten Genossen auszubilden und zu schulen und als Instrukteure ins Reich zu schicken. Diese Beobachtung, schrieb Himmler dem AA, habe eine »zentrale Erfassung aller emigrierten KP-Funktionäre erforderlich« gemacht. Aufgrund der Vorarbeiten der Staatspolizeistellen konnte er sogleich auch Emigrantenlisten vorlegen, die außer Namen und Decknamen auch Informationen darüber enthielten, durch welche Stapostelle der flüchtige Kommunist erfaßt worden war, ob er schon verhaftet sei oder nicht, ob er unter Überwachung stehe usw.[79].

Im Sommer 1937 monierte Heydrich in einem Runderlaß[80], daß offensichtlich wegen mangelnder Beachtung der Verfügung eine »restlose Erfassung« immer noch nicht erfolgt sei. Er ordnete sie daher noch einmal an und ermahnte zu strikter Einhaltung der Richtlinien. Aufgrund der eingehenden Meldungen gab das Gestapa laufend Fahndungslisten an die nachgeordneten Dienststellen heraus, die zu weiteren Ermittlungen, »insbesondere zur Identifizierung der neuaufgetauchten Kommunisten« dienten. Zur fahndungstechnischen Auswertung wurden die Listen außerdem den Grenz- und Kriminaldienststellen zugeleitet.

Auch über die emigrierten »Marxisten« (Angehörige der SPD und verwandter Parteien, Gewerkschafter, sozialdemokratische Sportler, Redakteure usw.) wurden Listen angefertigt[81]. Darüber hinaus wurden Sonderlisten prominenter staatsfeindlicher Persönlichkeiten erstellt, wobei nicht die parteipolitische Bindung allein ausschlaggebend war, sondern auch Personen erfaßt wurden, »die tatsächlich das politische, wirtschaftliche oder kulturelle Leben in Deutschland entscheidend beeinflußt haben und dadurch ganz hervorragend bekannt geworden sind« zuzüglich derjenigen, »die sich nach 1933 durch deutschfeindliche Tätigkeit im Ausland im gleichen Maße ganz besonders hervorgetan haben«[82]. Die deutschen Auslandsvertretungen waren ebenfalls angewiesen, für ihren Amtsbezirk Emigrantenlisten aufzustellen, in denen stichwortartige Vermerke über die Person des Emigranten, »sein Vorleben und seine politische Betätigung« aufzunehmen waren[83].

‹Legale› Mittel der Überwachung

Eine erste Maßnahme zur Überwachung bestand in Grenzkontrollen und in der Verhinderung der Flucht. Schon bald nach der Machtergreifung kam es verschiedentlich zu solchen Grenzkontrollen, die aber nicht »offiziell«, d. h. nicht von staatlichen Organen, sondern von SA und SS durchgeführt wurden[84]. Am Tage nach dem Reichstagsbrand meldeten tschechoslowakische Gendarmeriestationen, sie seien von deutscher Seite ersucht worden, »reichsdeutschen Abgeordneten und weiteren Flüchtlingen den Eintritt in die ČSR zu verwehren«, oder, bei erfolgtem Grenzübertritt, diese festzunehmen und den deutschen Polizeiorganen zu überstellen[85]. Im Laufe des Frühjahrs und Sommers 1933 wurden die Grenzkontrollen allgemein verschärft. Die Einführung des Ausreisesichtvermerks im April als Maßnahme »gegen die deutschen Hetzer im Ausland«[86] bot, wenigstens theoretisch, die Möglichkeit, politische Gegner an der Grenze festzuhalten[87].
Im Juli 1933 wurden die Grenzbeamten durch die Gestapo angewiesen, auf politisch verdächtige Personen zu achten und »sogenannte Fahndungsbücher« zu führen, um zu verhindern, daß »Funktionäre und bedeutende Mitglieder staatsfeindlicher Parteien und Organisationen ungehindert über die Reichsgrenze ins Ausland gelangen«[88]. Wenig später wurden die Aufgaben der Grenzpolizei, die 1933 in Bayern und Preußen schon von der Politischen Polizei wahrgenommen wurden, ausgeweitet und intensiviert[89]. Eine Dienstanweisung von 1936 nannte als zum Aufgabenbereich der Grenzpolizei gehörend u. a.: Verhinderung

unerlaubter Einfuhr verbotener Druckschriften, Beobachtung und Kontrolle verdächtiger Reisender, Unterstützung bei der Abwehr von Spionage und Landesverrat, Mitarbeit bei der Bekämpfung staatsfeindlicher politischer Bestrebungen und Beobachtung jeglicher politischer Entwicklung im Grenzgebiet. Mithin waren die Grenzpolizeistellen mit umfangreichen politisch-polizeilichen Aufgaben befaßt[90], die sich gerade auch auf die Überwachung der Emigranten und ihrer Tätigkeit erstreckt haben dürften. Zugleich verstärkte die SS durch Hilfsgrenzangestellte die Grenzpolizei auch personell und übte eine eigene SS-Grenzüberwachung aus[91]. So führten im Bereich der Stapo Dresden im Oktober 1937 im Grenzgebiet 300 SS-Männer »eine größere Aktion« durch zur »Bekämpfung des Verkehrs von im Reiche wohnenden Personen mit in der ČSR lebenden Emigranten«. Zweck der Aktion war, »alle aus der ČSR kommenden und in diese gehenden Personen genau zu überprüfen«[92].

Die Reichsbahn erfüllte mit ihrem Reichsbahnüberwachungsdienst, der normalerweise Züge begleitete und nach Schwarzfahrern usw. suchte, auch politisch-polizeiliche Aufgaben und stand in engster Zusammenarbeit mit der Gestapo[93]. Die Leiter der Reichsbahnüberwachungsdienste sämtlicher Reichsbahndirektionen wurden von Beamten der Gestapo über die »Überwachung des Zugverkehrs hinsichtlich der Emigranten, Juden und Ausländer« instruiert. Die Anweisung an die Beamten des Überwachungsdienstes, zu denen im übrigen auch SS-Angehörige zählten, lautete auf eine verstärkte Grenz- und Zugüberwachung. Ergebnis solcher Überwachungsarbeit waren Einzelmeldungen der Reichsbahndirektionen, z. B. »Lageberichte« über das Saargebiet und der dort tätigen »linksgerichteten Kreise, Separatisten und Emigranten«, und Zusammenstellungen von Tätigkeitsberichten, die an die Gestapo weitergeleitet wurden. In der ›Zusammenstellung Nr. 12‹, die die Tätigkeit vom September 1934 stichwortartig zusammenfaßt, heißt es u. a.: Reichsbahndirektion Altona: 6 politisch verdächtige Personen festgestellt; Breslau: 5 politisch verdächtige Personen festgestellt, eine Frau ermittelt, die Kurierdienste zwischen Emigranten aus dem Saargebiet und einem Görlitzer Einwohner leistete; Köln: 4140 verbotene Druckschriften beschlagnahmt. Die Zeitschrift ›Sozialistische Aktion‹ wurde in großer Anzahl und in allen erdenklichen Verstecken gefunden; Ludwigshafen: Die Hetz- und Propagandatätigkeit der Separatisten und Emigranten im Saargebiet hat erheblich zugenommen.

Durch die Verordnung des Reichspräsidenten vom 28. 2. 1933 war neben anderen Grundrechten auch das Brief- und Postgeheimnis aufgehoben worden. Damit hatte die Gestapo die Möglichkeit, Briefe und Telefongespräche von Emigranten zu kontrollieren. Wenn auch nur in den ersten Monaten nationalsozialistischer Herrschaft Briefwechsel ausgesprochen politischen Inhalts zwischen Emigranten und Bewohnern des Reichs geführt worden sein dürfte, so konnten doch auch angehaltene reine Privatbriefe immerhin Aufschluß über den jeweiligen Aufenthaltsort eines Emigranten geben. Nachfragen bei Verwandten konnten weitere Hinweise liefern und deren Überwachung unter Umständen auch auf die Spur illegaler Tätigkeit im Reich führen[94]. Ebenso wurde Durchgangspost kontrolliert und Auslandssendungen angehalten, die oft genug illegale Flugschriften enthielten.

Weitere Möglichkeiten, Mitteilungen über die Emigranten zu erhalten, bestanden in Auskunftsersuchen amtlicher deutscher Stellen an die Behörden des Auslands. Die Asylländer reagierten auf solche Ersuchen recht unterschiedlich. Das deutsche Konsulat in Genf erklärte, Auskünfte über die Emigranten seien auf »offiziellem und legalem Wege« nicht zu beschaffen. Dies war in den ersten Jahren fast überall vorherrschende Praxis, und einige Länder lehnten es auch später zumindest offiziell ab, über die sich in ihrem Land aufhaltenden Emigranten Auskünfte zu geben. So verweigerten Schweizer Polizeistellen den deutschen diplomatischen Vertretungen »in Flüchtlingsangelegenheiten jede Auskunft oder Namensnennung«[95]. Die deutsche Gesandtschaft in Den Haag meldete, den niederländischen Polizeibehörden sei durch Erlaß des Justizministeriums untersagt, über die in Holland lebenden Emigranten Auskunft zu geben[96]. Dagegen konnte die Gesandtschaft in Lissabon berichten, es sei gelungen, »von seiten der portugiesischen internationalen Polizei die Liste derjenigen Reichsdeutschen zu erhalten, die in den letzten Wochen nach Portugal gekommen sind«[97]. Auch die schwedischen Behörden scheinen auskunftsfreudiger gewesen zu sein[98]. Doch selbst wenn in einzelnen Ländern Weisungen ergangen waren, Auskünfte nicht zu erteilen, wie etwa in den Niederlanden, so erhielten manche Auslandsvertretungen doch »vertraulich« von Polizeipräsidien Mitteilungen[99].

Die offiziellen Anfragen der Missionen konnten sich naturgemäß ohnehin nur auf die Zahl der Emigranten und auf Angaben zur Person erstrecken, wollten sie nicht selbst durch ihren offiziellen Schritt klarlegen, die deutschen Auslandsvertretungen übten eine Überwachung der Emigranten aus. Dagegen entwickelten sich die Beziehungen der ausländischen Polizeibehörden zur Gestapo auf eine zunehmende Kooperationsbereitschaft in einzelnen Bereichen und speziellen Angelegenheiten hin. Sie reichten von Fühlungnahmen bis zu konkreten Abkommen. An erster Stelle sind hier die Abkommen über die Bekämpfung des Kommunismus zu nennen, die das Reich mit mehreren Staaten schließen konnte. Gerade der Anspruch des Dritten Reiches, Vorreiter des Antikommunismus und Antibolschewismus zu sein, verschaffte ihm vielfältig Sympathien, und zweifelsohne hat dies die Bereitschaft zur Zusammenarbeit auf diesem Gebiet verstärkt. Nach Lage der Dinge mußten sich gemeinsame Anstrengungen gegen den Kommunismus gerade auch auf die deutschen (und österreichischen) kommunistischen Emigranten beziehen. Bereits im November 1933 konnte ein solches Abkommen mit Ungarn unter Dach und Fach gebracht werden[100]. Die Vereinbarung erstreckte sich u. a. auf gegenseitige Unterrichtung, Nachrichtenaustausch über in der kommunistischen Bewegung tätige Personen, »für die in dem anderen Staate ein Interesse angenommen werden kann«, »Austausch von Nachrichten über Aufenthalt und Betätigung politischer Emigranten«. Im Interesse einer Beschleunigung des Nachrichtenaustausches, wie sie auf dem Gebiet der politischen Polizei häufig geboten sei, sollte der Austauschverkehr auch direkt zwischen den politischen Polizeien zulässig sein, womit von der Gepflogenheit, daß sich ein solcher Verkehr auf diplomatischem Wege zu vollziehen hatte, abgewichen wurde[101].

Eine internationale Zusammenarbeit im Hinblick auf das Emigrantenwesen erschien dem Reich durchaus wünschenswert. Versuche, die in diese Richtung zielten, wurden auch unternommen, und zwar zu einem Zeitpunkt, da die internationale Stimmung dafür sehr günstig war. Am 9. 10. 1934 waren der jugoslawische König Alexander I. und der französische Außenminister Barthou in Marseille einem Attentat kroatischer Ustascha-Emigranten zum Opfer gefallen. Im November anberaumte Bülow-Schwante eine Besprechung mit dem Gestapa, bei der die Frage erörtert wurde, »ob und inwieweit auf dem Gebiete des Emigrantenwesens eine internationale Zusammenarbeit der Polizeibehörden stattfindet«. Kriminalrat Heller vom Gestapa erklärte, seine Behörde stehe mit Polizeibehörden einiger fremder Staaten (er nannte Ungarn, Holland, Dänemark) in ständiger Verbindung. Da aber das Interesse einzelner Staaten bezüglich der Emigranten »sehr verschieden« liege, sei »eine allgemein anzuwendende Regelung für eine internationale Zusammenarbeit praktisch nicht herbeizuführen«[102].

Das Fehlen einer internationalen Übereinkunft mußte bilaterale Zusammenarbeit keineswegs beeinträchtigen. Auf Auskunftsersuchen der Gestapo »in betreff einer gewissen organisatorischen Zusammenfassung der in Dänemark weilenden kommunistischen Emigranten aus Deutschland« teilte der Chef der Kopenhagener Kriminalpolizei mit, »daß diese Erscheinungen hier schon im voraus bekannt waren«. Außerdem konnte er über die Identität von Emigranten Auskunft geben[103]. Solche Ersuchen und die erteilten Auskünfte betrafen keineswegs lediglich Personen, auf die die Bestimmungen von Rechtshilfe- und Amtshilfeabkommen anzuwenden waren, wenn auch vielfach von seiten der Gestapo versucht wurde, durch Inkriminierung der Emigranten diese als unter die Richtlinien von Rechtshilfeabkommen fallend auszugeben. Die Angaben der Kopenhagener Polizei bezogen sich auch auf Emigranten, denen Asyl gewährt worden war und die dementsprechend nicht als »Kriminelle« gelten konnten. Ebenso erwartete die Gestapo vom belgischen Justizministerium Mitteilungen über einen Emigranten, über den, wie sie selbst betonte, in »krimineller Hinsicht« bisher nichts bekannt war[104]. Eine Anbahnung zu einer Zusammenarbeit zwischen Gestapo und der tschechoslowakischen Polizei (erste Fühlungnahmen waren im Sommer 1937 erfolgt) wurde 1938 in die Wege geleitet, letztlich jedoch durch die Ereignisse der Jahre 1938/39 überholt[105].

Neben diesen amtlichen Auskunftsersuchen lieferte auch die allgemeine Berichterstattung der deutschen Auslandsvertretungen, d. h. soweit diese nicht auf Mittel politisch-polizeilichen Charakters zurückgriffen, und Berichte von Reisenden, die aber meist nicht mehr sein konnten als allgemeine Eindrücke, eine Fülle von Material. Damit war aber auch schon der Rahmen der legalen bzw. der durch die neuen Verhältnisse in Deutschland legalisierten Möglichkeiten so ziemlich erschöpft. Für das von der Gestapo viel weiter gesteckte Ziel einer umfassenden Bekämpfung aller staatsfeindlichen Bestrebungen reichte das jedoch nicht aus. Um dieses Ziel zu verwirklichen, wurden Mittel benutzt, die sich nicht nur »am Rande der Legalität«, sondern sehr weit jenseits davon bewegten und sich, wie später noch zu zeigen sein wird, auch nicht auf die Überwachung der Emigranten beschränkten, sondern zu Aktivitäten jenseits der deutschen Grenzen führten, die der Weltöffentlichkeit deutlich machten, wie wenig man sich um die Souveränität und Integrität anderer Staaten kümmerte und daß das Dritte Reich Normen des Völkerrechts offensichtlich für sich nicht als verbindlich ansah.

‹Illegale› Mittel der Überwachung und ihre Auswirkungen

Das deutsche Konsulat in Genf hatte darauf hingewiesen, daß die auftragsgemäße Überwachung der Emigranten auf legalem Wege nur unzureichend möglich war[106]. Die deutsche Botschaft in Paris nannte, sogleich auch die Kostenfrage anschneidend, Mittel und Wege, mit deren Hilfe man sich bemühte, dem erteilten Auftrag nachzukommen. Um die »zahlreichen Anfragen der inneren Behörden« erledigen zu können, hieß es in dem Bericht, und um den der Pariser Botschaft zugehenden Angaben »über staatsfeindliche politische und wirtschaftliche Wühlereien gegen Deutschland nachgehen zu können, mußten wir Mittelsmänner ansetzen, denen fast immer mindestens ihre Auslagen ersetzt werden mußten«[107].

Mittelsmänner, V-Leute, Spitzel, Agenten, Zuträger – wie immer man sie bezeichnet, sie stellten die große Schar der Helfer und Helfershelfer, die im Ausland für die Gestapo tätig wurde, ihr in erheblichem Umfang die Informationen über Vorgänge und Personen lieferte und so den Verfolgungsorganen im Dritten Reich die Abwehrarbeit erleichterte oder überhaupt erst ermöglichte. Wie hoch der Anteil der durch diese Personen beigebrachten Informationen an den Erfolgsquoten der Gestapo war, ist nicht verläßlich auszumachen[108].

Auffallend an den Berichten der Auslandsvertretungen, der Stapostellen und den Aufzeichnungen im Gestapa ist, daß die meisten darin gemachten Angaben sich auf Emigranten selbst als Quelle berufen. Nichts beleuchtet vielleicht die innere Zerrissenheit, die psychologischen und sozialen Belastungen des Exils mehr als gerade der Verrat aus den eigenen Reihen. Es geht in dieser Darstellung nicht um die Psychologie des Verräters, nicht um Verdammung solchen Tuns oder darum, um jeden Preis nach Rechtfertigungsgründen zu suchen. Enttäuschung, Resignation, Geldnöte, Heimweh, Verärgerung, Geltungssucht, persönliche Differenzen, der Versuch, sich straffreie Rückkehr zu sichern oder auch einfach Vertrauensseligkeit und Geschwätzigkeit, das sind nur einige von vielen möglichen Beweggründen, aus denen heraus Emigranten zu Verrätern wurden. Die Motive sind zu vielfältig, als daß von vornherein eine generelle Beurteilung möglich wäre. Erst die Prüfung aller Umstände im Einzelfall erlaubte eine über die Feststellung der Tatsache hinausgehende angemessene Beurteilung. Deshalb wird in dieser Darstellung in der Regel auf Namensnennung verzichtet, es sei denn, es handele sich um Fälle, die auch in der neueren Literatur erörtert worden sind, oder um Personen, die an exponierter Stelle innerhalb der Emigration oder einer mit dieser zusammenarbeitenden Organisation saßen. Eine Unterscheidung sollte aber doch wohl gemacht werden zwischen denen, die sich der Gestapo und den Auslandsvertretungen andienten – die Missionen wissen immer wieder davon zu berichten –, und jenen, die von der Gestapo durch Erpressung unter Druck gesetzt wurden und häufig gar keine andere Wahl hatten, als ihren Forderungen nachzukommen.

Für die Tatsache, daß Emigranten der Gestapo bzw. den Auslandsvertretungen ihre Dienste anboten, gibt es zahlreiche Beispiele. So berichtete die deutsche Gesandtschaft in Brüssel, dort sei ein Emigrant erschienen, der seine aktive Tätigkeit in der Auslandsorganisation der SPD eingestellt habe und nunmehr »Anschluß an deutsche Kreise« zu finden hoffe. Zur Einführung habe er auch gleich Material über die Emigration und deren illegale Tätigkeit mitgebracht[109].

Ein anonymer Emigrant aus Frankreich wollte Angaben über »kommunistische Wühlarbeit machen, wenn ihm straflose Rückkehr zugesichert« würde[110]. Bei der Gesandtschaft in Prag meldete sich ein Emigrant, der bei der demokratischen Flüchtlingsfürsorge arbeitete und der Gesandtschaft neben den Evidenzbögen der bei dieser Organisation registrierten Emigranten auch weitere für die Gestapo wertvolle Mitteilungen über Kurierwege, Personen und politische Pläne der Emigration zuspielte[111]. Im Frühjahr 1934 fand sich in der deutschen Botschaft in London ein Emigrant ein, der »ganz eingehende Mitteilungen über die Hetzarbeit« der Emigranten machte und zur Einführung gleich zwei Originalbriefe an den in London lebenden Emigranten Lehmann-Russbueldt mitbrachte[112]. Im Frühjahr 1937 suchte ein 1935 in die ČSR emigrierter Kommunist, der von dort für die KPD in der Grenzarbeit tätig war, Verbindung zur Gestapo und lieferte »verschiedenes wertvolles Material«. Im Oktober wurde er von der Gestapo mit Sonderaufträgen in die ČSR geschickt, wo er, offenbar wegen abweichender Haltung von der offiziellen KPD-Linie, von Emigranten unter dem Verdacht der Spionagetätigkeit den tschechoslowakischen Behörden angezeigt und auch verhaftet wurde. Die Gestapo bat das AA, sich im Rahmen der sonst üblichen Maßnahmen für ihn einzusetzen und seine Freilassung zu erwirken[113].

Die Gestapo hatte darüber hinaus vielerlei Möglichkeiten, V-Leute zu gewinnen und für die Beobachtung der Emigration einzusetzen, vor allem dann, wenn Personen unter dem Verdacht illegaler Tätigkeit bereits in ihre Hände gefallen waren. Die Stapostelle Hamburg handhabte lange Zeit die Praxis, Beschuldigte aus Hochverratsverfahren unter der Zusicherung der Straffreiheit als Vertrauensmänner anzusetzen[114]. Ein Unterbezirksleiter der SAJ, der, aus der Emigration zurückgekehrt, sieben Monate im KZ gewesen war, wurde von der Stapo Chemnitz als V-Mann gegen die Sopade eingesetzt, »um besonders über die illegalen Druckschriftentransporte ins Reich Aufklärung zu schaffen«[115]. Viele derjenigen, die, aus Schutzhaft oder Strafhaft entlassen, nach dem Willen der Gestapo Spitzeldienste leisten sollten, erwiesen sich, wie eine vom Gestapa im Januar 1939 angeordnete Überprüfung der V-Männer ergab, jedoch als unzuverlässig. So heißt es von einem Emigranten, der während eines Treffs in Deutschland festgenommen worden war, er habe sich freiwillig bereit erklärt, als V-Person mitzuarbeiten. Aber »entgegen seinen Versprechungen hat er nach Rückkunft die Auslandsleitung unterrichtet und ließ nichts mehr von sich hören«[116]. Eine Möglichkeit, V-Männer zur Zuverlässigkeit zu zwingen, sah die Gestapo darin, Verwandte des V-Mannes zu verhaften. So berichten die Fahndungsblätter des Internationalen Gewerkschaftsbundes – das waren sogenannte Schwarze Listen, wie sie auch von der Sopade, KPD und der Roten Hilfe herausgegeben wurden – von einem Mann, der Spitzeldienste leistete, um die Freilassung seiner Tochter zu erwirken[117].

Hier trifft in vollem Umfang zu, was Hannah Arendt »die Ermordung der moralischen Person« genannt hat: Denn wenn jemand vor die Wahl gestellt wird, entweder seine Freunde zu verraten oder seine Verwandten dem Terror, und damit unter Umständen dem Tod preiszugeben, sei die Alternative nicht mehr zwischen Gut und Böse, »sondern zwischen Mord und Mord«[118].

Beliebte Methode, Gestapo-Agenten gegen Entlarvung abzusichern, war ihre Tarnung als »antifaschistischer Emigrant«[119]. In der Frage der Spitzelabwehr fanden sich die Exilgruppen relativ schnell zu gemeinsamer technischer Zusammenarbeit, die zu verschärfter Überprüfung der aus Deutschland Kommenden und zum Austausch von Schwarzen Listen führte, in denen nicht nur die der Spitzeltätigkeit Überführten, sondern auch die, »die unter einem begründeten Verdacht der Spitzeltätigkeit standen«, aufgeführt wurden[120]. Die Spitzelabwehr der Emigranten war immerhin so erfolgreich, daß die Gestapo 1937 erkennen mußte, die als Emigranten getarnten Spitzel hätten in absehbarer Zeit keine Aussicht auf erfolgreiche Tätigkeit[121]. Die deutsche Botschaft in Paris hatte bereits im Februar 1934 erkennen müssen, daß die Emigranten einen »überaus gut funktionierenden Beobachtungsdienst eingerichtet« hatten, wodurch die Gefahr, daß die V-Leute auffliegen könnten, sehr groß sei[122].

Eine undatierte Instruktion der Gestapo[123], wahrscheinlich aus dem Jahre 1935, stellt fest, ein »einigermaßen ungestörtes Arbeiten unserer V-Männer ist nur noch in Holland und Dänemark möglich, aber auch diese Staaten warten nur auf einen Anlaß, um energische Maßnahmen zu treffen [...] Der Mangel an brauchbaren Vertrauenspersonen im Ausland hat sich außerordentlich fühlbar gemacht, es muß daher mit allen Mitteln versucht werden, die Zahl der V-Männer im Ausland zu erhöhen, da sonst die Gefahr besteht, daß wir eines Tages von Situationen überrascht werden. Die z. Zt. draußen befindlichen V-Personen reichen bei weitem nicht aus, auch nur ein annäherndes Bild von der illegalen Arbeit gegen Deutschland zu geben«. Die Gestapo war also entschieden darum bemüht, ihre Überwachungstätigkeit zu intensivieren, um, wie sie selbst zugeben mußte, die Informationslücken ausfüllen zu können. Dabei hatte die bis dahin verfolgte Auslandstätigkeit der Gestapo, sei es durch Agenten oder durch eigene Beamte, mehrfach zu unliebsamen Protesten des Auslands geführt. So protestierte der niederländische Gesandte in Berlin im Januar 1934 gegen die Tätigkeit der Gestapo in Holland. In seiner Unterredung mit Staatssekretär Bülow machte er darauf aufmerksam, daß die Gestapo ein reges Interesse für die Emigranten und ihre Aktivitäten an den Tag lege. Zu ihrer Überwachung bediene sich die Gestapo nicht nur der V-Männer, sondern wiederholt seien in diesem Zusammenhang auch Beamte der Geheimen Staatspolizei in Holland, insbesondere in Amsterdam gewesen und hätten ohne Fühlungnahme mit der dortigen Polizei Erhebungen angestellt und eine dienstliche Tätigkeit ausgeübt[124]. Bülow, dem darüber »nicht das geringste bekannt« war, mußte dem niederländischen Gesandten beipflichten, daß eine solche Tätigkeit ohne Fühlungnahme mit der holländischen Polizei unzulässig sei[125].

Meldungen in der Emigrantenpresse und der Auslandspresse über die Auslandstätigkeit der Gestapo führten immer wieder zu Anfragen des AA beim Gestapa. Auf eine solche Anfrage erhielt das AA die Antwort, die Gestapo unterhalte weder Agenten im Ausland noch bestünden Auslandsagenturen. Bei Zeitungsmeldungen dieser Art, schrieb der Vertreter des Gestapo-Chefs Diels, Oberregierungsrat Volk, »dürfte es sich zweifellos um Nachrichtendienste privater Organisationen handeln, die bedauerlicher Weise immer wieder angeben, im Auftrage meiner Behörde tätig zu sein«[126]. Auch auf die erneute Anfrage anläßlich der niederländischen Protestnote gab man dem AA eine hinhaltende Antwort: vom »amtlichen Nachrichtendienst« des Gestapa würden »eigene Agenten in Holland, die ohne Wissen der holländischen Polizei in Kommunisten- oder Emigrantensachen tätig sind, nicht unterhalten«[127]. Man gab also vor, »amtlich« von solcher Tätigkeit nichts zu wissen.

Diese Äußerung stand in krassem Gegensatz zu den von den Auslandsvertretungen allseits gemachten Beobachtungen, daß immer wieder Personen vorsprachen, die sich darauf beriefen, im Auftrage der Gestapo

Emigranten zu überwachen und um Weiterleitung ihrer Berichte auf dem diplomatischen Kurierweg nachsuchten[128]. Der Behauptung, es handele sich bei solchen Personen um Angehörige »privater Organisationen«, widersprach die Tatsache, daß sie nicht nur mit dem Anspruch auftraten, im Auftrage der Gestapo tätig zu sein, sondern auch amtliche Schriftstücke vorlegten, die sie eindeutig als Gestapo-Agenten auswiesen[129].

Das AA war von vornherein bemüht gewesen, bei der Vermittlung von Kontakten zwischen V-Männern und der Gestapo nicht zu sehr in den Vordergrund zu treten. Auf eine Meldung der deutschen Botschaft in London, der Emigrant Wesemann habe sich der Gestapo als V-Mann angeboten, antwortete das AA, es sei wünschenswert, wenn auf eine Vermittlungstätigkeit der Botschaft verzichtet werden könnte[130]. Einzelne Missionschefs selbst hielten es in einigen Fällen für tunlicher, wenn Ermittlungen ohne Zutun der Mission eingeleitet und durchgeführt wurden[131].

Die Praxis, Agenten auch noch mit amtlichen Schriftstücken und der Empfehlung zu versehen, sich bei auftretenden Schwierigkeiten an die jeweilige deutsche Auslandsvertretung zu wenden, hatte die Missionen schon in einigen aufgedeckten Fällen schwer kompromittiert. Diesem Mißstand abzuhelfen, drang das AA beim Gestapa darauf, den ins Ausland entsandten Agenten keine Ausweise mehr auszustellen. Das AA erhielt darauf die Zusicherung, die für die Entsendung zuständigen Stellen der Gestapo würden angewiesen, ihren Agenten einzuschärfen, »mit den amtlichen deutschen Auslandsvertretungen keinerlei Verbindung aufzunehmen«[132]. Und tatsächlich wurde mit Erlaß des Politischen Polizeikommandeurs der Länder vom 22. 8. 1934 allen Dienststellen »zur Kenntnisnahme und genauesten Beobachtung« mitgeteilt, daß es sowohl verboten sei, Agenten mit Ausweisen zu versehen als auch den Agenten selbst, sich im Ausland an die deutschen Missionen zu wenden[133]. Die Zusicherung an das AA und der Runderlaß des Gestapa waren eine direkte Bestätigung der von der Gestapo dem AA gegenüber geleugneten Tätigkeit ihrer Agenten und Beamten im Ausland. Die Frage, ob überhaupt Agenten entsandt werden sollten, stand gar nicht mehr zur Diskussion. Lediglich um unerwünschte Rückwirkungen auf die deutschen Auslandsbeziehungen zu vermeiden, hatte sich die Gestapo zu obiger grundsätzlichen Regelung bereitgefunden.

Dennoch kam es 1935 zu der Entführung des Emigranten Berthold Jacob aus der Schweiz nach Deutschland, und zwar unter maßgeblicher Beteiligung des Emigranten Wesemann und amtlicher deutscher Stellen[134]. Die in diesem Fall gemachten negativen Erfahrungen bestimmten die Auslandsvertretungen, in Zukunft vorsichtiger im Umgang mit V-Männern zu werden. Auf eine Meldung der Gesandtschaft in Brüssel, ihr habe sich ein Emigrant als Zuträger angeboten, notierte man im AA, daß ja so ähnlich der Fall Wesemann seinen Anfang genommen habe. Es würde sich empfehlen, »der Gestapo zu sagen, daß – wenn sie überhaupt in der Sache etwas macht – sehr behutsam vorgehen müßte«[135]. Dem AA gelang es nunmehr auch, grundsätzlich Übereinkunft mit dem Gestapa darüber zu erzielen, daß die Entsendung von Gestapo-Beamten ins Ausland, sofern diese mit der jeweiligen Auslandsvertretung Kontakt aufnehmen sollten, nur nach vorhergehender Unterrichtung des AA und im Einverständnis mit diesem erfolgen sollte[136].

Ebenfalls in engem Zusammenhang mit den Erfahrungen aus dem Fall Jacob-Wesemann dürften die Dienstanweisungen des Politischen Polizeikommandeurs der Länder über die Zusammenarbeit der Politischen Polizei mit den Polizeien ausländischer Staaten vom 23. 9. und 3. 12. 1935 stehen[137]. In der Anweisung vom Dezember heißt es u. a.: »Bezüglich der Entsendung von Vertrauenspersonen in das Ausland ist stets, abgesehen von dem sogenannten kleinen Grenzverkehr, die Genehmigung des Politischen Polizeikommandeurs der Länder bzw. Stellvertretenden Chefs der Preußischen Geheimen Staatspolizei erforderlich. Für die bereits bestehenden Beziehungen nach dem Auslande ist die Genehmigung nachzuholen.« Ferner sei »streng darauf zu achten, daß dem Ausland kein Einblick in den Aufbau der Geheimen Staatspolizei gewährt wird«. Den Abwehrbeamten sei der Grenzübertritt in dienstlichen Angelegenheiten verboten[138]. Treffs mit V-Leuten aus dem Ausland sollten nur innerhalb der Reichsgrenzen wahrgenommen werden. Die V-Personen würden »am besten unter Mitwirkung der Grenzdienststellen der Geheimen Staatspolizei über die grüne Grenze gebracht«[139]. Diese Anweisungen sollten offenbar den verschiedentlich von einzelnen Staatspolizeistellen eigenmächtig vorgenommenen Handlungen im Ausland – abgesehen von dem im kleinen Grenzverkehr als üblich Erachteten – einen Riegel vorschieben. Bei den nach diesem Datum liegenden Vorfällen ist nicht immer eindeutig zu entscheiden, ob die Entsendung von Gestapo-Beamten im Einvernehmen mit Himmler und Heydrich erfolgte (so wie es die Anweisung bestimmte), oder ob entgegen der Weisung ein eigenmächtiges Vorgehen eines Leiters einer Staatspolizeistelle vorlag, worauf man sich seitens des Gestapa in Berlin bei Nachfragen des AA berief. Daß die Gestapo auch weiterhin durch Agenten und Beamte im Ausland intensiv an der Überwachung der Emigranten arbeitete, sei an zwei typischen Beispielen dargestellt.

Im Mai 1937 konnten die Bewohner eines Emigrantenheimes in der ČSR zwei ihrer Mitbewohner als Gestapospitzel entlarven. In einer Art Selbstjustiz mißhandelten die aufgebrachten Emigranten die beiden Spitzel derart, daß durch deren Schreie die Anwohner aufmerksam wurden und die Polizei riefen, die die Spitzel festnahm und ins Polizeigefängnis überführte. Sofort nach Bekanntwerden schaltete sich Kriminalrat Heller vom Gestapa ein. In einem Brief an das AA betonte er, er lege »besonderen Wert« darauf, daß den Verhafteten geholfen werde. Die Gesandtschaft in Prag aber meldete, daß »überraschenderweise« gegen die beiden schon Anklage auf Verdacht der Militärspionage erhoben sei. Die Strafverfolgungsbehörden der ČSR beriefen sich dabei auf eine höchstgerichtliche Entscheidung, wonach Agenten und Spitzel der Gestapo, die Nachforschungen über die Emigranten in der ČSR anstellten, »unter Heranziehung der verschärften Strafbestimmungen über Militärverrat zu drakonischen Strafen zu verurteilen« seien. Im September mußte dann die Gesandtschaft berichten, es sei der Polizei gelungen, die Zusammenarbeit der beiden mit der Gestapo »weitgehend aufzuklären«. Nunmehr blieb auch der Gestapo nichts anderes übrig, als dem AA gegenüber zu bestätigen, daß es sich um Agenten handelte, die mit Sonderauftrag in die ČSR geschickt worden waren und gute Arbeit geleistet hatten. Die Gestapo war ernsthaft bemüht, den beiden durch Geldzuweisungen und durch Übernahme der Rechtsanwaltskosten zu helfen. Im November wurden die Agenten vom zuständigen tschechoslowakischen Gericht zu mehrjährigen Zuchthausstrafen verurteilt. Anläßlich von Verhandlungen über den Austausch von verurteilten Reichsdeutschen in der ČSR gegen in Deutschland inhaftierte ČSR-Bürger setzte die Gestapo auch ihre beiden Agenten auf die Liste, da sie, wie es intern hieß, beide »wertvolle Arbeit« geleistet hätten[140].

Am 18. 4. 1936 wurde in Zürich der Gestapo-Beamte Römer von der Stapo Dortmund unter dem Verdacht der Verletzung des »Bundesratsbeschlusses betreffend den Schutz der Sicherheit der Eidgenossenschaft« verhaftet[141]. Dieses sogenannte Spitzelgesetz vom 21. 6. 1935 war vom schweizerischen Bundesrat im Zusammenhang mit der Affaire Jacob-Wesemann erlassen worden[142], um dem Treiben nationalsozialistischer Nachrichtendienste auch strafrechtlich wirksam begegnen zu können. Das Gestapa versuchte sofort, den Fall Römer durch »gütliche Vereinbarung mit der Schweizerischen Bundespolizei zu erledigen«. Doch die Bemühungen Heydrichs hatten, wie er dem AA schrieb, »trotz aller Zuvorkommenheit der Bundespolizei keinen Erfolg«. Das Untersuchungsverfahren gegen Römer war bereits eingeleitet worden. Heydrich mußte zugeben, daß Römer im amtlichen Auftrag in die Schweiz gereist war. Er betonte allerdings, der Leiter der Stapo Dortmund, Hinkmann, habe sich damit eigenmächtig über bestehende Weisungen hinweggesetzt, »jedweden nachrichtlichen Verkehr in das Ausland zu unterlassen« oder Beamte der Dienststelle ins Ausland zu entsenden. Nach Heydrichs Darstellung hatte sich im März ein Heinrich Müller der Stapo Dortmund als V-Mann angeboten und angegeben, eingehende Mitteilungen über maßgebende Emigranten machen zu können, vor allem über Heinrich Brüning, als dessen Mitarbeiter er sich ausgegeben habe. Heydrich nannte als Grund für den Auftrag an Römer bezeichnenderweise nicht die Überwachung von Emigranten, was ja erfahrungsgemäß wieder zu außenpolitischen Schwierigkeiten führen konnte; Römer habe vielmehr Auftrag gehabt, »die Glaubwürdigkeit des Müller nachzuprüfen«!

Wie die Ermittlungen der Schweizer Behörden ergaben, hatte Römer tatsächlich jedoch Auskünfte über bestimmte Reichsdeutsche, u. a. auch beim Einwohnermeldeamt in Zürich, eingeholt und sich dadurch des unerlaubten politischen Nachrichtendienstes schuldig gemacht. Wie die deutsche Gesandtschaft von zuständiger Schweizer Stelle erfuhr, war Römer geständig und gab darüber hinaus zur Person Müllers an, daß es sich um einen Agenten der Gestapo handele, »der im Besitz interessanter Akten betreffend die sogenannte ‹katholische Aktion›« sei, mit Otto Strasser in Verbindung stehe »und schließlich auftragsgemäß [...] Dr. Brüning alias Dr. Braun [...] in der Schweiz überwachen sollte«[143]. Die Bezirksanwaltschaft Zürich erhob nach Abschluß der Ermittlungen Anklage gegen Römer und Müller wegen fortgesetzten politischen Nachrichtendienstes und im Falle Römer auch wegen verbotener Amtshandlungen[144]. Am 26. September erging das Urteil. Der Spruch lautete auf 1 1/2 Jahre Zuchthaus für Müller und 4 Monate Gefängnis für Römer. Irgendwelche politische Konsequenzen hatte der Vorfall nicht.

Die nationalsozialistische Propaganda setzte sich über alle Meldungen über die Auslandstätigkeit der Gestapo erhaben hinweg und erklärte sie zur reinen Erfindung und zur »kriminellen Psychose« derjenigen, die etwas »ausgefressen« hätten[145], womit natürlich in erster Linie die Emigranten gemeint waren. Daß aber entsprechende Meldungen in der Exilpresse keineswegs aus der Luft gegriffen waren, wußten auch amtliche Stellen im Ausland nur zu genau.

Nachfolgend einige Beispiele dafür, aus welchen Kreisen sich die Helfer der Gestapo im Ausland rekrutierten.

Die deutsche Gesandtschaft in Oslo erhielt vertrauliche Informationen über Emigranten durch ein der Gesandtschaft »als vertrauenswürdig bekanntes Mitglied der National Samling (Quislingpartei)«, die aus eigener Initiative V-Leute auf Emigranten ansetzte[146]. In Dänemark brachte die Zeitung ›National-Socialisten‹ Berichte über die in Dänemark sich aufhaltenden Emigranten. Diese Berichte wurden von SD und Gestapo karteimäßig ausgewertet[147]. Das deutsche Konsulat in Apenrade erhielt von privater Seite ein »Schwarzbuch« in dänischer Sprache über die deutschen Emigranten in Dänemark. Das Material dazu war von verschiedenen Seiten aus Agentenkreisen zusammengetragen. Verfasserin war Olga Eggers in Kopenhagen, die früher Privatsekretärin des Ministerpräsidenten Stauning gewesen war und nunmehr für die Zeitung ›Stormen‹ des dänischen Nationalsozialisten Willfried Petersen arbeitete. Das Konsulat schickte der Stapo Flensburg ein Exemplar zur Auswertung[148]. In Belgien stellte eine antikommunistische Organisation, die sich Société d'Etudes Politiques, Economiques et Sociales nannte, der deutschen Gesandtschaft in Brüssel eine Liste zur Verfügung, »enthaltend die Personalien einer Reihe deutscher Emigranten, die, ohne sämtlich in Belgien ansässig zu sein, sich hier in kommunistischem Sinne betätigen«[149]. Reichsdeutsche, die in der ČSR wohnten, betätigten sich freiwillig und ohne Auftrag oder Aufforderung in der Emigrantenüberwachung. Kennzeichnend dafür, wie solche selbsternannten Helfer ihre »staatsbürgerliche« Pflicht, als die sie die Emigrantenüberwachung ausgaben, mit finanziellen Forderungen zu verknüpfen verstanden, ist folgender Brief eines Reichsdeutschen aus Asch (ČSR) an das Justizministerium in Berlin: »Ich persönlich habe von dem Treiben dieser Staatsverbrecher nur aus Zufall Kenntnis erhalten und sah mich als deutscher Staatsbürger nicht nur veranlaßt, sondern verpflichtet, diese Angelegenheit weiter zu verfolgen und die Betreffenden, so gut mir dies möglich war, zu beobachten.« Der Schreiber betont, »erhebliche Ausgaben« gehabt zu haben, um das Material in die Hände zu bekommen, und er fährt fort: »Andererseits liegt mir als Deutschem sehr viel daran, mich meinem Vaterlande in jeder Hinsicht dienstbar zu machen.« Da er die »Ermittlungen« nicht aus eigener Tasche bezahlen könne, erbitte er vom Justizminister Unterstützung. Das Justizministerium, das die »Ermittlungen« des Briefschreibers an das Gestapa weiterleitete, riet von einer Beantwortung des Schreibens ab[150]. Ob die Gestapo zu der gleichen Auffassung kam, geht aus den Akten nicht hervor.

Auch aus Regierungskreisen, von internationalen Organisationen und ausländischen Parteien flossen der Gestapo Informationen über die Emigranten zu. Das PrMdI schickte dem Gestapa einige Berichte, »die aus dem Büro der Regierungskommission des Saargebietes (Ministerialdirektor Heimburger) stammen und mir auf vertraulichem Wege übermittelt worden sind«[151]. Der Schweizer Staatsangehörige Hans Adank, bis 1935 im Sekretariat der Sozialistischen Arbeiter-Internationale (SAI) tätig, bot sich der deutschen Gesandtschaft in Brüssel als V-Mann an und bat um Verbindung mit dem Gestapa, das auch im Oktober mit ihm Kontakt aufnahm[152]. Nicht zuletzt scheint auch die Weitergabe von Informationen über die Emigranten aus dem jeweils anderen politischen Lager durch Emigranten zum politischen Geschäft im Exil gehört zu haben. So gab die deutsche Gesandtschaft in Brüssel in einem Bericht die Angaben eines Kommunisten wieder, die dieser über die Tätigkeit deutscher sozialdemokratischer Funktionäre in Belgien gemacht hatte[153]. Die Attacken, die die KPD in ihren Exilorganen gegen die »Deutsche Freiheitspartei« ritt, indem sie einzelne Förderer als »Feinde der Volksfront« denunzierte – mochten es nun gezielte Indiskretionen oder auch nur Fahrlässigkeit sein –, halfen der Gestapo, den Vertriebsapparat der DFP aufzudecken und zahlreiche Verhaftungen vorzunehmen[154]. Die Gestapo hatte ein großes Reservoir von Zuträgern und Agenten sowohl unter reichsdeutschen Minderheiten im Ausland als auch in ausländischen pronazistischen Kreisen, die nicht nur die Emigranten überwachten, sondern, wie z. B. eine Polizeiaktion gegen den »Bund treuer Eidgenossen« in der Schweiz im November 1938 ergab, »auch schweizerische Behörden, Unternehmungen und politische Parteien« bespitzelten[155].

Die Spitzelfurcht führte unter den Emigranten, wie bereits kurz dargelegt, zu gemeinsamen Anstrengungen in der Spitzelabwehr. Aber auch offizielle Kreise des Auslands beschäftigten sich damit. So kam es im englischen Unterhaus mehrfach zu parlamentarischen Anfragen über die Gestapotätigkeit im Ausland. In der Schweiz leitete die Bundesanwaltschaft aufgrund von diesbezüglichen Pressemeldungen Untersuchungen ein, und das sogenannte Spitzelgesetz vom Juni 1935 war eine direkte Folge der Emigrantenüberwachung, die im Fall Jacob zu dessen Entführung geführt hatte. Das Ausland begann, sich vor den Übergriffen der Gestapo zu schützen. Die Gestapo mußte Mitte der 30er Jahre feststellen, daß die ausländischen Staaten aus gegebenem Anlaß energische Abwehrmaßnahmen getroffen hatten. Wie es in der bereits zitierten Instruktion der Gestapo hieß, war ein »einigermaßen ungestörtes Arbeiten« ihrer V-Männer zu dieser Zeit nur noch in Holland und Dänemark möglich[156].

Untersuchungen der zuständigen ausländischen Behörden ergaben nicht selten, daß gerade die Auslandsorganisationen der NSDAP (A. O.) Reichsdeutsche (nicht nur Emigranten) überwachten und unter Druck setzten. Darin aber sahen die Länder – mit Recht – eine unzulässige Einmischung in innere Angelegenheiten und darüber hinaus eine Verletzung der Souveränität durch Organe der NSDAP. Proteste des Auslands und Störungen und Belastungen der außenpolitischen Beziehungen blieben nicht aus[157]. Darüber hinaus gewann das Bild von einem Deutschland, das keine Grenzen respektierte, für das Ausland vielfach schärfere Konturen. Eine gewisse Spitzelfurcht breitete sich aus und setzte schließlich jene Vorstellungen frei, wonach sämtliche Deutschen im Ausland als »Fünfte Kolonne« und als trojanisches Pferd anzusehen waren[158]. Zu den politischen Auswirkungen bemerkt Jacobsen, daß in vielerlei Hinsicht die »psychologische Seite derartiger Vorwürfe« (Entsendung von Spionen, Überwachung, Einschüchterung von Reichsdeutschen im Ausland sowie Drohung mit Repressalien gegen Verwandte im Reich) »weitaus gewichtiger« gewesen sei als die Behauptungen selbst[159]. Das ist gewiß richtig. Doch bleibt festzuhalten, daß diese Vorwürfe, wie hier am Beispiel Emigration dargelegt, auch was Umfang und Intensität anbelangte, nicht aus der Luft gegriffen waren und nicht nur viel böses Blut gegen das »neue Deutschland« machten[160], sondern auch zu harten politischen Auseinandersetzungen führten.

Auswertung und Auswirkung der Überwachung

Unmittelbaren Niederschlag fand die Emigrantenüberwachung (vor allem im Grenzbereich), die ja mit der Überwachung bekannter oder vermuteter Gegner im Innern einherging, in zahllosen Verhaftungen von Kurieren, Schriftenschmugglern, von Personen, denen Verbindungen mit Emigranten bzw. Teilnahme an Treffs und Konferenzen in der Emigration nachgewiesen werden konnten. Ein eindrucksvolles Beispiel für das Vorgehen der Ermittlungsbehörden gegen Personen, die der illegalen Kuriertätigkeit verdächtigt wurden, liefert ein Erörterungsbericht der Dresdner Polizei zu dieser Sache vom März 1936, ein Beispiel, das in seiner Alltäglichkeit und trotz seiner geringen politischen Bedeutung repräsentativ ist[161]. Ein Arbeiterehepaar aus Dresden wurde unter dem Verdacht festgenommen, Kontakte zu Emigranten in der ČSR unterhalten und für diese Kurierdienste geleistet zu haben. Verdacht hatten die Eheleute dadurch erregt, daß sie sich häufig Grenzausweise (innerhalb des sogenannten kleinen Grenzverkehrs) zum Besuch der ČSR ausstellen ließen. Im Laufe der polizeilichen Nachforschungen wurden die Beziehungen zu Emigranten, nach Aussagen der Beschuldigten zufällig zustande gekommen und völlig unpolitischer Natur, aufgerollt; durch belastende Äußerungen wurden noch weitere Personen in den Kreis der Verdächtigen mit einbezogen. Die Ermittlungsbehörden prüften die Mitteilungen, die die Besucher den Emigranten machen konnten oder gemacht hatten, auf ihren landes- bzw. hochverräterischen Gehalt. Der Generalstaatsanwalt in Sachsen, der Oberreichsanwalt beim VGH und das Gestapa in Berlin schalteten sich in die Ermittlungen ein. Aus den einzelnen Aussagen der Beschuldigten sprach deutlich die Angst, ihre privaten Kontakte zu Emigranten könnten von der Polizei als illegale politische Betätigung angesehen werden. Auch eine Mutter, die ihrem in die ČSR geflüchteten Sohn Geld und Lebensmittel überbringen ließ, setzte sich solchem Verdacht aus.

Der Erörterungsbericht kommt zu der Feststellung, die Eheleute seien mit Emigranten zusammengekommen und hätten bei dieser Gelegenheit »für die Emigranten sozusagen [!] Kurierdienste geleistet, indem sie für diese Briefe mit nach Deutschland genommen und andere Verrichtungen, wie Ausrichten von Aufträgen an Bekannte und Angehörige der Emigranten, die in Dresden und Umgebung wohnhaft sind, mit erledigt haben«. Wie aus dem Bericht selbst hervorgeht, handelte es sich um ganz gelegentliche »Kurier«-Dienste, die eher den Charakter von Gefälligkeiten hatten als den einer illegalen politischen Tätigkeit. Der Bericht macht aber auch deutlich, wie selbst der kleinste Hinweis auf eine solche Tätigkeit verfolgt und auf Bestätigung des Verdachts politisch-konspirativer Arbeit hin untersucht wurde.

Wiederholt wurden die Staatspolizeistellen, deren Gebiet ans benachbarte Ausland grenzte, vom Gestapa in Berlin angewiesen, der illegalen Tätigkeit im Grenzbereich besondere Aufmerksamkeit zu widmen, gegen Kuriere und Schriftenschmuggel geeignete Maßnahmen zu treffen und über die gemachten Feststellungen nach Berlin zu berichten[162]. Die Stapostellen konnten immer wieder mit Erfolgsmeldungen aufwarten. So hatte die Stapo Dresden erfahren, daß zu Weihnachten 1933 in Karlsbad eine Besprechung von SPD-Funktionären unter Beteiligung Illegaler aus Sachsen stattgefunden hatte. Die Teilnehmer aus Deutschland konnten bis auf zwei ermittelt und festgenommen werden[163]. In Chemnitz wurden zwei Personen festgenommen, »die an geheimen Zusammenkünften der SPD teilgenommen hatten und Verbindungen zu Emigranten in der ČSR unterhalten hatten«[164]. Aufgrund langer Ermittlungen konnte die Stapo Aachen fünf Personen festnehmen, die Verbindungen zu Emigranten in Holland und Belgien unterhielten[165]. Die Stapo Liegnitz meldete im Oktober 1938: »Die Ermittlungen gegen die illegale SPD sind infolge der Eingliederung des Sudetengaues in das

Deutsche Reich unterbrochen worden, da die Verbindungen der hiesigen V-Leute zu den Grenzstützpunktleitern der SPD abgerissen sind. Es ist nicht damit zu rechnen, daß diese Verbindungen in absehbarer Zeit über die Tschechengrenze wieder aufgenommen werden. Aus diesem Grunde ist beabsichtigt, die im Laufe der bisherigen Ermittlungen hier bekanntgewordenen und unter Beobachtung stehenden Personen, die Verbindung zur Sopade in der ČSR unterhalten haben, in Kürze festzunehmen«[166].

Die Gestapo konnte also warten, ließ sich Zeit, begnügte sich teilweise mit der Beobachtung und schlug erst dann zu, wenn sie den Zeitpunkt für gegeben hielt.

Personen, von denen »vertraulich« bekannt geworden war, daß sie illegale Schriften aus dem Ausland erhalten hatten, wurden insgeheim überwacht; zugleich wurde nachgeforscht, ob sie das Material der Polizei oder einer Parteidienststelle übergeben hatten. Selbst wenn sich solche vertraulichen Meldungen als falsch oder nicht zuverlässig erwiesen hatten, wurde die einmal verdächtigte Person registriert und in den Akten als Einzelvorgang geführt[167]. Mit welcher Perfidie Gestapo und SD dabei vorgingen, dokumentiert ein Vorgang aus dem Jahre 1935[168]. Ein V-Mann des SD erhielt durch Kurier von dem Sopade-Grenzkommissar in der Tschechoslowakei, Otto Thiele, der vom Exil aus die illegale Tätigkeit nach Mittelsachsen leitete, frankierte und adressierte Briefumschläge, die die Exilzeitschrift ›Sozialistische Aktion‹ enthielten. Der SD hielt diese Briefe nicht etwa einfach an, sondern sandte sie, besonders gekennzeichnet, an die vorgesehenen Empfänger. Die Adressen der Empfänger wurden der Gestapo zugeleitet, die darüber wachte, ob diese illegalen Schriften von den Empfängern bei der Gestapo, Parteistellen o. ä. abgeliefert wurden. Die Nichtablieferung von Flugblättern, illegalen Schriften usf. stand unter Strafe. In völliger Umkehrung der in einem Rechtsstaat traditionell der Polizei zugewiesenen Aufgaben wirkten Gestapo – und SD – hier an der Herbeiführung eines Straftatbestandes tatkräftig mit. Der von der Gestapo gern gebrauchte Satz, daß bei der Bekämpfung von »Staatsfeinden« allein der Erfolg über die Mittel entscheide, fand hier wieder einmal seine Bestätigung.

Überwachung und Erfassung der »Staatsfeinde« im Innern und der Emigration im Ausland entsprachen einander. Ein Runderlaß des Gestapa bezeichnete als Zweck der Überwachung der Emigration, ihrer Tätigkeit und Organisation durch die Staatspolizeistellen, daß »sich daraus wesentliche Rückschlüsse und Auswirkungen auf die illegale Tätigkeit des Gegners im Inland ergeben«[169]. Hitler hatte auf dem Parteitag von 1935 erklärt, man befinde sich noch inmitten der »Liquidation einer Revolution«. Die »Fermente« des alten Staates, »d. h. also der alten Parteiwelt« hätten nicht sofort restlos überwunden und beseitigt werden können. Daraus aber ergebe sich die Notwendigkeit »einer sorgfältigen Überwachung der noch nicht restlos nationalsozialistisch eingestellten Entwicklung«[170].

Die vielfältigen Versuche des Exils, ins Reich hineinzuwirken, machten es für die Gestapo zum innenpolitischen Feind, zu einem Teil des innerdeutschen Widerstandes, der jedoch dem unmittelbaren Zugriff der Verfolgungsorgane entzogen war. Die Gestapo hatte frühzeitig mit der Aufstellung von Listen begonnen, in die die Personen aufgenommen wurden, die sich in der »Bekämpfung und Verunglimpfung der nationalsozialistischen Bewegung besonders hervorgetan« hätten. Diese Personen wurden in der berüchtigten A-Kartei verzeichnet[171] und waren bei Kriegsausbruch, sofern sie sich im Reichsgebiet befanden, sofort in »Schutzhaft« zu nehmen[172] oder unter verschärfte staatspolizeiliche Überwachung zu stellen. Analog dazu benutzte die Gestapo Sonderfahndungslisten, mit denen sie, nachdem deutsche Truppen die Reichsgrenzen überschritten hatten, in den besetzten Gebieten nach Emigranten suchte.

Am 29. 9. 1938, dem Tage der Unterzeichnung des Münchner Abkommens, stellte das Referat II A 2 im Gestapa ein ›Verzeichnis der im sudetendeutschen Gebiet liegenden Zentralen deutscher Gewerkschaften, Organisationen und aufhältlichen Emigranten‹ zusammen[173]. Am 5. Oktober gab das Gestapa Richtlinien für die Tätigkeit der Gestapo und des SD in den sudetendeutschen Gebieten heraus. Gleichzeitig erhielten die Beamten die Sonderfahndungslisten. Festnahmen, Durchsuchungen und Beschlagnahmen hatten aufgrund dieser Listen und aufgrund etwaiger erstatteter Anzeigen zu erfolgen[174]. Die Stapostelle Regensburg schickte unter Bezugnahme auf diesen Erlaß am 8. 10. 1938 zwei Listen von verhafteten Personen, die ihr durch die Sonderkommandos überstellt worden waren[175]. Die Stapo Dresden meldet am 29. Oktober, daß »im Zuge der Besetzung der sudetendeutschen Gebiete« sechs Emigranten festgenommen worden seien, die »der hiesigen Dienststelle als besonders gehässige Funktionäre der illegalen SPD bekannt geworden waren«[176].

Welche Bedeutung Gestapo und SD der Ergreifung der Emigranten beimaßen und wie man dabei in den besetzten Gebieten vorging, geht aus einem Aktenvermerk Heydrichs vom Juli 1940 hervor[177]. Bei den bisherigen Einsätzen in »Ostmark, Sudetenland, Böhmen und Mähren und Polen« waren »gemäß Sonderbefehl des Führers besondere polizeiliche

Einsatzgruppen (Sicherheitspolizei und Ordnungspolizei)« mit den deutschen Truppen vorgerückt und hatten »auf Grund der vorbereiteten Arbeit [!] systematisch durch Verhaftung, Beschlagnahme und Sicherstellung wichtigsten politischen Materials heftige Schläge gegen die reichsfeindlichen Elemente in der Welt aus dem Lager von Emigration, Freimaurerei, Judentum und politisch-kirchlichem Gegnertum sowie der 2. und 3. Internationale geführt«.

Wegen der vor allem in Polen verübten Greuel war die Wehrmachtsführung bestrebt, bei der Eroberung Westeuropas die Leitung der politisch-polizeilichen Aufgaben selbst zu übernehmen. Im Sinne der Gestapo wurde dabei wenig erfolgreiche Arbeit geleistet. Heydrich beklagte, daß, obschon drei Tage nach der Kapitulation Hollands ein Reichskommissar eingesetzt und die Polizeiarbeit unter Führung eines Höheren SS- und Polizeiführers aufgenommen worden war, der Einsatz »fast zu spät« erfolgt sei, da wegen mangelnder Sachkenntnis der Abwehrstellen der Wehrmacht »die politischen Emigranten, die polizeilich wichtigen Dokumente, Archive usw. nicht in dem Umfange erfaßt« worden waren, wie es »bei sofortigem Einsatz der Staatspolizei mit deren umfangreichem Material und Kenntnis möglich gewesen wäre«. Das Gleiche sei auch in Belgien und Frankreich der Fall gewesen, »wo unermeßlich wichtige Drähte, Verbindungen, Emigranten, staatsfeindliche Kräfte [...] zur Verschleppung gelangte...«. Als »besonders erschwerend« sah Heydrich dies unter dem Gesichtspunkt an, »daß Deutschland ja nie wieder Gelegenheit haben wird, in eine solche wichtige Emigranten-, Juden- und Freimaurerzentrale hineinzustoßen, wie dies in Paris, Brüssel, Amsterdam usw. möglich war«.

Ganz so ergebnislos war der gegenüber dem Einsatz von SD und Gestapo bzw. die von der Wehrmacht geleistete Arbeit nicht[178]. Heydrich ging es vor allem aber auch darum, die von der Wehrmacht angestrebte Ausschaltung der Einsatzkommandos zu verhindern. Immerhin war für ihn u. a. der Hinweis auf die Emigranten Anlaß genug, damit seine Forderung nach Beibehaltung der Höheren SS- und Polizeiführer zu begründen. Im Oktober ergingen von Heydrich Weisungen an diese Höheren SS- und Polizeiführer in den besetzten Gebieten, wie mit den im deutschen Fahndungsbuch und in der ›Sonderfahndungsliste West‹ ausgeschriebenen Emigranten zu verfahren war[179]. Für den Rußlandfeldzug lautete der einschlägige Befehl für die Einsatzgruppen (im rückwärtigen Armeegebiet): »Sicherstellung vor Beginn von Operationen festgelegter Objekte [...] sowie besonders wichtiger Einzelpersonen (Führende Emigranten, Saboteure, Terroristen usw.)«[180].

Die frühzeitig betriebene systematische Überwachung und Erfassung der Emigranten ermöglichte es den den deutschen Truppen folgenden Häschern, vieler der ihnen so verhaßten Emigranten habhaft zu werden und sie nach Deutschland zurückzubringen, wo die meisten das gewisse Schicksal von Zuchthaus, Konzentrationslager oder Tod ereilte.

Walter Hammer führt in seinem Buch über die Schicksale deutscher Parlamentarier während der NS-Herrschaft zahlreiche Fälle an, in denen Emigranten von der Gestapo gefaßt oder von den Behörden des Zufluchtlandes ausgeliefert wurden[181]. Die Generalstaatsanwaltschaft Kassel nannte in einem Lagebericht vom Dezember 1941 als Grund für die gestiegene Zahl der Strafsachen in Hochverratsangelegenheiten, daß durch die Festnahme von Emigranten illegale Tätigkeiten erst jetzt aufgedeckt und strafrechtlich verfolgt werden konnten[182]. Der GenStA beim OLG in Hamm berichtete, daß die in der Zeit vom 1. 1. bis zum 30. 11. 1941 über 200 ergangenen Urteile wegen Hoch- und Landesverrats sich in der Hauptsache gegen Emigranten richteten, von denen bis zum 29. 11. 1940 allein schon 125 in den besetzten Westgebieten festgenommen worden waren[183]. Der VGH verurteilte einen Kommunisten, der bis zu seiner Emigration im Jahre 1935 Flugblätter der illegalen KPD verteilt hatte, dann in der Emigration »bis Kriegsausbruch deren Bestrebungen durch Mitarbeit für kommunistische Unterstützungsaktionen und durch gelegentliche politische Vorträge in Emigrantenkreisen gefördert« hatte, wegen Vorbereitung zum Hochverrat zu sechs Jahren Zuchthaus[184]. In dem Fall eines ausgebürgerten Emigranten, der in Spanien gegen Franco gekämpft, sich dann aber von den Kämpfen zurückgezogen hatte und auch nicht mehr gegen das nationalsozialistische Deutschland tätig geworden war – was ihm als mildernder Umstand angerechnet wurde –, erkannte das Gericht auf zwölf Jahre Zuchthaus[185]. Den Berliner Leiter des kommunistischen Metallarbeiterverbandes, Erich Gentsch, der im Exil den Transport illegaler Schriften von der ČSR aus geleitet hatte und in der Abschnittsleitung West in Amsterdam für die KPD tätig gewesen war, wo er von der Gestapo verhaftet wurde, verurteilte der VGH zum Tode[186]. In der Urteilsbegründung heißt es u. a.: »Obgleich ihm jedoch unser Reich die Chance gab, ein anständiger Volksgenosse zu werden (schon im Frühherbst 1933 wurde er aus vorübergehender Schutzhaft entlassen), emigrierte er nämlich Mitte 1934 ins Saargebiet«, wo er sich gegen Deutschland betätigt habe.

Das Reichsjustizministerium zählte die gegen Emigranten verhängten Urteile zu den »wichtigen Vorkommnissen« auf dem Rechtsgebiet, über die es Hitler in den ›Führerinformationen‹ unterrichtete[187]. Es trug damit dem mehrfach von Hitler bekundeten persönlichen Interesse an den Emigranten Rechnung, und nicht zuletzt glaubte es wohl, sich dadurch Hitler gegenüber teilweise rehabilitieren zu können, der dem gesamten Rechtswesen zutiefst mißtraute, weil dieses seiner Auffassung nach den weltgeschichtlichen Aufgaben, die der Nationalsozialismus zu erfüllen habe, nicht gewachsen war. Die ›Führerinformationen‹ hoben dementsprechend die Bedeutung eines gefaßten und verurteilten Emigranten hervor; seine Verurteilung war ein Schlag gegen die Feinde Hitlers. So hieß es in der ›Führerinformation‹ Nr. 177 vom 18. 3. 1944, mit der Hitler die Vollstreckung des Todesurteils gegen Max Sievers, den ehemaligen Führer des Freidenkerverbandes, bekanntgegeben wurde, er habe bis in den Krieg hinein in zahlreichen Hetzschriften, Broschüren und Vorträgen gegen das nationalsozialistische Deutschland gearbeitet. Er habe sich um die Zusammenfassung aller Kräfte der Emigration für den erstrebten Umsturz bemüht und dabei mit zahlreichen Emigranten aller Richtungen, wie Sollmann, Otto Strasser, Scheidemann und Münzenberg in Verbindung gestanden. Unablässig habe er in seinen Schriften Deutschland die Schuld an dem von ihm provozierten Krieg zugeschoben[188].

Andere Emigranten, die in die Hände der Gestapo gefallen waren oder, wie im Falle Frankreich, von Behörden des besetzten Landes ausgeliefert wurden, wurden vielfach nicht vor Gericht gestellt, sondern gleich in Konzentrationslager verbracht. Bekannt sind die Fälle der beiden Sozialdemokraten Breitscheid und Hilferding – sie seien hier stellvertretend für viele gleiche Schicksale genannt –, die, nachdem sie sich zunächst vor der Gestapo ins unbesetzte Frankreich retten konnten, von Vichy ausgeliefert wurden. Hilferding beging in einem Pariser Gefängnis Selbstmord, Breitscheid wurde in das Konzentrationslager Buchenwald eingeliefert, wo er Opfer eines Luftangriffs wurde[189].

Die Überwachung der Emigranten richtete sich sowohl auf die einzelne Person als auch auf die Tätigkeit des Exils insgesamt. Die Kenntnis des Gegners war unabdingbar, um von keiner seiner Aktionen überrascht zu werden und, wenn nötig und möglich, zuzuschlagen, ihn zu vernichten oder ihn in seinen Aktionsmöglichkeiten zu behindern. Es entsprach ebenso dem Totalitätsanspruch des Nationalsozialismus, wenn man bestrebt war, auch über die kleinste Regung oppositionellen Verhaltens von Deutschen im Ausland informiert zu sein.

Diels Worte von der lückenlosen Kenntnis über das Verhalten jedes einzelnen Emigranten blieben als Ziel der Gestapo-Arbeit auf diesem Gebiet zumindest bis Ausbruch des Krieges bestehen. Die durch den

Krieg bedingte Einschränkung und Konzentration auf »kriegswichtige« Angelegenheiten führte zum Nachlassen von Umfang und Intensität der Emigrantenüberwachung, nicht jedoch zur vollen Aufhebung, zumal ja viele Aktionen der Emigranten, ihrerseits ohnehin durch den Krieg bedingten empfindlichen Einschränkungen unterworfen, durchaus zu kriegswichtigen Belangen gehörten.

3. Behandlung rückkehrender Emigranten
Die staatspolizeilichen und politischen Zielsetzungen der Maßnahmen des Dritten Reiches

Die Mehrzahl der Emigranten hatte Deutschland überstürzt verlassen, mittellos und häufig ohne gültige Ausweispapiere; hin und her geschoben, ohne Aussicht, den Lebensunterhalt bestreiten zu können, waren sie auf die Mildtätigkeit anderer angewiesen. Die Hoffnungen auf einen baldigen Regime-Wechsel zerstoben. Die fremde Umwelt, Enttäuschung, Resignation, Heimweh und nicht zuletzt der Eindruck, die Verhältnisse im Reich hätten sich wieder ‹normalisiert›, ließen in manchem den Entschluß reifen, wieder nach Deutschland zurückzukehren. Die politischen Emigranten konnten sich kaum der Hoffnung hingeben, die neuen Machthaber würden sie nach einer Rückkehr unbehelligt lassen. Dennoch zogen einige die Gewißheit einer womöglich nicht zu langen Inhaftierung der völligen Ungewißheit eines Lebens im Exil vor. Nach Jahren in der Fremde häuften sich zunehmend die Anträge auch der politisch »Vorbelasteten« auf Rückkehrerlaubnis. Zum Beweis dafür, sich als nützliches Glied der »Volksgemeinschaft« einfügen zu können, versicherten sie nicht selten, ihren bisherigen politischen Bekenntnissen abgeschworen zu haben[1].

Vor allem aber jüdische Emigranten, die vor den ersten antisemitischen Ausschreitungen ins Ausland geflohen waren, kehrten, da sie sich vielfach nicht zu den politischen Gegnern des Nationalsozialismus rechneten und auf die normalisierten Verhältnisse im Reich bauten, anfangs zu Tausenden zurück[2]. Der Gesamtumfang der zurückgekehrten Emigranten ist nicht genau bekannt[3]. Nach einer Aufzeichnung des Polizei-Instituts Berlin-Charlottenburg über die »staatsfeindlichen Bestrebungen der aus Deutschland nach der nationalsozialistischen Machtübernahme geflüchteten Emigranten« von 1935 schätzte man im Reich die Gesamtzahl der Emigranten auf insgesamt 110 000, von denen rund 10 000 nach Deutschland zurückgekehrt waren[4].

Rückkehrverbot und Einweisung in Konzentrationslager

Im September 1933 erklärte Hitler in einer Kabinettssitzung, an der Rückkehr der Emigranten habe das nationalsozialistische Deutschland kein Interesse; vielmehr sei man froh, diese ohnehin unerwünschten Elemente losgeworden zu sein. Außenminister Neurath, der das Ausland wegen des mittlerweile zum Problem gewordenen Stromes deutscher Flüchtlinge aus außenpolitischen Gründen beruhigen wollte, sprach sich dafür aus, in einer amtlichen Erklärung zu versichern, die Flüchtlinge könnten jederzeit nach Deutschland zurückkehren. Dem widersprach Hitler entschieden; er wollte jede derartige Erklärung vermeiden, da sie geeignet war, Deutschland auch auf die Einhaltung der Zusicherung international festzulegen[5].

Offenbar durch eine verstärkt einsetzende Rückwanderung vornehmlich jüdischer Emigranten dazu bewogen und um der Rückkehrwilligkeit weiterer Emigranten einen Dämpfer aufzusetzen, erließ Göring am 15. 1. 1934 eine ›Emigranten-Verfügung‹, die im Wortlaut in der deutschen Tagespresse abgedruckt und dort entsprechend kommentiert wurde[6]. Danach wurden die Flüchtlinge in vier Kategorien eingeteilt, und zwar in

»kriminelle Elemente«, deren Anzahl die im Ausland behauptete hohe Zahl von politischen Flüchtlingen weit übertreffe; an ihrer Rückkehr bestehe kein Interesse, sie würden dem ordentlichen Richter zugeführt werden;

»Flüchtlinge nichtdeutscher Staatsangehörigkeit.« Die Rückkehr dieser »zumeist vom Osten her eingewanderten Flüchtlinge« war »im neuen Deutschland nicht erwünscht«. Sie waren bei Grenzübertritt »in polizeiliche Haft zu nehmen und bis zur endgültigen Ausweisung in ein Konzentrationslager zu verbringen«;

»marxistische Zersetzer und Verbrecher in führenden Stellungen.« Sie dürften deutschen Boden nie wieder betreten, sollten aber damit rechnen, daß ihre Tätigkeit genau registriert würde und daß »auf jede ihrer Niederträchtigkeiten hin alle möglichen Repressalien persönlicher und vermögensrechtlicher Natur unnachsichtig ergriffen werden«;

»völlig bedeutungslose kleine Leute und grundlos verängstigte Volksgenossen«. Dazu gehörten allerdings nicht jene, »die im Auslande, sei es durch Werbung oder auch nur durch Bezug der ausländischen Hetzpresse an dem hochverräterischen Treiben der führenden Emigranten mitgewirkt haben«. Sie müßten ihr Eintreten gegen die Hetzpropaganda nachweisen und »aufrichtig und ernstlich gewillt« sein, sich »der neuen

Volksgemeinschaft rückhaltlos einzugliedern«. Der NS-Staat habe »so vollkommen über den Gegner gesiegt, daß er dem kleinen und geängstigten Volksgenossen ohne Gefahr für seinen Bestand vergeben« könne!

Diese Einteilung entsprach der in der NS-Propaganda üblichen stereotypen Beschreibung der Emigration. Als Verwaltungsanordnung hatte der Erlaß auch nur bedingten Wert; weit mehr war er auf propagandistischen Effekt und abschreckende Wirkung hin angelegt, denn daß z. B. strafrechtlich Verfolgte zu verhaften und dem ordentlichen Richter vorzuführen seien, war für die dafür zuständigen Organe eine Selbstverständlichkeit und hätte nicht eigens verfügt werden müssen. Wenn der Erlaß dennoch »kriminelle Elemente« erwähnte und zudem diese Gruppe als Hauptelement der Emigration ausgab, so war unschwer die Absicht zu erkennen, die gesamte Emigration als kriminell zu diffamieren. Unausgesprochen stand dahinter auch die Drohung, daß jeder rückkehrende Emigrant in irgendeiner Weise damit zu rechnen hatte, wegen seiner Flucht belangt zu werden. Gegen die ohnehin verbannten »marxistischen Zersetzer und Verbrecher« richtete man unnötigerweise noch einmal den Bannstrahl. Da man gar nicht damit rechnete, daß führende Exilierte zurückkehren würden[7], um sich freiwillig dem nationalsozialistischen Terror zu unterwerfen, bedurfte es gar nicht der Androhung von Haft. Ihre Verhaftung bei Grenzübertritt verstand sich von selbst. Verborgen hinter dem Anschein von Großmut, aus dem heraus das Regime den unbedeutenden Emigranten »vergeben« werde, kam doch unmißverständlich zum Ausdruck, die in diesen Kreisen vielleicht gehegte Hoffnung auf unbeschadete Rückkehr zu dämpfen und damit den Weg zurück zu erschweren, denn der Rückkehrer mußte in jedem Falle sein aktives Eintreten gegen die ‹Hetzpropaganda› im Ausland nachweisen, was ihm, angesichts der Beweggründe, die ihn zur Flucht getrieben hatten, wohl schwerfallen mußte, vor allem auch deswegen, weil das Regime schon den »Bezug der ausländischen Hetzpresse«, also keineswegs etwa nur der Exilpresse, als Beweis für die Mitwirkung an der gegen das nationalsozialistische Deutschland entfesselten ‹Hetzpropaganda› wertete. Die Zahl der in diesem Sinne Unbelasteten konnte nicht mehr sehr groß sein.

Hinter der Absicht, die Emigranten von einer Rückkehr abzuschrecken, standen neben der antijüdischen Intention auch handfeste innerpolitische Erwägungen, die Göring in einem Begleitbrief an den Reichsinnenminister deutlich aussprach. Er hielt diese Maßnahme »solange für notwendig, bis die innenpolitische und wirtschaftliche Lage so gefestigt ist, daß die Eingliederung der Rückwanderer in den Arbeitsprozeß und in die Volksgemeinschaft ohne Schaden für die Gesamtheit erfolgen kann«[8]. Göring gab in diesem Schreiben auch zu erkennen, daß er nicht lediglich an eine verbale Abschreckung gedacht hatte, vielmehr hielt er für erforderlich, *jeden* Rückwanderer beim Grenzübertritt »sofort in Haft« zu nehmen und, sofern er nicht den Nachweis erbringen konnte, sich nicht an der »Greuel- und Hetzpropaganda« beteiligt zu haben, einem Konzentrationslager zuzuführen. Das ging über den Wortlaut des Erlasses weit hinaus. Dort war allein den »Flüchtlingen nichtdeutscher Staatsangehörigkeit«, den »zumeist von Osten her eingewanderten Flüchtlingen« – und das hieß ‹Ostjuden› – konkret mit Einweisung in ein Kozentrationslager bei einer Rückkehr nach Deutschland gedroht worden. Gegenüber den übrigen Flüchtlingen hatte man sich in den Formulierungen des Erlasses, so wie er von der deutschen Presse veröffentlicht worden war, auf weniger bestimmte Drohungen beschränkt. Die angebliche Beschränkung der Einweisung in Konzentrationslager auf »Flüchtlinge nichtdeutscher Staatsangehörigkeit« war allerdings rein taktischer Natur. Zum einen konnte nach Völkerrecht kein Staat einem seiner Staatsbürger die Einreise verwehren, was ja einer Ausweisung gleichkam, zum anderen hatte sich das Regime mit dem »Gesetz zum Widerruf von Einbürgerungen und zur Aberkennung der Staatsangehörigkeit« vom Sommer 1933 schon längst die gesetzliche Möglichkeit geschaffen, Juden, die die deutsche Staatsangehörigkeit besaßen, »rückzubürgern« bzw. auszubürgern und damit auch juristisch zu »Nichtdeutschen« zu machen. Von dieser Möglichkeit wurde in der Folgezeit in zunehmendem Umfange Gebrauch gemacht. Der Eindruck, daß es sich bei der »Emigranten-Verfügung« vor allem um eine Sonderregelung für Juden handeln könnte, wurde durch diesen taktischen Zug zunächst vermieden, wie überhaupt die antijüdische Komponente des Erlasses durch geschicktes Herausstellen »legitimer« Staatsinteressen camoufliert wurde. Als legitim mochte man im Ausland ansehen, wenn ein Staat gegen seine »Staatsfeinde« Sicherheitsvorkehrungen traf, ebenso unbestreitbar war das Recht eines Staates, Nichtstaatsangehörigen die Einreise zu verweigern oder sie auszuweisen. Zwei bemerkenswerte Tatsachen konnten aber auch dem Ausland nicht verborgen bleiben: Die Abschiebehaft erfolgte in Konzentrationslagern, und die Zahl der in der zweiten Kategorie genannten »Flüchtlinge nichtdeutscher Staatsangehörigkeit« betrug nach Angaben des Verwaltungsrats des Hilfswerks für Flüchtlinge aus Deutschland immerhin 16 000[9].

So war es gerade diese trotz allem nicht zu verkennende antijüdische Spitze, die das Ausland aufhorchen ließ. In der französischen Presse z.

B. wurde wenige Tage nach Bekanntwerden des Erlasses der antijüdische Inhalt dem Wortlaut nach zwar inkorrekt, der Intention nach aber richtig wiedergegeben. Göring habe angeordnet, hieß es, daß die Juden, die nach der Machtergreifung Deutschland verlassen hätten, bei ihrer Rückkehr in Konzentrationslager verbracht würden. Alarmiert durch diese Meldung und entsprechende Anfragen an die Konsulatsabteilung, erbat die deutsche Botschaft in Paris vom AA beschleunigte Aufklärung über den Sachverhalt und entsprechende Weisung[10]. Rückwanderer seien, lautete die Antwort aus Berlin, außer den in Görings Erlaß angegebenen Ausnahmen und Einschränkungen, »nach Betreten deutschen Bodens keinen persönlichen Beschränkungen unterworfen«. »Eine Sonderregelung für Juden besteht nicht«[11]. Dies war die offizielle Interpretation der ›Emigranten-Verfügung‹, wie sie auch als Runderlaß des Auswärtigen Amtes allen deutschen Auslandsvertretungen zuging[12]. Die deutschen Auslandsvertretungen konnten in diesem Sinne den von den ausländischen Regierungen vorgebrachten Besorgnissen begegnen. Um aber dem Rückwandererstrom dennoch nicht Tür und Tor zu öffnen, vermied man von deutscher Seite, eine den Inhalt des Göring-Erlasses entsprechend abschwächende Erklärung öffentlich abzugeben, die zweifellos den beabsichtigten Abschreckungswert herabgemindert hätte. Trotz der gerade gegen jüdische Emigranten ausgesprochenen Drohungen nahm der Rückstrom dieser Emigranten laufend zu[13]. Die Einwohnermeldeämter wurden von der Gestapo angewiesen, »jeden Fall des Zuzugs jüdischer Personen von einem im Ausland gelegenen Ort oder einer Rückkehr von einer Auslandsreise der zuständigen Staatspolizeistelle mitzuteilen«[14].

War die Gestapo so bemüht, die nach Deutschland zurückgekehrten Emigranten genau zu erfassen und das Netz der Kontrollen so eng zu ziehen, daß nach Möglichkeit kein Emigrant unbemerkt von den Polizeiorganen im Reich wieder Fuß faßte, so wurden die deutschen Auslandsvertretungen im Oktober 1934 vom AA angewiesen, die Rückwanderung zu verhindern, soweit es ihnen über Paßbehandlung von Emigranten möglich war[15]. Anfragen von Emigranten, die sich vorsorglich bei den deutschen diplomatischen Vertretungen erkundigt hatten, ob ihrer Rückkehr ins Reich etwas entgegenstünde, wurden vom AA an die Gestapo weitergeleitet, die den Missionen dann entsprechenden Bescheid gab. In der Praxis waren einige Auslandsvertretungen bei paßlosen Emigranten so verfahren, daß sie den Emigranten kurzfristige Ausweise zur Rückkehr ins Reich ausgestellt hatten. Diese Praxis war von der Gestapo moniert worden, da die Missionen ja in der Regel keine Kenntnis der früheren Tätigkeit des Antragstellers hätten und somit die Gefahr bestehe, »daß staatsfeindlichen Elementen die Möglichkeit gegeben wird, sich in Deutschland an einem Ort niederzulassen, an dem über ihre Vergangenheit nichts bekannt ist. Es wird ihnen dadurch erleichtert, von solchen Orten aus Verbindungen mit ihren Gesinnungsgenossen im Ausland aufzunehmen oder ihre etwaige frühere feindliche Betätigung in geheimer Wühlarbeit fortzusetzen«[16]. Um diesen Gefahren vorzubeugen, sollten künftig grundsätzlich alle Anträge der Gestapo zugeleitet werden, die dem Antragsteller nach Prüfung seiner bei der Gestapo vorhandenen Unterlagen über die paßausstellende Auslandsvertretung mit einer Bescheinigung über seine Befreiung vom Paßzwang eventuell die Einreise ermögliche. Antragsteller, gegen deren Einreise seitens der Gestapo Bedenken erhoben wurden, erhielten ein rotes, die Unbelasteten ein blaues Einreisepapier. Auf diese Weise war es den Grenzpolizeistellen möglich, den unerwünschten Emigranten gleich beim Grenzübertritt in Gewahrsam der Gestapo zu nehmen. Den Auslandsvertretungen wurde zur Pflicht gemacht, von der Ausstellung solcher Reisepapiere »möglichst sparsamen Gebrauch zu machen«, denn es sei im Auge zu behalten, »daß nicht etwa beabsichtigt ist, den Emigranten die Einreise nach Deutschland zu erleichtern, um sie dann hier zur Verantwortung ziehen zu können, sondern daß es sich darum handelt, die Emigranten überhaupt aus Deutschland fernzuhalten«. Aus diesem Grunde stünde dem auch nichts entgegen, einen Antragsteller, gegen dessen Einreise seitens der Gestapo Bedenken erhoben worden waren, darauf hinzuweisen, daß er sich nach seiner Rückkehr zu verantworten haben würde.

Staatspolizeiliche Erwägungen, die davon ausgingen, daß das bislang geschaffene Überwachungssystem nicht ausreiche, um die illegale Tätigkeit der Regimegegner unter Kontrolle zu halten, und rassenpolitische Gesichtspunkte waren gleichermaßen bestimmend für das Vorgehen der innerdeutschen Organe gegen zurückkehrende Emigranten. Man war bemüht, durch Abschreckungsmaßnahmen, durch Restriktionen und Pressionen die Rückwanderung von Emigranten nach Möglichkeit überhaupt zu unterbinden oder doch durch diese Maßnahmen in sehr engen Grenzen zu halten. Der vorläufige Verzicht, die nach nationalsozialistischer Auffassung strafwürdige Tätigkeit der Emigranten zu ahnden, erschien als das kleinere Übel vor der innenpolitischen Gefahr, die mit einer allgemein geduldeten und unkontrollierten Rückkehr verbunden war.

Die Erfahrungen, die die Gestapo nach einem Jahr Anwendung dieser Maßnahmen gemacht hatte, entsprachen offensichtlich nicht den daran geknüpften Erwartungen[17]. Die Gestapo versuchte, das Problem der

Rückwanderer fester in den Griff zu bekommen, wobei nach wie vor die Eindämmung der Rückwanderungsbewegung im Vordergrund stand. Die immer wieder betonte Tatsache, daß der Hauptteil der Rückwanderer jüdische Emigranten waren, wies die ergangenen Weisungen klar als Element nationalsozialistischer Rassenpolitik aus. Aus außenpolitischen Rücksichten wurde weiterhin der Eindruck vermieden, als handele es sich um rein antijüdische Maßnahmen. Das waren sie strenggenommen auch nicht. Denn neben der rassenpolitischen Intention blieb als Grund für die Maßnahmen das Abwehrinteresse der Politischen Polizei bestehen; nur erstreckte sich dieses Interesse eben auch schon eigens auf »Nichtarier«. Emigrantenpolitik und Judenpolitik liefen hier parallel.

Die etwas ruhiger verlaufene Entwicklung in der Judenpolitik des Jahres 1934 veranlaßte erneut viele Juden, wieder nach Deutschland zurückzukehren. Gerade diese Tatsache wurde von Teilen der NSDAP zum Anlaß einer propagandistischen Hetzkampagne gegen die Rückkehrer genommen. Sie bot zugleich radikalen Kreisen willkommene Gelegenheit, die aus außenpolitischen und staatspolitischen Rücksichten ins Stocken geratene antijüdische Gesetzgebung wieder in Bewegung zu bringen[18]. Aus der Hetzkampagne drohte eine neue Terrorwelle zu werden, ähnlich der vom Frühjahr 1933. Vermehrt kam es zu judenfeindlichen Ausschreitungen, wofür nach den vorliegenden Meldungen die Rückkehr jüdischer Emigranten vielfach den Anstoß gab.

Im Januar 1934 hatte Göring die von ihm beabsichtigte Einweisung sämtlicher rückkehrender Emigranten in ein Konzentrationslager selbst noch dahin eingeschränkt, daß dafür der Nachweis ‹staatsfeindlicher Tätigkeit› im Ausland ausschlaggebend sein sollte. Unzweifelhaft hatte er mit dieser Einschränkung, auf die ja auch in dem Runderlaß des AA Bezug genommen wurde, mögliche Bedenken gegen eine generelle Anwendung der Einweisung in Konzentrationslager aus dem Wege räumen wollen, Bedenken, die vor allem deswegen auftauchen mußten, da es sich ja bei den deutschen Flüchtlingen in der überwiegenden Mehrzahl um Juden handelte und eine nach außen kaum plausibel zu machende Androhung von Konzentrationslager für alle rückkehrenden Emigranten faktisch ein Einreiseverbot für eine beträchtliche Anzahl im Ausland lebender deutscher Staatsangehöriger war, die nicht als politische Flüchtlinge im engeren Sinne anzusehen waren. Offenbar hatte sich die Gestapo an die bis dahin geltenden Einschränkungen gehalten. Jetzt aber nahm sie die Hetzkampagnen gegen rückkehrende Emigranten zum Anlaß, im Vorgriff auf eine ministerielle Regelung, am 28. 1. 1935 die Einweisung sämtlicher rückkehrender Emigranten in Konzentrationslager zu verfügen[19]. Wenige Tage später sanktionierte der Reichsinnenminister in einer Rundverfügung an die Landesregierungen das Vorgehen der Gestapo[20]. Ganz lapidar hieß es darin: »Da sich die Fälle mehren, daß Emigranten nach Deutschland zurückkehren, halte ich es für angebracht, daß diese zunächst in Schutzhaft genommen werden.« Während der Haftdauer waren »eingehende polizeiliche Ermittlungen über die Tätigkeit und das politische Verhalten« des Rückkehrers im Ausland durchzuführen. Das Ergebnis dieser Ermittlungen und die Gewähr dafür, daß der Häftling sich »ohne Schwierigkeiten« in den nationalsozialistischen Staat einfügen werde, sollten über die Entlassung aus dem Konzentrationslager entscheiden.

Diese Anordnung war eine verkürzte Wiedergabe des Gestapa-Erlasses vom 28. Januar. Sie stützte sich auf die Vermutung ‹staatsfeindlicher Betätigung› des Emigranten im Ausland. Damit war entweder bewußt (als Einschränkung) oder unter stillschweigender Duldung die weiterreichende antijüdische Intention des Gestapa-Erlasses weggelassen worden. Denn dieser Erlaß begründete die Anordnung weniger mit einer ‹staatsfeindlichen Betätigung› im Ausland als vielmehr mit einer vorgeblichen innerpolitischen Gefährdung.

Bei einer Rückkehr größeren Ausmaßes, hieß es in dem Gestapa-Erlaß, würden »Gefahrenquellen für den inneren Frieden und die Sicherheit des Reiches erschlossen«. Als Beleg dafür wurde einmal, speziell, auf die rückgekehrten Juden verwiesen. Die Rückkehr dieser »grundsätzlich als unerwünscht anzusehenden Elemente« sei schon Anlaß zu mehreren judenfeindlichen Ausschreitungen gewesen. Zum andern liege die innenpolitische Gefahr in der »Mentalität der mit den Grundsätzen des nationalsozialistischen Deutschlands nicht vertrauten Rückwanderer«. Sie bildeten vorläufig einen »steten Unruheherd«, denn durch Verbreitung »der unsinnigsten, in interessierten Kreisen des Auslands umlaufenden Gerüchte im engeren Bekanntenkreis« riefen sie »gewollt oder ungewollt unter den noch nicht gefestigten deutschen Volksgenossen Unsicherheit hervor«. Trotz alledem sei aber nicht zu verkennen, daß sich unter den Rückwanderern »zum Teil Menschenmaterial befindet, das bei geeigneter Anleitung und Schulung wieder in den Volkskörper einzureihen ist«. Es erscheine somit angebracht, »den Rückwanderern zum Verständnis der neuen Verhältnisse in Deutschland eine weltanschauliche Schulung angedeihen zu lassen«. Aus »Zweckmäßigkeitsgründen« sei diese Schulung in Gemeinschaftslagern vorzunehmen; da es jedoch an geeigneten »Schulungslagern« fehle, seien sie einem Konzentrationslager zu überstellen[21].

Geschickt war so mit der Einführung des Begriffs »Schulungslager« den möglichen Bedenken, die sich gegen die Überführung sämtlicher Rückkehrer in Konzentrationslager erheben mochten, die Spitze abgebrochen. Daß diese »Schulungslager« mit bestehenden Konzentrationslagern identisch waren, erschien so lediglich als technischer Mangel. Wenn die Gestapo die Verunsicherung der noch nicht gefestigten Volksgenossen durch die vorbedacht oder unbeabsichtigt verbreiteten »Gerüchte« zur Begründung mit heranzog, so entsprach das gewiß ernstgenommenen Befürchtungen. Doch ist die daraus abgeleitete Notwendigkeit zur Einweisung sämtlicher Emigranten in Konzentrationslager und die damit verbundene ‹Umschulung› eher noch als gesuchter Vorwand zu werten. Denn nach nationalsozialistischer Ideologie waren Juden – und diese stellten doch den überwiegenden Prozentsatz der Rückwanderer – die »wesensmäßigen« Gegner des Nationalsozialismus und so auch keinesfalls zu dem umschulungsfähigen »Menschenmaterial« zu rechnen. Der in dem Erlaß ausgedrückte Gedanke einer Reintegration der Emigranten in den nationalsozialistischen Staat war dementsprechend auch nicht auf jüdische Emigranten anwendbar. Wenn dennoch hier mit diesem Gedanken, ergänzt durch die Notwendigkeit polizeilicher Ermittlungen, die Einweisung in Konzentrationslager positiv begründet wurde, so verbarg sich die antijüdische Konzeption noch hinter den vorgeschützten allgemeinen sicherheitspolitischen Belangen, zu denen dann allerdings auch das Bestreben gehörte, den schwer kontrollierbaren antisemitischen Ausschreitungen einen unter vielen möglichen Anlässen zu nehmen.

Im Innenministerium hatte man sich mehr an einer – nach NS-Gesetzen – strafbaren Handlung orientiert; für die Gestapo trat dieser Gesichtspunkt ganz in den Hintergrund. Die Unterbringung in Konzentrationslager, erklärte Heydrich, sei keineswegs davon abhängig, ob sich der Emigrant im Ausland politisch gegen Deutschland betätigt habe[22].

Was in dem Erlaß vom Januar andeutungsweise erkennbar wurde, wurde ein halbes Jahr später in aller Deutlichkeit ausgesprochen. Die Rückkehr »politisch unzuverlässiger, insbesondere jüdischer oder nicht reinarischer Elemente« war mit den »innerpolitischen Notwendigkeiten des nationalsozialistischen Deutschlands« nicht mehr vereinbar. Mit den angeordneten Maßnahmen war daher beabsichtigt, dieser Rückwanderung entgegenzutreten oder den bereits zurückgekehrten durch Einweisung in ein Konzentrationslager den »weiteren Aufenthalt im Reichsgebiet zu verleiden«[23]. Da es also vor allem darum ging, die (jüdischen) Emigranten, die sich trotz aller angedrohten Konsequenzen von ihrer

Rückkehr nicht hatten abbringen lassen, möglichst wieder außer Landes zu schaffen, hatte das Gestapa bereits im Februar 1935 angeordnet, die Inhaftierten vor die Wahl zu stellen, entweder zur »weltanschaulichen Schulung für einige Monate einem Schulungslager überführt zu werden oder unverzüglich wieder auszureisen«[24].

Diese Anordnungen, durch die geübte Praxis in jüdischen Kreisen mittlerweile bekanntgeworden, verfehlten auch nicht die beabsichtigte Wirkung. Bei jüdischen Emigranten traten in zahlreichen Fällen jüdische Organisationen auf und erklärten sich bereit, den Abtransport der Inhaftierten ins Ausland zu übernehmen. Auch die Inhaftierten selbst oder ihre Verwandten baten häufig um Entlassung unter dem Versprechen, sofort wieder auszureisen, bzw. diese Ausreise zu garantieren. Einem solchen Verfahren stimmte die Gestapo zu, wenn die betreffende Person (oder stellvertretend das Palästinaamt) »glaubhaft« nachwies, »daß sie innerhalb von zwei Wochen nach ihrer Freilassung das Reichsgebiet wieder verläßt«[25]. Der Inhaftierte war dann darüber zu belehren, »daß ein Nichtinnehalten der ihm gesetzten Frist ohne jede Ausnahme eine erneute Inschutzhaftnahme nach sich zieht und jedes weitere Gesuch auf vorzeitige Haftentlassung dann unberücksichtigt bleibt«. Einige Staatspolizeistellen waren darüber hinaus so verfahren, daß sie den Entlassenen erklärten, sie hätten sich mit ihrer erneuten Ausreise des »Rechts« begeben, »wieder in das Reichsgebiet zurückzukehren«. Die Kenntnisnahme ließen sich diese Staatspolizeistellen schriftlich bestätigen. Dieses Verfahren wurde schließlich allen Staatspolizeistellen als »in der Praxis bewährte Handhabung« empfohlen[26]. So wurde mit terroristischen Maßnahmen, über die Einweisung unerwünschter Rückkehrer in Konzentrationslager das betrieben und erreicht, was nach Staats- und Völkerrecht rechtswidrig war: nämlich de facto die Ausweisung auch deutscher (jüdischer) Staatsbürger.

Mit dem Erlaß vom 28. 1. 1935 war die – ohnehin nur taktisch zu verstehende – Beschränkung auf »Flüchtlinge nichtdeutscher Staatsangehörigkeit«, wie es ein Jahr zuvor noch in Görings Emigranten-Erlaß gelautet hatte, faktisch aufgehoben worden. Die Gestapo drang von sich aus verstärkt auf eine forcierte Ausschaltung und Vertreibung der Juden. Ein bezeichnendes Licht darauf, wie sehr es ihr darum zu tun war, nicht nur den zurückgekehrten jüdischen Emigranten den Aufenthalt in Deutschland zu »verleiden«, warf das wenige Tage nach Anordnung der »Schulungshaft« von Heydrich verfügte Verbot jüdischer Versammlungen, »in denen Propaganda für das Verbleiben in Deutschland« gemacht wurde[27]. Der antijüdische Akzent war im Januar-Erlaß noch vorsichtig formuliert. Die mit innerpolitischen Notwendigkeiten und sicherheitspolizeilichen Belangen begründete Einweisung in »Schulungslager« umging bestehende Widerstände gegen eine weitergehende antijüdische Politik[28]. Andererseits fing dieses Vorgehen der Gestapo eine beginnende antijüdische Terrorwelle auf und setzte zugleich die Forderung nach weiterer Ausschaltung der Juden in konkrete Maßnahmen um.

Obschon im Grundsatz die Gleichbehandlung sämtlicher rückkehrender Emigranten festgelegt worden war, wurde dennoch eine Sonderregelung für Juden geschaffen. Das wird deutlich in dem Bemühen, eine für die Durchführung der Erlaß-Bestimmungen praktikable Definition dessen zu geben, wer als Emigrant anzusehen war.

Als Emigranten galten zunächst alle Personen, »die das Reich nach der nationalsozialistischen Erhebung aus politischen Gründen verlassen haben, und zwar sowohl Arier wie Nichtarier«[29]. Als politische Flüchtlinge in diesem Sinne waren »grundsätzlich zurückkehrende Juden zu betrachten«, »gleichviel, ob sie angeben, aus wirtschaftlichen Gründen oder zum Zwecke der Fort- bzw. Ausbildung das Reichsgebiet verlassen zu haben«[30]. Dies wurde schließlich dahin ergänzt, daß bei Juden prinzipiell davon auszugehen sei, sie hätten Deutschland aus »politischen Gründen« verlassen, gleich, ob nach dem 30. 1. 1933 oder davor[31]; denn ihnen könne die »grundsätzliche politische Gegnerschaft zum Nationalsozialismus stets unterstellt« werden[32]. Die Behandlung der jüdischen Emigranten als ‹politische Emigranten› hatte, einmal abgesehen von den ideologischen Bezügen, in diesem Zusammenhang vornehmlich technische Bedeutung, denn indem sie generell als politische Emigranten anzusehen waren, waren ihnen gegenüber auch Maßnahmen möglich, die sonst gesetzlich nicht abgesichert gewesen wären (z. B. die defacto-Ausweisung deutscher Staatsangehöriger). Zudem entband diese Zuordnung von der Nachprüfung des Einzelfalles. Bei »arischen Rückwanderern« sollte der Begriff des ‹politischen Flüchtlings› hingegen »nur dann anwendbar [sein], wenn es sich um Personen handelte, die in politischen Organisationen oder Parteien, die gegen das neue Deutschland gerichtet sind, Mitglied waren, eine führende Stellung in ihnen eingenommen haben, mit der Wahrnehmung von Parteifunktionen betraut waren oder in sonstiger Weise den Nationalsozialismus oder führende Stellen desselben angegriffen haben oder feindlich gegenüberstehen«[33].

Zwei Merkmale begründeten somit die Emigranteneigenschaft: politische Gegnerschaft zum einen, Zugehörigkeit des Flüchtlings zur jüdischen Rasse zum andern; dort war die Handlung oder auch Gesinnung bestimmend für das Feindbild, hier die »nichtarische« Rasse. Beide

Merkmale aber wurden unter dem Begriff des »politischen Flüchtlings« zu einer Einheit, und indem beide dem politischen Gegner zugeordnet wurden, waren sie dementsprechend in gleicher Weise Gegenstand und Aufgabe für die Politische Polizei. Aufgabe der Politischen Polizei war die Bekämpfung der »Staatsfeinde«. Für diese Aufgabe war die Geheime Staatspolizei (zunächst in Preußen) als politisch-polizeiliche Sonderbehörde geschaffen worden, die, als selbständiger Zweig der inneren Verwaltung, nahezu ungehindert in einem rechtsfreien Raum tätig, ihre Machtbefugnisse ständig erweiterte. Diese staatliche Instanz war durch personale Verflechtung mit der Partei-Instanz des SD verbunden und wurde gerade von dort mit den ideologischen Maximen des Nationalsozialismus, insbesondere der SS, durchdrungen. Für Himmler und Heydrich war »der Jude« ein Gegner schlechthin und damit auch Objekt des Exekutivorgans zur Staatsfeindbekämpfung, der Gestapo[34]. Die Erfassung der jüdischen Emigranten unter dem Begriff des *politischen Flüchtlings* und damit in der Kategorie der Staatsfeinde entsprach ganz der ideologischen Ausgangslage und Zielsetzung von Gestapo und SD[35].

Sprachregelung für das Ausland

Für das Ausland hatten die gegen die Emigranten ergriffenen Maßnahmen, sofern sie sich lediglich gegen die politischen Gegner des NS-Regimes zu richten schienen, nichts Ungewöhnliches oder sonderlich Besorgniserregendes. Da sich jedoch die Maßnahmen nicht nur auf politische Emigranten im engeren Sinne, also auf die aktiv das Regime bekämpfenden Exilierten, sondern gerade auch auf die jüdischen Emigranten allgemein bezogen, waren sie eindeutig Teil der nationalsozialistischen Judenpolitik. Die für das Dritte Reich unliebsamen außenpolitischen Rückwirkungen ergaben sich in erster Linie daraus, daß von diesen Maßnahmen die große Zahl jüdischer Emigranten betroffen war und sich somit die Frage nach der generellen Gültigkeit deutscher Pässe stellte.

Im AA war man von Anfang an bemüht gewesen, sich ein Mitspracherecht in der nationalsozialistischen Judenpolitik zu sichern, um die außenpolitischen Belastungen, die die Rassenpolitik hervorrief, auf ein Minimum zu begrenzen. In einer Besprechung, die auf Initiative Neuraths im November 1934 anberaumt worden war, hatten die an dieser Politik beteiligten Ressorts Übereinstimmung dahingehend erzielt, daß zwar »an den rassenpolitischen Grundsätzen der nationalsozialistischen Weltanschauung auch unter starkem, außenpolitischen Druck nicht gerührt werden dürfe«[36], doch sollten durch Koordination mit dem AA die Durchsetzung und Anwendung des Rasseprinzips in ein vertretbares Verhältnis von innerpolitischen Erfolgen und außenpolitisch nachteiligen Wirkungen gebracht werden[37].

Weder Gestapo noch das Innenministerium hatten die Maßnahmen gegen zurückkehrende Emigranten mit dem AA abgestimmt, obgleich doch zu erwarten stand, daß sie nicht ohne außenpolitische Wirkung bleiben würden. Man hatte es nicht einmal für erforderlich gehalten, das AA sogleich von diesen Anordnungen in Kenntnis zu setzen. Im Ausland wurden diese Maßnahmen sehr schnell bekannt. Die deutsche Botschaft in London fragte am 8. 4. 1935 in der Wilhelmstraße an, was es mit ausländischen Zeitungsmeldungen auf sich habe, nach denen »Reichsangehörige, die sich über drei Monate im Ausland aufgehalten haben und als Emigranten angesehen werden können, bei ihrer Rückkehr in Schulungslager kommen«. Die Botschaft erbat »zwecks Sprachregelung« ausführliche Informationen über die tatsächlich bestehenden Bestimmungen[38]. Das AA wurde durch solche Rückfragen der deutschen Auslandsvertretungen nicht nur erst mit den vollendeten Tatsachen konfrontiert, sondern auch durch offizielle Anfragen ausländischer Regierungen, so z. B. durch eine Verbalnote der Niederlande[39], in die Zwangslage versetzt, zu einer Sache verbindlich Stellung zu nehmen, über die man nur unzulänglich informiert worden war.

Das für diese Fragen zuständige Referat Deutschland im AA erhielt also erst im April durch Anfragen aus dem Ausland von der Existenz solcher Vorschriften Kenntnis[40]. Durch die niederländische Note zur Eile getrieben, fragte man am 4. Mai telefonisch bei der Gestapo an und erfuhr, daß tatsächlich ein solcher Erlaß bestand[41].

Die Unterrichtung der deutschen Auslandsvertretungen, Fragen der »Sprachregelung« und die Antwortnote an die niederländische Regierung machten eine Klärung zwischen Gestapo bzw. Innenministerium und dem AA dringend erforderlich. Vier Monate nach der Verfügung, sämtliche rückkehrende Emigranten in Konzentrationslager zu verbringen, und nachdem die vorhersehbaren außenpolitischen Folgen eingetreten waren, lud das Reichsinnenministerium im Mai 1935 AA und Gestapo zu einer Ressortbesprechung über Fragen der »Rückkehr jüdischer [!] Emigranten« ein. Das Einladungsschreiben war so gehalten, als sei über diese Fragen erst noch zu entscheiden. Es täuschte damit darüber hinweg, daß das AA vor längst vollzogene Tatsachen gestellt war. Es sei erwünscht, heißt es in dem Schreiben, »daß jüdische Emigranten schon an der Grenze von Deutschland ferngehalten werden. Soweit sie als deutsche Staatsangehörige an der Grenze nicht zurückgewiesen werden können, erscheint es zweckmäßig, sie durch die Geheime Staatspolizei zunächst in Verwahrung nehmen zu lassen.« Zur »Besprechung über diese dringliche Angelegenheit« wurde auf den 20. 5. 1935 ins Innenministerium eingeladen[42].

Offensichtlich hatte man sich aber im AA schon mit den einmal geschaffenen Tatsachen abgefunden. Der Vertreter des Referats Deutschland, der an der Sitzung teilgenommen hatte, vermerkte, daß nicht die »Aufhebung des Erlasses über die Schulungslager« zur »Diskussion« gestanden habe, »sondern lediglich die Form ihrer Handhabung«[43]. Man nahm zwar seitens des AA Gelegenheit, »die bestehenden außenpolitischen Bedenken nachdrücklich zu betonen«[44], doch drang man damit bei den Vertretern des Gestapa und des Reichsinnenministeriums nicht durch. Eine »Modifizierung« der ergangenen Verfügung wurde abgelehnt, »da die innenpolitische Notwendigkeit die außenpolitischen Bedenken erheblich überwog«[45].

Für die Ressortbesprechung hatte Staatssekretär Bülow dem Referat Deutschland einige Gesichtspunkte genannt, die vom außenpolitischen Standpunkt vorgebracht und berücksichtigt werden sollten. So sollte nach Meinung Bülows »alles vermieden werden«, »was der Sache nach außen hin einen sensationellen Charakter geben könnte. Es empfehle sich wohl, die Aktion nicht auf die Juden, sondern auf Emigranten allgemein abzustellen, wenn durchaus eine Verordnung nötig sei«[46]. Mit dieser Anregung leistete Bülow selbst die für erforderlich angesehene »Sprachregelung«. Das Innenministerium hatte eindeutig die jüdischen Emigranten als Gegenstand der Ressortbesprechung genannt. Aber es war eben Sache des AA, die Vorgänge im Dritten Reich nach außen durch Sprachregelungen abzusichern. Dementsprechend war der Runderlaß des AA an die deutschen Auslandsvertretungen vom 31. 5. 1935, der diese nach nunmehr vier Monaten über den Sachverhalt informierte, so abgefaßt, daß die antijüdische Intention der Maßnahmen nicht zu sehr hervorstach. Die Information beschränkte sich darauf, daß rückkehrende Emigranten in Schutzhaft genommen würden, um polizeiliche Ermittlungen über ihre Tätigkeit und ihr politisches Verhalten im Ausland durchzuführen[47]. Damit stellte dieser Erlaß und mit dieser Sprachregelung genau auf die »politische Emigration« als Rechtfertigungsgrund für die Maßnahmen ab. Die »politische Emigration« als Alibi für die umfassende Maßnahme einer Einweisung sämtlicher rückkehrender Emigranten in Konzentrationslager, womit man ja in erster Linie die jüdischen Emigranten treffen wollte, – das würde, so kalkulierte man im AA, im Ausland auf Verständnis stoßen und den möglichen Schaden für die deutsche Politik und das Ansehen des Dritten Reiches gering halten.

In diesem Kalkül war das AA schon durch die niederländische Verbalnote bestärkt worden. Die niederländische Regierung hatte in ihrer Anfrage hinsichtlich der gegen rückkehrende Emigranten getroffenen Maßnahmen in sehr bezeichnender Weise differenziert. Sie wollte »aufs genaueste« darüber informiert sein, ob die Maßnahmen gegen zurückkehrende Juden »ohne Unterschiede« ergriffen würden »oder aber nur bezüglich derjenigen, denen ein schlechtes Betragen gegenüber dem Deutschen Staat zur Last gelegt wird«[48]. Im Juni wurde der niederländischen Gesandtschaft in Berlin der Wortlaut des Erlasses vom 9. Februar mitgeteilt[49]. Als notwendige Erläuterung wurde hinzugefügt, den Rückwanderern werde »zum Verständnis der neuen Verhältnisse in Deutschland« eine »weltanschauliche Schulung zuteil«, die lediglich aus Zweckmäßigkeitsgründen in Gemeinschaftslagern erfolge. »Alle diese Bestimmungen beziehen sich auf die nach Deutschland zurückkehrenden Emigranten (Rückwanderer) *im allgemeinen,* nicht lediglich auf jüdische Rückwanderer.«

Nach außen hin sprach man also von »Schulung«, die die Einweisung in Konzentrationslager rechtfertigen solle, intern aber ließ man keinen Zweifel daran, daß diese Maßnahme abschrecken und den Juden den Aufenthalt im Reich »verleiden« sollte. Durch die herausgestellte angebliche Gleichbehandlung wurde die Tatsache verbrämt, daß sie auch hier schon unter Ausnahmerecht standen.

Schulungslager

Wie bereits wiederholt angedeutet, waren die Maßnahmen nicht ausschließlich gegen rückkehrende Juden gerichtet. Unverkennbar richteten sie sich jedoch in erster Linie gegen Juden, und sie standen in engstem Zusammenhang mit der nachdrücklich betriebenen Ausschaltung und gelenkten Auswanderung der Juden. Insofern fanden diese Maßnahmen auch ihre Begründung in »staatspolitischen Erwägungen«. Darüber hinaus waren es aber auch staatspolizeiliche Interessen, die »Abwehrmaßnahmen« als zwingend nötig erscheinen ließen. Zum einen war es die Beobachtung, daß die rückkehrenden Juden von radikalen Elementen der NSDAP zum Anlaß judenfeindlicher Ausschreitungen genommen wurden, die, wenn sie nicht von »oben« aufgegriffen, gesteuert und zur Begründung und Durchsetzung legislatorischer Mittel verwandt wurden, einer geplanten, systematischen Ausschaltung der Juden nur hinderlich sein konnten[50]. Mit den getroffenen Maßnahmen war beabsichtigt, einen Anlaß der schwer kontrollierbaren »spontanen« Ausschreitungen zu beseitigen, und entsprechende Erklärungen in der Presse sollten die wegen zurückgekehrter Emigranten entstandene »Unruhe unter der Bevölkerung« eindämmen. So hatte Diels schon im Januar 1934 zu »falschen« Interpretationen des Emigranten-Erlasses Görings in einem Teil der deutschen Presse Stellung genommen und erklärt, die bei den »Volksgenossen entstandene Befürchtung, daß die Emigranten jetzt etwa in Scharen zurückkehren würden, sei völlig unbegründet«[51], ebensowenig lasse man ihnen eine »völlig unbegründete Milde angedeihen«[52]. Im Juli 1938 dementierte der VB Meldungen, wonach 11 000 Juden nach Deutschland zurückgekehrt seien. Diese Zahl sei »erstunken und erlogen« und solle nur die Assimilationsbereitschaft der Juden untermauern. Tatsächlich sei eine Rückwanderung »überhaupt unmöglich gemacht« und werde nur in vereinzelten Fällen zugelassen. So sei im November des Vorjahres insgesamt nur 21 Juden die Rückkehr erlaubt worden, und das sei schon ein »überdurchschnittlicher Monatsertrag«[53]. Das staatspolizeiliche Interesse war also auf weitestgehende Unterbindung nicht sanktionierten antisemitischen Terrors im Sinne der Aufrechterhaltung von Ruhe und Ordnung gerichtet.

Ein weiteres innenpolitisches Moment tritt in den Begründungen für die Anordnungen hervor, nämlich das Moment der Bekämpfung der politischen Gegner und der durch deren illegalen Kampf hervorgerufenen oder zu befürchtenden innenpolitischen Gefährdung für den Bestand des nationalsozialistischen Regimes. Dabei zielte die Abwehr auf zwei im staatspolizeilichen Sinne zwar gleichermaßen zu beachtende, in ihrer effektiven Bedeutung jedoch unterschiedliche Tatsachen. Die Gestapo unterschied ja zwischen Emigranten, die aktiv den Nationalsozialismus bekämpften, jenen Funktionären der ehemaligen Parteien und »Hetzern«, an deren Rückkehr nichts gelegen war, und jenen »verführten Elementen«, die eine unbegründete Furcht ins Ausland getrieben habe. Gerade unter den in die zweite Kategorie fallenden Emigranten vermutete man »wertvolles Menschenmaterial«, dem man die Rückkehr nicht grundsätzlich verbauen wollte, allerdings nur unter der Bedingung, daß diese Menschen sich vorbehaltlos dem nationalsozialistischen Staat einfügten. Daß dies durch die Tatsache der Rückkehr allein nicht schon gewährleistet war, hatte die Beobachtung ihres Verhaltens ergeben. Vor allem aber befürchtete man eine negative Beeinflussung der »noch nicht gefestigten Volksgenossen« durch rückkehrende Emigranten, da diese mit den »Grundsätzen des nationalsozialistischen Deutschland« noch nicht hinreichend »vertraut« waren[54]. Objekt der Abwehr war demnach der nichtgleichgeschaltete Emigrant, der im Ausland auch durch andere als von NS-Seite legitimierte Quellen in seiner Auffassung vom Nationalsozialismus geprägt war, der nicht unter dem Informationsdefizit wie die Bewohner des Reiches gestanden hatte und der darum, gewiß auch durch Gerüchte, gewiß aber auch durch verläßliche Informationen die Gutgläubigkeit der Deutschen im Reich und das Vertrauen in die nationalsozialistische Führung untergraben konnte. Die Rückkehr allein bedeutete ja nicht a priori Zustimmung zu den in Deutschland herrschenden Verhältnissen. Das zu schützende Objekt war der im nationalsozialistischen Sinne nicht gefestigte »Volksgenosse«. Man dachte dabei wohl weniger an jene, die noch in scharfer Opposition zum NS-Regime standen – diese hätten einer Verunsicherung für ihre ablehnende Haltung gar nicht bedurft – als vielmehr an die noch nicht Entschiedenen, die mit gewisser Reserve verharrten zum eben erst beginnenden Erfolg der Umerziehung des deutschen Volkes im nationalsozialistischen Geist. Wenn man bedenkt, daß ungefähr 10 000 inzwischen zurückgekehrte Emigranten nach Auffassung der Gestapo durchaus in der Lage sein sollten, die Sicherheit des Reiches zu gefährden, und das lediglich aufgrund der Tatsache bzw. Vermutung, daß sie durch nichtkonformes Verhalten, durch »Gerüchte« Unruhe stiften könnten, gewinnt man einen Eindruck davon, wie sehr die Nationalsozialisten selbst ihre Macht abhängig sahen von permanentem Zugriff und der unbedingten Zustimmung zum Nationalsozialismus. Zur Abwehr der solcherart eingeschätzten Gefahr ging man daran, einerseits die Bevölkerung vor diesen ‹Unruhe stiftenden Elementen› abzuschirmen, zum andern diese ‹Elemente› vorläufig zu internieren und nationalsozialistisch zu indoktrinieren, ihnen zum Verständnis der neuen Verhältnisse in Deutschland eine »weltanschauliche Schulung angedeihen zu lassen«, um sie später wieder dem »Volkskörper einzureihen«[55].

Die zweite Tatsache, die unter politisch-polizeilichen Gesichtspunkten eine Regelung in der Behandlung rückkehrender Emigranten notwendig machte, war die Erkenntnis, daß zwischen politisch aktiven Emigranten und illegaler Opposition im Reich enge wechselseitige Beziehungen bestanden. So berichtete die deutsche Gesandtschaft in Brüssel von einer Sitzung des Matteotti-Komitees vom 6./7. 1. 1934 in Brüssel, an der ein V-Mann der Gesandtschaft teilgenommen hatte, daß man sich bemühen wolle, Genossen, die im Reich illegal arbeiteten, zur Erholung für einige Zeit ins Ausland zu holen und Emigranten dafür ihre Stellen im Reich einnehmen zu lassen; andere wiederum sollten, nach eingehender Prüfung der Sachlage, wieder ins Reich zurückgeschickt werden, weil sie zum Teil grundlos und ohne echte Gefährdung für ihre Person das Reich verlassen hätten und jetzt die knappe Unterstützungsmöglichkeit der Hilfskomitees in Anspruch nähmen. Von Belgien aus seien so in letzter Zeit 25 Personen wieder zurückgeschickt worden[56]. Unabhängig davon, ob der Bericht des V-Mannes in einzelnen Punkten zutreffend war, für die Gestapo war dies nur eine Bestätigung ihrer eigenen Ermittlungen und Erfahrungen beim Aufrollen illegaler Organisationen im Reich wie auch der Emigrantenüberwachung, daß nämlich Personen illegal die Reichsgrenzen überschritten, Funktionäre ausgetauscht, illegale Schriften und Informationen von Emigranten oder Reichsbewohnern geschmuggelt wurden. Diels hatte schon die erste Emigranten-Verfügung Görings vom Januar 1934 in ihrer Bedeutung dafür hervorgehoben, »das Eindringen unlauterer und staatsfeindlicher Elemente sowie einen etwaigen Pendelverkehr im Dienste der Hetzpropaganda im Ausland zu verhindern«[57].

Mit der Anordnung der »Schulungshaft« im Januar 1935 wurden die ein Jahr zuvor noch gegebenen Einschränkungen für die Überstellung in Konzentrationslager aufgehoben und die Einweisung sämtlicher Emigranten – »ohne Ansehen der Person« und »ohne besondere Anweisung« – verfügt. Während der Internierungszeit unterzog die Gestapo »die Vergangenheit der Rückwanderer einer eingehenden Nachprüfung in politischer und krimineller Beziehung«. »Insbesondere« wollte sie über das »Treiben der Rückwanderer in der Zeit ihres Auslandsaufenthaltes« Näheres erfahren[58]. Der bloße Verdacht und die nicht begründete Vermutung, der zurückgekehrte Emigrant könnte sich im Ausland »staatsfeindlich« betätigt haben, reichten mithin aus, ihn auf zunächst unbegrenzte Zeit zu inhaftieren und erst dann Ermittlungen anzustellen, die vielleicht den Verdacht bestätigten, oder aber auch als unbegründet erwiesen[59]. Daß ein solches Verfahren allen rechtsstaatlichen Prinzipien hohnsprach, spielte dabei keine Rolle; es schien mit der Bezeichnung »Schulungslager« und der Zweckbestimmung einer »weltanschaulichen Schulung« hinreichende Begründung und Legitimation gefunden zu haben. Ein Vorfall, der symptomatisch für das Rechtswesen im Dritten Reich war, zwang die Gestapo dennoch, zur rechtlichen Bedeutung der Schulungshaft, wie man die Internierung der rückgekehrten Emigranten in Konzentrationslager euphemistisch nannte[60], Stellung zu nehmen.

Im April 1936 beanstandete Heydrich in einem Brief an den Reichsjustizminister die Entscheidung eines Münchner Gerichts gegen einen Emigranten, der »wegen des Verbrechens der Vorbereitung zum Hochverrat unter Annahme eines minder schweren Falles« zu einer Gefängnisstrafe von 1 Jahr und 2 Monaten unter Anrechnung von 8 Monaten Schutz- und Untersuchungshaft rechtskräftig verurteilt worden war[61]. Der Emigrant, der vor der Machtergreifung Mitglied der KPD und der Roten Hilfe gewesen war, war im März 1933 in Schutzhaft genommen worden. Nach seiner Entlassung im Mai flüchtete er ins Saargebiet »und betätigte sich dort weiterhin im deutschfeindlichen Sinne«. Nach seiner Rückkehr im März 1935 wurde er erneut festgenommen und in das »Schulungslager« Dachau überführt. Heydrich beanstandete, daß die »Schulungshaft« auf die Strafhaft angerechnet worden war, wofür seiner Auffassung nach keine Rechtsgrundlage gegeben war. Das urteilende Gericht war aber davon ausgegangen (und auch im Justizministerium sah man den Fall zunächst so), daß nach einer Verordnung Hitlers vom 7. 6. 1935 »in der Regel« die Schutzhaft auf die Strafzeit angerechnet werden sollte[62]. Heydrich berief sich mit seiner Rüge aber nicht auf diese Verordnung, die übrigens eine Ausnahme von der Regel für Kommunisten zuließ, sondern unterstrich, daß es sich bei Emigranten um eine eigene Kategorie von Häftlingen handle. Etwa im Wortlaut teilte er in seinem Brief an den Justizminister den Erlaß vom Januar 1935 mit, nach dem ja rückkehrende Emigranten ausnahmslos einem »Schulungslager« zuzuführen waren[63]. Danach, so führte er weiter aus, könne es keinem Zweifel unterliegen, »daß Schulung und Strafe vollkommen verschiedene Zwecke verfolgen und daß zwischen der Emigranten-Schulungshaft und der Strafhaft ein Zusammenhang nicht besteht«, eine Anrechnung der »Schulungshaft« auf eine erkannte Strafhaft demnach auch nicht zulässig sei[64]. Heydrich kam es offensichtlich darauf an, zu verhindern, daß auch noch die Emigranten in den Genuß der Verordnung Hitlers kamen, die ja die KZ-Haft, was die Anrechnung auf eine Strafhaft betraf, in gewisser Weise der »normalen« Rechtspflege einfügte. Für die Durchführung des »Schulungsprozesses« galten jedoch die Richtlinien, wie sie vom Reichsinnenministerium am 12./26. 4. 1934 für die Handhabung der Schutzhaft einheitlich für das gesamte Reichsgebiet vorgeschrieben waren[65].

Justizminister Gürtner, der die Beanstandungen Heydrichs durchaus als Rüge verstand, wollte dem Gestapa »unter Bezugnahme auf den Willen des Führers« antworten, d. h. also unter Berufung auf die von Hitler erlassene Verordnung, daß die Schutzhaft auf die Strafhaft anzurechnen sei[66]. Im Justizministerium war man aber der Auffassung, die Angelegenheit verlange eine generelle Regelung. Somit wurden die verschiedenen Referate erst einmal um Äußerungen zur Sache gebeten, und dabei stellte sich heraus, daß von der Einrichtung der »Schulungslager«

und der Institution der »Schulungshaft« gar nichts bekannt war. Man vermutete, analog zur Ausnahmeregelung für Kommunisten nach der Verordnung Hitlers liege bei der Schulungshaft der Fall insofern gleich, als alle rückkehrenden Emigranten »regelmäßig auch ohne Zusammenhang mit einer Straftat dieser Maßnahme unterliegen«[67]. Für die zuständigen Referenten stellte sich nicht die Frage, ob diese Art Haft überhaupt zulässig war, sondern nur die rechtstechnische Frage, ob es sich bei der Schulungshaft um eine von der gewöhnlichen Schutzhaft unterschiedene und unterscheidbare Haft handelte, um dafür sorgen zu können, daß, dem Ersuchen der Gestapo gemäß, in Zukunft die »Schulungshaft« nicht mehr auf die Kriminalstrafe angerechnet würde. In diesem Sinne erbat man vom Gestapa Auskunft darüber, ob »es sich bei der Schulungshaft nicht um Schutzhaft im üblichen Sinne, sondern um eine andere besondere Art von Haft handelt« und ob »dieses bei der Anordnung und Vollziehung der Haft auch zum Ausdruck kommt«[68]. Heydrich antwortete darauf am 8. Juli, daß »die Schulungshaft der Emigranten nicht der Schutzhaft im üblichen Sinne gleichzustellen« sei[69]. Heydrich argumentierte, die Schutzhaft sei eine allgemein anwendbare Maßnahme, die Schulungshaft hingegen speziell nur gegen Emigranten anwendbar und deswegen seien beide auch nicht gleichzusetzen. Weiter führte er aus, die Schulungshaft werde »in Ermangelung geeigneter Schulungslager« in Konzentrationslagern vorgenommen[70]. Es bedürfe dabei »keiner besonderen Hervorhebung, daß die Emigrantenschulung eine individuelle Note trägt und die Behandlung der Schulungshäftlinge eine andere ist, wie z. B. die Schutzhaft eines Schutzhäftlings [...] In erster Linie stellt die Schulung eine weltanschauliche dar. Nach Abschluß des Schulungsprozesses, d. h. wenn bei dem Emigranten das nötige Verständnis für die Verhältnisse des nationalsozialistischen Deutschlands geweckt ist, wird der Häftling entlassen.« Angesichts der bestehenden Verhältnisse zwischen Gestapo und Justiz bedurfte es wirklich »keiner besonderen Hervorhebung«. Nach Lage der Dinge hatten die Organe der regulären Rechtsprechung kaum eine Möglichkeit, die Angaben Heydrichs zu überprüfen. Tatsächlich jedoch unterschied sich die Behandlung der »Schulungshäftlinge« in nichts von anderen Konzentrationslagerhäftlingen, weder hinsichtlich der Methoden noch der Dauer[71], – es sei denn, man bezeichnet die in den Konzentrationslagern eingeführte Kennzeichnung der Häftlinge mit unterschiedlichen farbigen Dreieckswinkeln als ›individuelle Note‹. Die Emigranten bekamen einen blauen Dreieckswinkel[72].

Heydrich war mit seiner Antwort keinen Schritt über das bisher Mitgeteilte hinausgegangen, und die Antworten, die er hier gab, waren ihm praktisch durch die Anfrage des Justizministeriums in den Mund gelegt worden. Im Justizministerium gab man sich damit zufrieden, und in einem Runderlaß, der im Entwurf von Himmler mitgezeichnet worden war, wurde den Generalstaatsanwälten mitgeteilt, daß die Anrechnung der Schulungshaft, die »in der Regel 3 Monate beträgt« und ohne Zusammenhang mit einer etwaigen strafbaren Handlung erfolgte, auf eine später erkannte Strafhaft nicht in Betracht komme[73].

Hannah Arendt hat einmal als den ersten entscheidenden Schritt auf dem Wege zur totalen Herrschaft die »Tötung der juristischen Person« genannt, und dabei auf die von der Gestapo geübte Praxis verwiesen, die durch die reguläre Rechtsprechung Verurteilten nach Verbüßung ihrer Strafhaft einem KZ zuzuführen[74]. Die Inhaftierung rückkehrender Emigranten stand dem wohl in nichts nach. Die Emigration als Haftgrund wurde in rechtlicher Bedeutung und Praxis kommunistischer Betätigung gleichgesetzt, für die Himmler gefordert hatte, strafrechtliche Bestimmungen und rechtsstaatliche Prinzipien dürften ihrer Bekämpfung keine Fesseln anlegen[75].

Mit der Institution der »Schulungshaft« war also einmal bezweckt, dem unerwünschten Rückstrom jüdischer Emigranten abschreckend entgegenzutreten, sodann diente sie der »Erziehung« zu gehorsamen »Volksgenossen« und schließlich der Abwehr politischer Gegner.

Für die Gegnerbekämpfung konnte die bis dahin betriebene Emigrantenüberwachung und ihre systematische Erfassung nutzbar gemacht werden, wie andererseits die nachrichtendienstliche Auswertung der Vernehmungen der inhaftierten Emigranten weitere Informationen über den politischen Gegner erbrachten. Soweit Kuriere, Funktionäre usw. nicht mit gefälschten Ausweispapieren ins Reich kamen, konnten sie durch die generelle Inhaftierung aller Emigranten erfaßt und unschädlich gemacht werden.

Bereits im Juni 1934 waren Richtlinien über die Vernehmung der inhaftierten Emigranten ergangen[76]. Eine eingehende Vernehmung dieser Personen, heißt es darin, gebe der Politischen Polizei eine Handhabe, »ein umfassendes Bild über die Verhältnisse, die politische und wirtschaftliche Betätigung der Emigranten und der Stellung der Gastländer zu ihnen zu erhalten«. Durch eine einheitliche Behandlung, durch Befragung nach einem festen Schema, durch Vergleich der von verschiedenen Rückwanderern gemachten Angaben und deren eventuelle Überprüfung durch V-Leute hoffte man ein der »Wirklichkeit entsprechendes, nicht durch die subjektive Auffassung der einzelnen Rückwanderer gefärbtes

Bild« zu gewinnen. Die Vernehmung sollte durch »besonders geeignete Beamte« erfolgen und Antworten auf folgende interessierende Fragen geben: wann und wo hatte der Emigrant die Reichsgrenze überschritten, mit einem gültigen Paß oder illegal, mit wessen Unterstützung und auf wessen Veranlassung; wie lange hat er sich im Ausland aufgehalten, von wo und mit welchen Empfehlungen Unterstützung erhalten, wer waren die Leiter der Flüchtlingsorganisationen, welche Unterstützung wurde gewährt? »Besonderer Wert« wurde auf die »Erfassung der politischen Drahtzieher« gelegt, »die die ausländische Presse immer noch mit Greuelnachrichten versehen«. Die Personalien »dieser Staatsfeinde und ihrer event. Verbindungen mit deutschen Hintermännern sind festzustellen«. Ebenso war die Erfassung derjenigen Personen »unbedingt erforderlich«, die versuchten, »durch Ausbau der in Deutschland verbotenen Parteien illegale Zersetzungsarbeit, sei es durch die Emigrantenpresse, sei es durch Kuriere, zu leisten«. Neben diesen, die Zusammenarbeit von Exil und illegaler Opposition im Reich in erster Linie betreffenden Fragen interessierten auch die politischen, kulturellen und wirtschaftlichen Zusammenschlüsse der im Exil Lebenden und ihre führenden Persönlichkeiten.

Die Erfahrung, hieß es weiter, habe ferner gezeigt, daß ausländische Behörden Verbindung mit deutschen Emigranten aufzunehmen versuchten. Man wollte wissen, ob und auf wessen Veranlassung die Emigranten mit ausländischen Personen in Verbindung getreten waren. Die Namen der Personen sollten festgestellt werden, ohne daß aber beim Rückwanderer der Anschein erweckt wurde, »daß es sich um Nachprüfung in spionagepolizeilicher Hinsicht handelt«. Nicht genug damit. Die Rückwanderer waren »auf jeden Fall vertraulich zu überwachen, um etwaige Kuriertätigkeiten aufzudecken und zu verhindern«. Die Gestapo hatte so die Möglichkeit, durch die Vernehmung der Emigranten, durch Vergleich der einzelnen Aussagen und durch zentrale Auswertung anderweitig eingegangene Berichte zu überprüfen und sich so ein detailliertes Bild von der Emigration, ihrer Tätigkeit und ihrer Zusammenarbeit mit oppositionellen Gruppen im Reich zu verschaffen[77]. Wenn ein vernommener Emigrant dabei intime Kenntnisse preisgab, so bleibt dabei generell zu berücksichtigen, daß er bei dem Versuch, sich selbst zu entlasten, seine Freunde in der Emigration ja nicht unmittelbar gefährdete. Aber auch Anerbieten zu Spitzeldiensten blieben nicht aus[78]. Notfalls half die Gestapo mit Druck und Erpressung nach. 1939 stellte die Gestapo vermehrt Anzeichen von Rückkehrwilligkeit in »sämtlichen Emigrantenkreisen des benachbarten Auslands« fest. Dies werde in den Briefen an in Deutschland lebende Verwandte immer wieder zum Ausdruck gebracht. Das Gestapa machte die Staatspolizeistellen auf diese Tatsache aufmerksam, damit sie in dieser Richtung, insbesondere durch Postüberwachung, Ermittlungen anstellten, »um evtl. Gewährspersonen aus Emigrantenkreisen, die bereit sind, in die Heimat zurückzukehren, zu gewinnen«[79]. Die Emigranten sollten sich also ihre Rückkehr durch Spitzeldienste für die Gestapo erst erkaufen.

Nicht zuletzt ließen sich aus den Angaben der Rückkehrer gerichtsverwertbare Beweise formulieren. So erteilte Kriminalrat Heller vom Gestapa auf Ersuchen des Reichsanwalts beim VGH Auskunft über einen ehemaligen Reichsbannerführer, der im tschechoslowakischen Exil für die Sopade in einem Grenzabschnitt die illegale Tätigkeit organisierte. Wie Heller bemerkte, beruhen die sachlichen Angaben »insbesondere« auf Aussagen, die zwei im September 1936 aus der ČSR zurückgekehrte Emigranten gemacht hatten[80].

Ausnahmeregelungen

Die Anweisung vom Januar 1935, rückkehrende Emigranten einem Konzentrationslager zu überstellen, hatte die für die beteiligten Behörden sich konkret ergebenden Fragen bei Durchführung dieser Anordnungen noch nicht gelöst. Das AA wies darauf hin, daß der in Zusammenarbeit mit dem Reichsinnenministerium erarbeitete Runderlaß vom Mai 1935 den Auslandsvertretungen keine Anhaltspunkte dafür gebe, wieweit der Begriff des Emigranten gefaßt sei. Das AA erhob zwar außenpolitische Bedenken gegen die generelle Inhaftierung, verzichtete aber gleichzeitig darauf, auf Mitbeteiligung an der Ausarbeitung modifizierter Durchführungsbestimmungen zu drängen[81].

Im August 1935 fand auf Einladung des Reichsinnenministeriums erneut eine Ressortbesprechung statt, auf der eine einheitliche Regelung gefunden werden sollte, nach der »gewisse Emigranten zu vorübergehendem Aufenthalt in das Reichsgebiet zurückkehren können, ohne gewärtigen zu müssen, in einem Schulungslager untergebracht zu werden«[82].

Das Ergebnis dieser Besprechung bestand in der Schaffung einer »Reisebestätigung«, die den Inhaber davor schützte, bei seiner Einreise nach Deutschland inhaftiert zu werden[83]. Ausschlaggebend für die Erteilung einer solchen Reisebestätigung war, daß die vorübergehende Einreise »im erheblichen politischen oder wirtschaftlichen deutschen Interesse« lag[84]. Ausgeschlossen davon waren alle Besuchsreisen, die lediglich einem privaten Zweck dienten[85].

Der Sachzwang eines »wirtschaftlichen Interesses« hatte die Gestapo zu einem Nachgeben in dieser Frage der vorübergehenden Einreise bewogen. Da aber die Erteilung einer Reisebestätigung stets auch von Unbedenklichkeitsbescheinigungen der Gestapo abhängig war, hatte die Gestapo doch letztlich darüber zu entscheiden, was in ihren Augen von erheblichem wirtschaftlichen oder politischen deutschen Interesse war. Heydrich ging es vor allem darum, mit einer befristeten Einreise »eine erneute Bodenständigkeit jüdischer Elemente zu verhindern«[86], dies zugleich als ergänzende Maßnahme zu der in Gang gesetzten Verdrängung der Juden aus der Wirtschaft im Dritten Reich[87].

Voraussetzung für alle Ausnahmen von der generellen Regelung der Einweisung in Konzentrationslager war, daß »gegen die Person des Antragstellers keine besonderen Bedenken« vorlagen[88]. Da solche Bedenken (außer der Rassezugehörigkeit) in erster Linie politisch-polizeilicher Natur waren, lag es auf der Hand, daß de facto darüber die Gestapo[89] zu befinden hatte, selbst wenn auf der Ressortbesprechung eine grundsätzliche Verständigung dahin erzielt worden war, die Entscheidung über die Paßausstellung für Emigranten »wieder ausschließlich in die Hände der deutschen Auslandsvertretungen zu legen«[90]. Aber mit der Reisebestätigung war ein Papier geschaffen, das zwar die Gültigkeit deutscher Pässe im Ausland nicht berührte, wohl aber die normalerweise mit dem Paß verbundene Gültigkeit für die Rückkehr ins Reichsgebiet.

Im Sicherheitshauptamt, wo man in der Verhinderung der Rückkehr schon einen Teilerfolg in der Lösung der »Judenfrage« sah, legte man entschiedenen Wert auf strikte Einhaltung der Bestimmungen und auf eine restriktive Handhabung der Ausnahmebestimmungen. Das Gestapa hatte wiederholt feststellen müssen, daß die Ortspolizeibehörden (Meldebehörden) »auswandernden Personen auf ihre Anfragen dahingehend Auskünfte erteilt« hatten, ihrer späteren Wiedereinreise in das Reichsgebiet stünden keine Bedenken entgegen, »sofern sie während ihres Aufenthaltes im Auslande ein den Interessen des Reiches abträgliches Verhalten nicht gezeigt hätten«[91]. In einer Stellungnahme zu diesen Meldungen betonte der SD, die Aufgabe bestehe darin, »für eine möglichst rasche Auswanderung von Juden aus Deutschland zu sorgen«. Dem stehe aber das Verhalten der angeführten Behörden völlig entgegen. Man habe nur dann keine Bedenken gegen eine Einreise von emigrierten Juden, »wenn diese Einreise im Interesse des deutschen Exports gelegen ist« und außerdem die Anordnungen des Gestapa über die befristete Einreise jüdischer Emigranten »von den Grenzdienststellen genauestens beachtet werden«[92].

Auf die immer wieder gemachte Beobachtung hin, daß Emigranten die bestehenden Anordnungen zu umgehen versuchten, indem sie etwa nur eine vorübergehende Einreise beantragt hätten, dann aber nicht wieder ausreisten, ermahnte das Gestapa wiederholt die nachgeordneten Dienststellen zu strikter Einhaltung der bestehenden Weisungen, vor allem zur Kontrolle, ob der betreffende Emigrant tatsächlich ausgereist war. Insbesondere die Grenzdienststellen wurden angehalten, Personen mit nur kurzfristigen Reisepässen einer verschärften Kontrolle zu unterziehen, vor allem auch bei Personen »jüdischer Rassezugehörigkeit, die in den meisten Fällen an dem Namen oder an den Rassemerkmalen« zu erkennen seien[93].

Die im Reich auf allen Gebieten forcierte Ausschaltung der Juden fand in den Maßnahmen zur Behandlung rückkehrender jüdischer Emigranten ihre Entsprechung. An dem Bemühen, die Rückwanderung jüdischer Emigranten auf jeden Fall zu unterbinden, wurde bis zum Beginn der »Endlösung« strikt festgehalten. In einem Erlaß an die Befehlshaber der Sicherheitspolizei und des SD in den besetzten Gebieten vom Oktober 1940 gab Heydrich Anweisungen für die Behandlung der aus den besetzten Gebieten nach Deutschland zurückkehrenden Personen sowie für die Behandlung der Ausländer in den besetzten Gebieten, »insbesondere Reichsdeutsche, deutsche, tschechische, polnische Emigranten und Juden«[94]. Darin heißt es, es solle den Planungen für eine Regelung der Judenfrage in dem unter deutschem Einfluß stehenden Gebiet nach einem Friedensschluß in Europa nicht vorgegriffen werden, doch seien sofortige Maßnahmen nötig, »um die Gefahr eines Rückstromes der Juden deutscher (einschließlich bisher österreichischer, tschechoslowakischer und polnischer) Staatsangehörigkeit bzw. ehemals deutscher usw. Staatsangehörigkeit in das deutsche Hoheitsgebiet zu verhindern«. Deswegen seien sie sämtlich zu internieren und unter Bewachung zu stellen. Durch die Internierung sei die Möglichkeit gegeben, »daß diese Juden bei einer etwaigen Gesamtevakuierung aus Europa als erste greifbar sind und abtransportiert werden können«. Zwar ist in dieser Anweisung noch davon die Rede, daß ein Abtransport nach Übersee erfolgen solle, doch kann man den Befehl zur Internierung schon als Vorstufe zur physischen Vernichtung ansehen, auch wenn nicht ganz sicher ist, ob Hitler den Plan dazu schon im Sommer 1940 gefaßt hatte[95].

Behandlung von rückwandernden Nicht-Emigranten

Nach den grundsätzlichen Erwägungen, die für die Gestapo ausschlaggebend waren, Maßnahmen gegen zurückkehrende Emigranten zu ergreifen, war es nur konsequent, wenn auch die Rückkehr von Reichsdeutschen, die nicht als Emigranten anzusehen waren und die Absicht hatten, im Reich wieder Wohnsitz zu nehmen, ähnlichen Regelungen unterworfen wurde. Denn auch für sie mußte gelten, daß man sie nicht unvorbereitet in die »Volksgemeinschaft« entlassen konnte und daß ihre politische Zuverlässigkeit erst einmal überprüft werden mußte.

Deutsche Staatsangehörige (Nichtemigranten), die aus dem Ausland in das Reichsgebiet endgültig zurückkehrten, sogenannte Rückwanderer, wurden von der Auslandsorganisation (A. O.) der NSDAP betreut. Die politische Überprüfung erfolgte durch die Rückwanderer-Ämter der A. O., also durch eine Parteiorganisation, die auch dafür sorgte, daß die Rückwanderer in Arbeit vermittelt wurden[96]. Die Stellung dieser Ämter lag also zwischen Parteiinstanz zur Überprüfung politischer Zuverlässigkeit und Arbeitsvermittlungsstelle speziell für aus dem Ausland rückkehrende Reichsdeutsche. Nach Feststellungen des Rückwandereramtes waren nur 10 % der überprüften Rückwanderer als unzuverlässig anzusehen. Das Innenministerium machte denn auch allen Beamten »eine würdige und angemessene Behandlung der Rückwanderer zur Pflicht«. Es sei zu bedenken, daß die Mehrzahl »mit großen Erwartungen in das nationalsozialistische Deutschland« zurückgekehrt sei[97].

Stieß das Rückwandereramt bei seiner Überprüfung auf »verdächtige« Personen, trat es mit der Gestapo in Verbindung, die dann in der Regel das Weitere veranlaßte. Im Sommer 1936 wies der Leiter des Rückwandereramtes auf die Notwendigkeit hin, verdächtige Rückwanderer sofort festzunehmen. Zugleich klagte er darüber, daß die vom Rückwandereramt benachrichtigten Stapostellen nicht immer bereit seien, »ohne vorherige Prüfung des Sachverhalts zu handeln«. Häufig sei eine Festnahme solcher Personen deswegen nicht möglich gewesen. Das Gestapa ordnete deshalb an, bei fernmündlichen Anrufen des Leiters des Rückwandereramtes die erforderlichen Maßnahmen durchzuführen und sodann durch sofortige Nachprüfung »die Notwendigkeit und das weitere Verfahren« klarzustellen[98].

Im November 1936 wurde ein SS-Untersturmführer als Verbindungsmann des SD-Hauptamtes und des Gestapa zum Rückwandereramt der A. O. bestellt, über den alle dienstlichen Angelegenheiten zwischen den Ämtern zu laufen hatten[99].

Im März 1938 ging im Einverständnis der A. O. die »Nachprüfung der Rückwanderer auf Zuverlässigkeit« auf die Gestapo über[100]. Nunmehr erfolgte die Erfassung der Rückwanderer durch die Meldepolizeibehörden und das Rückwandereramt, die »staatspolizeiliche Nachprüfung« durch die Gestapo. Die Rückwanderer waren nach einem Fragenkatalog zu vernehmen. Die Vernehmung diente nicht nur der politischen Nachprüfung des Rückwanderers, »sondern auch zur nachrichtlichen Auswertung«. Nach den Ergebnissen der Ermittlungen wurden die erforderlichen staatspolizeilichen Maßnahmen getroffen, »z. B. Überwachung von unzuverlässigen Personen, Einleitung von Strafverfahren wegen staatsfeindlicher Betätigung im Auslande«, usw. Ergaben die Vernehmungen »politisch bedeutsame Tatsachen«, waren sie sorgfältig auszuwerten. Zu solchen »politisch bedeutsamen« Tatsachen zählten Nachrichten über Emigranten, Juden und militärisch wichtige Nachrichten.

Die grundsätzliche Unterscheidung von Rückwanderern und zurückkehrenden Emigranten wurde dadurch nicht aufgehoben. Für die Emigranten galten nach wie vor noch Sonderbestimmungen[101]. Für die aus der Sowjetunion zurückkehrenden Deutschen (Rußlandrückkehrer) allerdings ergingen Richtlinien, die für diese Personen die grundsätzliche Unterscheidung von Rückwanderern und rückkehrenden Emigranten weitgehend aufhoben.

Jeder Rußlandrückkehrer hatte sich ab 1937 bei dem zuständigen Rückwandereramt der A.O. zu melden, das ihm nach eingehenden Nachforschungen über seine politische Zuverlässigkeit einen Ausweis ausstellte, und zwar aufgrund einer von der staatspolizeilichen Beurteilung vorgenommenen Klassifizierung.

Die Gruppe A umfaßte alle Personen, die der NSDAP im Ausland angehört hatten und für sie tätig gewesen waren oder die, »ohne der Bewegung anzugehören, nationalsozialistische wertvolle Arbeit geleistet« hatten. Die Gruppe B umfaßte die größte Zahl der Rückwanderer. In sie waren alle einbezogen, »die in politischer und sonstiger Hinsicht unbelastet« erschienen. Zur Gruppe C gehörten alle politisch Belasteten, die »also entweder vor ihrer Auswanderung nach der Sowjetunion Kommunisten oder Marxisten waren, oder die während ihres Aufenthaltes in der Sowjetunion sich der Kommunistischen Partei angeschlossen haben oder sonst erkennen ließen, daß sie Feinde der nationalsozialistischen Bewegung sind«[102].

Nach der auch bei anderen Rückwanderern üblichen Befragung und Vernehmung war der Rußlandrückkehrer festzunehmen, »falls ein Strafverfahren gegen ihn schwebt oder falls ein solches mit Aussicht auf Erfolg« eingeleitet werden konnte, oder in Schutzhaft zu nehmen, »wenn Unterlagen dafür vorhanden sind, daß das Verbleiben des Rückwanderers in der Öffentlichkeit dem Staatswohl abträglich ist«. Maßgebend für eine solche Schlußfolgerung sollte »etwa« die Tatsache sein, »daß der Rußlandrückkehrer sich vor seiner Auswanderung nach der Sowjetunion marxistisch aktiv betätigt, in der Sowjetunion kommunistische Politik weiter betrieben, gegen Deutschland gehetzt hat und auch jetzt noch an seiner kommunistischen Überzeugung festhält«. In Zweifelsfällen war beim Gestapa schriftliche Genehmigung einzuholen.

Für die Gruppe der anscheinend Unbelasteten wurde für erforderlich gehalten, »daß jeder Rußlandrückkehrer längere Zeit unter Beobachtung gestellt wird, um festzustellen, ob er sich tatsächlich politisch einwandfrei verhält«. Das Informations-Amt der DAF, die Gauleitungen der NSDAP und die Ortspolizeiverwaltungen hatten entsprechende Beobachtungen und weltanschauliche Schulung zu sichern[103].

Diese Regelungen bezogen sich nur auf »deutschblütige Rußlandrückkehrer«. Für Juden galt weiterhin, daß sie am Betreten des Reiches zu hindern waren.

Im Januar 1938 wurden die Staatspolizeistellen zur strikten Einhaltung der Anordnungen, insbesondere zur sorgfältigen Überwachung der Rußlandrückkehrer ermahnt, denn die Bedeutung der Rückkehrer werde »in militärischer Hinsicht immer größer«. Die Sowjetunion rechne »mit der Möglichkeit eines kriegerischen Konflikts schon im Frühjahr dieses Jahres«. Deswegen weise sie rigoros Reichsdeutsche aus. Es könne keinem Zweifel unterliegen, daß darunter sich auch überzeugungstreue Kommunisten befänden, die mit Erkundungsaufträgen nach Deutschland geschickt worden seien und ihre Tätigkeit vermutlich erst nach längerer Zeit aufnehmen würden[104].

Über die strafrechtliche Beurteilung des Verhaltens von Rußlandrückkehrern in der Sowjetunion wurde im Sommer 1939 zwischen Justizministerium und Gestapo Einvernehmen erzielt. Dem Justizministerium war es offensichtlich darum zu tun, Einheitlichkeit in der Rechtsprechung dahingehend zu erreichen, unter welchen Voraussetzungen die Tätigkeit von Reichsdeutschen in der Sowjetunion als Vorbereitung eines gegen das Deutsche Reich gerichteten hochverräterischen Unternehmens zu bewerten war.

Zu einem vom Justizministerium ausgearbeiteten Richtlinienentwurf zu dieser Frage vom Juli 1939 erklärte sich das Gestapa »in allen Punkten einverstanden«, die Reichsanwaltschaft beim VGH hatte ebenfalls keine Bedenken oder Änderungswünsche anzumelden[105]. Danach stellte sich »jede noch so geringfügige den Bolschewismus fördernde Betätigung eines Reichsdeutschen in Rußland [...] objektiv als Vorbereitung zum Hochverrat dar«.

Nach dem Strafgesetzbuch war der Straftatbestand nicht nur nach seiner äußeren, sondern auch nach seiner inneren Seite zu prüfen, konkret etwa die Frage, wieweit der Beschuldigte die Erkenntnis gewonnen hatte, daß gerade seine Tätigkeit sich auch in Richtung auf einen Umsturz in Deutschland auswirkte. Dazu merkten die Richtlinien an, daß dies bei einer Tätigkeit ohne unmittelbare politische Auswirkungen nicht ohne weiteres nachzuweisen sei, ebensowenig wie beim Erwerb der sowjetischen Staatsangehörigkeit oder einem dahingehenden Antrag. Dagegen sei der innere Tatbestand regelmäßig dann gegeben, »wenn der Täter in Wort oder Schrift gegen Deutschland hetzt, wenn er sich zu späterem illegalen Einsatz in Deutschland ausbildet oder ausbilden läßt, wenn er andere Deutsche in kommunistischem Sinne zu beeinflussen sucht«. Die aus der Sowjetunion rückkehrenden Deutschen, gleich ob es sich um Emigranten handelte, um Personen also, die nach dem 30. 1. 1933 in die Sowjetunion gekommen waren, oder um jene, die schon vor diesem Zeitpunkt dort lebten, hatten praktisch nur dann eine Chance, vor Strafverfolgung oder den Maßnahmen der Gestapo verschont zu bleiben, wenn sie in die Gruppe A eingestuft wurden, jene Kategorie also, die der NSDAP im Ausland angehört hatte und/oder »nationalsozialistische wertvolle Arbeit« geleistet hatte. Bei Rußlandrückkehrern stellte die Gestapo »häufig wesentlich andere staatspolizeiliche Überlegungen« an[106] als etwa bei den aus anderen (nichtkommunistischen) Ländern zurückkehrenden Emigranten. Solche wesentlich andere staatspolizeiliche Überlegungen müssen auch für das Reichssicherheitshauptamt ausschlaggebend gewesen sein, als es die Anfang 1945 in einem Lager zusammengefaßten Rußlandrückkehrer, deren Aussagen bei der Strafverfolgung von Angehörigen des »Nationalkomitees Freies Deutschland« und des »Bundes Deutscher Offiziere« als Beweismaterial verwendet wurden, »infolge der Kriegsereignisse« erschießen ließ, um, wie es hieß, »zu verhindern, daß sie in russische Hände kamen«[107].

Erwünschte Rückkehrer

Für die ergangenen Anordnungen über die Behandlung der rückkehrenden Emigranten waren einmal antijüdische Zielsetzungen, sodann staatspolizeiliche Erwägungen und schließlich auch wirtschaftliche Überlegungen ausschlaggebend gewesen. Göring hatte die Verhaftung der Emigranten und ihre Überführung in Konzentrationslager (und die damit beabsichtigte abschreckende Wirkung) solange für notwendig gehalten, bis die innenpolitische und wirtschaftliche Lage so weit gefestigt wäre, daß die Wiedereingliederung der Emigranten in den Arbeitsprozeß und die »Volksgemeinschaft« ohne Schaden für die Gesamtheit erfolgen könne[108].

Offenbar sah man in der Flucht Zehntausender Deutscher durchaus etwas Positives: die Verringerung der Arbeitsuchenden im Reich. Dieser Gesichtspunkt ist gewiß nicht in seiner Bedeutung mit der antijüdischen Konzeption und den staatspolizeilichen Motiven gleich hoch zu veranschlagen, eher noch war es ein momentan begrüßenswertes Nebenprodukt.

Bei immer spürbarer werdendem Arbeitskräftemangel im Reich aber besann man sich im Frühjahr 1938 auf die Emigranten. Hatte man bis dahin alles getan, ihre Rückkehr zu verhindern, so war ihre Wiederkehr nunmehr durchaus erwünscht. In einem Schreiben an den Chef der A.O., Gauleiter Bohle, ließ Himmler erklären[109], bei dem augenblicklichen Mangel an Arbeitskräften in Deutschland müßten »alle Mittel erschöpft werden, um reichsdeutsche Arbeitskräfte zur Rückkehr aus dem Auslande in das Reichsgebiet zu veranlassen«. Man dachte dabei allerdings nur an jene »deutschblütigen« Emigranten, die nicht besonders belastet waren und nicht zu den Spitzenfunktionären oder besonders aktiven Elementen der ehemaligen marxistischen Parteien zählten. Da die Rückkehr der lediglich als »verführt« anzusehenden Emigranten gefördert werden sollte, wurden die Dienststellen der A.O. im Ausland ersucht, an jene Emigranten, die dort, wie angenommen wurde, sicherlich bekannt seien, heranzutreten und sie zu fragen, aus welchen Gründen sie noch nicht zurückgekehrt seien. Die A.O. sollte dann solche Personen der Gestapo namhaft machen, »deren Rückkehr in das Reichsgebiet zwecks Einschaltung in den Arbeitsprozeß erwünscht ist«. Da viele Emigranten befürchteten, bei der Rückkehr zunächst in »Schulungshaft« genommen zu werden, wurde nunmehr angeordnet, »von der Verhängung der Schulungshaft gegen nicht besonders belastete deutschblütige Emigranten abzusehen«.

Die Gründe, die seinerzeit für die Inhaftierung auch dieser Kategorie von Emigranten ausschlaggebend gewesen waren, eben die Befürchtung, sie könnten Unruhe unter den »noch nicht gefestigten Volksgenossen« stiften, schienen jetzt nicht mehr so bedeutungsvoll als daß sie den Verzicht auf dringend benötigte Arbeitskräfte gerechtfertigt hätten. Auch während des Krieges scheint dieser Gedanke nicht ganz ohne Einfluß auf die Erarbeitung von Richtlinien gewesen zu sein, wie mit den in den besetzten Gebieten sich aufhaltenden Ausländern, darunter die deutschen Emigranten, zu verfahren sei. Nach den im Oktober 1940 ergangenen Richtlinien hatten die in den besetzten Gebieten tätigen Dienststellen von Gestapa und SD alle »deutschblütigen« Emigranten festzunehmen, »gleichgültig, ob eine Ausschreibung vorliegt oder nicht«, anhand einer »Sonderfahndungsliste West« und der Aufenthaltsermittlungsliste zu überprüfen, die Festgenommenen kurz zu vernehmen und dann der für den letzten Wohnsitz im Reich zuständigen oder der ausschreibenden Staatspolizeistelle zu überführen. Um die »möglichst schnelle Durchführung« dieser Maßnahmen zu gewährleisten, waren die Festgenommenen in Zwischenlagern, für die gegebenenfalls auch die französischen Internierungslager verwendet werden konnten, zusammenzufassen. Bis zu ihrer Überführung per Sammeltransport ins Reich sollten die Emigranten in diesen Zwischenlagern verbleiben[110].

Die Dienststellen im Gebiete des Großdeutschen Reiches hatten dann die überstellten Emigranten, soweit sie nicht ohnehin schon ausgeschrieben waren, zu überprüfen, insbesondere die Gründe, aus denen der Emigrant seinerzeit das Reich verlassen hatte, seine jetzige Haltung sowie persönliche und familiäre Verhältnisse[111]. Dabei sollte auch davon ausgegangen werden, daß seit 1933 »mancher kleine Anhänger einer dem Nationalsozialismus feindlichen Partei aus ungerechtfertigten Angstvorstellungen heraus das Reich verlassen hat [...] und, ohne akut belastet zu sein, auf Grund seiner politischen oder weltanschaulichen Einstellung [sich] noch nicht mit den politischen Verhältnissen im Reich abfinden konnte, in der Emigration aber seine einstigen politischen Gesinnungsgenossen besser erkannt hat«. Diese Personen bildeten jetzt »kaum noch eine wesentliche Gefahr« im Reichsgebiet. Um sie der »Volksgemeinschaft wieder zu gewinnen«, wurde es für richtiger gehalten, sie nicht für längere Zeit in Schutzhaft zu nehmen, »sondern sie nach eingehender Ermahnung zu entlassen (gegebenenfalls unter Auflage) und in Arbeit zu vermitteln«.

Diese gelockerten Bestimmungen für die – in diesem Falle zwangsweise – zurückkehrenden Emigranten galten jedoch nur für die weitgehend unbelasteten nichtjüdischen Emigranten. Jüdische Emigranten durften, selbst wenn sie ausgeschrieben waren, nur in Ausnahmefällen ins Reich zurückgebracht werden. Bei der Prüfung der Frage einer etwaigen Überführung war ein strenger Maßstab anzulegen. Es sollte »unbedingt erreicht werden, daß nur solche Juden überführt werden, die in laufenden Ermittlungsverfahren dringend gebraucht werden oder deren internationale Verbindungen bzw. sonstiges reichsfeindliches Verhalten von derartiger Bedeutung sind, daß ein weiteres Verbleiben im Ausland eine dauernde wesentliche Gefahr für das Reich bildet«[112]. Ansonsten waren die festgenommenen Juden zu internieren und, wie es vorläufig noch hieß, für einen Abtransport nach Übersee bereitzustellen.

Während die von Anfang an mit rassepolitischer Zielsetzung und aus politisch-polizeilichen Erwägungen getroffenen Maßnahmen gegen rückkehrende Emigranten hinsichtlich der Juden eher noch verschärft wurden, wurden sie hinsichtlich der »deutschblütigen« Emigranten leicht modifiziert, wofür der Arbeitskräftemangel den Ausschlag gab. An der Befürchtung, daß die nunmehr zurückgeholten ‹unbelasteten› Emigranten wegen mangelnder Vertrautheit mit dem nationalsozialistischen Deutschland einen negativen Einfluß auf die ihnen fremde Umgebung ausüben könnten, hatte sich grundsätzlich nichts geändert, doch schätzte man diese Gefahr nicht mehr so groß ein oder glaubte zumindest, dieses Risiko eingehen zu können. Die politisch aktiven und als gefährlich eingeschätzten Emigranten kannte man nach langjähriger Überwachung ohnehin; sie waren in den Fahndungsblättern von Gestapo und SD ausgeschrieben und wurden, sobald man ihrer habhaft geworden war, in sicheren Gewahrsam genommen.

Die Darstellung der Maßnahmen gegen rückkehrende Emigranten als Abwehrmaßnahmen der Politischen Polizei gegen den politischen Gegner war nicht zu trennen von den damit verknüpften rassepolitischen Zielen. Ja, die ‹politische Emigration› mußte gerade dazu herhalten, diese Ziele gegen innere mögliche Widerstände durchzusetzen und die Maßnahmen nach außen als Wahrnehmung ‹legitimer› Interessen eines Staates in der Abwehr staatsfeindlicher Bestrebungen vertreten zu können. Als faktisches Einreiseverbot für deutsche Staatsbürger richtete sich die Abschreckung in erster Linie gegen jüdische Emigranten, die den bei weitem überwiegenden Anteil deutscher Flüchtlinge stellten und unter denen die Tendenz zur Rückkehr, zumindest bis 1938, am größten war. Mit der erfolgreichen Verhinderung der Rückkehr spielten diese Maßnahmen schon zu einem frühen Zeitpunkt eine entscheidende Rolle in der planmäßigen Vertreibung der Juden aus Deutschland.

Neben der beabsichtigten Abschreckung bestand auch ein erhebliches staatspolizeiliches Interesse an einer scharfen Kontrolle der Rückkehrer. Zum einen wollte man verhindern, daß die Zurückgekehrten in irgendeiner Weise durch nicht ns-konforme Denk- und Verhaltensweisen schädlichen Einfluß ausübten. Daß die Machthaber die Konzentrationslager als geeignet ansahen, sich mit dem neuen Deutschland »vertraut« zu machen, charakterisiert die Denkungsart in erschreckender Weise.

Aber man wollte auch den Verkehr zwischen Exil und illegaler Opposition im Reich, soweit sich dieser überhaupt auf dem regulären Grenzverkehr abspielte, entscheidend behindern. Die generelle Einweisung rückkehrender Emigranten in Konzentrationslager, ohne daß ein begründeter Verdacht, geschweige denn Nachweis regimefeindlicher Betätigung vorliegen mußte, war eine Präventivmaßnahme, mit der die Gestapo auf ihre Weise den Kampf gegen alle ns-feindlichen Bestrebungen führte.

Maßnahmen gegen einzelne Emigranten

1. Ausbürgerungspolitik

Das Ausbürgerungsgesetz und seine Anwendung als Straf- und Abschreckungsmaßnahme

Mit dem »Gesetz über den Widerruf von Einbürgerungen und die Aberkennung der Staatsangehörigkeit« vom 14. 7. 1933[1] wurde durch die nationalsozialistische Gesetzgebung die als ungenügend empfundene Regelung der Erwerbs- und Verlustgründe für die deutsche Staatsangehörigkeit nach geltendem Recht[2] um Sonderbestimmungen für den Verlust der deutschen Staatsangehörigkeit erweitert, dies zugleich im Vorgriff auf eine umfassende Neugestaltung des Staatsangehörigkeitsrechts. In seinen rechtlichen Konsequenzen wie in seiner politischen Zielsetzung war dieses Gesetz von überaus großer Tragweite. Seine Entstehungsgeschichte geht zu einem Teil auf frühe Vorarbeiten und Pläne für eine nationalsozialistische Rassepolitik zurück. Hitler hatte schon in ›Mein Kampf‹ von der Notwendigkeit einer Neuregelung des Staatsangehörigkeitsrechts gesprochen[3], und das Parteiprogramm der NSDAP hielt in Punkt 4 fest, daß deutscher Staatsangehöriger nur sein könne, wer Volksgenosse, d. h., deutschen Blutes sei. Auf Initiative des Staatssekretärs im Reichswirtschaftsministerium, Paul Bang, der, einen Tag nach der Reichstagswahl vom 5. 3. 1933, nunmehr den Zeitpunkt für gekommen hielt, »wo mit einer bewußt völkischen Gesetzgebung eingesetzt werden könnte«[4], arbeitete das Reichsinnenministerium einen Gesetzentwurf aus, der die Zurücknahme der zwischen 1919 und 1933 ausgesprochenen Einbürgerungen von ‹unerwünschten Elementen›, insbesondere von »Ostjuden«, vorsah[5]. Außerdem hielt es das Reichsinnenministerium für erforderlich, solchen im Ausland befindlichen Reichsangehörigen die deutsche Staatsangehörigkeit abzuerkennen, die sich »durch ihr Verhalten der Zugehörigkeit zum deutschen Volke unwürdig erwiesen haben«[6].

Es standen demnach zwei Materien zur Debatte, die über das Staatsangehörigkeitsrecht durch *ein* Gesetz geregelt werden sollten: die Frage des ‹unerwünschten Bevölkerungszuwachses› und die Ahndung eines den »deutschen Interessen abträglichen« Verhaltens[7] von Reichsdeutschen im Ausland. Der letzte Punkt war erst später zum rassepolitischen Gesichtspunkt hinzugefügt worden, und doch machte Frick gerade ihn zum Dringlichkeitsfall. »Wegen der Notwendigkeit, gegen die sich im Ausland aufhaltenden Landesverräter *sofort* vorzugehen«, hielt er die Verabschiedung des Gesetzes noch vor den Kabinettsferien für geboten[8].

Dem Wortlaut nach beschränkte sich der in § 1 des Gesetzes bestimmte Widerruf von Einbürgerungen auf Sonderfälle für den Zeitraum von 1918-1933. Nach der Durchführungsverordnung zu diesem Gesetz kamen hierfür »insbesondere« Ostjuden in Betracht[9]. Die davon abgehobene Aberkennung der Staatsangehörigkeit konnte nach § 2 fakultativ gegen jene Reichsangehörige ausgesprochen werden, die sich im Ausland aufhielten und »sofern sie durch ein Verhalten, das gegen die Pflicht zur Treue gegen Reich und Volk verstößt, die deutschen Belange geschädigt haben«. Bei Einleitung des Aberkennungsverfahrens oder bei Nichtbefolgung einer durch den Reichsminister des Innern ausgesprochenen Rückkehraufforderung sollte das Vermögen der Betroffenen beschlagnahmt und nach erfolgter Aberkennung der deutschen Staatsangehörigkeit als dem Reiche verfallen erklärt werden.

Für die hier zu untersuchende Politik des Dritten Reiches gegenüber der politischen Emigration ist vorab dieser Ausbürgerungsparagraph von Belang, da er gerade auf die Exilierten, die ‹Landesverräter›, wie Frick sie nannte, abzielte. Dennoch sei schon hier darauf hingewiesen, daß die Unterscheidung von Einbürgerungswiderruf und Ausbürgerung nur eine rechtlich-formale war; sie war Ausdruck dafür, daß die viel weiter reichenden Vorstellungen von einer Neugestaltung des Staatsangehörigkeitsrechts nach völkisch-nationalen und rassischen Gesichtspunkten politisch noch nicht durchführbar waren. Staatssekretär Pfundtner vom RMdI sprach mit Blick auf das kommende Staatsangehörigkeitsgesetz denn auch davon, daß durch das Ausbürgerungsgesetz nur »eine im Interesse von Volk und Reich vordringliche Regelung vorweggenommen« worden war[10]. Die Durchführungsbestimmungen zu dem Gesetz selbst ließen keinen Zweifel daran, daß keineswegs an die Ostjuden allein gedacht war, sondern für den Widerruf ebenso Personen in Frage kamen, »die sich eines schweren Vergehens oder eines Verbrechens schuldig gemacht oder sich sonstwie in einer dem Wohle von Staat und Volk abträglichen Weise verhalten haben«[11]. Die Parallele zu den Ausweisungsgründen für die im Ausland lebenden Reichsangehörigen ist unverkennbar. Während des Krieges mündeten die schon hier intendierten Zielsetzungen im automatischen Verlust der deutschen Staatsangehörigkeit für Juden auch bei Deportation, womit sich ein Ausbürgerungsverfahren erübrigte. Bis dahin war das Ausbürgerungsgesetz entschiedenes Mittel nationalsozialistischer Judenpolitik. Daneben blieb, wenn auch mit abnehmender Bedeutung, die Ausbürgerung zu Strafzwecken und als Druckmittel gegen politische Gegner als eigene Komponente bestehen.

Die Ausführungsbestimmungen präzisierten die Verletzung der Treuepflicht gegen Reich und Volk dahin, daß ein solches Verhalten insbesondere dann gegeben sei, »wenn ein Deutscher der feindseligen Propaganda gegen Deutschland Vorschub geleistet oder das deutsche Ansehen oder die Maßnahmen der nationalen Regierung herabzuwürdigen gesucht hat«[12]. Damit waren also in erster Linie die Gegner des NS-Staates angesprochen, und die Ausbürgerung war als Waffe gegen die Regime-Kritiker gedacht; der Suspendierung des Grundrechts auf freie Meinungsäußerung im Reich folgte so das Verbot jeder Kritik am Regime im Ausland[13]. Da diese »landesverräterischen Elemente« sich außerhalb des deutschen Hoheitsgebietes aufhielten, konnten sie nach Meinung der Machthaber nicht anders »zur Rechenschaft« gezogen werden, als daß ihr Verhalten, das einen »schweren Mangel an nationaler Gesinnung« verrate, durch »Ausschluß aus der Volksgemeinschaft« geahndet wurde[14]. Zur »Verstärkung ihrer abschreckenden Wirkung« war diese Maßnahme in der Regel mit Beschlagnahme von Vermögen bzw. Vermögensverfall verbunden[15]. In Anbetracht der schwerwiegenden Folgen der vorgesehenen Maßnahmen lag die Durchführung des Ausbürgerungsverfahrens in Händen des RMdI und des AA, während sonst in allen Fragen der Reichsangehörigkeit die Landesregierungen zuständig waren[16]. Eine maßgebliche Beteiligung des AA schien unter außenpolitischen Gesichtspunkten dringend geboten. Die deutsche Presse begrüßte das Gesetz als »Ausdruck der Arbeitsleistung der Regierung Adolf Hitler«, die weiterhin mit »erfrischender Tatkraft« mit der »Quelle der zersetzenden Vergiftung« aufräume[17].

Bei der praktischen Durchführung der Ausbürgerungsverfahren sollte sich bald herausstellen, daß erhebliche Auffassungsunterschiede zwar nicht grundsätzlich über die Anwendung, wohl aber über die Zweckmäßigkeit im Einzelfall zwischen den beteiligten Ressorts bestanden. Schon wenige Tage nach Verabschiedung des Gesetzes kamen Reichsinnenministerium und AA überein, die Sammlung von Material für die Ausbürgerung möglichst zu beschleunigen[18]. Staatssekretär Bülow schlug vor, bald in einer kommissarischen Besprechung das gesammelte Material durchzugehen und alsdann die endgültige Entscheidung über die Einzelfälle zu treffen. Am 16. 8. 1933 fand im Reichsinnenministerium diese Besprechung unter Vorsitz von Ministerialrat Hering statt. Als Vertreter des AA waren der Leiter der Rechtsabteilung, Gaus, der Leiter des Referates Deutschland, Bülow-Schwante, und Legationsrat Kotze vom Büro des Reichsaußenministers erschienen. Ferner nahmen Vertreter der Politischen Abteilung des Reichsinnenministeriums, des Preußischen Innenministeriums und des Gestapa daran teil[19].

Einleitend wurde von allen Beteiligten übereinstimmend der Wunsch geäußert, durch eine »möglichst bald« zu veröffentlichende erste Ausbürgerungsliste an »besonders bekannten Persönlichkeiten der SPD, KPD, ferner von jüdischen und anderen Persönlichkeiten ein Exempel zu statuieren«, von dem eine »abschreckende Wirkung auf die gegen das nationale Deutschland gerichtete und im Ausland festgestellte Wühlarbeit« erwartet werden könne. In groben Umrissen wurde das weitere Vorgehen festgelegt. Nach dem Grundsatz der Individualprüfung sollte für die Anwendung des Gesetzes in erster Linie die »gegen die nationale Regierung gerichtete Hetzarbeit« entscheidend sein. Diese Festlegung ist insofern bemerkenswert, als damit gemeinhin eine Begründung des Ausbürgerungsantrags etwa mit der Zugehörigkeit zu einer verbotenen Partei oder Organisation nicht ausreichte und der Nachweis antinationalsozialistischer Tätigkeit im Ausland erforderlich wurde; das bedeutete zugleich eine Eingrenzung der Tatbestandsmerkmale, die im Wortlaut des Gesetzes wie auch in den Durchführungsbestimmungen bewußt nicht vorgenommen worden war. Die vertretenen Ressorts einigten sich auch darauf, für jeden Einzelfall die von ihnen vorgemerkten Gründe für eine Ausbürgerung in einer »nicht für die Öffentlichkeit bestimmten, aber intern maßgeblichen schriftlichen Form« vorzubereiten. Aus den hier aufgeführten Punkten sprach offenkundig das Bestreben, ein Verfahren für die Ausbürgerung nach Maßstäben festzulegen, die für alle Beteiligten gleichermaßen verbindlich waren, was angesichts der mehrdeutigen Formulierungen des Gesetzes wie der Durchführungsverordnung aus praktischen und politischen Erwägungen heraus auch geboten schien[20].

Doch schon bei der Diskussion der ersten Ausbürgerungsliste[21] erwies sich, daß die generell erzielte Übereinkunft nicht weit trug. Der vorwiegend politischen Argumentation des AA wollte die Gestapo ihre Vorstellungen von ‹Strafe› oder Rache nicht ohne weiteres unterordnen.

Zunächst wurde die vom Reichsinnenministerium aufgestellte Liste überprüft und bis auf einen Fall akzeptiert. Danach waren fest zur Ausbürgerung vorgeschlagen: die SPD-Politiker Breitscheid, Stampfer und der Parteivorsitzende Wels »in Würdigung seiner antinationalen Tätigkeit zwecks Organisation der sozialistischen Gegenrevolution«; ferner die Kommunisten Heckert, Max Hölz, Willi Münzenberg und der letzte Führer der KPD, Heinz Neumann, weiter die Publizisten Georg Bernhard und Helmut von Gerlach, die Schriftsteller Alfred Kerr, Heinrich Mann und Ernst Toller, und schließlich der bekannte Pazifist Friedrich Wilhelm Förster, dessen »landesverräterische Tätigkeit« während langer Jahre sich die Referenten eigens ins Gedächtnis riefen; gegen Alfred

Falck sprach dessen frühere [!] »dem Reichsinteresse abträgliche Tätigkeit als Leiter der republikanischen Beschwerdestelle«; Kurt Grossmann sollte wegen seiner Tätigkeit im Flüchtlingshilfe-Komitee in Prag und wegen »erlogener Greuel-Propagandaartikel« auf die erste Liste, auf der auch Philipp Scheidemann nicht fehlen sollte, denn, so hieß es, auch wenn der Schlußsatz seines Artikels in der ›New York Times‹, der zur Geiselnahme seiner Verwandten geführt hatte, richtiggestellt worden war, so lagen doch »genügend Beweise für die Annahme« vor, daß er »neben seiner Tätigkeit für die Reorganisation der SPD in der Schweiz antideutsche Hetzartikel« in ausländischen Blättern erscheinen lasse[22].

Das Reichsinnenministerium hatte somit eine Liste von wirklich prominenten Deutschen vorgelegt, die weit über die deutschen Grenzen hinaus bekannt waren; zugleich war es aber auch schon von dem Grundsatz abgewichen, die ‹antideutsche› Tätigkeit im Ausland allein oder in erster Linie zur Begründung heranzuziehen. Die Gestapo wurde aufgefordert, in den vorgenannten Fällen einen »Personalbogen mit belastendem Material über die frühere [!] Tätigkeit der Betroffenen zur Abrundung der für den internen Dienstgebrauch bestimmten individuellen Begründung der Anwendung des Gesetzes« nachzuliefern.

Kontroversen löste die Frage aus, ob auch Albert Einstein, der vom RMdI zur Ausbürgerung vorgeschlagen worden war, auf die erste Liste zu setzen sei. Die Vertreter des AA schlugen vor, Einstein »mit Rücksicht auf die nun einmal bestehende Weltgeltung« und ungeachtet des Umstands, »daß gegen ihn die gleichen Delikte sprechen wie bei allen anderen in der Liste aufgenommenen«, die Aberkennung nicht »oder wenigstens nicht sofort auszusprechen«; vielmehr sollte seinem eigenen Antrag auf Entlassung aus der preußischen Staatsangehörigkeit stattgegeben werden, denn es sei zu befürchten, daß die Ausbürgerung Einsteins einen für Deutschland nachteiligen Eindruck bei anderen Ländern hinterlassen werde, zumal schon in England Vorkehrungen getroffen seien, ihm für den Fall seiner Ausbürgerung die englische Staatsbürgerschaft zu verleihen. Für das AA war somit durchaus überlegenswert, ob der von einer Ausbürgerung erwartete Nutzen in einem sinnvollen Verhältnis zu den daraus möglichen Nachteilen stand. Nicht so für die Gestapo und das RMdI. Sie widersprachen dem Vorschlag. Einstein sei »einer der stärksten Hetzer«, der seinen weltbekannten Namen »zur Deckung der Lügenpropaganda« hergebe; fehle sein Name auf der ersten Liste, so würde das »in Deutschland nicht verstanden und schärfstens kritisiert werden«. Die Vertreter des AA wiesen nochmals auf die außenpolitischen Bedenken hin und erklärten, daß sie »weisungsgemäß« (Neurath hatte sich dafür ausgesprochen, dem Antrag Einsteins stattzugeben) ihre Zustimmung zur Ausbürgerung nicht geben könnten. Der Vorsitzende Hering empfahl schließlich, den Fall zurückzustellen und die Entscheidung den beteiligten Reichsministern selbst zu überlassen. Für die Gestapo waren nicht die Strafe und ihre abschreckende Wirkung auf die anderen Emigranten allein ausschlaggebend; ebenso bedeutsam schien ihr eine innenpolitische Wirkung, die von der Ausbürgerung prominenter NS-Gegner erwartet wurde, und es ist nicht ganz auszuschließen, daß in der von ihr vorgelegten eigenen Liste Anregungen von Parteiseite aufgegriffen worden waren. Neben weiteren bekannten Kommunisten, wie Wilhelm Pieck und Ruth Fischer, neben dem Pazifisten Lehmann-Russbüld und dem Schriftsteller Kurt Tucholski schlug die Gestapo auch den früheren preußischen Innenminister Grzesinski, den früheren Polizei-Vizepräsidenten von Berlin, Bernhard Weiss (als »Isidor« Weiss ständiges Angriffsobjekt der NS-Propaganda vor der Machtergreifung) und den früheren Staatssekretär Weissmann zur Ausbürgerung vor. Als Grund dafür, warum gerade die drei Letztgenannten in die erste Liste aufzunehmen seien, führte die Gestapo deren »Begünstigung der ostjüdischen Einwanderung« an; ferner seien ihre Stellungnahmen und Einzeläußerungen über »die nationale Bewegung in der Öffentlichkeit zu bekannt, als daß nicht ihr Fehlen in der ersten Liste lebhafte Kritik hervorrufen würde«. Die Vertreter des Gestapa beharrten auf ihrem Standpunkt, trotz des Widerspruchs seitens des RMdI und des AA, die sich nun wieder auf die nachgewiesene ‹deutschfeindliche› Tätigkeit im Ausland beriefen, wovon ihnen hinsichtlich dieser drei Personen nichts [!] bekannt war. Die Gestapo wurde aufgefordert, entsprechend belastendes Material beizubringen. – Die erste veröffentlichte Ausbürgerungsliste enthielt auch die Namen Grzesinski, Weiss und Weissmann.

Die Gestapo hatte noch eine ganze Reihe weiterer Vorschläge gemacht, die jedoch von den anderen Referenten nicht als so bedeutsam angesehen wurden, daß sie »notwendigerweise« gleich aufgenommen werden müßten. Als Überhang blieben diese Personen für die nächste Liste vorgemerkt.

Am 23. 8. 1933 erschien die erste Ausbürgerungsliste. Mit ihrer Veröffentlichung im Reichsanzeiger wurde 33 Personen die deutsche Staatsangehörigkeit aberkannt und deren Vermögen beschlagnahmt[23]. Die deutsche Presse kommentierte eingehend die Ausbürgerung der »Landesverräter«. Die »Ausstoßung«, schrieb der ›Völkische Beobachter‹, werde vom deutschen Volk »nicht nur als Wohltat und Säuberung, sondern für die Betroffenen selbst als eine gerechte Sühne des Schicksals empfunden«[24], und Goebbels ›Angriff‹ nannte die Maßnahme ein »Gebot nationaler Selbstachtung« und suggerierte seinen Lesern, die Ausbürgerung werde »weit über Deutschlands Grenzen hinaus nur Genugtuung hervorrufen«[25]. Doch er irrte. Die Londoner ›Sunday Times‹ bezweifelte einen Tag später, daß die Wirkung auf die Weltöffentlichkeit immer ganz im Sinne der deutschen Regierung sein würde. Die Achtung der Ausgebürgerten in der Welt sei eher gestiegen als gesunken; es sei »der beste Teil der deutschen Nation, der heute leidet«[26].

Sich selbst und auch den Anhängern in den eigenen Reihen Genugtuung zu verschaffen und ihnen vor Augen zu führen, wie unnachsichtig man gegen die Feinde des Nationalsozialismus zu Werke ging, gehörte wohl zum innenpolitischen Kalkül der NS-Führung, auf das ja schon die Gestapo mit ihren Ausbürgerungsvorschlägen Rücksicht genommen hatte. Indirekt bestätigt wird dies durch einen Kommentar im ›Völkischen Beobachter‹, der darauf verwies, daß die Ausbürgerung nicht allein deswegen erfolgt sei, weil die Betroffenen ins Ausland geflohen waren und von dort gegen den Nationalsozialismus gearbeitet hätten, sondern ebenso, weil sie 14 Jahre lang ihr »unheilvolles Handwerk« in der Weimarer Republik ausgeübt hätten. Der Schlag der Nationalsozialisten gegen sie war zugleich ein Schlag gegen die »Systemzeit«, deren Liquidierung auf die Fahnen der nationalsozialistischen Bewegung geschrieben war.

Die beabsichtigte abschreckende Wirkung der Ausbürgerung unterstreichend, schrieb das gleiche Blatt wenige Tage später in einem großen Artikel über den Kampf gegen das »politische Verbrechertum«, daß, wie die Geiselnahme im Fall Scheidemann, auch die Ausbürgerung eine »Sühne« für den »schamlosen Landesverrat« sei[27]. Die »Kunden, die sich beim Geheimen Staatspolizeiamt besonderer Wertschätzung« erfreuten und die »Kumpane« jener Ausgebürgerten sollten versichert sein, daß »ihre Schandtaten von dem überall wachsamen Auge« der Gestapo aufmerksam verfolgt und auch sie »der Sühne für ihre Verbrechen« nicht entgehen würden[28].

Für die Durchführung des Ausbürgerungsgesetzes kam eine Mitwirkung der deutschen Auslandsvertretungen »in mehrfacher Hinsicht in Betracht«[29]; neben paßrechtlichen Konsequenzen (keine Schutzgewährung für die Ausgebürgerten, Abnahme der Reisepässe etc.) insbesondere die Aufgabe, »ständig darauf zu achten, ob in ihrem Amtsbezirk Fälle vorliegen, in denen die Aberkennung in Frage kommen könnte«. Dem Tun und Treiben der Emigranten war größte Aufmerksamkeit zu widmen, wobei selbstverständlich alles zu vermeiden war, »was dem Ansehen der Vertretung und ihrem Vertrauensverhältnis zur deutschen Kolonie abträglich werden oder einem Denunziantentum Vorschub leisten könnte«. Die Missionen hatten über Vorkommnisse zu berichten und zugleich Stellung zu nehmen, warum eine Ausbürgerung in Betracht kam oder aus welchen politischen Gründen, insbesondere außenpolitischer Art, davon abgesehen werden sollte. Auf diesen Erlaß hin und auf die vom RMdI im Juli 1933 an die Landesregierungen ausgegebenen Richtlinien für die Ausbürgerung[30] gingen die Ausbürgerungsanträge so zahlreich ein, daß sich das RMdI im Einvernehmen mit dem AA im März 1934 veranlaßt sah, am gleichen Tage, an dem die zweite Ausbürgerungsliste im Reichsanzeiger veröffentlicht wurde[31], neue Richtlinien herauszugeben[32]. Bei künftigen Vorschlägen sollte davon ausgegangen werden, daß die Aberkennung der Staatsangehörigkeit nach § 2 des Ausbürgerungsgesetzes als »schwere entehrende Strafe« aufzufassen und als solche nicht mit dem Einbürgerungs-Widerruf »auf die gleiche Stufe« zu stellen sei. Sie solle daher auch »nur gegen diejenigen ausgesprochen werden, die sich besonders schwer gegen die Volksgemeinschaft vergangen haben«; es sollten »vornehmlich« diejenigen getroffen werden, die »in politischer Hinsicht als Schädlinge hervorgetreten sind«, wobei die Ausbürgerung als Strafe gerade jenen zukommen solle, die »ihren Einfluß oder ihren Beruf dazu mißbraucht haben, um in der Öffentlichkeit durch Wort und Schrift gegen das neue Deutschland zu hetzen«. Die »kleinen, in weiten Kreisen unbekannten Übeltäter«, sollten nur in »wirklich schwerwiegenden Fällen« von dieser Maßnahme betroffen werden.

Die neuen Richtlinien stellten auch klar, daß das Ausbürgerungsgesetz als politische Maßnahme und nicht als Ersatz für das Strafgesetzbuch gedacht war: die »Vergeltung anderer Vergehen, die nicht auf politischem Gebiet« lägen, sollte den Strafverfolgungsbehörden überlassen bleiben, es sei denn, es handele sich um Delikte, die aus dem »gewöhnlichen Rahmen herausfallen und in beträchtlichem Maße zur Schädigung der Allgemeinheit beigetragen haben«. Mit dieser Formel war insbesondere das Vorgehen gegen die sogenannte Wirtschaftsemigration abgedeckt. Wenn im übrigen für die Frage der Aberkennungsmöglichkeit grundsätzlich nicht entscheidend sein sollte, in welcher Zeit das gegen die »Treuepflicht verstoßende Verhalten« lag, so waren doch »vorwiegend jene Unverbesserlichen zu bestrafen, die nach dem 30. 1. 1933 nicht nachgelassen haben, das deutsche Ansehen im Ausland herabzuwürdigen«. Dieser Passus stellt eine Wendung gegen die von der Gestapo gewünschte weite Auslegung und rigorose Anwendung der Gesetzesbestimmungen dar, so wie dies die Gestapo schon während der Ressortbesprechung über die erste Ausbürgerungsliste im August 1933 als ihre Vorstellung von der Zweckmäßigkeit der Ausbürgerung zu erkennen gegeben hatte. Außer den Personen, denen sie Begünstigung der ostjüdischen Einwanderung vorgeworfen hatte, drückte sie z. B. auch die Ausbürgerung Wilhelm Hansmanns, Landrat a. D. und ehemaliges Mitglied des Preußischen Landtags, durch. Dabei hatte seine Tätigkeit im Ausland keine ausschlaggebende Bedeutung gehabt; vielmehr war seine Ausbürgerung »in erster Linie deshalb erfolgt, weil er als Landrat in einer öffentlichen Versammlung die Ehre der deutschen Frontsoldaten in gröbster Weise beschmutzt hat«[33].

Vertreter des AA und des RMdI hatten sich zwar grundsätzlich dagegen ausgesprochen, ein Verhalten *ante legem* für strafwürdig im Sinne des Ausbürgerungsgesetzes zu erklären, doch drangen sie damit bei der Gestapo nicht durch. Es scheint, als hätten einige Beamte des AA hierauf aber besonderen Wert gelegt. Im Entwurf eines Schreibens an das RMdI, mit dem das AA sein Einverständnis zu der vom RMdI vorgelegten 1. Ausbürgerungsliste gab, hieß es, das AA würde es für »zukünftige Fälle« für richtiger erachten, ein Verfahren gemäß § 2 des Ausbürgerungsgesetzes nur dann anzuwenden, »wenn die Verletzung der Pflicht zu Treue gegen Reich und Volk im Ausland geschehen ist«[34]. Der Entwurf hatte Außenminister Neurath vorgelegen, und wahrscheinlich auf seine Veranlassung wurde dieser Satz gestrichen, denn, so besagt ein handschriftlicher Randvermerk, vor dem 30. Januar und im Inland begangene »Verfehlungen« könnten die Anwendung »erwünscht erscheinen lassen«[35]. Zu einer eindeutigen offiziellen Stellungnahme des AA kam es also nicht. Dennoch ist nicht auszuschließen, daß die neuen Richtlinien des RMdI vom März 1934 auch die Handschrift jener Beamten des AA trugen, die für eine eingeschränkte Handhabung des § 2 plädierten. Die vom RMdI angesprochene Fülle von Ausbürgerungsanträgen selbst begünstigte solche Bestrebungen, machte doch gerade die Vielzahl dieser Anträge eine Besinnung auf die mit der Ausbürgerung beabsichtigte abschreckende Wirkung auf die gegen das NS-Regime gerichtete Tätigkeit der Emigranten erforderlich. Hinzu kam ein weiteres ‹Sachargument›, das auch in den neuen Richtlinien als Grundsatz für die zukünftige Behandlung von Ausbürgerungsanträgen aufgestellt wurde: Wegen des Eindrucks, »den die Aberkennung der Staatsangehörigkeit auf die Öffentlichkeit machen soll«, sei es geboten, »die Schärfe dieser Waffe nicht durch allzu häufigen Gebrauch abzunutzen. Durch eine Massenausbürgerung würde der Gesamteindruck und damit auch der Erfolg nur beeinträchtigt werden«[36]. Für die angemessene Beachtung dieses politischen Grundsatzes hatte sich das AA schon von Anfang an stark gemacht, und bis Ende 1936 konnte es ihn auch relativ erfolgreich verteidigen. Bis 1936 erschienen »nur« sieben Ausbürgerungslisten.

Um das Gewicht dieser Maßnahme nicht zu schmälern und wegen der jedesmal im Ausland neu entstehenden Diskussion darüber, sprachen sich AA und auch das RMdI dafür aus, die Ausbürgerungslisten in nicht zu schneller Folge herauszugeben. Dies wiederum schloß angesichts der »großen Zahl der noch anstehenden Fälle« ein, daß die Listen nicht zu kurz sein durften; vielmehr sollten sie nach den Vorstellungen des AA jeweils einen Umfang von 30–40 Personen haben[37]. Durch diese Art doppelter Selbstbeschränkung mußte eine Entscheidung über die in die Ausbürgerungsliste Aufzunehmenden unter Abwägung des damit angestrebten Straf- und Abschreckungszweckes und politischer Überlegungen getroffen werden. Dies schlug anfangs oft zuungunsten der von der Gestapo vorgebrachten Ausbürgerungsanträge aus, bei denen es sich vielfach um Personen »von mehr oder weniger untergeordneter Bedeutung« handelte, wie das RMdI in einem Schreiben an das AA bemerkte[38]. Beiden Reichsministerien erschien eine ‹hinreichende Begründung› als unverzichtbares Kriterium. Selbst in »schwerwiegenden Fällen« sollte zumindest die Stellungnahme der entsprechenden Auslandsvertretungen abgewartet werden. Diese Verfahrensregelung trug mit dazu bei, daß die Zahl der Ausbürgerungslisten ganz im Sinne des AA nicht zu groß wurde; sie schien ferner eine Gewähr dafür zu bieten, daß die Ausbürgerung nach allgemein festgelegten Grundsätzen erfolgte und ihre einheitliche Handhabung einigermaßen sicherstellte[39]. Zugleich ist sie als Versuch zu werten, der Gestapo allein nicht den entscheidenden Einfluß auf die Durchführung zu gewähren. In der Praxis mußte sich zeigen, wie und wo diese Grundsätze zum Tragen kamen. Schon bei der ersten Ausbürgerungsliste hatten AA und RMdI nicht allzu große Standfestigkeit gegenüber der Gestapo erkennen lassen; gegenüber politisch als notwendig Erachtetem bewiesen sie beachtliche Flexibilität, von der auch die internen Ausbürgerungsgrundsätze nicht ausgenommen waren.

Das Ausbürgerungsgesetz hielt ausdrücklich fest, daß § 2 auch auf Reichsdeutsche im Saargebiet angewandt werden konnte, »die in der Zeit nach dem 30. 1. 1933 ihren Aufenthalt dorthin verlegt« hatten. Da das Saargebiet zwar nicht Ausland, derzeit aber noch der Verwaltungshoheit des Reichs und der Länder entzogen war, mußte die Anwendbarkeit der Vorschrift für diesen Gebietsteil »besonders ausgesprochen werden«[40].

Die vom Völkerbund eingesetzte Regierungskommission des Saargebietes hatte einige Polizeibeamte, die im Reich aufgrund des »Gesetzes zur Wiederherstellung des Berufsbeamtentums« entlassen worden waren, als Polizeibeamte der ihr unterstehenden Polizei des Saargebietes eingestellt. Dies rief den Unmut des Reiches hervor, und die Gestapo schlug im April 1934 vor, sämtliche im Dienste der Regierungskommission stehende Emigranten auszubürgern. Das AA, das selbst eifrig bemüht war, die Emigranten als störendes Element nationalsozialistischer Politik an der Saar auszuschalten, machte gegenüber dem Vorschlag der Gestapo schwerwiegende politische Bedenken geltend, und riet dazu, die Ausbürgerung der im Saargebiet lebenden Emigranten bis auf die Zeit nach der Abstimmung über eine Rückgliederung ans Reich zurückzustellen[41].

Im September 1934 veröffentlichte die in Saarbrücken erscheinende ›Volksstimme‹ einen Aufruf an die Bewohner des Saargebietes, bei der bevorstehenden Abstimmung über eine Rückgliederung des Saargebietes an das Deutsche Reich gegen die Auslieferung des Saarlandes an Hitler-Deutschland und für die Beibehaltung des gegenwärtigen Völkerbundregimes zu stimmen; unterzeichnet war der Aufruf von namhaften Exilierten wie Heinrich Mann, Johannes R. Becher, Oskar Maria Graf, Erwin Piscator, Alfred Kantorowicz u. a.[42]. Hatte aus dem RMdI und dem AA auf den Vorstoß der Gestapo vom April hinsichtlich der in Diensten der Regierungskommission stehenden Emigranten noch verlautet, daß, so sehr auch »vielleicht im Einzelfall eine Ausbürgerung erwünscht« sein mochte, aus »höherem deutschen Interesse« davon Abstand zu nehmen wäre[43], so war mit dem Saaraufruf für den Status quo offenbar das übergeordnete ‹deutsche Interesse› unmittelbar berührt. Staatssekretär Pfundtner vom RMdI schrieb an Gestapa und AA, der Aufruf enthalte »schwerste Beschimpfungen Deutschlands«; er, Pfundtner, beabsichtige, »die alsbaldige Ausbürgerung dieser Volksverräter zu veranlassen«, soweit dies nicht schon geschehen sei. Nach seiner Auffassung war die Unterzeichnung dieses »schimpflichen Aufrufs schon für sich allein« hinreichender Grund für die sofortige Ausbürgerung, »so daß weitere Erörterungen dieses Tatbestandes nicht erforderlich sind«. In diesem »besonderen Falle« sollten die Ermittlungen der Gestapo ausreichen. Pfundtner meinte auch, daß »von weiteren Rückfragen bei den deutschen Auslandsvertretungen abgesehen« werden könnte, »damit durch die damit verbundene Verzögerung die Wirkung der Aberkennung nicht beeinträchtigt« würde[44]. Eine Beeinträchtigung der Wirkung war offenbar für Pfundtner dann gegeben, wenn zwischen dem Anlaß, dem Saaraufruf also, und der schließlich veröffentlichten Ausbürgerungsliste eine zu große Zeitspanne lag. Seine Bitte um beschleunigte Behandlung der Angelegenheit bezog sich auf die kurz zuvor vom AA vertretene Auffassung von der Mindestzahl der in den Ausbürgerungslisten aufgeführten Personen. Mit den Unterzeichnern des Saaraufrufs lag praktisch ein geschlossenes ‹Kontingent› vor, mit dem die ohnehin schon diskutierte nächste Liste auf die vom AA gewünschte Höhe gebracht werden konnte. In einem Brief an Neurath erklärte Pfundtner, er wäre ihm »zu besonderem Dank verpflichtet«, wenn er die zuständigen Stellen anweisen würde, »bei Behandlung dieser dringlichen Angelegenheit von dem sonst üblichen Verfahren abzusehen«[45].

Die letzte Phase des Abstimmungskampfes an der Saar und ein mit der Ausbürgerung gezielt geführter Schlag gegen die Status-quo-Anhänger war auch dem AA politisch bedeutsam genug, um in das Abgehen »von dem sonst üblichen Verfahren« einzuwilligen. Die am 3. 11. 1934 im Reichsanzeiger veröffentlichte III. Ausbürgerungsliste enthielt, bis auf drei Ausnahmen, auch die Namen der 16 bisher noch nicht ausgebürgerten Unterzeichner des Saaraufrufs[46]. Der ›Völkische Beobachter‹ kommentierte, indem er ausdrücklich den Aufruf als ausschlaggebend für die Ausbürgerung hervorhob: »Volksverräter und Lumpen sind keine Deutschen«[47]. Auch den deutschen Auslandsvertretungen wurde zur Auswertung für die Presse in ihrem Amtsbezirk mitgeteilt, daß die Unterzeichnung des Aufrufs »allein als Grund für die Ausbürgerung angesehen« worden war[48].

Allerdings war den deutschen Behörden in der Eile ein schwerwiegender Fehler unterlaufen, dessen erzwungene Korrektur, wozu durchaus die Möglichkeit bestanden hätte, das Regime an empfindlicher Stelle getroffen hätte. Auf den Druck Frankreichs und des Völkerbundes hin hatte Deutschland im Juni 1934 in geforderte Sicherheitsgarantien für abstimmungsberechtigte, und im Dezember auch in die Ausdehnung auf nichtabstimmungsberechtigte Bewohner des Saargebietes, soweit diese am Tage der Abstimmung seit mindestens drei Jahren ihren Wohnsitz im Saargebiet hatten, eingewilligt. Danach durfte diesen Personen wegen der während der Abstimmung eingenommenen politischen Haltung auch nach der Rückgliederung des Saargebietes an das Reich kein persönlicher Nachteil erwachsen. Verletzungen dieser Bestimmungen konnten bei dem eigens dafür eingerichteten Obersten Abstimmungsgerichtshof von jedem Betroffenen vorgebracht werden. Der Sachlage nach waren diese Sicherheitsgarantien internationale Schutzbestimmungen für die Status-quo-Anhänger[49].

Der Schriftsteller Gustav Regler war nach dem 30. 1. 1933 ins Saargebiet geflüchtet und nun wegen seiner Mitunterzeichnung des Saaraufrufs am 3. 11. 1934 ausgebürgert worden. Damit hatte das Reich eindeutig die Sicherheitsgarantien verletzt, denn Regler war Saarländer, und als abstimmungsberechtigter Saarbewohner gehörte er zu dem durch die Garantien geschützten Personenkreis. Regler erhob unter Berufung auf die Sicherheitsgarantien gegen seine Ausbürgerung am 13. 12. 1934 beim Völkerbund Beschwerde. Nun war allerdings der Völkerbund die falsche Adresse, und seine Beschwerde hatte, wie man im AA erleichtert feststellte, »keine weiteren praktischen Folgen«[50]. Hätte Regler von dem ihm zur Verfügung stehenden Recht einer Klage beim Obersten Abstimmungsgerichtshof im Saarland Gebrauch gemacht, hätte er dort »ohne Zweifel ein obsiegendes Urteil erlangt«[51]. Dies aber wäre gleichbedeutend gewesen mit der Feststellung durch ein international besetztes Gericht, daß das Deutsche Reich in unzulässiger Weise einen Hoheitsakt in einem seiner Verwaltungshoheit nicht unterstehenden Gebiet vorgenommen und die von ihm selbst in völkerrechtsverbindlicher Form gegebenen Sicherheitsgarantien gröblich verletzt hatte. Wäre »schon allein die Einmischung des Abstimmungsgerichts in einen Hoheitsakt von der Bedeutung der Ausbürgerung unerwünscht« gewesen, so das AA, so hätte »vollends die Rückgängigmachung einer Ausbürgerung aufgrund eines gegen uns ergangenen Urteils ein kaum tragbares Factum« bedeutet[52].

Die erzwungene Rücknahme einer Ausbürgerung hätte klargestellt, daß das Reich in seinen hoheitlichen Akten den Beschränkungen durch ein nichtdeutsches Gericht unterworfen war; die Gültigkeit der ‹Treuepflicht› als »vornehmster Wesensinhalt« des Staatsangehörigkeitsrechts[53] in nationalsozialistischen Augen und die propagandistisch lautstark begleitete Ausbürgerung als die unnachsichtige und unwiderrufliche Ahndung der ‹Treuepflichtverletzung› hätten von außen eine Korrektur erfahren – für den nationalsozialistischen Staat in der Tat ein ‹unerträgliches Faktum›.

Diese unangenehme Situation war im Fall Regler nicht eingetreten, doch zog man die Konsequenzen aus den darüber angestellten Überlegungen. Das AA entschloß sich, eine weitere Liste, mit der die aktiven Emigranten an der Saar ausgebürgert werden sollten, nicht vor dem 29. 2. 1936, dem Tage, an dem das Abstimmungsgericht seine Tätigkeit einstellte, zu veröffentlichen, denn es war nicht immer einwandfrei zu klären, ob nicht doch einer der Betroffenen unter die Sicherheitsgarantien fiel. Eine Klage vor dem Gericht, über dessen Entscheidung in zutreffendem Fall keine Zweifel bestehen konnten, wollte man nicht unbedingt selbst heraufbeschwören. Selbst die, allerdings als ziemlich unwahrscheinlich angesehene Möglichkeit, daß ein Mitglied des Völkerbundes eine unzulässige Ausbürgerung auf diplomatischem Wege in Berlin zur Sprache brachte oder gar eine Entscheidung des Ständigen Schiedshofs im Haag herbeiführte, nachdem das Abstimmungsgericht aufgehoben worden war, erschien dem AA noch eher tragbar als ein Entscheid des Abstimmungsgerichts auf Zurücknahme einer ausgesprochenen Ausbürgerung[54], gegen den dem Reich weder rechtliche noch diplomatische Mittel zur Verfügung gestanden hätten.

Ausdehnung des Anwendungsbereichs. Massenausbürgerung

In den ersten beiden Jahren nationalsozialistischer Ausbürgerungspraxis standen Strafe und abschreckende Wirkung im Vordergrund. Das Schwergewicht lag, von Ausnahmen abgesehen, auf der antinationalsozialistischen Tätigkeit im Ausland, deren förmlicher Nachweis für eine begründete Ausbürgerung im allgemeinen für notwendig erachtet wurde. Selbst wenn im Einvernehmen aller beteiligten Ressorts an der sofortigen Ausbürgerung der Unterzeichner des Saaraufrufs ein ‹besonderes Interesse› bestanden hatte und deswegen für diesen Fall von den vereinbarten Grundsätzen abgewichen wurde, so sollten diese jedoch nicht insgesamt über Bord geworfen werden. Schon bei der Erörterung der nächsten Ausbürgerungsliste wurden einige Vorschläge der Gestapo als »nach den vereinbarten Richtlinien nicht geeignet« angesehen[55]. Insbesondere war an dem Grundsatz der Individualprüfung festgehalten worden, auch wenn die Gestapo zuweilen eine andere Auffassung von deren Umfang gehabt hatte als AA und RMdI. Die »starke Beschränkung«, die sich die Reichsregierung in der Ausbürgerungsmaßnahme bis dahin auferlegt hatte[56], wurde um die Jahreswende 1935/36 aufgehoben. Hitler selbst gab dazu das Signal und machte damit den Weg frei für eine Massenausbürgerung deutscher Emigranten.

Im Dezember 1935 erklärte der vom Völkerbund eingesetzte Hochkommissar für die Flüchtlinge aus Deutschland, McDonald, seinen Rücktritt. In einem offenen Demissionsschreiben erhob er schwere Vorwürfe gegen Deutschland, dem er die Hauptschuld an der nahezu erfolglosen Flüchtlingsarbeit zuschrieb. Nach zwei Jahren Tätigkeit als Flüchtlingskommissar sei er zu dem Schluß gekommen, schrieb McDonald, daß es nicht ausreiche, sich allein um die Folgen einer unmenschlichen Politik zu kümmern, sondern daß man dieser selbst entgegentreten müsse; die deutsche Regierung halte unbeirrt an einer Politik fest, die immer neue Flüchtlinge hervorbringe und in zunehmendem Maße Staatenlose schaffe[57]. So waren nach den Ermittlungen McDonalds bis September 1935 insgesamt 4137 Widerrufserklärungen bzw. Aberkennungen der deutschen Staatsangehörigkeit ausgesprochen worden, davon allein 2933 in den ersten neun Monaten des Jahres 1935[58].

Hitler beschloß gleich nach Bekanntwerden des McDonald-Briefes, offensichtlich darüber verärgert und aus der Befürchtung heraus, der Völkerbund könnte Maßnahmen treffen, die auf eine Abschiebung der lästigen Emigranten nach Deutschland hinausliefen, alle Emigranten auszubürgern[59]. Von Berchtesgaden aus wurde das Reichsinnenministerium am Morgen des 28. 12. 1935 telefonisch angewiesen, bis zum 30. Dezember »einen Entwurf über ein Gesetz zur sofortigen Ausbürgerung aller Emigranten vorzulegen«[60]. Mittags wurden in einer eiligst anberaumten Sonderbesprechung im Innenministerium unter Vorsitz von Ministerialdirigent Hering die Probleme erörtert, die durch eine Massenausbürgerung aufgeworfen wurden. Hering legte dar, daß, wolle man die Emigranten in kurzer Frist ausbürgern, eine »individuelle Einzelprüfung ausgeschlossen sei«[61]. Da die Feststellung der Emigranteneigenschaft nicht möglich sei »ohne eine gewisse Nachprüfung der politischen Gesinnung des Einzelnen«, müsse der Kreis der auszubürgernden Personen »nach anderen – möglichst äußeren – Merkmalen bestimmt werden«. Als Tatbestandsmerkmale stünden dafür zur Verfügung: »Wohnsitz im Inlande vor dem 30. 1. 1933, Verlassen des Inlandes nach diesem Zeitpunkt und nicht nur vorübergehender, noch fortbestehender Aufenthalt im Auslande.« Es sei aber klar, daß dann zahlreiche Personen von dieser Maßnahme betroffen wären. Um die mit der Ausbürgerung verbundenen Härten auszugleichen, müßte dann eine »nachträgliche Sichtung des ausgebürgerten Personenkreises« etwa in der Art stattfinden, daß denen die Reichsangehörigkeit erhalten bleibe, »die als einwandfrei gelten können«. In Umkehrung der bisherigen Praxis sollte die individuelle Prüfung »also nachträglich bei der Korrektur der Ausbürgerung in Bausch und Bogen« einsetzen. Ein Verlust der deutschen Staatsangehörigkeit sollte dann als nicht eingetreten gelten, wenn dem Betroffenen »ein amtliches Zeugnis darüber erteilt wird, daß er die Treue zu Reich und Volk bewahrt hat«[62]. Legationsrat Röhrecke vom AA skizzierte die Probleme vom außenpolitischen Gesichtspunkt. Er beurteilte die mit der Massenausbürgerung verbundene Absicht Hitlers, einem internationalen Schritt zugunsten der deutschen Emigranten zuvorzukommen, als wenig aussichtsreich. Durch eine geschlossene Aktion mehrerer Staaten unter der Ägide des Völkerbundes könne durchaus »ein außenpolitischer Druck auf Deutschland ausgeübt werden«[63], dem man kaum damit begegnen könne, indem man die Emigranten sämtlich ausbürgerte. Zwar sei für eine Weigerung Deutschlands, die Ausgebürgerten nicht wieder zu übernehmen, eine »formalrechtliche Grundlage« gegeben, aber die betroffenen Staaten würden sich mit gutem Grund auf den Satz von Treu und Glauben berufen, nach dem sie den Emigranten seinerzeit als Inhaber gültiger deutscher Pässe Aufenthalt bewilligt hätten. Eine letztgültige Entscheidung konnte auf dieser Sonderbesprechung naturgemäß nicht getroffen werden; sie mußte auf höherer politischer Ebene fallen.

Zur Klärung der Stellungnahme des AA fand am nächsten Morgen in der Wohnung des stellvertretenden Staatssekretärs Dieckhoff eine Besprechung von AA-Beamten statt[64]. Nachdem auch Konsul Krauel aus Genf, dem Sitz des Völkerbundes, telefonisch konsultiert worden war, wurde die Stellungnahme am Mittag dem Reichsinnenministerium, wo soeben Staatssekretär Pfundtner Vortrag bei Frick hielt, durchgegeben: Nach Meinung des AA würde die geplante Maßnahme »voraussichtlich nicht den gewünschten Erfolg haben«, da die Rückübernahme früherer deutscher Staatsangehöriger in diesem Falle »nicht nur wegen Verletzung von Treu und Glauben, sondern auch aufgrund einer unter allen Kulturstaaten feststehenden Völkerrechtsübung verlangt werden könnte«. Die Verweigerung der Rückübernahme könnte zum Beispiel Einreiseverbote für alle Deutschen in andere Länder und dergleichen zur Folge haben. Die Massenausbürgerung der Emigranten, deren Zahl auf 80 000–100 000 geschätzt wurde, würde ferner »voraussichtlich die Aufmerksamkeit der einzelnen betroffenen Völker und des Völkerbundes auf das zur Zeit ziemlich ruhige Emigrantenproblem hinlenken und könnte auf diese Weise gerade erst dazu führen, daß unerwünschte Folgen z. B. auch für die Olympiade einträten«. Im übrigen seien die vom Völkerbund gedachten Maßnahmen, über die gerüchteweise einiges verlautete, »nicht so akut wie angenommen«.

Nachdem Innenminister Frick, der wohl eigens dafür nach Berchtesgaden gereist war, bei Hitler Vortrag gehalten hatte, ließ Hitler den Plan einer sofortigen Ausbürgerung aller Emigranten fallen[65]. Offenbar hatte er sich von den vorgebrachten Gegenargumenten überzeugen lassen. Ob allerdings sein Plan zur Massenausbürgerung lediglich ärgerliche Reaktion auf den Brief McDonalds war und ob es ihm nur darum ging, einem möglichen Schritt des Völkerbundes zuvorzukommen, muß bezweifelt werden. Gewiß haben diese beiden Momente eine entscheidende Rolle gespielt, aber wohl auch in dem Sinne, daß sie für Hitler willkommener Anlaß waren. Dafür sprechen zwei Tatsachen.

Einmal stellten die Deutschen jüdischer Abstammung den weitaus größten Prozentsatz der Flüchtlinge. Bereits im Spätsommer 1933 hatte Hitler im Kabinett zu verstehen gegeben, daß er froh war, diese ‹Elemente› losgeworden zu sein[66]. Er lehnte jede international irgendwie als verbindlich anzusehende Erklärung ab, die Flüchtlinge könnten jederzeit wieder nach Deutschland zurückkehren; Deutschland habe »Hunderttausende« ‹Ostjuden› aufgenommen, und es sei nur recht und billig, wenn die anderen Länder nun auch einen Teil der Last zu tragen hätten. Für Hitler stellte offenbar die Flucht Zehntausender Juden schon einen Aktivposten in der ‹völkischen Politik› der Nationalsozialisten dar, die durch antijüdische Gesetze und Maßnahmen mehr und mehr auf die Eliminierung der Juden aus dem ‹deutschen Volkskörper› drängte. Das Ausbürgerungsgesetz bot hierzu eine weitreichende Handhabe, und die Nürnberger Gesetze von 1935 waren ein weiterer entscheidender Schritt auf dem Wege zum ‹völkischen Staat›. Die von Hitler geplante Massenausbürgerung hätte mit einem Schlage über die staatsrechtliche Stellung für einen Großteil deutscher Juden entschieden und auch die geringere Zahl politischer Emigranten, die nicht Juden waren, juristisch zu Nichtdeutschen gemacht, was dem Totalitätsanspruch des Nationalsozialismus auf alleinige Repräsentation dessen, was ‹deutsch› sei, vollauf entsprochen hätte. Daß Hitler den Plan zur Massenausbürgerung nicht erst auf den Brief McDonalds hin faßte, kann wohl mit einiger Berechtigung angenommen werden.

Zum andern spricht dafür auch eine Notiz des Leiters des Referats Völkerbund im AA, Kamphoevener, wonach die Erledigung der Angelegenheit nur »vorläufig zurückgestellt« wurde[67], und schließlich spricht dafür auch die Anordnung Hitlers selbst, daß, nachdem von der sofortigen Massenausbürgerung Abstand genommen sei, von § 2 des Ausbürgerungsgesetzes »ein weitergehenderer Gebrauch als bisher« zu machen war[68]. Das bedeutete doch nichts anderes, als daß die bis dahin geltenden Beschränkungen aufzuheben waren und durch eine bewußt angestrebte hohe Zahl von Ausgebürgerten über einen längeren Zeitraum faktisch das gleiche erreicht werden sollte wie mit einer sofortigen Massenausbürgerung, die sich aus politischen Gründen verbot. Der Gestapo, die von Anfang an anders über die Anwendung des Ausbürgerungsgesetzes gedacht hatte als AA und Innenministerium, sollte nun mehr und mehr die Entscheidung über die Ausbürgerung zufallen. Der Anordnung Hitlers entsprechend, ersuchte das RuPrMdI mit Schreiben vom 23. 1. 1936 AA und Gestapo, »Erhebungen über die Zahl der deutschen politischen Emigranten für das gesamte Reichsgebiet durchzuführen«[69] bzw. dies durch die deutschen Auslandsvertretungen für deren Amtsbezirk durchführen zu lassen[70].

Für den von Hitler gewünschten weitergehenden Gebrauch des Ausbürgerungsgesetzes waren auch zuvor schon in der Praxis die Weichen gestellt worden, so durch die im Gesetz vorgesehene Erstreckung der Ausbürgerung auf Familienangehörige, durch Beschlagnahme und Einziehung des Vermögens und schließlich in einigen Fällen durch völligen Verzicht auf den Nachweis der im Sinne des Gesetzes und der vereinbarten Grundsätze strafwürdigen Betätigung im Ausland.

Die Erstreckung des Staatsangehörigkeitsverlustes auf Familienangehörige konnte nach § 2 Abs. 4 des Ausbürgerungsgesetzes nur auf ausdrücklichen Beschluß des Innenministers im Einvernehmen mit dem Außenminister erfolgen. Dies ist insofern bemerkenswert, als hier, im Gegensatz etwa zu §§ 27 und 28 des Reichs- und Staatsangehörigkeitsgesetzes von 1913, von der allen strafrechtlichen Grundsätzen widersprechenden automatischen Erstreckung auf Familienangehörige abgesehen wurde[71]. Dem Wortlaut nach war eine Entschließung auf den Einzelfall abgestellt, wofür letztlich nur ein Verhalten infrage kam, das auch in den übrigen Fällen zur Ausbürgerung führte, d. h., die Familienangehörigen mußten selbständig den Tatbestand der Treuepflichtverletzung erfüllt haben. Dies war angeblich der Fall bei einigen Ehefrauen der mit der 4. Liste Ausgebürgerten[72]. Bestanden schon allgemein Schwierigkeiten, den stichhaltigen Nachweis für die ‹staatsfeindliche› Tätigkeit eines Emigranten zu führen, so sahen sich die deutschen Behörden oft gar nicht in der Lage, diesen Nachweis auch für die Familienangehörigen zu erbringen. Die mit der Ausbürgerung zumeist verbundene Beschlagnahme und spätere Einziehung des Vermögens ließ es aber geboten erscheinen, auch die Familienangehörigen auszubürgern, damit diese nicht mit Rechtsansprüchen an den Staat herantraten.

Im November 1935 schlug das Innenministerium vor, die Erstreckung auf Familienangehörige dann auszusprechen, »wenn aus ihrem Verhalten nach außen hin ersichtlich ist, daß sie die deutschfeindliche Tätigkeit des Ausgebürgerten billigen«; dies sei »in der Regel« dann anzunehmen, wenn sie »den Wohnsitz des Ausgebürgerten im Ausland« teilten. Lebten sie dagegen im Inland, so müßte die »Billigung des staatsfeindlichen Treibens des Ausgebürgerten anderweitig erwiesen sein«[73]. Damit gab sich der aus taktischen Gründen auf die »Ostjuden« beschränkte ‹Widerruf von Einbürgerungen› als gefährliches (oder auch gewolltes) Präjudiz zu erkennen: So wie gegen diese im Reich lebenden deutschen Staatsangehörigen konnte die Ausbürgerung im Prinzip gegen jeden anderen im Inland lebenden Reichsdeutschen ausgesprochen werden! Der Grundsatz, die Ausbürgerung in Ermangelung anderer Strafmittel als Strafmaßnahme gegen im Ausland lebende Reichsdeutsche anzuwenden, galt nur sehr bedingt.

Die in der Praxis verfolgte Nachweisung ‹staatsfeindlicher› Betätigung der Familienangehörigen entlarvte die Ausbürgerung als reine Willkürmaßnahme, die man zeitweilig nicht einmal mehr mit dem Anschein rechtsstaatlicher Grundsätze zu verschleiern suchte. So gab die Gestapo z. B. zu, daß eine ‹deutschfeindliche› Betätigung der Ehefrau und der Kinder des im März 1934 ausgebürgerten ehemaligen Reichstagsabgeordneten Johann Vogel »nicht zu beweisen« war. Andererseits seien aber auch »keine Anhaltspunkte dafür vorhanden, daß sie das Verhalten des Vogel mißbilligen«[74]. Auch nachdem die Gestapo weitere Nachforschungen darüber angestellt hatte, kam sie zu keinem anderen Ergebnis. Nach Auffassung Heydrichs reichte aber die Tatsache, daß sie den Wohnsitz mit Vogel im Ausland teilten, um die »Billigung« von dessen staatsfeindlichem Treiben als erwiesen anzusehen[75]. Ehefrau und Kinder wurden im März 1937 ausgebürgert.

Einem englischen Journalisten wurde auf seine Anfrage bei deutschen Stellen, wie man die Ausbürgerungen von Ehefrauen und Kindern rechtfertige, mitgeteilt, daß die Familienangehörigen durch ihre Emigration ihre staatsfeindliche Gesinnung genügend dokumentiert hätten und deswegen »selbstverständlich« auch nicht weiter deutsche Staatsbürger bleiben könnten. Was die Kinder anlange, so sei zu sagen, »daß die dauernde Unterweisung und Erziehung von Kindern durch ausgesprochen aktiv tätige Staatsfeinde unbedingt dazu führen muß, diese Kinder auch wieder zu Feinden Deutschlands zu machen«[76].

Diese Argumentation gehörte zum festen Bestandteil der Ausbürgerungspraxis; sie verdeutlicht in erschreckender Weise, daß nicht die ‹Tat›, sondern Gesinnung, oder genauer noch: vermutete Gesinnung, bestraft wurde. Der emigrierte Sohn eines ins Saarland geflüchteten Reichsdeutschen wurde 1937 samt Ehefrau und einjährigem Kind ebenso aufgrund vermuteter regimefeindlicher Betätigung ausgebürgert[77] wie der aufgrund des »Gesetzes zur Wiederherstellung des Berufsbeamtentums« entlassene ehemalige Ministerialdirektor Carl Spiecker[78]. Auf Entscheidung Hitlers von 1941 hin war der im Ausland lebende Prinz Christian von Hessen samt Ehefrau und Kindern auszubürgern, obschon es sich hier gar nicht um Emigranten handelte, um Personen also, die in unmittelbarem Zusammenhang mit der NS-Herrschaft das Land verlassen hatten[79]. Ihnen allen wurde zur Last gelegt, mehr im Ausland als in

Deutschland gelebt zu haben, was darauf schließen lasse, »daß sich die Familie in keiner Weise mehr mit dem Deutschtum verbunden fühlt«[80]. Dies galt auch unbeschadet der Tatsache, daß Christian von Hessen vor dem Kriege zweimal um Wiedereinstellung in die reichsdeutsche Wehrmacht nachgesucht hatte. Die Anordnung Hitlers erstreckte sich ebenso auf die beiden Söhne, die in der Wehrmacht als Unteroffiziere Dienst taten! Sie waren aus dem Dienst zu entlassen und in die Schweiz abzuschieben.

Alle diese Vorgänge waren durch das Ausbürgerungsgesetz abgedeckt; die in ihm liegenden Möglichkeiten wurden durch immer weiter gefaßte Richtlinien mehr und mehr ausgeschöpft, ganz so, wie es Hitler Ende 1935 befohlen hatte. Die auf diesen Befehl hin vom Reichsinnenminister im Januar 1936 herausgegebenen Richtlinien enthielten eine ganze Reihe erweiterter Bestimmungen darüber, wer zu dem unter § 2 des Ausbürgerungsgesetzes fallenden Personenkreis gehörte und unter welchen neuen Voraussetzungen er für die Ausbürgerung infrage kam. So waren alle Personen als Emigranten anzusehen, die vor dem 30. 1. 1933 im Reich ansässig gewesen waren und Deutschland »im Zusammenhang mit dem nationalsozialistischen Umschwung aus politischen Gründen verlassen hatten«[81]. Dazu gehörten auch jene, die kurze Zeit vor der Machtergreifung abgewandert waren. Als politischer Grund kam »eine grundsätzliche Gegnerschaft gegen das heutige Deutschland und insbesondere gegen den Nationalsozialismus in Frage«. Diese war, »abgesehen von bekanntgewordenen Handlungen zur Bekämpfung des Nationalsozialismus, in jeder Zugehörigkeit [!] zur kommunistischen oder einer aktiven Betätigung in sozialdemokratischen Organisationen, je nach Lage des Falles auch in der Zentrumspartei« gegeben. Bei emigrierten Juden sei davon auszugehen, »daß sie Deutschland aus politischen Gründen verlassen haben«. Die mit der Durchführung dieser Weisungen beauftragten Polizeistellen und Auslandsvertretungen hatten zu den von ihnen angestellten Ermittlungen über die Zahl der Emigranten auch Angaben über deren politisches Vorleben in Deutschland vor der Emigration wie auch über die politische Betätigung im Ausland zu machen. Für das Verhalten im Inland war, »insbesondere bei jüdischen Emigranten«, alles von Bedeutung, was auf »feindliche Einstellung gegenüber dem heutigen Deutschland schließen läßt«. Neben »rein politischen Verstößen« war auch auf eine etwaige Schädigung der wirtschaftlichen Interessen des Reiches zu achten. Unter ‹antideutsche› Tätigkeit im Ausland fielen alle Tatsachen, »die auf eine aktive hetzerische Betätigung im Ausland, sei es in der Öffentlichkeit, sei es im Geheimen [!], hinweisen«, ferner alle sonstigen Tatsachen, »aus denen auf eine staatsfeindliche Betätigung oder Gesinnung [!] geschlossen werden kann«. Auch sollten keine »zeitraubenden Ermittlungen« mehr angestellt werden; das bei den Politischen Polizeien vorliegende Material werde »in der Regel« für den beabsichtigten Zweck genügen. Das war eine deutliche Gewichtsverschiebung der Entscheidungsgründe, die in der Praxis zunehmend an Bedeutung gewann. Für das Innenministerium war dies nun nichts weiter als die volle Anwendung der Gesetzesbestimmungen: § 2 Satz 1 des Ausbürgerungsgesetzes (»... sofern sie [...] die deutschen Belange geschädigt haben«) sei nicht als »Einschränkung im Sinne einer Erfolgshaftung« zu verstehen; was im Einzelfall als Verletzung dieser Treuepflicht anzusehen sei, könne doch nicht »Gegenstand einer gesetzliche Definition oder Aufzählung« sein, sondern sei »Waffe in der Hand der politischen Führung«[82].

Die Ermittlungen über staatsfeindliche Gesinnung, auch »im Geheimen«, waren die Domäne Himmlers und Heydrichs. Die Einbeziehung dieser ‹Tatbestände› als Begründung für eine Ausbürgerung war zugleich eine Verlagerung der Entscheidungsbefugnis auf die Gestapo; formal blieb zwar die Entscheidungskompetenz beim Innenminister und beim Außenminister, doch konnte die Gestapo verstärkt ihre Vorstellungen und Absichten durchsetzen, von denen sie sich auch bei den vom AA geäußerten außenpolitischen Bedenken in nur wenigen Fällen abbringen ließ. Daß sie, wie etwa im Falle der Ehefrau des Publizisten Helmut v. Gerlach, ihren Ausbürgerungsantrag zurückzog, blieb die Ausnahme. Trotz mehrfacher Vorstöße, die Ausbürgerung v. Gerlachs auf die Ehefrau zu erstrecken, scheiterte die Gestapo – da sie den Nachweis staatsfeindlicher Tätigkeit nicht erbringen konnte – an der Ablehnung des AA, das sich im übrigen der Auffassung der deutschen Botschaft in Paris anschloß, eine Ausbürgerung Frau v. Gerlachs sei »untunlich«. Nachdem die Gestapo fast zwei Jahre lang im AA auf Ablehnung gestoßen war, schuf sie die ihr dadurch offensichtlich unangenehm gewordene Angelegenheit damit aus der Welt, daß sie in einem Schreiben an das Reichsinnenministerium darum ‹bat›, »mit Rücksicht auf das hohe Alter der Witwe von Gerlach und im Hinblick auf ihre deutschblütige Abstammung [...] von der Ausbürgerung abzusehen«[83].

Untrügliches Kennzeichen dafür, daß die bis Ende 1935 gültigen Beschränkungen in der Durchführung der Ausbürgerungsmaßnahme fallengelassen und zugunsten weitester Auslegung der Gesetzesbestimmung verschoben wurden, waren die in immer kürzerer Folge im Reichsanzeiger erscheinenden Ausbürgerungslisten. Bis Ende 1936 waren insgesamt sieben Listen veröffentlicht worden; im Jahre 1937 folgten allein 19, 1938 weitere 57 Listen[84]. Bis Februar 1939 waren insgesamt 6095 Reichsangehörige ausgebürgert, nach dem Stande vom 31. 7. 1939 waren es bereits 10 882, d. h. allein in der Zeit von Februar bis Juli 1939 waren fast 5000 Aberkennungen ausgesprochen worden[85].

Die seinerzeit mit der Veröffentlichung der ersten Listen in der Tagespresse beabsichtigte abschreckende Wirkung der Ausbürgerungsmaßnahme trat nunmehr ganz in den Hintergrund. Die angestrebte Massenausbürgerung hatte mit Abschreckung nichts mehr zu tun. Eine öffentliche Diskussion hätte unnötigerweise immer wieder von neuem Aufsehen erregt und sich nur störend auf die stille bürokratische Arbeit ausgewirkt; daher durften ab Februar 1937 die Listen nicht mehr in der deutschen Tagespresse veröffentlicht oder kommentiert werden[86]; auch die Übernahme der Listen aus dem Reichsanzeiger wurde generell untersagt[87].

Nachdem die Entscheidung über die Ausbürgerung weitgehend auf die Gestapo übergegangen war, rückte auch die Ausbürgerung als antijüdische Maßnahme in den Vordergrund. Von den bis Juli 1939 fast 11 000 Ausgebürgerten waren 88 % jüdischer Abstammung[88]. Für Heydrich spielte der »Kreis der kleinen Gelegenheitssünder«, soweit sie deutschblütig waren und ihnen eine politische Bedeutung nicht zukam, keine Rolle; bei kommunistischen und sozialdemokratischen Spitzenfunktionären war seiner Meinung nach ohnehin davon auszugehen, daß ihr Auslandsaufenthalt der »deutschfeindlichen Betätigung« diente, so daß diese auch »nicht erst ausdrücklich festgestellt« zu werden brauchte[89]. Den weitaus größten Block innerhalb der deutschen Emigration stellten aber die Juden dar. Zwar könne ihnen, so Heydrich, vielfach eine aktive Tätigkeit gegen den Nationalsozialismus nicht nachgewiesen werden, doch hätten sie bereits vor ihrer Emigration »durch ihr Verhalten im Inlande ihre staats- und volksfeindliche Einstellung unter Beweis gestellt«. Nunmehr sei es geboten, »gegen diesen Personenkreis mit größerer Schärfe als bisher im Wege der Ausbürgerung vorzugehen.« Heydrich erstellte einen Katalog von Gesichtspunkten, nach denen zukünftig verfahren werden sollte. Mit einzubeziehen waren alle jüdischen Emigranten, »die sich durch rassenschänderische Betätigung einen schweren Verstoß gegen die Grundidee des Nationalsozialismus haben zuschulden kommen lassen«, ferner alle, die in irgendeiner Weise Kommunismus und Marxismus unterstützt hätten, weiterhin jene, »die durch ein typisch-jüdisches volksschädigendes Verhalten in Erscheinung getreten sind, das nicht unmittelbar auf politische Beweggründe zurückzuführen ist«: Verstöße gegen Devisen- und Steuergesetze sowie Straftaten, die aus »jüdischer Gewinnsucht begangen wurden wie z. B. betrügerischer Bankrott, Betrug, Erpressung, gewinnsüchtige Urkundenfälschung usw.«.

Galt bis dahin der Grundsatz, die Ausbürgerung als Strafe dann nicht anzuwenden, wenn für begangene Taten eine Bestrafung nach den Bestimmungen des Strafgesetzbuches infrage kam, so wurde dies von Heydrich hinsichtlich der Juden für ungültig erklärt; ihre Ausbürgerung sei auch dann »am Platze, wenn bereits eine strafrechtliche Ahndung dieser Straftaten erfolgt ist«.

Im Sommer 1937 verzichtete das AA darauf, an der Aufstellung der Ausbürgerungslisten maßgeblich mitzuwirken. »Zwecks Vereinfachung des Geschäftsganges und zur Ersparung von Papier und Schreibarbeit« regte es selbst an, in Zukunft davon abzusehen, um Zustimmung für die Ausbürgerung »außenpolitisch unwichtiger Juden« und auch jener nichtjüdischen Personen nachzusuchen, deren Auslandswohnsitz nicht ermittelt werden konnte und von denen anzunehmen war, »daß sie im Ausland weder politisch noch wirtschaftlich eine Rolle spielen«. Die Zustimmung des AA würde dann bei Vorliegen der fertigen Ausbürgerungsliste erteilt werden[90]. Das AA begnügte sich damit, daß das Gestapa auch weiterhin Abschriften seiner Ausbürgerungsvorschläge vorlegte, womit ihm »die Kontrolle über die meisten Einzelfälle gewahrt« schien[91]. Im September 1939 vereinfachte das AA erneut das Ausbürgerungsverfahren bei Juden. Bis dahin hatten die deutschen Auslandsvertretungen noch Durchschläge der Ausbürgerungsanträge der Gestapo zur Stellungnahme erhalten. Dieses »umständliche und wenig zweckdienliche Verfahren« wurde mit »Rücksicht auf die Überlastung der Auslandsbehörden mit anderen Aufgaben« in Übereinstimmung mit Himmler abgeändert[92]. Nur noch in »Zweifelsfällen besonderer Art« oder wenn das Reichsinnenministerium es »im Einzelfalle ausdrücklich für erforderlich« hielt, wurden die Auslandsvertretungen darüber befragt, ob gegen die beabsichtigte Ausbürgerung Bedenken bestanden oder nicht.

Was hier unter dem ‹Sachzwang› steigender Ausbürgerungsziffern als Vereinfachung des Verfahrens eingeführt wurde, entsprach dem Trend, die Ausbürgerung von Juden mehr und mehr von den auch bis dahin noch bestehenden Beschränkungen zu lösen. Die Prüfung des Einzelfalles war nurmehr eine Formsache; lediglich bei besonders gelagerten Fällen sollten politische Zweckmäßigkeitserwägungen noch eine Rolle spielen. Diesem Trend entsprach es z. B. auch, wenn die endgültige Entscheidung in der Mehrzahl der Fälle nicht mehr von Referatsleitern, sondern von den ihnen unterstellten Beamten selbständig getroffen werden konnten[93].

Der für eine Ausbürgerung infrage kommende Personenkreis wurde durch immer neue Ausbürgerungsgründe ständig erweitert[94]. Eine generelle Ausbürgerung jüdischer Emigranten war jedoch bisher an der Haltung der Ressortbürokratie gescheitert[95]. Es wurden zwar Pläne diskutiert, sämtlichen Emigranten die deutsche Staatsangehörigkeit abzuerkennen, damit dem »unwürdigen Zustand« ein Ende bereitet werde, »daß Gründe an den Haaren herbeigezogen werden mußten, um den einzelnen Emigranten auszubürgern«[96]; die Verwirklichung solcher Pläne hing aber wesentlich davon ab, welche Entscheidungen auf dem Gebiet der gesamten Judenpolitik fielen. So erklärte Eichmann als Vertreter des SD in einer Besprechung beim Reichsführer SS am 30. 10. 1940, er trage »größte Bedenken« gegen eine Massenausbürgerung von Juden, »weil solche Maßnahme geeignet sei, diejenigen Staaten zu beeinflussen, die bisher noch jüdische Einwanderer aufgenommen« hätten. Diesen Weg wolle man sich »nicht verschließen«[97]. Solange also daran festgehalten wurde, die Auswanderung der Juden zu fördern – wozu im übrigen auch das von bereits ausgebürgerten Juden eingezogene Vermögen herangezogen werden sollte –, solange sah man nicht nur von der generellen Ausbürgerung jüdischer Emigranten ab, sondern auch davon, sämtlichen Juden, d. h. also auch den im Reich lebenden, die deutsche Staatsangehörigkeit abzuerkennen[98]. Erst als Hitler im September 1941 den Deportationsbefehl erteilt hatte und an die Stelle der gelenkten Judenauswanderung der Abtransport in die besetzten Gebiete trat[99], war auch der Weg frei für die Ausbürgerung sämtlicher Juden, da nunmehr die von Eichmann noch ein Jahr zuvor gemachten Einwände gegenstandslos geworden waren. Die »Elfte Verordnung zum Reichsbürgergesetz« vom 25. 11. 1941 bestimmte die Ausbürgerung aller im Ausland lebenden reichsdeutschen Juden und den Vermögensverfall an das Reich[100]. Eine nicht zur Veröffentlichung bestimmte Anordnung des Reichsinnenministers vom 3. 12. 1941 ergänzte dies dahin, daß auch Juden darunter fielen, »die ihren gewöhnlichen Aufenthalt in den von deutschen Truppen besetzten oder in deutsche Verwaltung genommenen Gebieten haben oder in Zukunft [!] nehmen werden«[101]. Damit galt die Verordnung nicht nur für Juden, die bereits im Ausland lebten, sondern auch für jene, die im Zuge der »Endlösung« deportiert wurden. Eine Ausbürgerung von Juden war von da ab »nicht mehr möglich«; alle noch anhängigen Ausbürgerungsverfahren brauchten dementsprechend auch nicht mehr bearbeitet zu werden[102]. Damit hatte das schon mit dem Ausbürgerungsgesetz von 1933 verfolgte rassepolitische Ziel in dieser radikalen Lösung seinen Abschluß gefunden.

Mit der wachsenden Zahl der Ausbürgerungen gewann auch der damit in der Regel verbundene Vermögensverfall für das Reich zunehmend an Bedeutung. Zunächst war die im Ausbürgerungsgesetz vorgesehene Beschlagnahme des Vermögens bei Einleitung des Aberkennungsverfahrens bzw. die Verfallserklärung nach erfolgter Ausbürgerung vor allem als »Ergänzung der Aberkennungsmaßnahme, besonders auch zur Verstärkung ihrer abschreckenden Wirkung« gedacht[103]. Das Propagandaministerium sah darin denn auch ein probates Mittel, die »antideutsche« Tätigkeit der Exilierten durch Entzug der materiellen Basis zu erschweren[104]. Mit dem gleichen Argument hatte aber auch die Gestapo, ohne daß eine gesetzliche Grundlage gegeben war, die Aussetzung der Zahlung von Renten, Versorgungsbezügen usf. an jene Emigranten durchgesetzt, die sich im Auslande ‹staatsfeindlich› betätigten; die »volkswirtschaftliche Wichtigkeit« war zum Maßstab für die strikte Einhaltung dieser Weisung gemacht worden. Drei Jahre später wurde sie durch ein Gesetz sanktioniert[105]. Solche konfiskatorischen Maßnahmen aus politischen Gründen hatten mit dem »Gesetz über die Einziehung kommunistischen Vermögens« vom 26. 5. 1933[106] ihren Anfang genommen, und am gleichen Tage wie das Ausbürgerungsgesetz trat auch das »Gesetz über die Einziehung volks- und staatsfeindlichen Vermögens«[107] in Kraft, das nicht nur die Einziehung von ‹staatsfeindlichem› Privatvermögen, sondern auch das ‹staatsfeindlicher› Körperschaften, Organisationen, Gesellschaften und Vereine gestattete. Die Einziehung von Vermögen der Ausgebürgerten zugunsten des Reiches hing somit aufs engste zusammen mit dem Griff der Machthaber nach allem von ihnen für ‹staats- und volksfeindlich› erklärten Vermögen.

Die beabsichtigte Abschreckung hatte auch ihre finanziell einträgliche Seite, die sich das Reich noch dadurch sicherte, daß es die mit der Einziehung übernommenen Passiv-Vermögen (die Schulden) nur in begrenztem Umfang und nur in besonderen Ausnahmefällen zur Befriedigung der Ansprüche Dritter freigab. Nach geltendem Recht konnten die Gläubiger des bisherigen Vermögensinhabers (des inzwischen Ausgebürgerten) gegen das Reich einen Rechtsanspruch auf Befriedigung ihrer Ansprüche geltend machen. Das Reich lehnte jedoch jede Haftung für Forderungen gegen den Ausgebürgerten ab. Mit dem »Gesetz über die Gewährung von Entschädigungen bei der Einziehung oder dem Übergang von Vermögen« vom 9. 12. 1937[108] wurden die Rechte Dritter gegenüber dem vom Reich eingezogenen Vermögen für erloschen erklärt. Wie schon beim »Gesetz über die Einziehung kommunistischen Vermögens« wurde »zur Vermeidung von Härten« in eng umschriebenem Rahmen festgelegt, unter welchen Voraussetzungen eine Entschädigung gewährt werden *konnte*. Zu den Geschädigten zählte aber nicht, »wer durch die Beschlagnahme oder Verfallserklärung unmittelbar betroffen« war. Eine Entschädigung wurde auch dann nicht gewährt, »wenn der Geschädigte den Ausgebürgerten bei der Schädigung der deutschen Belange wissentlich unterstützt« hatte[109].

Dieses Gesetz, das außer der Gewährung von Entschädigungen aus dem vom Reich eingezogenen Vermögen der Ausgebürgerten diese Fragen auch für den ganzen Bereich der beschlagnahmten und eingezogenen kommunistischen oder volks- und staatsfeindlichen Vermögen abschließend regelte, kam erst nach langwierigen Verhandlungen zwischen den beteiligten Ministerien und Parteistellen zustande[110]. Hitler hatte sich noch im März 1937 gegen eine Verabschiedung des Gesetzes ausgesprochen. Er wollte »die Dinge sich zunächst außerhalb des geschriebenen Rechts weiter entwickeln lassen«[111]. Das entsprach ganz der in zahlreichen Fällen zu beobachtenden Praxis des Dritten Reiches, die durch eigenmächtiges Vorgehen von Behörden und Parteistellen geschaffenen Tatsachen nachträglich durch ein Gesetz zu sanktionieren; die Unrechtsmaßnahmen wurden nachträglich ‹legalisiert›[112].

Durch das »Gesetz über erbrechtliche Beschränkungen wegen gemeinschaftswidrigen Verhaltens« vom 5. 11. 1937[113] schließlich wurde bestimmt, daß die einmal Ausgebürgerten und ihres Vermögens für verlustig Erklärten nicht durch Erbschaft neues Vermögen erwerben konnten. Dasselbe galt für Ehegatten und Kinder, die im Erstreckungswege ausgebürgert worden waren. Schenkungen deutscher Staatsangehöriger an diese Personen waren verboten und unter Strafe – bis zu zwei Jahren Gefängnis – gestellt.

In den ersten drei Jahren erfolgte die Vermögensbeschlagnahme bzw. -einziehung im Zusammenhang mit einem Ausbürgerungsverfahren in nur relativ wenigen Fällen; nach der geübten Praxis konnte diese Maßnahme weitgehend noch als Verstärkung der beabsichtigten abschreckenden Wirkung gelten. Ab 1937 trat, mit steigender Zahl der Ausgebürgerten, auch der finanzielle Aspekt in den Vordergrund. Aber auch unabhängig davon, ob bereits ein Ausbürgerungsverfahren gegen einen Emigranten eingeleitet worden war oder nicht, wurde nunmehr »regelmäßig bei jüdischen Emigranten, die im Inlande seinerzeit Vermögen besaßen, vorsorglich die Beschlagnahme etwa noch vorhandenen Vermögens ausgesprochen«[114]. Hier wird deutlich, was Hitler auch im Auge hatte, wenn er sich dafür aussprach, die Dinge sich außerhalb des geschriebenen Rechts weiter entwickeln zu lassen.

Zwar sollte von einer Vermögensbeschlagnahme im Aberkennungsverfahren dann abgesehen werden, wenn »einwandfrei feststeht, daß der Ausgebürgerte keine Vermögenswerte im Inland besitzt«[115], bei jüdischen Emigranten ging man aber ohne weiteres davon aus, daß diese Feststellungen nicht immer »mit der notwendigen Sicherheit« getroffen werden könnten, da hier »regelmäßig mit undurchsichtigen Vermögensverschiebungen und Vermögensverschleierungen zu rechnen« und deswegen »vorsorglich« die Beschlagnahme zu veranlassen sei. Die Gestapo sollte nun bei der Einreichung ihrer Ausbürgerungsvorschläge nach diesen Grundsätzen verfahren[116]. Damit war aus der Konfiskation als Folge der Ausbürgerung eine Folge der Emigration geworden. Grundlage bildete nicht mehr die nachgewiesene ‹Treuepflichtverletzung›, sondern die unterstellte ‹Volks- und Staatsfeindlichkeit›. Ein Runderlaß der RSHA von 1941 bestimmte dazu, bei emigrierten Juden könne »ohne weiteres unterstellt« werden, »daß sie sich im Ausland volks- und staatsfeindlich verhalten haben«[117]. Doch auch bei Nichtjuden genügte vielfach die Tatsache der Emigration, um das Vermögen zu beschlagnahmen[118]. Nach Inkrafttreten der Elften Verordnung zum Reichsbürgergesetz schließlich war der Griff nach dem Vermögen der im Ausland lebenden Juden legalisiert. Der schon lange als ‹unwürdig› empfundene Zustand, Gründe ‹an den Haaren› herbeiziehen zu müssen, war beendet. Nun genügte die bloße Feststellung, daß ein Jude seinen »gewöhnlichen Aufenthalt« im Ausland hatte, um sein Vermögen einzuziehen[119].

Carl Misch hat das Ausbürgerungsgesetz von 1933 zu den »Haupt- und Grundgesetzen des Dritten Reiches« gerechnet. Er verweist darauf, daß am gleichen Tage wie das Ausbürgerungsgesetz auch das »Gesetz über die Neubildung von Parteien« und das »Gesetz über die Einziehung volks- und staatsfeindlichen Vermögens« verabschiedet wurden. In diesem zeitlichen Zusammentreffen sieht er mit Recht auch einen sachlichen Zusammenhang[120]. Alle drei Gesetze waren gegen die politischen Gegner des Nationalsozialismus gerichtet. Das Ausbürgerungsgesetz war insofern eine Ergänzung, als es die Strafandrohung für ein dem NS-Regime nicht genehmes Verhalten auf das Ausland ausdehnte. Die Ausbürgerung von Emigranten wegen ‹Treuepflichtverletzung› identifizierte praktisch Staat und Regime[121]; mit ihr sollte Kritik am nationalsozialistischen Regime bestraft werden. Nach nationalsozialistischer Auffassung erübrigte sich denn auch jede exakte Definition von ‹Treuepflicht›;

was unter Treue zu verstehen sei, sollte »gerade dem deutschen Menschen zu geläufig sein, als daß dieser Begriff näher erläutert werden müßte«[122]. Halbheiten gebe es dabei nicht. Die Pflicht zur Treue vertrage es nicht, »daß man in einer Beziehung die Treue verletzt, in der andern aber treu zu sein wähnt«. Deshalb sei es auch ein »müßiges Unterfangen«, wollte man einen Katalog aufstellen von Fällen, in denen die Pflichtverletzung vorlag; das vertrüge sich nicht mit dem »Universalen des Treuebegriffs«[123]. Der bewußte Verzicht auf eine genaue Begriffsbestimmung erlaubte es, praktisch jedes für unbillig erklärte Verhalten mit Ausbürgerung zu ahnden. Mit Hans-Albert Walter spricht man hier wohl auch besser von einer »Pflicht zur Treue gegen den deutschen Faschismus, anstatt gegen Reich und Volk«[124].

Die Ausbürgerung zu Strafzwecken war nun keine originär nationalsozialistische Erscheinung. Auch andere Länder kannten Ausbürgerungsgesetze. Die Sowjetunion hatte Emigranten zu Tausenden ausgebürgert; das faschistische Italien hatte ebenso ein Ausbürgerungsgesetz wie Österreich, das sich damit vor allem gegen die in Deutschland agitierenden österreichischen Nationalsozialisten schützen wollte[125]. Einen Völkerrechtssatz, der ganz allgemein die zur Staatenlosigkeit führende Ausbürgerung verbot, gab es nicht[126]. Das Ausbürgerungsverbot nach Art. 16 des Grundgesetzes der Bundesrepublik Deutschland trägt, wie auch das Auslieferungsverbot und die Verankerung des Asylrechts, den Erfahrungen aus nationalsozialistischer Zeit Rechnung.

Das Unrecht, das unter dem Deckmantel des Rechts mit Berufung auf das Ausbürgerungs*gesetz* an den Emigranten begangen worden war, hob die Ausbürgerungspraxis des Dritten Reiches vor den gesetzlichen Bestimmungen und ihrer Durchführung fast aller anderen Staaten heraus. Wenn Nolte schreibt, die Ausbürgerung nach § 2 des Ausbürgerungsgesetzes von 1933 sei die Bestrafung einer Tat gewesen, und daß insofern diese Maßnahme immerhin in der »Urtradition des europäischen Rechts« wurzele[127], so gilt dies, in Anbetracht der nationalsozialistischen Praxis, doch nur sehr bedingt. Denn wie die Untersuchung erbrachte, wurde keineswegs nur die Tat, sondern Gesinnung oder vermutete Gesinnung und schließlich völlig willkürlich der Auslandsaufenthalt ‹bestraft›.

Die bis zu Hitlers Weisung von 1935 im großen und ganzen beibehaltenen Grundsätze von AA und Reichsinnenministerium, die nachgewiesene ‹staatsfeindliche› Betätigung im Ausland als Maßstab für die Ausbürgerung zu nehmen, können als Versuch gewertet werden, weitergehenden Bestrebungen auf eine Massenausbürgerung hin einen Damm entgegenzusetzen und die Durchführung der Gesetzesbestimmung an, wenn auch recht formale, Prinzipien der Rechtsstaatlichkeit zu binden. Dies erwies sich letzten Endes als Fiktion. Zunehmend wurden durch neue Anordnungen diese Grundsätze unterlaufen und soweit ausgehöhlt, bis schließlich die mit der Ausbürgerung befaßten Stellen den Widerspruch zur Praxis als so ‹unerträglich› empfanden, daß sie sich dafür aussprachen, auf das Beibringen von an den Haaren herbeigezogenen Gründen zu verzichten und die Emigranten generell auszubürgern. Damit verlor auch der Strafcharakter der Ausbürgerung seinen Sinn, denn die Frage nach dem schuldhaften Verhalten war irrelevant geworden. Bis 1935/36 war sie immerhin in den meisten Fällen noch gestellt und als Grundlage zur Entscheidung über eine Ausbürgerung herangezogen worden. Nachdem Hitler den Weg zur Massenausbürgerung freigegeben hatte, war auch die im Ausbürgerungsgesetz vorgenommene Trennung von Ausbürgerung einerseits, ‹Widerruf› von Einbürgerungen andererseits nicht nur faktisch aufgehoben[128], vielmehr wurde der in § 1 des Gesetzes verankerte Unrechtsgrundsatz, einen Teil der Bürger ohne deren Verschulden auszubürgern, auf § 2 übertragen und dieser Paragraph sowohl als Waffe gegen politische Gegner wie als Mittel nationalsozialistischer Judenpolitik in steigendem Umfang angewandt.

Wenn Misch das Ausbürgerungsgesetz zu den Haupt- und Grundgesetzen des Dritten Reiches zählte, so sollte man dabei nicht allein an die in ihm enthaltene Spitze gegen die politischen Gegner denken, sondern an den das Gesetz tragenden Unrechtsgehalt, der schon in der Widersprüchlichkeit der beiden Paragraphen offen zutage liegt. Die Frage Walters, nach welchen Prinzipien das Dritte Reich bei der Ausbürgerung vorging, wenn einerseits völlig unbedeutende Emigranten ausgebürgert wurden, andererseits namhafte aktive Emigranten aber nicht[129], findet eher hier ihre Antwort als in den in dieser Untersuchung vorgestellten Richtlinien der beteiligten Behörden. Wenn sich diese bei der Durchführung immer wieder auf das Ausbürgerungsgesetz beriefen, so war dies nichts weiter als der Versuch, an der Fiktion vom Rechtsstaat festzuhalten.

2. Geiselpolitik

Mit dem gelenkten Judenboykott vom Frühjahr 1933 hatte das nationalsozialistische Regime deutlich zu erkennen gegeben, daß Geiselpolitik ein wichtiges Element seiner Gesamtpolitik war. Mit den deutschen Juden als Faustpfand betrieb man eine Politik der Erpressung, die das gesamte

Ausland zum Wohlverhalten zwingen sollte. Aufgabe der Propaganda war es in diesem Falle gewesen, einmal den Boykott als Massenaktion wirksam werden zu lassen, zum andern das Bedürfnis nach Bestätigung für richtiges Handeln zu befriedigen, indem die Aktion als Reaktion auf erlittenes Unrecht, als gerechte Vergeltung dargestellt wurde. Wenn in gleicher Weise auch die Geiselnahme von Verwandten eines ins Ausland geflüchteten Politikers gerechtfertigt wurde, begleitet von eingehender Darstellung in der deutschen Presse, dann konnte kein Zweifel daran sein, daß ein solches Vorgehen »Rechtens« war, nationalsozialistisches Recht war. Politiker, Diplomaten und Propagandisten des Dritten Reiches operierten immer wieder mit möglichen Repressalien gegen Personen und Gruppen im Reich, wenn Entwicklungen und Vorkommnisse im Ausland den deutschen Interessen abträglich erschienen. So hatte man das Verbot der SPD vorbereitet, und so machte man die katholische Emigration mitverantwortlich für das verschärfte Vorgehen des Regimes gegen die katholische Kirche im Reich. Als 1938 auf Initiative des amerikanischen Präsidenten sich ein Komitee aus Vertretern von 31 Regierungen anschickte, Pläne für die Lösung des internationalen Problems der Flüchtlinge aus Deutschland zu erarbeiten, erklärte man von deutscher Seite, daß, sollte dies mit einer Propaganda gegen Deutschland verbunden sein, sich dies sehr nachteilig für die Juden in Deutschland auswirken würde[1].

Unter Hinweis auf das Verhalten deutscher Emigranten im Ausland wurden Einzelpersonen, bestimmte gesellschaftliche oder politische Gruppen im Reich unter Druck gesetzt, um so oppositionelle Haltungen zu beseitigen bzw. einen Vorwand zu haben, mit Maßnahmen gegen die zum Feind Deklarierten vorgehen zu können. Fälle von Geiselnahme einzelner Personen sind nur herausgehobene Beispiele einer Politik, zu deren Elementen Drohung, Erpressung, Terror und Mord gehörten. In einer amtlichen Aufzeichnung über die Abwehrmaßnahmen des Dritten Reiches gegen die politische Emigration wurde ausdrücklich hervorgehoben, daß Repressalien gegen »marxistische und kommunistische Zersetzer und Hetzer« zu den legitimen Mitteln zählten[2].

In großer Aufmachung meldete der ›Völkische Beobachter‹ am 15. 7. 1933 die Verhaftung von fünf Verwandten des ersten Reichskanzlers der Weimarer Republik Philipp Scheidemann. Das Blatt nannte das »gerechte Vergeltung« und bezeichnete den Vorfall als »exemplarisches Vorgehen des Geheimen Staatspolizeiamtes«. Was war geschehen? Wie Tausende andere hatte auch Philipp Scheidemann sich dem Zugriff der Nationalsozialisten durch Flucht ins Ausland entzogen, von wo er den

Kampf gegen das nationalsozialistische Regime fortführte. Ende Juni erschien unter seinem Namen ein Artikel in der ›New York Times‹, in dem Hitler-Deutschland als das Pulverfaß Europas bezeichnet wurde. Die Erinnerung an die amerikanischen Kriegsziele, daß nur ein demokratisches Deutschland zur Festigung der Demokratie und zur Sicherung des Friedens beitragen könne, wurden wachgerufen und zum Vergleich die bestehenden Verhältnisse im NS-Deutschland genannt. Nach einem eindringlichen Appell an die »zivilisierte Welt«, den nazistischen Abenteurern Einhalt zu gebieten, schloß der Artikel mit dem ominösen Satz: »That this may not exclude a bloody war is self evident«.

Für die NS-Machthaber war dies der eindeutige Versuch, »durch systematische Lügen eine neue Greuelhetze gegen Deutschland« zu entfesseln[3]. Da man des Urhebers nicht habhaft werden konnte, hielt man sich an seinen Verwandten schadlos. Mit der Festnahme und Einweisung der Verwandten Scheidemanns in ein Konzentrationslager habe die Gestapo »die einzig richtige Maßnahme ergriffen«, hieß es in der deutschen Presse. Dieses »exemplarische Vorgehen [...] dürfte wohl allen Schmutzfingern und Verleumdern hoffentlich zur Warnung dienen«. Die deutsche Regierung sei nicht gewillt, »weiterhin mit anzusehen, wie das deutsche Volk [!] durch feige und gewissenlose Burschen im Ausland beschimpft und verleumdet wird«[4].

Scheidemann ließ sofort feststellen, daß er niemals einen Artikel für die amerikanische Zeitung geschrieben habe und der für ihn so belastende Satz »genau das Gegenteil« von dem sagte, was er in einem Artikel für ein schweizerisches Blatt tatsächlich geschrieben habe[5]. Unverzüglich beantragte er die Entlassung der Geiseln aus dem Konzentrationslager. Der Chefredakteur der ›New York Times‹ erklärte gegenüber Scheidemann, bei dem belastenden Satz habe es sich um einen Übersetzungsfehler gehandelt. Er ließ Scheidemann für die Folgen das Bedauern der Redaktion aussprechen und bestätigte, daß der Schlußsatz im Original richtig gelautet habe: »Daß dabei nicht an blutigen Krieg gedacht wird, ist selbstverständlich.«[6]

Im August wurden die Geiseln aus dem Konzentrationslager wieder entlassen. In der deutschen Presse hieß es, Scheidemann sei von seinem »Machwerk« abgerückt. Eine sachliche Gegendarstellung aber erfolgte nicht. »Es hat geholfen!«[7], triumphierte der ›Völkische Beobachter‹, und als Warnung wurde »in diesem Zusammenhang darauf hingewiesen, daß auch in künftigen Fällen mit unnachsichtiger Schärfe durchgegriffen wird, falls geflüchtete marxistische Elemente vom sicheren Ausland gegen ihr ehemaliges Vaterland zu hetzen versuchen«[8].

Die gewollte Publizität des Falles Scheidemann, die Darstellung der Geiselnahme als »Exempel« und in Richtung auf die In- und Auslandspresse gegebene deutsche Kommentare, daß der Vorfall gezeigt habe, wie Emigranten selbst ihre eigenen Ausführungen als Lügen qualifizierten[9], weisen über die erklärte Absicht, den einzelnen Emigranten Scheidemann zum Schweigen zu verdammen, noch hinaus. Den anderen, in gleicher Weise tätigen Emigranten wurde öffentlich angedroht, ihre Verwandten würden das gleiche Schicksal erleiden. Im übrigen wurde der Presse wieder einmal die Unglaubwürdigkeit von Nachrichten aus Emigrantenquellen »exemplarisch« vor Augen geführt.

Wenige Monate später wurde ein neuer Fall von Geiselnahme bekannt. Diesmal aber verzichtete man in der deutschen Presse auf allzu große Publizität. Dieser in den Akten des Auswärtigen Amtes sehr gut dokumentierte Fall[10] bezeugt in eindringlicher Weise, daß die Geiselpolitik charakteristische Abwehrmethode der Nationalsozialisten war. Er soll deshalb hier etwas ausführlicher behandelt werden.

Im Dezember 1933 gelang es dem ehemaligen sozialdemokratischen Reichstagsabgeordneten Gerhard Seger aus dem Konzentrationslager Oranienburg zu fliehen und über die Reichsgrenze in die Tschechoslowakei zu entkommen. Seine Versuche, auch seine Familie über die Grenze zu bringen, schlugen fehl. Am 19. 1. 1934 nahm die Anhaltinische Politische Polizei in Dessau Segers Ehefrau und die zwei Jahre alte Tochter in »Schutzhaft«. Wie dem AA mitgeteilt wurde, war für dieses Vorgehen die Erwägung maßgebend, »daß für Seger die letzten Hemmungen, gegen das Deutsche Reich zu hetzen, in Wegfall kommen würden, wenn es ihm gelänge, Frau und Kind aus Deutschland herauszubringen«[11]. Hier wurde nicht einmal der Versuch unternommen, die Geiselnahme zu kaschieren.

Gerhard Seger ließ sich jedoch durch diese unerhörte Maßnahme nicht schrecken. Im Exil verfaßte er ein Buch über seine Beobachtungen im Konzentrationslager Oranienburg. Einen Fahnenabzug schickte er an den Oberstaatsanwalt von Anhalt, nicht nur zur privaten Lektüre, sondern als Strafanzeige gegen bestimmte im Buch aufgeführten Personen. Die Ankündigung des Buches in der ausländischen Presse versetzte das AA in Verlegenheit. Bülow-Schwante empfahl den deutschen Auslandsvertretungen, in Gesprächen oder bei anderen Gelegenheiten »bereits jetzt die Darstellungen des Abgeordneten Seger als Greuelnachrichten zu bezeichnen«[12].

Mehr noch als dieses Buch erregte die Geiselnahme Aufsehen im Ausland. Im April lag dem Staatssekretär der Reichskanzlei, Lammers, der

Ausschnitt aus einer englischen Zeitung vor, der den Bericht über den Fall Seger mit der den Gipfel der Absurdität sehr gut kennzeichnenden Überschrift einleitete: »Baby labelled ‹Political Prisoner No. 58›«.[13] Lammers ordnete sofortige Ermittlungen an und ließ bei der Gestapo anfragen, ob die in dem Artikel enthaltenen Angaben tatsächlich der Wahrheit entsprachen[14]. In einem bemerkenswerten Schreiben nahm der zuständige Gestapo-Beamte Volk dazu Stellung[15]. Die Meldung des englischen Blattes, schrieb er, treffe nach Auskünften des Reichsstatthalters für Anhalt, Gauleiter Löper, »im wesentlichen zu«. Wenn aber die zweijährige Tochter den Aufenthalt mit der Mutter im Konzentrationslager teile, so handele es sich »selbstverständlich nicht, wie der Artikelschreiber glaubhaft machen möchte, um eine unnütze Grausamkeit, sondern um ein menschliches Entgegenkommen, da man einmal das in Anbetracht seines zarten Alters der Pflege der Mutter noch besonders bedürftige Kind nicht der Obhut seiner Mutter entziehen und zum anderen die Mutter nicht von ihrem Kinde trennen« wolle. Die Anordnung der Schutzhaft sei deshalb geboten gewesen, weil eine Ausreise der Ehefrau »zweifellos zu einer noch unerträglicheren Verstärkung der von Gerhard Seger eingeleiteten Greuelhetze geführt haben würde, und weil zum anderen angesichts der durch das Verhalten des Gerhard Seger im Auslande entstandenen starken Erregung der ortsansässigen Bevölkerung ernste Gefahr für die persönliche Sicherheit der Ehefrau Seger bestand«. Daß bei einer etwaigen Rückkehr Segers nach Deutschland die Maßnahmen gegen seine Familie sofort aufgehoben würden, folge »schon aus den Umständen«. Löper habe persönlich erklärt, daß die Schutzhaft nicht für unbestimmte Zeit aufrecht erhalten werden solle und die Freilassung erfolge, sobald dies »möglich erscheine«. Hitler, dem der Fall von Lammers vorgetragen wurde, entschied, daß »nichts zu veranlassen« sei[16].

Die Berichte der deutschen Auslandsvertretungen waren besorgniserregend. Botschaftsrat von Bismarck von der deutschen Botschaft in London sprach in einem Privatbrief an Bülow-Schwante, dem Leiter des Referates Deutschland im AA, von dem »sehr erheblichen und höchst unliebsamen Aufsehen«, das die Geiselnahme in England erregt habe[17], und von der »verhängnisvollen Wirkung solcher unwiderlegter Gerüchte«[18]. Auf ein Telegramm Botschafter Hoeschs an das Propagandaministerium, in dem er um Mitteilung über den »wahren Sachverhalt« gebeten hatte, weil die Angelegenheit stark beachtet und propagandistisch gegen Deutschland ausgenutzt würde[19], erhielt er lediglich zur Antwort, Frau Seger und das Kind seien nur »vorsichtshalber in Sicherheit gebracht. Behauptungen von Inhaftierung als Geisel für Rückkehr Segers völlig unsinnig«[20].

Die Beamten des auswärtigen Dienstes standen vor einer schwierigen Aufgabe. Sie sollten im Ausland offiziell die Version vertreten, die Inhaftierten seien keine Geiseln, sie seien nur zu ihrer persönlichen Sicherheit in »Schutzhaft«, nicht aber in einem Konzentrationslager. Das war eine Zumutung. Botschafter Hoesch hob denn auch den sehr bedingten Wert einer solchen Information hervor, denn die Gegenseite würde sagen, das sei ein und dasselbe. Zudem genüge allein die Tatsache der Inhaftierung, in der man in England »eine dem Rechtsempfinden widersprechende Repressalie« sehe[21].

Bemühungen aus dem AA, in dieser Angelegenheit Genaueres zu erfahren, blieben erfolglos. Mehrfach wurde im Propagandaministerium angefragt, ohne daß überhaupt eine Antwort kam. Inzwischen hatte auch der englische Außenminister Simon in einem Gespräch mit Botschafter Hoesch als »Privatmann und Freund« darauf aufmerksam gemacht, wie sehr die Auswirkungen des Falles »der Stimmung Englands gegenüber Deutschland abträglich sei«[22]. Hoesch stellte den innerdeutschen Stellen anheim zu prüfen, ob sie die Fortdauer der Haft für nötig hielten, »oder aber ob es ihnen wertvoller ist, dieses starke antideutsche Agitationsmittel unseren hiesigen Feinden aus der Hand zu nehmen«[23].

Unter Hinweis auf die große außenpolitische Bedeutung des Falles richtete das AA erneut eine Anfrage an das Propagandaministerium[24] und erhielt nun endlich eine Antwort. Wie sich jetzt herausstellte, war die Verhaftung auf »direkte Weisung des Reichsinnenministers« erfolgt[25]! Das Propagandaministerium empfahl daher, sich mit Angelegenheiten dieser Art direkt ans Innenministerium zu wenden. Das AA setzte sich sofort mit dem Innenministerium in Verbindung, bekam aber von dort nur zu hören, daß Staatssekretär Pfundtner über eine eventuelle Freilassung nicht entscheiden wolle, die Angelegenheit aber bei Frick vortragen werde[26]. Nichts geschah. Botschafter Hoesch wies immer eindringlicher auf die große Bedeutung hin, die der Fall Seger stimmungsmäßig in England gewann. So hatte z. B. Lord Ponsonby im Oberhaus im Rahmen einer außenpolitischen Aussprache eingehend dazu Stellung genommen[27]. Ferner berichtete Hoesch von dem Besuch der bekannten englischen Parlamentarierin Lady Astor und anderer Führerinnen englischer Frauenorganisationen, die betonten, daß die Geiselnahme selbst in den Kreisen, die dem nationalsozialistischen Deutschland sehr freundlich gegenüberstünden, die »Stimmung gegenüber Deutschland zu vergiften im Begriff sei«[28].

Auf Bülow-Schwantes neuerliche »dringliche Vorstellung über die vorauszusehende weitere Entwicklung des Falles Seger in der öffentlichen Meinung in England« wurde ihm zugesichert, daß das Innenministerium an die Regierung von Anhalt das »Ersuchen« zur Freilassung richten werde[29]. Da man im AA ja wußte, daß die Inhaftierung auf Weisung Innenminister Fricks selbst erfolgt war, ließ man sich nicht mit der Formel von dem Ersuchen um Freilassung abspeisen, sondern fragte immer wieder telefonisch im Innenministerium zur Sache an und erreichte schließlich wohl aufgrund dieser Hartnäckigkeit, daß Frau Seger mit ihrem Kind nach drei Monaten »Schutzhaft« am 19. Mai auf Anweisung Fricks entlassen wurde[30].

Der ganze Vorgang verdeutlicht einmal mehr, daß Geiselpolitik keine Angelegenheit untergeordneter Chargen war. Der nationalsozialistische Reichsinnenminister Frick hatte die Geiselnahme in diesem Falle selbst angeordnet. Er wurde dabei von Hitler gedeckt. Dem AA wiederum wurde zugemutet, diese Inhaftierung in einem Konzentrationslager, die ja bezweckte, Gerhard Seger zur Rückkehr bzw. zum Schweigen zu zwingen, nach außen als Maßnahme zum persönlichen Schutz der Frau Seger zu vertreten. Noch nach der Entlassung von Frau Seger unterstrich der Reichsstatthalter von Braunschweig und Anhalt in einem Schreiben an das AA, es habe sich nicht um Geiselnahme, sondern um »Schutzhaft« gehandelt[31]. Im AA hatte man sich jedoch mit dieser Sprachregelung nicht zufrieden gegeben, zumal man erkennen mußte, wie nachteilig sich der Fall auf die außenpolitischen Beziehungen auswirkte. Doch selbst mit außenpolitischen Bedenken war das AA bei den innerdeutschen Stellen nicht sofort durchgedrungen. So hatte Bülow-Schwante noch im April an Botschaftsrat von Bismarck geschrieben, daß er auf dessen Anregung, man solle doch Frau Seger einfach »zwingen«, ihrem Manne nach London nachzufolgen, die Angelegenheit »erneut in Erinnerung gebracht« habe; ob allerdings dabei eine »befriedigende Antwort herausspringen« werde, erscheine ihm aber »nicht sicher«[32]. Es waren letzten Endes die permanenten eindringlichen Vorstellungen des AA im Innenministerium, die schließlich zur Entlassung von Frau Seger führten.

Diese »Einmischung« des AA hatte noch ein das Verhältnis der Behörden untereinander sehr gut kennzeichnendes Nachspiel. In einem Schreiben an das AA drückte der Reichsstatthalter von Braunschweig und Anhalt seine Verwunderung darüber aus, daß zufolge einer Zeitungsnotiz von Bismarck Frau Seger bei ihrer Ankunft in London mit Blumen empfangen habe. Er wollte wissen, welche »Bewandtnis« es damit habe[33]. Darauf angesprochen, berichtete Botschafter Hoesch nach Berlin, es habe sich von selbst verstanden, daß die Botschaft von der Ankunft keinerlei Notiz nahm. Eine solche Zeitungsnotiz sei »als ein schlechter Witz aufgefaßt worden«[34]. Offenbar hatte sich der Reichsstatthalter an der Deutschen Botschaft in London wegen ihrer »Einmischung« damit rächen wollen, daß er dort tätige Beamte aufgrund einer Pressemeldung, die wahrscheinlich zuvor zu diesem Zwecke lanciert worden war, der ‹nationalen Unzuverlässigkeit› verdächtigte.

Das nationalsozialistische Deutschland hielt Geiselnahme durchaus für zweckmäßig. Die Fälle Scheidemann und Seger waren keine Einzelfälle. So berichtet Walter Hammer, daß auch Ehefrau und zwei Kinder des emigrierten ehemaligen SPD-Reichstagsabgeordneten Arthur Arzt als Geiseln festgenommen wurden[35]. Nach der Flucht des Bürgermeisters einer thüringischen Gemeinde wurden dessen Frau und Kind ebenfalls in »Schutzhaft« genommen[36]. Auf Meldungen, daß der Vorsitzende des »Reichsbanners Schwarz-Rot-Gold« der Ortsgruppe Chicago, Bremer, gegen das neue Deutschland hetze, empfahl die Vertretung Bremers beim Reich die »Abschiebung etwaiger in Deutschland ansässiger Angehöriger« in ein Konzentrationslager, denn nur wenn in allen Fällen, in denen Reichsdeutsche (nicht nur Emigranten) »gegen unser Vaterland hetzen, umgehend die notwendigen Maßnahmen ergriffen werden, kann dieser Verleumdungshetze ein Ende bereitet werden«[37]. Für das AA kam aber allenfalls eine Einziehung von Bremers Paß infrage[38].

In den Fällen Scheidemann, Seger und Bremer wurde der erstrebte Zweck der Geiselnahme nicht erreicht. Das Dritte Reich »bestrafte« die Genannten auf seine Weise mit Ausbürgerung.

Trotz aller schlechten Erfahrungen, die das Dritte Reich mit seiner Geiselpolitik machen mußte, ging es auch später nicht davon ab. Im März 1936 lag dem Außenminister das Schreiben des emigrierten SPD-Parteisekretärs von Ostsachsen, Fritz Schreiber, vor, der unter Hinweis auf seine guten Verbindungen zu einem schwedischen Minister Neurath aufforderte, dafür zu sorgen, daß die nach seiner Flucht inhaftierte Frau und seine beiden Kinder freigelassen würden. Schreiber drohte damit, den Fall der ausländischen Presse zu übergeben[39]. Neurath gab den Brief in den Geschäftsgang. Die Gestapo erklärt dazu, Frau Schreiber sei unter dem Verdacht, ihrem Manne bei der Einfuhr illegaler Schriften behilflich gewesen zu sein, verhaftet worden. Das Strafverfahren sei wegen nicht ausreichender Beweismittel eingestellt, die Frau mit Einverständnis der Staatsanwaltschaft ins Konzentrationslager eingewiesen worden[40]. Die Sächsische Staatskanzlei lehnte es ab, »das an Nötigung und Erpressung [!] grenzende Schreiben« überhaupt beantworten zu lassen. Damit, daß Schreiber »Greuelpropaganda« betreibe, sei »ohnehin« zu rechnen[41]. Dennoch hielt man es für besser, die Frau im Mai 1936 aus dem Konzentrationslager zu entlassen.

3. Auslieferungsbegehren

Ganz im Gegensatz zur nationalsozialistischen Propaganda, die lautstark verkündete, man sei froh, die ‹staats- und volksfeindlichen› Elemente losgeworden zu sein, entwickelten die deutschen Behörden eine rege Betriebsamkeit, gerade die politisch aktiven Emigranten in ihre Gewalt zu bekommen. Bereits im März 1933 versuchte der spätere erste Chef der Gestapo, Diels, eine Kooperation mit Behörden der Zufluchtsländer deutscher Emigranten herzustellen; er fragte im AA an, ob nicht von dort die Asylländer »veranlaßt werden könnten«, sich wegen der in ihren Ländern aufhaltenden deutschen Emigranten und der ihnen gegenüber getroffenen Maßnahmen »mit den deutschen Behörden in Verbindung zu setzen«, denn bei einem Teil der Nachbarländer sei »damit zu rechnen, daß die Flüchtlinge über die Grenze nach Deutschland zurückgeschafft werden«[1]. Der deutsche Gesandte in Prag, Koch, sprach weisungsgemäß im tschechoslowakischen Außenministerium vor. Der zuständige Referent erklärte, die Tschechoslowakei nehme Flüchtlinge, gleich welcher Parteizugehörigkeit, nur unter der Bedingung auf, daß sie sich nicht politisch betätigten, andernfalls erfolge Ausweisung. Komme ein Emigrant der Ausweisung in ein benachbartes Land nicht nach, werde er nach Deutschland abgeschoben[2]. Die Gesandtschaft schlug vor, die Ausweisung geflüchteter Kommunisten durch unmittelbares Übereinkommen der Polizeibehörden beider Staaten zu regeln[3] – ein Ansinnen, das die tschechoslowakische Polizei zum Erfüllungsgehilfen der deutschen Politischen Polizei gemacht hätte.

Doch auch ohne solches von deutscher Seite angetragenes Zusammenwirken kamen einige Asylländer verschiedentlich durch ihre Maßnahmen gegen die Exilierten den deutschen Wünschen entgegen. Wenn es auch die Regel war, Emigranten, die nur unzureichende oder gar keine Ausweispapiere besaßen bzw. die gegen das Verbot politischer Betätigung verstoßen hatten, in andere Länder als Deutschland abzuschieben, so kam es doch immer wieder zu Abschiebungen nach Deutschland.

Die Asylländer, denen daran lag, durch politische Aktivitäten der Exilierten ihre außenpolitischen Beziehungen nicht zu sehr belasten zu lassen, machten die Aufenthaltsgenehmigung von der Einhaltung strenger Vorschriften zur Bedingung[4]. Abschiebungen erfolgten im allgemeinen in Wahrnehmung spezieller Interessen der Asylländer. Streng bürokratisch gehandhabte Anwendung der Fremdengesetze oder auch mangelnde gewissenhafte Prüfung des Einzelfalles vor allem bei der Frage, ob es sich um einen politischen Flüchtling handelte, ließen erfolgte Abschiebungen vielfach im Lichte des rein Zufälligen erscheinen, denn wie bei den Betroffenen so wären auch bei anderen Flüchtlingen die Voraussetzungen für diese Maßnahme erfüllt gewesen, ohne daß sie durchgeführt wurde.

Das Dritte Reich begnügte sich jedoch nicht mit Zufällen. Die deutschen Behörden hatten ein besonderes Interesse an bestimmten Emigranten und versuchten, diese im Rahmen bestehender zwischenstaatlicher Vereinbarungen ausgeliefert zu bekommen. Maßgebend dafür waren die Auslieferungsverträge und sonstige Vereinbarungen über die Rechtshilfe, die zwischen dem Deutschen Reich und anderen Staaten geschlossen waren[5]. Der zwischenstaatliche Rechtsverkehr gestaltete sich in der Verfolgung gemeiner Straftaten relativ problemlos. Der das gesamte Auslieferungsrecht beherrschende Grundsatz war die sogenannte identische Norm, d. h. eine Auslieferung kam nur bei solchen strafbaren Handlungen in Betracht, die eine Verletzung der beiden Staaten gemeinsamen Rechtsordnung darstellten. Komplizierter lag der Fall bei politischen Verbrechen und Taten, die aus politischen Delikten resultierten.

Seit der Französischen Revolution war der Grundsatz der Nichtauslieferung bei politischen Delikten mehr und mehr zu einem Grundsatz des internationalen Rechts geworden. Die Gewährung politischen Asyls sollte einen Täter, der seine Tat zu politischen Zwecken ausgeführt hatte, vor Verfolgung schützen. Asylrecht und Auslieferungsrecht entwickelten sich im 19. Jahrhundert. Richtungweisend wurde das erst junge Königreich Belgien. Dort war in dem Auslieferungsgesetz von 1833 erstmals die Nichtauslieferung bei politischen Delikten festgelegt worden. Dieses Gesetz hat auf die Auslieferungsgesetzgebung aller anderen Staaten großen Einfluß genommen. Zahlreiche Länder übernahmen das belgische Gesetz zum Teil wörtlich, zum Teil mit geringfügigen Änderungen. Auch der größte Teil der von Deutschland geschlossenen Auslieferungsverträge beruhte in der Frage des politischen Asyls auf den belgischen Rechtslehren[6]. Obschon sich das Asylrecht und die Nichtauslieferung bei politischen Delikten zu einem Völkerrechtsgrundsatz entwickelt hatte, war es kein international kodifiziertes Völkerrecht. Das Asylrecht galt als Ausfluß nationaler Souveränität. Kurt Grossmann, vor der Machtergreifung Generalsekretär der Deutschen Liga für Menschenrechte und im Exil stets mit Flüchtlingsfragen befaßt, schreibt, das Asylrecht sei »bestenfalls ein Gewohnheitsrecht, das Privileg eines jeden Staates, dem Verfolgten Zuflucht zu gewähren. Die Asylgewährung [...] stellt keinen Rechtsanspruch dar, sondern ist eine Gnade, deren Grad von jedem Staat willkürlich bestimmt wird und jederzeit wieder entzogen werden kann.«[7]

Das deutsche Auslieferungsgesetz von 1929 schrieb die identische Norm und die verbürgte Gegenseitigkeit zwingend vor. Jede Auslieferung war unzulässig, »wenn die Tat, welche die Auslieferung veranlassen soll, eine politische ist oder mit einer politischen Tat derart in Zusammenhang steht, daß sie diese vorbereiten, sichern, decken oder abwehren sollte«. § 3 definierte politische Taten als »die strafbaren Angriffe, die sich unmittelbar gegen den Bestand oder die Sicherheit des Staates, gegen das Oberhaupt oder gegen ein Mitglied der Regierung des Staates als solches, gegen eine verfassungsmäßige Körperschaft, gegen die guten Beziehungen zum Ausland richten«[8]. Die hier verankerten Grundsätze und Bestimmungen, die ja nicht nur Richtschnur für die deutschen Behörden bei der Behandlung von Auslieferungsanträgen, die ein anderer Staat an das Deutsche Reich richtete, sondern auch Ausdruck dafür waren, mit welchen Maßstäben die eigenen Anträge gemessen werden sollten und was man billigerweise von der Behandlung des Antrags durch die Organe des ersuchten Staates erwartete, wurden durch die nationalsozialistische Praxis Makulatur. Für Hitler und die nationalsozialistische Propaganda waren die Emigranten Verbrecher, Landesverräter, Kriminelle, die unter politischer Flagge segelten und zu unrecht politisches Asyl genossen. Deutsche Behörden setzten diese Auffassung konkret in Auslieferungsanträge um. Emigranten, deren Auslieferung von der nationalsozialistischen Justiz aus politischen Gründen erstrebt wurde, wurden Verbrechen angehängt, um sie in die Gewalt zu bekommen[9]. Die deutschen Absichten waren aber oft zu durchsichtig, als daß die ersuchten Staaten einem deutschen Auslieferungsbegehren stattgeben konnten.

Im Dezember 1934 meldete der ›Völkische Beobachter‹, Deutschland habe bei der Schweiz die Auslieferung des Kommunisten Heinz Neumann beantragt, der von den deutschen Behörden »wegen Mordes« verfolgt werde. Neumann befinde sich schon in Auslieferungshaft, und der Schweizer Bundesrat müsse nun endgültig entscheiden[10]. Da die Angelegenheit also durchaus noch in der Schwebe stand, wurde nun die deutsche Presse angewiesen, bei der Darstellung des Auslieferungsantrags jeden politischen Hintergrund zu vermeiden: »Alle politischen Motivierungen sind vollkommen fehl am Platze, weil dadurch die Auslieferungsangelegenheit erschwert wird.«[11] Diese Vorsichtsmaßnahmen täuschten jedoch die Schweiz nicht darüber hinweg, daß es sich bei Neumann um einen politischen Flüchtling handelte; er wurde nicht an Deutschland ausgeliefert[12].

Für Nationalsozialisten waren auch im Rechtsleben Mensch nicht gleich Mensch und Tat nicht gleich Tat[13]. Hitler hatte das deutlich zu verstehen gegeben, als er sich mit den Mördern von Potempa, SA-Männern, die einen Kommunisten vor den Augen seiner Mutter buchstäblich zu Tode getrampelt hatten, solidarisch erklärte[14]. Durch die Verordnung des Reichspräsidenten zur Gewährung von Straffreiheit vom März 1933 wurden alle Strafen gelöscht, die »im Kampf um die nationale Erhebung des Deutschen Volkes« begangen worden waren[15], d. h., unterschiedslos wurden alle Strafen erlassen, die gegen Nationalsozialisten wegen politischer Vergehen oder Verbrechen verhängt worden waren. Auch die Potempa-Mörder kamen frei[16]. Für einen in Holland lebenden Emigranten hingegen, dem zur Last gelegt wurde, im Juli 1932 während des Wahlkampfes auf Nationalsozialisten geschossen und zwei davon verletzt zu haben, stellten die deutschen Behörden einen Auslieferungsantrag, denn, so argumentierte man, dabei handele es sich »offenbar um eine Tat aus politischen Motiven, aber nicht um eine asylwürdige Straftat im Sinne des Auslieferungsrechts«. Die niederländische Regierung lehnte die Auslieferung des angeblich wegen versuchten Mordes Beschuldigten mit der Begründung ab, daß die strafbaren Handlungen politischen Charakter hätten[17]. Weil es sich um einen Fall »politischer Verfolgung« handele, lehnte auch die Schweiz im gleichen Jahre einen Auslieferungsantrag für einen Reichsdeutschen ab, der sich nach deutscher Darstellung »unter der Vorspiegelung, er sei politischer Flüchtling«, dem Strafverfahren entziehen wolle[18].

Die deutschen Behörden waren in der Wahl ihrer Mittel, eine Auslieferung zu erreichen, nicht gerade zimperlich. Grossmann berichtet von dem Fall des tschechoslowakischen Staatsangehörigen Franz Krause, der bis 1935 in Deutschland lebte, sich im Sinne der Sozialdemokratie politisch betätigt und an Hilfsaktionen für inhaftierte politische Gefangene teilgenommen hatte. 1935 floh er von Deutschland nach Prag, wo er sich journalistisch gegen das Dritte Reich betätigte. In Italien wurde er 1938 verhaftet. Die deutschen Behörden hängten ihm einen Mord an, der angeblich zwischen 1920 und 1923 von ihm verübt worden war. Bemerkenswert war jedoch, daß sich bis 1938, also bis zum Tage der Verhaftung, kein deutsches Gericht mit dem ihm zur Last gelegten Verbrechen beschäftigt hatte. Nun begründete das Dritte Reich seinen Auslieferungsantrag an Italien mit einem Mordverdacht, einem Verdacht, der, nach den Umständen zu schließen, an den Haaren herbeigezogen war. Krauses Schicksal geriet, so Grossmann, durch die politischen Ereignisse und den Krieg in Vergessenheit[19].

Viel Aufsehen und unter den Emigranten geradezu eine Panik erregte 1938 die Auslieferung des Flüchtlings Peter Forster durch die Prager Regierung an Deutschland. Hier lag einer jener Fälle vor, in denen politisches Asyl und vertraglich eingegangene Verpflichtung zur Rechtshilfe bei erfüllter identischer Norm kollidierten und allein eine politische Entscheidung zugunsten des Schutzsuchenden ausfallen konnte. Für das um Auslieferung ersuchte Land erhebt sich in einem solchen Fall die schwierige Frage, wie politische Moral mit außenpolitischen Interessen und Notwendigkeiten und auch Möglichkeiten in Einklang zu bringen ist. Forster hatte bei seiner Flucht aus dem Konzentrationslager Buchenwald einen SS-Mann der Bewachung getötet[20]. Er konnte im Oktober 1938 in den noch nicht von Deutschland besetzten Teil der Tschechoslowakei entkommen. Die deutsche Regierung verlangte sofortige Auslieferung. Die politische Situation der »Resttschechei« ließ Prag kaum eine andere Möglichkeit, als dem deutschen Verlangen nachzukommen. Rettungsversuche, z. T. inoffiziell amtlich gedeckt, schlugen fehl. Forster wurde auf dem Flughafen, wo er auf das Flugzeug wartete, das ihn in Sicherheit bringen sollte, verhaftet, am 21. 12. 1938 nach Buchenwald zurückgeschickt – und gehängt.

Ein häufig gebrauchter Vorwurf zur Inkriminierung der Emigranten waren Delikte wie Bestechung, Korruption und Unterschlagung. Sie schienen den deutschen Behörden noch am ehesten geeignet, eine Verbindung zu politischen Motiven zu verhindern. Charakteristisch war dafür der Fall des ehemaligen Oberbürgermeisters von Altona, Max Brauer. Er wurde auf Ersuchen deutscher Strafverfolgungsbehörden in Paris von der französischen Polizei verhaftet. Die Anschuldigung lautete auf Korruption und Unterschlagung. Die französischen Behörden prüften den deutschen Auslieferungsantrag sehr genau und lehnten schließlich das deutsche Ersuchen ab[21].

Die ausländischen Regierungen taten gut daran, die deutschen Auslieferungsanträge sehr genau zu durchleuchten, wollten sie nicht schließlich ihre eigene Rechtsordnung desavouieren. Denn außer dem Grundsatz der identischen Norm galt gemeinhin im Auslieferungsrecht weiter der Grundsatz, daß eine Strafverfolgung und etwaige Verurteilung eines Ausgelieferten sich nur auf die in dem Auslieferungsantrag angegebenen

Straftatbestände erstrecken durfte. Die Verhältnisse im nationalsozialistischen Deutschland machten es zumindest ungewiß, ob die Einhaltung dieses Grundsatzes auch jeweils verbürgt war, zumal da durch eine Strafgesetznovelle vom Juni 1935 das bis dahin im Strafrecht geltende Analogieverbot aufgehoben worden war, wonach eine Tat nur bestraft werden konnte, wenn sie ausdrücklich in einem Strafgesetz unter Strafe gestellt war[22]. Nach den neuen Bestimmungen war eine Tat auch dann zu bestrafen, wenn sie im Strafgesetz nicht ausdrücklich unter Strafe gestellt war, nach dem Grundgedanken des Strafgesetzes und »nach dem gesunden Volksempfinden« aber Strafe verdiente, und zwar so, daß die »Strafe aus dem Strafgesetz zu nehmen ist, dessen Grundgedanke am besten auf die Tat zutrifft«[23].

Auch aus einem weiteren Grund war es für die Regierungen der Asylländer angezeigt, bei Abschiebungen nach Deutschland, was ja faktisch einer Auslieferung gleichkam, und bei Auslieferungen auf deutschen Antrag hin besondere Vorsicht und Sorgfalt walten zu lassen. Überstellungen nach Deutschland blieben meist nicht geheim. Ihre eingehende öffentliche Diskussion konnte über den gegebenen Anlaß hinaus zu Angriffen der oppositionellen Parteien und Kreise gegen ein Mitglied der jeweiligen Regierung, das für die Überstellung verantwortlich war, oder auch auf die gesamte Regierung führen. So brachte der niederländische Gesandte in Berlin im November 1934 die Angelegenheit von vier im Februar aus Holland ausgewiesenen Kommunisten zur Sprache[24]. Der niederländischen Regierung, insbesondere dem Justizminister, erwüchsen aus dieser Angelegenheit »erhebliche innenpolitische Schwierigkeiten«. Man werfe den Behörden vor, sie hätten versäumt sich zu vergewissern, ob sie nicht etwa politische Flüchtlinge einfach über die Grenze abschoben. Der Gesandte bat, man möge auf das Gericht einwirken, damit die Urteile nicht zu hart ausfielen. »Todesstrafen würden z. B. in diesem Falle in Holland großes und peinliches Aufsehen auslösen.« Staatssekretär Bülow vom AA war befremdet von dieser Zumutung. Eine Einwirkung auf die Gerichte, erklärte er, sei weder zulässig noch möglich. Er stellte dem Gesandten aber auf dessen »wiederholten Hinweis der politischen Folgen einer sehr harten Urteilsfällung« in Aussicht, auf den Staatsanwalt dahin einzuwirken, »daß er keine exorbitanten Strafen beantrage«. Bülows Haltung muß als korrekt bezeichnet werden. Das niederländische Ansinnen war eine Zumutung – für einen Rechtsstaat. Und es besteht kein Anlaß zum Zweifel, daß Bülow sich persönlich rechtsstaatlichen Prinzipien verpflichtet fühlte, wie ja mit ihm viele andere bemüht waren, die nationalsozialistische Führung auf den Weg der Gesetzlichkeit und des Rechtsstaates zurückzubringen, sei es auch um den Preis »materiell-rechtlicher Konzessionen, ja durch partielle Aufhebung von Recht und Verfassung«[25].

Am 7. 3. 1936 wurde der kommunistische Emigrant Heinrich Bell zusammen mit vier weiteren jüdischen Flüchtlingen von belgischen Beamten bis an die deutsche Grenze gebracht, wo die Gestapo schon auf sie wartete. Bell, der sich bei den belgischen Behörden nicht als politischer Flüchtling gemeldet hatte, war von der belgischen Polizei zusammen mit den jüdischen Flüchtlingen aufgegriffen worden. Seine Beteuerung, er sei politischer Emigrant, galt der Sûreté Publique lediglich als Ausrede; sie hielt deswegen auch eine Überprüfung seiner Angaben nicht für erforderlich, ja man ließ ihm nicht einmal die Wahl, über eine andere Grenze abgeschoben zu werden[26]. Der Fall wurde in der belgischen Öffentlichkeit heftig diskutiert[27]. Belgische Kommunisten und Sozialisten führten scharfe Angriffe gegegen die Sicherheitspolizei, den Justizminister und gegen die belgische Regierung, weil sie einen politischen Flüchtling abgeschoben hatten, was einer verdeckten Auslieferung gleichkam. Der Fall Bell wurde angesichts bevorstehender Wahlen zu einem Politikum der belgischen Innenpolitik. Durch die Erörterung in der Presse wurde die Stellung des Chefs der belgischen Sicherheitspolizei, de Foy, stark erschüttert. De Foy unternahm, mit Wissen seines vorgesetzten Ministers, einen Schritt »in ziemlich ungewöhnlicher Form« beim deutschen Gesandten in Brüssel, den er auf die durch den Fall entstandene unangenehme Lage der belgischen Regierung hinwies und ihn bat, bei den innerdeutschen Stellen um die Rückstellung Bells nachzusuchen. Der deutsche Gesandte bemerkt in seinem Bericht an das AA dazu, de Foy habe sich stets wohlwollend für die Aufenthaltserlaubnis von Deutschen in Belgien eingesetzt. Komme er über Bell zu Fall, stehe zu befürchten, daß an seine Stelle ein Sozialist trete. Im übrigen könne dieser Schritt de Foys die belgische Regierung jederzeit desavouieren.

Der Fall Bell wurde für die belgische Regierung immer heikler und komplizierter, da inzwischen auch internationale Organisationen, »teils völkerrechtlichen, teils humanitären Charakters«, sich der Sache angenommen und gedroht hatten, »eine Kampagne gegen Belgien wegen Verletzung des Asylrechts« entfesseln zu wollen[28]. De Foy sprach den Wunsch aus, nach Berlin zu reisen und mit den zuständigen innerdeutschen Stellen über die Rückkehr Bells nach Belgien zu verhandeln. Zu seiner eigenen Empfehlung brachte er für die Gestapo Nachrichtenmaterial mit, »das sie sicher interessieren werde«[29]. Heydrich erklärte sich daraufhin bereit, de Foy zu empfangen. Der »direkte Kontakt mit dem

Leiter des belgischen Sicherheitsdienstes [war] der Gestapo sehr erwünscht«[30].

Beide Seiten waren mit dem Ergebnis ihrer Besprechung zufrieden[31]. Gegenüber der deutschen Gesandtschaft in Brüssel hob de Foy die »außerordentlich sachliche und kameradschaftliche Hilfe der Herren Heydrich und Best vom Geheimen Staatspolizeiamt hervor«[32]. Zugleich sprach er den Dank der belgischen Regierung aus. Eine Aufzeichnung über das Ergebnis der Besprechung – außer der Tatsache, daß Bell wieder nach Belgien überstellt wurde – konnte nicht gefunden werden. Es ist jedoch anzunehmen, daß, ähnlich wie ein Jahr zuvor bei der Verhaftung von kommunistischen deutschen Emigranten in Holland und anschließenden Gesprächen Hellers vom Gestapa mit der holländischen Polizei[33], Absprachen über eine Zusammenarbeit hinsichtlich der Emigranten erfolgt waren.

Die belgische Presse stellte die Freilassung Bells so dar, als hätten Verhandlungen zwischen beiden Regierungen stattgefunden; die deutsche Regierung, hieß es, habe sich davon überzeugt, daß die Auslieferung zu unrecht erfolgt und deshalb rückgängig zu machen gewesen sei.

De Foy, und hinter ihm die belgische Regierung, handelten aus der schwächeren Position heraus. Der Druck der öffentlichen Meinung, die bevorstehenden Wahlen und die Tatsache, daß die belgische Regierung mit dem Schritt de Foys sich jederzeit desavouieren konnte, machten es unwahrscheinlich, daß die Liquidierung des Falles für Belgien mehr als die Freilassung und Überstellung Bells erbrachte. Das Ergebnis der Besprechungen de Foys in Berlin mit Heydrich, von dem sich ja beide Seiten zufrieden gaben, dürfte letztlich für das Dritte Reich mehr erbracht haben als für Belgien.

Wie man deutscherseits auf Auslieferungsanträge reagierte, denen Straftaten zugrunde lagen, die von Nationalsozialisten begangen waren, illustriert ein Vorfall aus dem Jahre 1935, an dem Hitler selbst ein reges Interesse nahm und in dem er auch die endgültige Entscheidung fällte[34]. Am 21. 10. 1935 drangen drei tschechoslowakische Staatsangehörige in die Tschechoslowakische Gesandtschaft in Berlin ein und zertrümmerten Fenster, Türen und Einrichtungsgegenstände. Sie wurden verhaftet und der Gestapo in Berlin überstellt. Bei ihrer Vernehmung gaben sie an, in einem Ort im Hultschiner Ländchen (das nach dem Versailler Vertrag ohne Abstimmung an die Tschechoslowakei abgetreten werden mußte), in der Nacht vom 19. auf den 20. 10. 1935 den Schuppen der dortigen Freiwilligen Feuerwehr und in einer benachbarten Gemeinde eine tschechische Schule in Brand gesteckt zu haben. Den Zwischenfall in der

Tschechoslowakischen Gesandtschaft in Berlin hätten sie zuvor geplant, »um die Aufmerksamkeit der Welt auf die Zustände im Hultschiner Ländchen zu lenken«[35]. Bei ihrer Vernehmung legten sie Ausweise der Sudetendeutschen Partei vor und bezeichneten sich selbst als Nationalsozialisten.

Eine Bestrafung der in der Tschechoslowakischen Gesandtschaft begangenen Taten mußte durch deutsche Gerichte erfolgen. Für die in der Tschechoslowakei begangenen Taten stellte die ČSR einen Auslieferungsantrag, dem, wenn überhaupt, erst nach Verbüßung der Strafe für die im Reich begangenen Tat entsprochen werden sollte[36]. Hitler entschied, daß die Strafvollstreckung unter Bewährung ausgesetzt, oder nach teilweiser Verbüßung gnadenweise erlassen werden sollte. Eine Auslieferung wegen des in der Tschechoslowakei begangenen Deliktes sollte »keinesfalls« erfolgen[37]. Außer der zweimonatigen Untersuchungshaft verbüßten die Täter nach rechtskräftiger Verurteilung einen Monat Gefängnis[38].

Bereits in der Besprechung unter den beteiligten Ressorts war vereinbart worden, daß man sich gegenüber dem tschechoslowakischen Auslieferungsantrag des Arguments bedienen wolle, die verübte Brandstiftung sei ein politisches Delikt und daß die Tschechoslowakei »sich aus ähnlichen Gründen geweigert habe, unserem Antrag auf Auslieferung eines Emigranten stattzugeben«[39]. Die antragstellende tschechoslowakische Behörde wurde unter Berufung auf den deutsch-tschechoslowakischen Auslieferungsvertrag vom 8. 5. 1922 beschieden, die den Verfolgten zur Last gelegten Straftaten seien »aus politischen Beweggründen und zu einem politischen Zweck begangen« und trügen »nicht den Charakter eines überwiegend gemeinen Delikts«. Die Auslieferung wurde abgelehnt[40].

Die Gewährung des Asyls für die Exilierten stellte in den Augen des nationalsozialistischen Deutschland einen im Grunde untragbaren Zustand dar. Immer wieder verlautete von deutscher Seite, die Schutzgewährung für deutsche Emigranten habe mit den Grundgedanken des Asylrechts nichts zu tun, denn es handele sich bei den Emigranten doch nur um gemeine Verbrecher und Kriminelle, die unter falschen Voraussetzungen politisches Asyl genössen und so der gerechten Strafe entzogen würden[41]. Es mutet grotesk an, wenn ausgerechnet das nationalsozialistische Deutschland die Ermordung des jugoslawischen Königs Alexander und des französischen Außenministers Barthou im Herbst 1934 durch faschistische Ustascha-Angehörige zum Anlaß nahm, einerseits auf eine Einschränkung des Asylrechts zu drängen und auf eine

Beschneidung des Auslieferungsrechts hinzuarbeiten. Vielfach tauchte in der internationalen Diskussion über das Attentat die Vermutung auf, das Dritte Reich selbst habe seine Finger dabei im Spiel gehabt. In Berlin legte man, um von jeder politischen Ausweitung abzulenken, als taktisches Konzept fest, die Diskussion in Bahnen zu lenken, »die uns erwünschter sein können als politische Verdächtigungen der revisionistischen Staatengruppen«. Man dachte dabei an ein internationales Abkommen für die Beobachtung und Verfolgung von Anarchisten[42].

Von Frankreich selbst, wo ja das Attentat verübt worden war, und den Ländern der Kleinen Entente war ebenfalls die Forderung nach einem internationalen Abkommen zur Bekämpfung des Terrorismus erhoben worden. Der Völkerbund verabschiedete im Dezember 1934 auf Initiative Frankreichs eine Resolution, nach der ein Sachverständigenkomitee über diese Fragen beraten sollte. Das AA in Berlin vertrat zu der Zeit noch die Auffassung, daß es nicht angehe, »das gesamte politische Emigrantentum mit Handlungen einzelner Terroristen zu belasten«[43]. Staatssekretär von Bülow machte in einem Gespräch mit dem italienischen Botschafter einen Unterschied zwischen Anarchisten und politischen Emigranten. Es gehe »auf keinen Fall«, sagte Bülow, »die politischen Emigranten in ihrer Gesamtheit als Verbrecher zu behandeln, unter polizeiliche Kontrolle zu stellen und überhaupt sie zu deklassieren«. Die Geschichte fast aller Länder »verpflichte diese zu einer großzügigeren Auffassung der moralischen Rechte der politischen Emigranten«[44]. Hitler anerkannte diese ‹moralischen Rechte› nicht; für ihn galt: »Wer für Deutschland lebt und stirbt, hat alles Recht, und wer sich gegen Deutschland wendet, hat gar kein Recht.«[45]

An der Erörterung eines internationalen Abkommens zur Bekämpfung des Terrorismus beteiligte sich auch das Dritte Reich, wenn auch nicht im Rahmen des Völkerbundes. Die nationalen Auslieferungsrechte, auf die sich die einzelnen Staaten beriefen, wenn sie einen deutschen Auslieferungsantrag für einen deutschen Flüchtling verweigerten, standen den deutschen Interessen und Wünschen entgegen. Gelegenheiten, die deutschen Vorstellungen in dieser Frage vor internationalem Forum zu Gehör zu bringen, gab es auch außerhalb des Völkerbundes. So wurde auf der 6. Internationalen Konferenz für die Vereinheitlichung des Strafrechts im September 1935 in Kopenhagen, zu der Vertreter von 35 Staaten erschienen waren, darunter auch, wie das in Genf erscheinende ›Journal des Nations‹ bemerkte, »malheureusement un fort grand nombre de nazi allemand«[46], ein für das Auslieferungsrecht sehr gefährlicher Konventions-Entwurf ausgearbeitet. Er mutete den demokratischen Staaten zu, das Asylrecht beinahe vollkommen außer Kraft zu setzen. Galt bis dahin der Grundsatz der identischen Norm, so forderte dieser Entwurf, daß auch die Taten strafbar sein sollten, für die einfach die Auslieferung beantragt war. Das ›Journal des Nations‹ mahnte eindringlich, bei Beratungen dieses Entwurfs die gegenwärtige Strafpraxis im nationalsozialistischen Deutschland, für die es keine Analogie im Ausland gebe, zu berücksichtigen.

Gerade rechtzeitig zu einer vom Völkerbundsrat einberufenen diplomatischen Konferenz im November 1937, auf der die von einem Sachverständigenkomitee erarbeiteten Entwürfe über ein Abkommen zur internationalen Bekämpfung des Terrorismus beraten werden sollten, erschien in einer deutschen juristischen Zeitschrift der Artikel eines Sachreferenten für Auslieferungsfragen im Reichsjustizministerium, der die deutschen Vorstellungen für eine Neugestaltung des Auslieferungsrechts und die daran von deutscher Seite geknüpften Erwartungen in bemerkenswerter Eindeutigkeit offenlegte. Der Zeitpunkt der Veröffentlichung und der Inhalt des Artikels waren für die ausländische Presse Anlaß genug, sich eingehend damit zu befassen und angesichts der bevorstehenden diplomatischen Konferenz diese deutschen Ansichten zu bedenken zu geben[47]. Die Vorschläge liefen darauf hinaus, anstelle der bis dahin üblichen Entscheidung eines Gerichts über ein auf Antrag erfolgtes Auslieferungsersuchen die Auslieferung jeweils durch die Polizei, also lediglich auf dem Wege der Vereinbarung, bewerkstelligen zu lassen. Ein solches Verfahren gegen Verbrecher liege auch im Interesse der Sicherheit der Asylländer, hieß es weiter. Daß man dabei auch nicht nur an gemeine Verbrecher dachte, sondern insbesondere an politische Emigranten, wird deutlich in dem Hinweis, daß der Rückschaffung wegen politischer Straftaten nichts entgegenstehen sollte, denn bei den Emigranten handele es sich doch vielfach um vorbestrafte und gemeingefährliche Berufsverbrecher. Alle politischen Gegner, Marxisten, Juden, Katholiken, Protestanten, Angehörige nationaler Minderheiten konnten demnach als Berufsverbrecher qualifiziert werden, die eine öffentliche Gefahr bedeuteten und deren Rücklieferung demnach auch nur im Interesse der Asylländer liegen könne. Bei allem Interesse, den Terrorismus zu bekämpfen, schrieb das ›Journal des Nations‹, sollten die demokratischen Staaten doch nicht die Gefahr aus den Augen verlieren, daß sie allzu leicht zum Exekutor der Wünsche von Diktaturen werden könnten.

Die endgültigen Formulierungen des Abkommens, wie sie auf der Genfer Konferenz vom 1. bis 16. 11. 1937 beraten und verabschiedet worden waren, blieben weit hinter den auch von Frankreich seinerzeit sehr weit gefaßten Vorschlägen zur Bekämpfung des Terrorismus zurück[48]. Die Konvention brachte »keinen bemerkenswerten Fortschritt gegenüber dem durch zweiseitige Verträge festgelegten oder durch die geltende Staatenpraxis gewährleisteten bisherigen Rechtszustand«. Verschiedene Staaten setzen eine ausdrückliche Abschwächung des Begriffs Terrorismus durch, so daß nicht jede Tätigkeit einer Organisation, die den Sturz des Regimes in der Heimat vom Ausland her betrieb, als Terrorismus zu bezeichnen war. Insbesondere wurde in das freie Ermessen eines jeden Vertragsstaates gestellt, welche Maßnahmen er für die Bekämpfung für zweckmäßig hielt. Wie der deutsche Konsul in Genf bemerkte, habe der Konferenzverlauf »erneut bewiesen, daß die liberal eingestellten Staaten nicht gewillt waren, Konventionen anzunehmen, die zu einer wirklichen Verbesserung der internationalen Zusammenarbeit in der Bekämpfung terroristischer Verbrechen hätten führen können«. Das sei »besonders deutlich« bei der Aussprache über die Auslieferung und das »sogenannte Asylrecht« geworden.

Die Rechnung des Dritten Reiches, von einem internationalen Abkommen – an dem man sich selbst nicht, trotz Einladung, im Rahmen des Völkerbundes beteiligte – hinsichtlich der Auslieferung von Emigranten profitieren zu können, ging also nicht auf[49].

Auch wenn den deutschen Auslieferungsanträgen gegen Emigranten vielfach nicht entsprochen wurde und so die vom Dritten Reich gewünschte Bestrafung der in seinen Augen strafwürdigen Taten der Emigranten, sei es durch die reguläre Rechtsprechung, sei es durch Einweisung in Konzentrationslager, vorerst unmöglich gemacht war, so verzichtete man doch nicht darauf, sich im Rahmen gegebener Möglichkeiten Genugtuung zu verschaffen oder eigens dafür neue Wege zu eröffnen. Gesetzliche Bestimmungen standen, trotz angepaßter Auslegung, dem forschen Drängen der Nationalsozialisten allerdings noch vielfach entgegen.

Die Verschärfung des politischen Strafrechts schuf viele neue strafbare Tatbestände, und die aus nationalsozialistischer Rechtspolitik erfolgte Aufhebung des Analogieverbots gab darüber hinaus die Möglichkeit zu bestrafen, auch wenn keine Strafbestimmung vorlag. Das lag ganz auf der Linie einer »völkischen Rechtsprechung«. Die Exilierten aber hatten sich der »gerechten« Strafe entzogen. Sehr bald empfand man die Vorschriften der Strafprozeßordnung als völlig unzureichend, da sie eine Verhandlung gegen einen Abwesenden grundsätzlich nicht zuließen[50]. So mußte auch die Rechtsabteilung des AA zu dem Schluß kommen, daß die Durchführung eines Strafverfahrens wegen Landesverrats gegen den emigrierten Redakteur des ›Vorwärts‹, Friedrich Stampfer, solange er sich nicht im Reichsgebiet befand, nicht möglich war[51].

Bemühungen um ein neues Strafgesetzbuch, das das aus der Tradition des Liberalismus stammende Strafrecht durch ein nationalsozialistisches ersetzen sollte, gelangten nicht zu einem Abschluß. Einige Novellierungen aber räumten gründlich mit ‹liberalistischen› Vorschriften auf. Hatte man sich bis dahin von dem Gedanken leiten lassen, »daß der oberste Grundsatz des Strafprozesses – das Streben nach Wahrheit und Gerechtigkeit – nur verwirklicht werden könne, wenn durch die Mitwirkung des Angeklagten in der Hauptverhandlung die Sicherheit für den angemessenen Schutz seiner Interessen und damit auch für die Richtigkeit des Urteils gegeben sei«[52], so befand man nun, daß im nationalsozialistischen Deutschland diese Vorschriften »den praktischen Bedürfnissen nicht gerecht« geworden seien. So sei bei Emigranten die »gerichtliche Aufklärung schwerer Verbrechen gegen Volk und Staat« und die »öffentliche Brandmarkung der solcher Verbrechen dringend verdächtigen Personen«, woran aber ein »lebhaftes Interesse der Öffentlichkeit« bestehe, nicht möglich gewesen. Bei den »guten Beziehungen zu ausländischen Kreisen, deren sich die besonders gefährlichen politischen und Wirtschaftsverbrecher nicht selten« erfreuten, sei es »kaum möglich, diese Hauptgruppen der Flüchtlinge jemals der Aburteilung zuzuführen«. Das erschien als »besonders mißlich« deswegen, weil eine Vermögensstrafe »gegen einen flüchtigen Verbrecher in sein im Inlande zurückgelassenes Vermögen vollstreckt werden könnte oder wenn ein besonderes staatliches Interesse vorliegt, sein volksschädigendes Treiben durch die Hauptverhandlung an die Öffentlichkeit zu bringen« – wozu aber eben die verfahrensrechtlichen Vorschriften fehlten. Dieses Anliegen sah man immerhin als so dringlich an, daß man noch vor Inkrafttreten einer neuen Strafprozeßordnung durch eine Novelle die Möglichkeit zur Durchführung der Hauptverhandlung schuf, an deren Ende ja ein rechtskräftiges Urteil stand. Die Vollstreckung einer Vermögensstrafe in das vom Flüchtling im Reich hinterlassene Vermögen – das hatte angesichts zahlreicher sogenannter Wirtschaftsemigranten nicht nur eine abstrakte Seite nationalsozialistischer Gerechtigkeit, sondern auch eine finanziell einträgliche.

Durch das »Gesetz zur Änderung von Vorschriften des Strafverfahrens und des Gerichtsverfassungsgesetzes« vom 28. 6. 1935 wurden die Möglichkeiten, gegen Abwesende ein Verfahren zu eröffnen, erheblich erweitert, so z. B. »wenn mit einer alsbaldigen Gestellung des Flüchtlings nicht gerechnet werden kann oder seine Auslieferung nicht möglich ist oder auf Schwierigkeiten stößt«[53]. Die neuen Vorschriften traten erst ab 1. 9. 1937 in Kraft. Bis zu diesem Tage war vor Eröffnung des Verfahrens die Zustimmung des Justizministers einzuholen[54]. Nach einer Statistik des Justizministeriums hatten innerhalb dieser zwei Jahre nur zwei Verfahren wegen Vorbereitung zum Hochverrat und ein Verfahren wegen fahrlässigen Landesverrats gegen Emigranten stattgefunden[55], was nicht gerade für die sachliche Notwendigkeit des Gesetzes sprach. Aber zu diesem Zeitpunkt waren bereits die verfahrensrechtlichen Vorschriften einer regulären Rechtsprechung hinsichtlich eines möglichen Zugriffs auf das Vermögen der Emigrierten überholt: Die Möglichkeiten, die z. B. das Ausbürgerungsgesetz von 1933 bot, waren inzwischen aufgrund von Verwaltungsanordnungen schon recht ausgiebig angewandt worden[56].

Bis zum Kriege hatte es in den Anordnungen für die Behandlung rückkehrender Emigranten immer wieder geheißen, an der Rückkehr der Spitzenfunktionäre und aktiven Elemente der Emigration habe das Dritte Reich kein Interesse. Da man ohnehin nicht damit rechnete, daß diese Personen sich freiwillig der Gestapo auslieferten, waren solche Anordnungen nichts weiter als eine Paraphrase der Fabel vom Fuchs, dem die Trauben zu sauer sind. Auslieferungsanträge, versuchte und zum Teil erfolgreiche Entführungen von Emigranten machten deutlich, daß man sehr wohl ein Interesse daran hatte, ihrer habhaft zu werden. Nur war dies schwer und mit nicht immer genau kalkulierbaren politischen Risiken verbunden, da sich diese Gegner dem unmittelbaren Zugriff durch Flucht ins Ausland entzogen hatten. Ergab sich aber irgendwo die Möglichkeit, einen Emigranten, der sich »besonders schwer gegen die Volksgemeinschaft vergangen hat und in politischer Hinsicht als besonderer Schädling hervorgetreten ist, so daß an einer Bestrafung deutscherseits ein Interesse besteht«, in Gewahrsam zu nehmen, wurde davon auch Gebrauch gemacht. So sah es Himmler durchaus als zweckmäßig an, Personen, denen die deutsche Staatsangehörigkeit aberkannt worden war (und die vielleicht im Vertrauen darauf, nunmehr als »Nichtdeutsche« vor eventuellen Maßnahmen sicher zu sein, ins Reich reisen wollten), »bei einem Versuch der Einreise zunächst die Grenze überschreiten zu lassen und alsdann festzunehmen«[57]. Sobald aber die Asylländer der Emigranten in den Machtbereich von Gestapo und SD gefallen waren, wurde systematisch Jagd auf die politischen Emigranten gemacht. Im Waffenstillstandsvertrag mit Frankreich wurde eigens die Bestimmung eingefügt, die von deutscher Seite namhaft gemachten deutschen Emigranten seien auszuliefern[58]. Die französische Delegation bei den Waffenstillstandsverhandlungen hatte gebeten, diese Bestimmung im Hinblick auf das Asylrecht zu streichen. Doch das wurde »in scharfer Form abgelehnt«. Von deutscher Seite wurde darauf hingewiesen, »daß gerade ein bestimmter Kreis von Landesverrätern und Emigranten zu den Hauptschuldigen an diesem Krieg gehöre. Die Auslieferungsforderung würde sich auf diese Elemente beschränken«[59]. Sobald also das Dritte Reich diktieren konnte, ob die Rechtsordnung eines Staates in allen Teilen gelten sollte oder nicht, konnte es die Hindernisse aus dem Wege räumen, die seinen bis dahin vorgebrachten Auslieferungsbegehren entgegengestanden hatten. Nun war man nicht mehr an Verträge gebunden, die beide Seiten gleichermaßen verpflichteten; keine richterliche Prüfung konnte nunmehr dem einmal ausgesprochenen Begehren den Erfolg verweigern. Bis zum Kriege aber waren die Auslieferungsbegehren von den Entscheidungen der nachgesuchten Behörden der Asylländer abhängig. Gewiß, daß seinen Anträgen kaum stattgegeben würde, sobald das in einem Auslieferungsantrag angegebene Delikt als Vorwand für ein politisch motiviertes Begehren erkennbar wurde, machte das Regime von dieser ohnehin wenig aussichtsreichen Möglichkeit nur relativ geringen Gebrauch. Auch wenn man selbst die Exilierten fortwährend als »Kriminelle« abstempelte, mußte man erkennen, daß sich die Asylländer diese Auffassung nicht unbedingt zu eigen machten. Das Asylrecht für politische Flüchtlinge als allgemein anerkannte Norm galt dem Regime gerade soviel, wie es seinen eigenen Interessen dienlich schien. Wo dieses politische Interesse des Dritten Reiches nicht befriedigt wurde, setzte das Regime dies mit Mißachtung allgemein anerkannter Völkerrechtsgrundsätze gleich. Die Asylländer sahen sich ständigen Angriffen wegen ihrer Emigrantenpolitik ausgesetzt; was das NS-Regime nicht über den Rechtsweg erreichen konnte, versuchte es über politischen Druck und konnte schließlich, unter Ausnahmesituationen, weitgehend sein Ziel erreichen.

4. Entführung und Mord

Die Flucht ins Ausland bot den Emigranten nur bedingt eine Gewähr, vor Verfolgungen durch die Nationalsozialisten sicher zu sein. Schon die deutschen Auslieferungsbegehren hingen wie ein Damoklesschwert über ihnen. Wo das Dritte Reich über den Rechtshilfeverkehr nicht zum

Ziel kam, setzte es eigene Normen, wobei man sich wenig darum scherte, ob man damit Völkerrechtsgrundsätze mißachtete und die Souveränität und das Hoheitsgebiet eines anderen Staates verletzte. Entführungen von Emigranten nach Deutschland waren kein Einzelfall und, mehr noch, durch Hitler selbst als Mittel zur Gegnerbekämpfung sanktioniert. Selbst wenn in dem einen oder anderen Fall Initiative und Durchführung solcher politischen Entführungen nicht zentral von Berlin ausgingen, so wurden sie doch von der politischen Führung gebilligt und gedeckt und somit zu einem Bestandteil nationalsozialistischer Politik.

Schon bald nachdem sich die ersten Regimegegner durch ihre Flucht ins Ausland zunächst in Sicherheit gebracht hatten, setzten ihnen SA- und SS-Angehörige über die Reichsgrenzen nach, um ihr Tun zu beobachten und die Entflohenen nach Möglichkeit wieder zurückzuschaffen. Im Mai 1933 wurde in der ČSR ein SS-Sturmführer wegen versuchten Menschenraubs verhaftet. Gegenüber den tschechoslowakischen Behörden erklärte er, bewußt die Grenze überschritten zu haben, um einen aus einem Konzentrationslager entwichenen Kommunisten, wie er selbst sagte, »festzunehmen«. In einem Schreiben an Hitler bestätigte der Führer der SS-Einheit, daß der SS-Mann auftragsgemäß gehandelt hatte. Das AA bemühte sich daraufhin, den Mann im Austauschverfahren gegen einen wegen Spionageverdachts in Deutschland festgenommenen tschechoslowakischen Staatsbürger freizubekommen[1].

Eine Meldung der in Karlsbad erscheinenden Zeitung ›Volkswille‹ von Anfang April 1933 erscheint durchaus glaubwürdig, wenn es darin heißt, auf einer Sitzung von SS- und SA-Führern unter Leitung des Reichskommissars von Sachsen, von Killinger, sei beschlossen worden, Aktionsabteilungen aufzustellen, deren Aufgabe es sein sollte, »die jüdisch-demokratischen Seuchenherde in ganz Böhmen gründlich auszubrennen und jeden Widerstand gegen den neuen deutschen Gedanken niederzubrechen«[2]. Im Kampf gegen die Exilierten, der unter Mithilfe von Sudetendeutschen geführt werden sollte, war jedes Mittel erlaubt. Die von der tschechoslowakischen Polizei aufgedeckten Entführungen und Entführungsversuche bestätigten zumindest, daß solche Kommandounternehmungen beschlossene Sache waren, gleich, ob die Meldung der ›Volksstimme‹ in einzelnen Punkten sachlich zutreffend war oder nicht[3].

Der tschechoslowakische Gesandte in Berlin meldete im Sommer 1933 nach Prag, er habe aus vertraulicher Quelle erfahren, »daß in einem engeren Kreis der Angehörigen der nationalsozialistischen Sturmabteilungen die Entführung von SPD-Emigranten per Auto von Karlsbad diskutiert und vorbereitet wird«. Abgesehen sei es vor allem auf Otto

Wels und mehrere seiner Parteifreunde. In Prag legte man diesem Bericht größte Bedeutung bei. Die Sicherheitsbehörden wurden im September 1933 angewiesen, solchen Entführungsvorhaben verstärkte Aufmerksamkeit zu widmen und für den Schutz der Exilierten zu sorgen[4]. Vor dem Hintergrund bereits erfolgreich durchgeführter und versuchter Entführungen waren diese Anweisungen an die tschechoslowakischen Sicherheitsorgane dringend nötig[5]. Insbesondere die Ermordung des seit Februar 1933 im tschechoslowakischen Exil lebenden Pazifisten Theodor Lessing am 30. 8. 1933 in Marienbad konnte keinen Zweifel mehr daran aufkommen lassen, daß die Gegner des NS-Regimes auch im vermeintlich sicheren Ausland ständig bedroht waren[6]. Angeblich war auf die Ausschaltung Lessings sogar eine Kopfprämie von 80 000 Reichsmark ausgesetzt gewesen[7]. Die gesamte tschechoslowakische Presse reagierte auf diesen Vorfall mit Empörung. Obschon einen Tag nach dem Mord der Täter noch nicht gefaßt war, bezichtigten alle Blätter den Nationalsozialismus zumindest der geistigen Urheberschaft. Die offiziöse ›Prager Presse‹ kündigte sogleich tschechoslowakische Maßnahmen »gegen das Eindringen nationalsozialistischer Ideen und Methoden« an. Prag schickte motorisierte Gendarmeriebereitschaften an die Grenzen, um sie zu bewachen und die Übergänge schärfer zu kontrollieren[8]. Die ›Prager Presse‹ wies in der Beurteilung des Falles auf den auffälligen Umstand hin, daß »Attentate, Grenzüberschreitungen und Morde hauptsächlich in solchen Gebieten stattfinden, wo eine zahlreiche deutschsprechende Bevölkerung offenbar in Aufregung erhalten werden soll, um Widerwillige einzuschüchtern, um Willige aufzumuntern«. Die deutsche Grenze solle offenbar »zu einer fließenden Grenze gemacht werden, die Leute sollen sich offensichtlich daran gewöhnen, die Macht der neuen Bewegung immer vor Augen zu haben«[9]. Damit ordnete das Blatt die Verfolgung und Ermordung politischer Gegner auch über die Grenzen hinweg folgerichtig nicht als Einzelfälle, sondern als bestimmendes Moment der Politik eines Regimes ein, das Drohung und physische Gewalt zur Durchsetzung seines Machtanspruchs als legitim ansah.

Besonders gefährdet waren jene Exilierte, die maßgeblich an der Organisation und Durchführung der illegalen Tätigkeit ins Reich hinein beteiligt waren. So wurde mehrfach versucht, den Grenzsekretär der Sopade, Otto Thiele, aus der ČSR zu entführen, allerdings erfolglos; die Entführer konnten von der tschechoslowakischen Polizei verhaftet werden[10]. Auch den im tschechoslowakischen Exil lebenden ehemaligen Reichsbannerführer von Zittau, Paul Kretzschmar, wollte die Gestapo in ihre Gewalt bekommen. Wie sie dem Reichsanwalt beim VGH auf dessen Anfrage zur Person Kretzschmars mitteilte, handelte es sich bei ihm um einen »besonders gefährlichen Hetzer im Kampfe gegen den Nationalsozialismus«, der nach seiner Flucht von einem nahe der Grenze gelegenen Ort in der ČSR illegale Arbeit organisierte. »Obwohl er sich wiederholt in der Nähe der Reichsgrenze aufgehalten hat, konnte die Polizei seiner nicht habhaft werden.«[11]

Die Nationalsozialisten ließen nichts unversucht, die ihnen gefährlich erscheinenden Emigranten in ihre Gewalt zu bekommen. Otto Strasser, der verhaßte Renegat, war ständig von Entführung bedroht. Der Gestapo gelang es, bis in den engsten Mitarbeiterkreis Strassers hinein vorzudringen. Alle Versuche, ihn aus der Tschechoslowakei, dem Saargebiet oder aus Spanien zu entführen, schlugen jedoch fehl[12]. Guido Zernatto, Minister unter Schuschnigg, nach dem »Anschluß« emigriert, sollte aus Portugal entführt werden. Oberführer Müller vom Gestapa erbat im August 1940 »beschleunigte Mitteilung, ob Möglichkeit Überstellung nach hier mit Hilfe dortiger Verbindung« bestehe. Die deutsche Botschaft in Madrid telegrafierte zurück, die Festnahme Zernattos sei »gescheitert, da Zernatto Inhaber von Spezialvisum des portugiesischen Ministerpräsidenten und Empfehlungsschreiben päpstlicher Nuntius« sei. Zwar sei eine »Überführung« durch ein »Sonderflugzeug hiesigen Luftattachés im Luftweg oder durch offiziellen Kraftwagen im Landweg sichergestellt« gewesen, doch habe die »portugiesische Vertrauensstelle« die Durchführung wegen des damit verbundenen Risikos eines internationalen Skandals abgelehnt. Eine »legale Festnahme in Portugal« sei wegen des »englandhörigen Polizeichefs nicht möglich«[13].

1935 ereigneten sich mehrere Zwischenfälle, Entführungen und ein Mordanschlag, die im folgenden im Zusammenhang erörtert werden sollen, da sie diese Methoden der Gegnerbekämpfung als Charakteristikum nationalsozialistischer Politik veranschaulichen. Der bekannteste von ihnen, der seinerzeit großes Aufsehen erregte, war die Entführung des emigrierten und mittlerweile ausgebürgerten Journalisten Berthold Jacob von der Schweiz nach Deutschland unter maßgeblicher Beteiligung eines Gestapo-Agenten und von Beamten der Geheimen Staatspolizei. Dieser »Fall Jacob« ist von Jost Nikolaus Willi in seinen politischen und juristischen Aspekten eingehend untersucht worden[14]. An der Entführung, das bestätigt die Untersuchung, waren höchste amtliche deutsche Stellen mittelbar oder unmittelbar beteiligt, und es war schließlich Hitler selbst, der mit seinen Entscheidungen aus dem Vorfall den »Fall Jacob« machte.

Berthold Jacob[15], schon zu Zeiten der Weimarer Republik einer der schärfsten Kritiker der geheimen Rüstungen der Reichswehr, gab im Exil eine zweisprachige Pressekorrespondenz heraus, in der er mit qualifizierten Berichten die nunmehr methodisch betriebene geheime Aufrüstung Hitler-Deutschlands nachwies. Kreisen der deutschen Abwehr ging es darum, den versierten Militärfachmann Jacob in einer »besonders kritischen Zeit« (Heydrich), d. h. im Moment der Einführung der allgemeinen Wehrpflicht, lahmzulegen und seinen vermutlichen Informaten aus dem Reich auf die Spur zu kommen. Im Gestapa wurde die Entführung Jacobs geplant. Mit Hilfe des Gestapo-Agenten Wesemann, der selbst als Emigrant im Ausland lebte, 1934 aber schon über die Deutsche Botschaft in London Kontakt mit der Gestapo aufgenommen hatte, wurde Jacob am 9. 3. 1935 von der Schweiz nach Deutschland entführt.

Die Schweiz protestierte in Berlin gegen den Menschenraub, die Verletzung ihrer Gebietshoheit und Mißachtung ihrer Souveränität und verlangte die Überstellung Jacobs. Das AA, das ja nun die Sache nach außen zu vertreten hatte, war, wie sich herausstellte, über den tatsächlichen Hergang von den innerdeutschen Stellen völlig unzureichend informiert und beantwortete die Schweizer Beschwerden in einer Weise, die man in Bern unmöglich akzeptieren konnte. Bern mußte erkennen, auf diplomatischem Wege keine Genugtuung erlangen zu können und entschloß sich, den deutsch-schweizerischen Schiedsvertrag anzurufen. Die von der Schweiz vorgelegten Beweismittel erhärteten unbezweifelbar die Tatsache, daß ein höherer Beamter des Gestapa, ein Dr. Richter, maßgeblich an der Entführung beteiligt war. Selbst im AA kam man nicht umhin festzustellen, daß der Beweis als lückenlos erbracht angesehen werden mußte. Dies war für das Ansehen des Dritten Reiches äußerst abträglich, bestätigte es doch die allerorts publik gemachte Gestapo-Tätigkeit im Ausland. Die zu erwartenden Beweisanträge der Schweiz würden, befürchtete man im AA zu recht, auch die Rolle, die einige deutsche Missionen dabei spielten, ans Tageslicht bringen. Obschon die Schweiz nicht die Rolle eines öffentlichen Anklägers der nationalsozialistischen Machenschaften übernehmen wollte, waren die negativen Rückwirkungen für das Dritte Reich bei dem internationalen Interesse, das der Fall erregt hatte, nicht zu vermeiden. Im AA war man sich der prekären Situation durchaus bewußt; an der Durchführung des Schiedsgerichtsverfahrens hatte man kein Interesse. Doch wie das Amt anfangs im Dunkeln gelassen worden war, so fand es auch jetzt in seinem Bemühen zur Liquidierung der Angelegenheit nicht die volle Unterstützung der verantwortlichen innerdeutschen Stellen. Verantwortlich war in erster Linie das Gestapa. Der Leiter der Abteilung Abwehr im Gestapa, Patschowsky, hatte zusammen mit dem Gestapo-Beamten Dr. Richter die Entführung in den Einzelheiten geplant, vorbereitet und durchgeführt. Ob Himmler und Heydrich, die als Leiter der Behörde gegenüber dem AA und Hitler als Verantwortliche auftraten, von dem Plan gewußt hatten, ihn bewilligten oder gar unterstützten, wie dies von dem in der Schweiz inhaftierten Gestapo-Agenten Wesemann behauptet wurde, ist wegen fehlender Belege nicht sicher auszumachen[16].

Hitler wollte offensichtlich auf Zeit spielen und es wohl auf eine Kraftprobe ankommen lassen. Rechnete er damit, daß es ein Kleinstaat gar nicht wagen würde, konsequent eine Anklage gegen das Dritte Reich durchzuführen und früher oder später selbst einlenken würde? Zweifellos kalkulierte er ein Abflauen des öffentlichen Interesses an dem Vorfall (und den damit erneut ins Gerede gekommenen Aktivitäten der Gestapo im Ausland) ein, je länger sich eine Klärung hinzog. Hitler entschied, daß Jacob nicht freiwillig an die Schweiz ausgeliefert wurde, daß das Schiedsgerichtsverfahren durchgeführt und »daß im Falle einer Verurteilung dem Auslieferungsbegehren sofort stattgegeben werden solle«[17].

Nachdem die Schweiz ihren ersten Schriftsatz eingereicht hatte, bequemte sich auch die Gestapo schließlich, ihre maßgebliche Urheberschaft gegenüber dem AA zuzugeben. Himmler hielt es aber, wie das AA, für äußerst unangebracht, daß das Schiedsgerichtsverfahren durchgeführt wurde, da sowohl das Gestapa wie das AA schwer kompromittiert würden. Himmler plädierte, wie das AA, für eine Liquidierung des Falles durch sofortige Herausgabe Jacobs. Hitler weigerte sich jedoch, in diesem Sinne eine Entscheidung zu treffen. Das AA versuchte nun den Spieß umzudrehen und beschuldigte die Schweiz, sie wolle nicht eine einvernehmliche Regelung, sondern die Anklage Deutschlands. Es fehlte in diesem Zusammenhang auch nicht an Angriffen auf die Asylpolitik der Schweiz. Hitlers Rechnung schien aufzugehen. Die Schweiz unterbreitete einen Vermittlungsvorschlag, durch einen Vergleich vor dem Gerichtsverfahren die Sache aus der Welt zu schaffen. Zögernd willigte Hitler ein. Jacob sollte jedoch zu einem Zeitpunkt entlassen werden, in dem das öffentliche Interesse durch andere Ereignisse in Beschlag genommen war. Hitler schwebte der 15. September als Termin vor, zu einer Zeit also, da der Parteitag der NSDAP in Nürnberg stattfand.

Am 17. September wurde Jacob den Schweizer Behörden überstellt. Die Bestrafung Dr. Richters wurde der Schweiz zugesagt, und in dem gemeinsam zwischen Berlin und Bern ausgearbeiteten Kommuniqué hieß es, daß »bedauerlicherweise ein nachgeordneter Beamter in unzulässiger

Weise vorgegangen« sei[18]. Das Reich hatte sich sowohl die Zusicherung eingehandelt, daß Jacob sofort aus der Schweiz ausgewiesen wurde, als auch eine Einwirkung auf die bürgerliche Schweizer Presse, die Entlassung Jacobs nicht zum Anlaß neuer Angriffe gegen das Dritte Reich zu nehmen. – Die Rechtsansprüche der Schweiz waren befriedigt.

Knapp zwei Monate nach der Entführung Jacobs wurde der Emigrant Josef Lampersberger am 27. 4. 1935 im Grenzbahnhof Eisenstein an der deutsch-tschechoslowakischen Grenze von zwei Beamten der Bayerischen Politischen Polizei von tschechoslowakischem auf deutsches Gebiet geschleppt und festgenommen[19]. In einem Schreiben des Gestapa an das AA vom 29. April wurde die Festnahme Lampersbergers, der illegales Progagandamaterial an SPD-Kreise im Reich geliefert habe, bestätigt. Die »Begleitumstände«, heißt es darin weiter, ließen jedoch darauf schließen, daß von seiten der ČSR »eine Protestnote zu erwarten sein wird«. Aus diesem Grunde erhielt das AA den Bericht der BPP[20]. Offenbar wollte die Gestapo in diesem Falle eine außenpolitische Verwicklung, wie sie sich zu der Zeit schon im Fall Jacob mit der Schweiz abzeichnete, vermeiden und dafür sorgen, daß das AA nach außen hin die Angelegenheit politisch absichern konnte. Die ČSR ließ sich erstaunlich lange Zeit, bis sie schließlich am 11. Mai in einer Verbalnote scharf gegen die Verletzung ihrer Gebietshoheit protestierte und die Rückstellung Lampersbergers und eine Bestrafung der beteiligten deutschen Beamten forderte. Aber sowohl der tschechoslowakische Gesandte wie sein deutscher Gesprächspartner, Staatssekretär Bülow, ließen erkennen, daß man beiderseits die Angelegenheit möglichst schnell und ohne viel Aufhebens, vor allem ohne allzu große Publizität, zu bereinigen wünschte.

Neurath beauftragte das Referat D im AA, sich mit der Gestapo ins Benehmen zu setzen, »damit die Sache von uns aus sofort bereinigt wird, ehe eine große Note von den Tschechen kommt«[21]. Zur Liquidierung des Falles erklärte sich das Gestapa bereit, Lampersberger den tschechoslowakischen Behörden wieder zu überstellen; der Regierung in Prag sollte zugesichert werden, daß die beteiligten Beamten »gebührend verwarnt« würden. Um der zu erwartenden Auswertung des Falles in der Exilpresse entgegenzutreten, wurde weiterhin empfohlen, vor Freilassung Lampersbergers in einer Pressenotiz auf die »sehr eigenartigen Grenzverhältnisse in Eisenstein« hinzuweisen[22]. Dieser Hinweis sollte die zuvor schon geplante Entführung Lampersbergers als ‹fahrlässige› Grenzüberschreitung der deutschen Beamten kaschieren. Die ›gebührende Verwarnung› der beteiligten Beamten gehörte zu den Genugtuungsforderungen der ČSR. Die Gestapo bat aber das AA darum, diesen Punkt nach Möglichkeit abzumildern. Sie ließ durchblicken, daß sie dem AA »sehr dankbar« wäre, wenn sich das AA, »soweit wie nur möglich, schützend vor ihre Beamten stellte«[23].

Am 25. Mai wurde dem tschechoslowakischen Gesandten Mastny in Berlin die deutsche Antwortnote übergeben. Mastny zeigte sich über die Beilegung des Zwischenfalls »außerordentlich erfreut«, monierte jedoch, daß in der Note »kein Wort des Bedauerns und kein Hinweis auf die gutnachbarlichen Beziehungen« enthalten war[24]. Renthe-Fink, der Mastny die deutsche Note überbrachte, betonte, eine vorsätzliche Grenzverletzung sei nicht erwiesen und Deutschland deswegen völkerrechtlich zur Rückstellung gar nicht verpflichtet; wenn sie aber dennoch erfolge, so sei das ein »außerordentliches Entgegenkommen«! Mastny nahm das offenbar widerspruchslos hin, obschon doch die ČSR von der Grenzverletzung durch deutsche Beamte selbst überzeugt war. Am 3. 6. 1935 wurde Lampersberger an der deutsch-tschechoslowakischen Grenze den Behörden der ČSR übergeben.

Im Zusammenhang mit der Entführung Jacobs hatte der Schweizer Gesandte in Berlin, Dinichert, in einem Bericht an seine Heimatbehörde bemerkt, man könne sich bei den in Deutschland herrschenden Zuständen gut vorstellen, »daß man [...] Menschen auf deutschen Boden locken oder gewaltsam zu verbringen versucht, um vermeintliche sogenannte Hintermänner in Deutschland zu entdecken oder zu überführen«. Wenn der Entführte dann auch wieder zurückgegeben werden müsse, so bleibe für Deutschland »immer noch ein dem bleibenden Vorteil entsprechender Anreiz, der für die Nachbarländer eine weitere Gefahr einschließt«[25]. Dinichert hatte mit dieser Bemerkung auch den Kern der Sache im Fall Lampersberger getroffen. Denn tatsächlich war es der Gestapo darum gegangen, zunächst Lampersbergers habhaft zu werden und dann etwaige Hintermänner zu verhaften. Schon am 11. Mai, dem Tage, an dem die ČSR ihre Protestnote übergab, hatte man deutscherseits an Lampersberger »kein großes Interesse« mehr, da aufgrund seiner Aussagen »bereits die Aufdeckung eines großen Agentennetzes sowohl in der Tschechoslowakei wie auf deutschem Gebiet« erfolgt war[26].

Die ständigen Grenzverletzungen durch Deutschland hätten der ČSR allen Anlaß gegeben, nachdrücklich auf einer Bestrafung der an der Entführung Beteiligten zu bestehen; ebenso war es nicht unbillig, wenn die ČSR einen Ausdruck des Bedauerns über den Vorfall erwartete sowie einen Hinweis darauf, daß man deutscherseits etwa erklärte, im Sinne gutnachbarlicher Beziehungen dafür zu sorgen, solche Zwischenfälle in Zukunft zu verhindern. Aber im Reich dachte man weder daran, die Beamten gebührend zu verwarnen[27], noch hatte man offenbar ein Interesse an einem gutnachbarlichen Verhältnis, denn, wie der Leiter der Politischen Abteilung II im AA, Köpke, vermerkte, hatte er selbst den ursprünglich in der deutschen Note enthaltenen Hinweis auf eben dieses nachbarschaftliche Verhältnis herausgestrichen[28].

Die Unterstützung durch die Presse des eigenen Landes wie auch der Auslandspresse wäre der Prager Regierung bei einem festen Auftreten gegenüber Deutschland gewiß gewesen. So schrieb z. B. der tschechische ›Venkov‹ am 1. 5. 1935, die Schweiz sei der Entführung Jacobs von ihrem Territorium energisch nachgegangen und habe durch ihre Nachforschungen »die ganze europäische Öffentlichkeit interessiert«. Wenn man auf ähnliche Weise die Welt auf die Fälle von Menschenraub aufmerksam mache, werde sie auch »die Atmosphäre des heutigen Deutschland erkennen«[29]. Die deutsche Gesandtschaft in Oslo berichtete am 6. Mai nach Berlin, daß die Entführung Lampersbergers und die gleichzeitige Entführung eines Emigranten aus Holland »in außerordentlich sensationeller Aufmachung« veröffentlicht worden sei[30]. Tatsächlich war auch von Holland aus, unter Beteiligung deutscher Polizeibeamter, ein Emigrant (Gutzeit) nach Deutschland entführt worden[31]. Der niederländische Gesandte in Berlin sprach von einem zweiten Fall Jacob, aber auch er ließ, wie der tschechoslowakische Gesandte im Falle Lampersbergers, erkennen, daß die Niederlande kein Interesse daran hätten, daß ähnliche Verwicklungen wie im Fall Jacob entstünden.

Das rasche Einlenken der ČSR wie der Niederlande hob sich deutlich von dem Verhalten der Schweiz im Falle Jacob ab, und die Scheu vor einem Konflikt mit dem Deutschen Reich kam einer Kapitulation des Rechts vor dem Rechtsbrecher gleich. Ein solches Verhalten schlug in jedem Falle zugunsten Deutschlands aus. Es bestätigte nicht nur, was der Schweizer Gesandte Dinichert erkannt hatte, daß nämlich, wie immer eine solche Entführung ausging, die deutschen Behörden ihr damit beabsichtigtes Ziel, Hintermänner oder vermutliche Hintermänner festzustellen, erreichten; die deutschen Behörden mußten sich angesichts eines solchen Verhaltens geradezu ermuntert fühlen, solche Methoden auch weiterhin anzuwenden.

Die Haltung der ČSR in diesem Falle dürfte wesentlich durch einen Vorfall mitbestimmt gewesen sein, der sich kurze Zeit vor der Entführung Lampersbergers zugetragen hatte und bei dem sich die ČSR in die Rolle des Mitschuldigen drängen ließ. In der Nacht vom 23. auf den

24. 1. 1935 wurde der deutsche Emigrant Rudolf Formis in einem kleinen Ort in der Umgebung Prags erschossen. Formis war ein Mitarbeiter Otto Strassers gewesen und hatte im tschechoslowakischen Exil als Vertriebsleiter der von Strasser herausgegebenen ›Deutschen Revolution‹ fungiert und ab September 1934 vom Boden der ČSR aus den Geheimsender der »Schwarzen Front« bedient, der täglich abends seine Sendungen[32] ins Reich hineingestrahlt hatte, zum Ärgernis von Gestapo und Parteifunktionären. Der Mordfall rief in der tschechoslowakischen Öffentlichkeit großes Aufsehen hervor. Nicht nur, daß die Tat allgemein verurteilt wurde, für die »Durchschnittsmeinung« im Lande stand »unumstößlich fest, daß es sich nicht um den Handstreich von ein paar Desperados, sondern um ein sorgfältig unter Mitwirkung von behördlichen und hohen Parteistellen in Deutschland vorbereitetes Unternehmen« handelte[33]. Das war nicht nur ‹Durchschnittsmeinung›, es entsprach vollkommen den Tatsachen. Wer außer Hitler-Deutschland konnte ein Interesse an der Ausschaltung Formis' und des Schwarzsenders haben? Noch am Mordtage wurde im AA ein Erlaß an die deutsche Gesandtschaft in Prag verfaßt, in dem es heißt, daß »bei den beteiligten inneren Stellen höchstes Interesse daran besteht, den getarnten Sender der Schwarzen Front unschädlich zu machen«. Der Erlaß wurde aber nicht mehr abgeschickt[34].

Bereits am 7. 1. 1935 hatte Heydrich in einem Runderlaß an die Stapostellen auf den von einem Emigranten betriebenen Schwarzsender hingewiesen und weitere Überwachung angeordnet. Aber zugleich wies er darauf hin, daß »hinsichtlich der Störung des Senders« das »weitere von hier aus veranlaßt« würde[35]. Dies tat Heydrich, indem er den SS-Mann Alfred Naujocks, der 1939 auch den Überfall auf den Sender Gleiwitz durchführte, beauftragte, den Schwarzsender unschädlich zu machen und, wenn möglich, Formis lebend nach Deutschland zu bringen[36]. Heydrich erklärte, die Sendungen verursachten der Partei »große Unannehmlichkeiten«, und Hitler und Göring beschimpften ihn, Heydrich, ständig wegen dieses Senders. Naujocks, der einen zuvor schon von Heydrich erteilten Auftrag, Otto Strasser zu ermorden, nicht durchgeführt hatte, versuchte sich diesmal zu ‹rehabilitieren›; er führte die Ausschaltung des Schwarzsenders zur Zufriedenheit Heydrichs durch und wurde zum SS-Untersturmführer befördert[37]. So klar lag zwar der Fall für die Regierung in Prag seinerzeit nicht, aber die Ermittlungen der tschechoslowakischen Polizei ergaben auch damals, daß der Anschlag von reichsdeutschem Gebiet aus ausgeführt worden war.

Politisch entwickelte sich die Angelegenheit derart, daß die unerhörte

Mordtat mit einem politischen Gewinn für das Dritte Reich endete. Was 1939 mit dem von deutscher Seite inszenierten Angriff auf den Sender Gleiwitz zur Rechtfertigung des Krieges gegen Polen herhalten mußte, diente 1935 dazu, die ČSR ins Unrecht zu setzen. Und zwar machte man sich deutscherseits den Umstand zunutze, daß das AA bereits zweimal beim Prager Außenministerium auf den Schwarzsender aufmerksam gemacht und seine Unterdrückung gefordert hatte, wozu die ČSR völkerrechtlich nach der allgemeinen Vollzugsordnung für den Funkdienst und staatsrechtlich nach dem tschechoslowakischen Rundfunkgesetz von 1923 verpflichtet gewesen wäre[38]. In Berlin verstand man es geschickt, dies als Pflichtverletzung nach Völkerrecht durch tschechoslowakische Behörden so in den Vordergrund zu spielen, daß die ČSR es nicht wagte, die jedem Völkerrecht hohnsprechende Selbsthilfe Heydrichs und die Tatsache, daß Übergriffe seitens des Dritten Reiches ja keine Einzelfälle waren, ihrerseits entschieden als nach Völkerrecht Geschädigter aufzutreten.

Der deutsche Gesandte in Prag, Koch, empfahl in einem Telegramm nach Berlin vom 25. Januar, von den beiden deutschen Demarchen in der deutschen Presse erst dann Gebrauch zu machen, wenn sich die tschechoslowakische Propaganda »durch schiefe Darstellung noch mehr ins Unrecht gesetzt hat«. Überdies empfahl er, als Zusatz in deutsche Antworten aufzunehmen, es sei doch eine alte Erfahrung, »daß Saumseligkeit oder Unfähigkeit der Behörden gegenüber einem berechtigten Verlangen schließlich zur Selbsthilfe durch Unbefugte« führe[39]. Koch hatte offenbar noch keine Kenntnis von den Zusammenhängen, sonst hätte er schwerlich in seiner sonst üblichen völkerrechtlichen Argumentation den Grundsatz der Selbsthilfe eingebracht. Im AA vermerkte man zu diesem Vorschlag Kochs ein klares »Nein«. Dort war man vielmehr darum bemüht, alles zu vermeiden, was nach außen hin den Eindruck erwecken könnte, reichsdeutsche Stellen hätten etwas mit der Angelegenheit zu tun. So sprach sich der Leiter des Referates D, das Verbindungsreferat im AA zu amtlichen und Parteistellen im Reich, dafür aus, »jeden Zusammenhang zwischen Schwarzsender und der Ermordung Formis schon bei der Bearbeitung zu vermeiden«[40]. Ja, die Absicherung ging noch weiter. Nach einer Übereinkunft zwischen AA und Gestapa wurde es für zweckmäßiger gehalten, den Verkehr zwischen den deutschen Behörden in dieser Angelegenheit nicht schriftlich, sondern nur telefonisch abzuwickeln[41]. Einen Zusammenhang stellte man allerdings her, und zwar behandelte man von deutscher Seite den Mord an Formis sofort als eine Frage, die generell die Emigrantenfrage in der ČSR betreffe. Bereits in seinem Bericht vom 28. Januar bemerkte Gesandter Koch, daß trotz einhelliger Verurteilung der Tat und trotz allgemeiner Auffassung von der reichsdeutschen Urheberschaft doch auch schon die Frage in der tschechoslowakischen Öffentlichkeit erörtert werde, inwieweit »die hiesige Regierung, insbesondere die von Dr. Benesch abhängigen und beeinflußten Behörden und die Emigranten eine Mitschuld am Gang der Dinge tragen«[42]. Gleichfalls stellte er fest, daß, nachdem die Tatsache der beiden vor dem Mord liegenden deutschen Demarchen bekannt geworden war, plötzlich einige Blätter, die zuvor sogar für die Anrufung des Völkerbundes eingetreten waren, nunmehr große Zurückhaltung zeigten. Koch führte diese Änderung auch im Verhalten einiger Politiker darauf zurück, daß der Mordfall einige Elemente in sich berge, »die die Frage des Verhaltens der Emigration und die Frage nach den Kräften, die dieses Verhalten ermöglichen und wünschen, automatisch aufwerfen müssen«. Angesichts eines bevorstehenden Wahlkampfes in der ČSR trüge dies noch zur weiteren Verwicklung der ohnehin schon komplizierten inneren Lage in der ČSR bei. Für die Wahlpropaganda werde der Fall Formis, vor allem das Versagen der Polizei, gewiß ausgeschlachtet werden. Koch schlug vor, deutscherseits die außenpolitische »malaise« der ČSR durch »geschickte Ausnützung der oppositionellen Stimmen aus dem tschechischen Lager selbst zu stärken«[43].

Wenige Tage später erklärte Koch in einem Gespräch mit Minister Krofta, daß, nachdem der Sender verstummt sei, die Sache auch für Deutschland erledigt sei. Aber, so fragte er weiter, wie stelle sich nun die Regierung zu Otto Strasser und der Tatsache, daß von tschechoslowakischem Boden aus zum Sturz der Regierung im Reich und zum Mord an Hitler aufgerufen werde? Krofta gab »unumwunden« zu, daß mit Strasser »Schluß gemacht werden müsse«. Man sei in der ČSR bislang viel zu liberal ihm gegenüber gewesen[44]. Auf die Bemerkungen Kroftas, den Koch »so merkwürdig kleinlaut« wie kaum je zuvor sah, die ČSR stehe vor schweren innenpolitischen Problemen, ging Koch nicht ein. Vielmehr ging er zum Angriff über und erklärte, die ČSR könnte wegen ihrer Saumseligkeiten in der Schwarzsender-Angelegenheit und wegen der bislang ohne einzigen sichtbaren Erfolg gebliebenen deutschen Beschwerden in Emigrantenangelegenheiten sehr wohl als doppelzüngig bloßgestellt werden. Für das Reich werde es unumgänglich, der internationalen Öffentlichkeit deutlich die Kluft vor Augen zu führen, die zwischen dem tatsächlichen Verhalten der ČSR und den stolzen Worten Außenminister Beneschs vor dem Völkerbund bestünden[45]. Das bezog sich auf eine Rede Beneschs, in der er erklärt hatte, die ČSR sei stolz darauf, Emigranten ein Asyl zu gewähren; zugleich hatte er aber auch hinzugefügt, gegen den Mißbrauch des Asylrechts einschreiten zu wollen. Dazu merkte der ›Völkische Beobachter‹ am 12. 1. 1935 an, man »neide ihm seine Freudenkinder nicht«, schließlich sei es Privatsache der »tschechischen Humanitätsdemokraten, über den Auswurf und Abschaum eines anderen Volkes Stolz zu empfinden«. Aber im gleichen Zusammenhang wies das Blatt auf die geduldete ‹Hetze› der deutschen Emigranten, insbesondere auf die Tätigkeit des Schwarzsenders hin und schloß mit der Bemerkung: »Wir registrieren die vorstehenden Tatsachen für alle Fälle...«

Gegen einen Teil der ‹Hetze› waren die Nationalsozialisten im Wege der Selbsthilfe vorgegangen; den ‹Widerspruch› zwischen den Erklärungen Beneschs und der tatsächlich verfolgten Emigrantenpolitik Prags strichen sowohl deutsche Diplomaten wie die NS-Propaganda heraus, und schließlich weiteten sie diesen ‹Widerspruch› dahin aus, daß die »Humanitätsdemokraten« in Prag dem »Abschaum« des deutschen Volkes Asyl gewährten, dagegen den Forderungen der Sudetendeutschen nur mit Terror begegneten[46].

Der Mordfall Formis gewann in zweierlei Weise eminent politische Bedeutung. Die Diskussion um den Mord und die damit erneut in Gang gesetzte Erörterung der Emigrantenfrage fiel genau in den tschechoslowakischen Wahlkampf; die Emigrantenfrage wurde zu einem Wahlkampfthema. Von deutscher Seite war man bemüht, diese Diskussion anzuheizen, um durch sie eine politische Polarisierung in der ČSR zu erreichen und dabei gleichzeitig auch die Unterdrückung jeder Emigrantentätigkeit in diesem Lande. Zum andern erhielt der Mordfall auch eine außenpolitisch für die ČSR bedeutsame Komponente. Aus der innenpolitischen Schwäche heraus ließ sich die Prager Regierung von Berlin wegen der Emigrantenfrage in die Rolle des Angeklagten drängen, wobei sowohl die vorgebliche Pflichtverletzung nach Völkerrecht als auch die von Prag gegenüber den Sudetendeutschen eingenommene Haltung eine Rolle spielten. Als daher Prag Anfang Februar mit seinem Angebot eines Emigrantenabkommens hervortrat, das, wie Gesandter Koch bemerkte, offensichtlich »aus der Schwäche der hiesigen Regierung in der Strasserschen Schwarzsenderangelegenheit geboren« war[47], wies man dies in Berlin entschieden zurück[48]. Der tschechoslowakische Gesandte in Berlin wurde von Renthe-Fink »nachdrücklichst« darauf aufmerksam gemacht, »daß die aufrührerische Tätigkeit der deutschen Emigranten« in der ČSR »natürlich in keiner Weise mit dem Verhalten der im Reiche lebenden Sudetendeutschen auf eine Ebene gestellt werden könnte«[49].

Staatssekretär Bülow ließ durch Koch nochmals den deutschen Standpunkt in dieser Frage vortragen: Jedes Land sei verpflichtet, keine »Emigrantenumtriebe« zu dulden, und die ČSR könne sich nicht darauf berufen, daß darüber kein besonderes Abkommen mit Deutschland bestehe Bülow bat um zusammenfassenden Bericht, »um belegen zu können, daß sich die Tschechoslowakische Regierung durch ihr bisheriges Verhalten in der Emigrantenfrage einer schweren Unterlassung schuldig gemacht hat«[50].

Auch im Fall Jacob hatte man von deutscher Seite versucht, der Schweiz wegen ihrer Haltung gegenüber den deutschen Emigranten ein Mitverschulden an der Entführung anzulasten, wobei Staatssekretär Bülow in einer Unterredung mit dem Schweizer Gesandten Dinichert sogar die Tat selbst billigte, indem er erklärte, ein Land sei zu beglückwünschen, in dem Privatpersonen [!] aus eigener Initiative Subjekte, die durch ihr Land verfolgt würden, ins Land lockten[51]. Aber die Schweiz schlug von Anfang an einen scharfen Ton an, da auch sie mehrere Fälle von Grenzverletzungen durch Reichsdeutsche zu beklagen hatte. Bundesrat Motta war entschlossen, den Fall auch auf das Risiko eines schweren Konflikts durchzufechten »und bis ans Ende der friedlichen Mittel zu gehen«[52]. Die Schweiz behandelte den Entführungsfall unnachgiebig als Verletzung und Mißachtung ihrer Gebietshoheit und ließ sich auch nicht auf die deutschen Versuche ein, »den Akzent von der Frage der Entführung auf die moralische Verantwortung der Schweiz gegenüber unfreundlichen Emigranten und Journalisten« zu verlagern[53].

Die ČSR hingegen hatte vor den Gebietsverletzungen durch die Nationalsozialisten politisch kapituliert und ließ sich offensichtlich von den von deutscher Seite massiv vorgebrachten Anschuldigungen, Prag verletze durch sein Verhalten gegenüber den deutschen Emigranten das Völkerrecht, einschüchtern. Anders ist die Haltung der Prager Regierung sowohl im Fall Formis wie im Fall Lampersberger kaum zu erklären. Dieser Haltung gab der tschechoslowakische Minister Krofta auf einer Pressekonferenz für ausländische Journalisten am 10. 4. 1935 beredten Ausdruck. Auf die Frage eines Journalisten, ob die ČSR in der Formis-Angelegenheit nicht ähnliche Schritte unternehmen wolle wie die Schweiz im Fall Jacob, antwortete Krofta, »durch die Frage sichtlich unangenehm berührt«, die ČSR habe das getan, was möglich war, nämlich die deutschen Stellen um Verfolgung der mutmaßlichen Mörder zu ersuchen; im übrigen sei die ČSR in ganz anderer Lage als die Schweiz, denn Formis sei ja tot. Achselzuckend schloß Krofta: »Was sollen wir schon machen.«[54]

Dieser Fatalismus mutet um so seltsamer an, als gerade durch den zeitlichen Zusammenhang der reichsdeutschen Übergriffe auf benachbartes Territorium das Dritte Reich geradezu in eine diplomatische Isolierung geraten war, die, wie der Schweizer Gesandte in Berlin meinte, noch nie so komplett gewesen war[55]. Daß diese Übergriffe im Ausland nicht als bedauerliche Einzelfälle angesehen wurden sondern als Signum nationalsozialistischer Politik, wußte auch Papen aus Wien zu berichten. In einem Brief an Hitler schrieb Papen, die österreichische Presse weise »mit besonderer Ausführlichkeit darauf hin, daß die ›Respektlosigkeit Deutschlands vor der Gebietshoheit anderer Staaten‹ zu den allergrößten Bedenken Anlaß geben müsse«. Die Schweizer Berichte über den Fall Jacob würden ausführlich gedruckt, und es werde betont, »daß in der gegenwärtigen europäischen Gesamtlage es nicht unwesentlich sei, ob das Dritte Reich sich herbeilassen werde, die ›Gebietshoheit anderer Staaten gemäß dem Völkerrecht zu achten‹«.[56]

Offenbar maß Hitler dem, soweit es in irgendwelche Zusammenhänge mit den Übergriffen gegen reichsdeutsche Emigranten gebracht wurde, nicht viel Bedeutung bei. Gesandter von Weizsäcker z. B., der gleich nach Bekanntwerden der Entführung Jacobs nach Berlin reiste, um bei Hitler vorzusprechen, wurde erst gar nicht empfangen und von der Reichskanzlei an das AA verwiesen[57]. Hitlers Weigerung, Jacob sofort wieder den Schweizer Behörden zu überstellen, auch nachdem Neurath sich vom außenpolitischen Gesichtspunkt entschieden dafür eingesetzt hatte, deuten darauf hin, daß Hitler die Aufregung der ausländischen Öffentlichkeit über solche Vorgänge als vorübergehend ansah, die zwar für den Augenblick dem Ansehen des Reiches schadeten, aber keinen nachhaltigen schädigenden Einfluß auf die deutsche Außenpolitik haben würden, womit er letztlich recht behielt. Die Frage, ob der Nutzen solcher Sonderaktionen in einem vertretbaren Verhältnis zu den dadurch möglichen politischen oder moralischen Nachteilen stand, spielten offenbar weder für Himmler noch für Heydrich noch für Hitler eine große Rolle[58].

Mochten auch die zahlreichen Entführungen und Entführungsversuche in den ersten Wochen und Monaten nach der Machtergreifung im wesentlichen auf das Konto von SA und SS gehen, die ihren Betätigungsdrang und die versprochene Abrechnung mit den Gegnern des Nationalsozialismus auch auf das benachbarte Ausland ausdehnten, und hier insbesondere im deutschsprachigen Ausland, so waren sie doch durch die staatlichen Institutionen und durch die neue politische Führung im Reich gedeckt, auch strafrechtlich[59]. Es war letztlich die Billigung, Duldung oder auch Inszenierung durch die nationalsozialistischen Führungsspitzen, was die Entführungen und Morde an politischen Gegnern im Ausland klar als Mittel nationalsozialistischer Politik ausweist. Daß das Regime den Kampf gegen den politischen Gegner, aber auch gegen vermeintliche Gegner, im Innern mit allen, durch keine moralischen Skrupel eingeschränkten Mitteln führte, war auch dem Ausland bekannt, zumal sich die Machthaber selbst ihres rigorosen, unbedingten Vorgehens oft genug rühmten; daß das Regime aber auch keine Staatsgrenzen und keine Grenzen anerkannte, die das Völkerrecht setzte, wurde spätestens an den Mitteln und Methoden deutlich, die es bei der Verfolgung der Exilierten anwandte.

Entführung und Mord stehen hier am Schluß der Darstellung der Abwehrmaßnahmen des Dritten Reiches gegen das Exil. In eindeutiger Weise offenbaren sie den Willen des totalitären Regimes, jeden Widerstand zu brechen, der sich seinem Totalitätsanspruch in den Weg stellte. Wollte man hinzufügen, daß dies auch unter eklatanter Verletzung völkerrechtlicher Normen geschah, so unterstellt man deren Verpflichtende Anerkennung durch das Regime selbst. So oft aber von nationalsozialistischer Seite von Völkerrecht die Rede war, so war stets die Verpflichtung der anderen gemeint, und zwar so, daß sie in weitester Auslegung der Selbstverpflichtung anderer auf die nationalsozialistischen Interessen gleichkam.

Der Katalog der Abwehrmaßnahmen gegen das Exil reichte vom einfachen Dementi bis hin zum Mord. Wenn diese Maßnahmen auch in erster Linie gegen die von den Exilierten ausgehende politische Gefahr für das NS-Regime gerichtet waren, so wurden dahinter doch auch schon die weitergehenden Tendenzen erkennbar, nicht nur den ins Ausland geflüchteten innenpolitischen Gegner auszuschalten, sondern auch im Interesse der zunehmend aggressiven Politik Hitlers und im Sinne der zunehmenden Ideologisierung dieser Politik jeden solcherweise notwendig antinationalsozialistischen Faktor im Ausland zu eliminieren. Die ‹Abwehrmaßnahmen› des Regimes wurden so mittelbar zu Elementen nationalsozialistischer Eroberungspolitik.

Die deutsche Emigration als internationales Problem und die Haltung des Dritten Reiches

1. Die Einsetzung eines Hohen Kommissars für die Flüchtlinge aus Deutschland durch den Völkerbund

Der Zustrom Zehntausender Flüchtlinge aus Deutschland warf in den Zufluchtsländern wirtschaftliche und soziale Probleme auf. Die Auswirkungen der Weltwirtschaftskrise waren auch außerhalb Deutschlands noch lange nicht abgeklungen. Arbeitslosigkeit, Wirtschafts- und Sozialprobleme hier wie dort. Das Ausland war angesichts dieser Besorgnisse nicht gerade beglückt, diese Schwierigkeiten durch die deutschen Flüchtlinge noch vergrößert zu sehen. Die ausländischen Regierungen teilten kaum die Hoffnung der Emigranten auf einen baldigen Regimewechsel in Deutschland. Bemerkenswert früh wurde die Auffassung erkennbar, daß man sich mit dem Flüchtlingsproblem als einer nun einmal bestehenden und nicht mehr rückgängig zu machenden Tatsache abfinden müsse. Die Frage war nicht, ob man in irgendeiner Weise den Ursachen zu Leibe rücken wollte, sondern wie man mit den Folgen fertig werden konnte, ob im Rahmen nationaler Hilfsmaßnahmen der von der Emigration am meisten betroffenen Länder oder durch Internationalisierung des Problems und entsprechende Verteilung der Lasten auch auf jene Staaten, die nicht direkt oder in gleichem Maße davon betroffen waren. Was lag näher, als die Frage der deutschen Flüchtlinge vor den Völkerbund zu bringen? Hatte er sich doch auch ein Jahrzehnt zuvor mit dem zahlenmäßig weitaus größeren Problem der weißrussischen Flüchtlinge und den armenischen Flüchtlingen beschäftigt und mit der Flüchtlingsorganisation unter dem Polarforscher und Nobelpreisträger Nansen (Nansen-Amt) wirksame Hilfe geleistet[1].

Für einige Länder wurden zudem politische Erwägungen bestimmend, um nach einer internationalen Lösung des Flüchtlingsproblems zu suchen. Nicht alle Emigranten waren nur willenlose Opfer der nationalsozialistischen Machtergreifung, für die es unverständlich blieb, wieso gerade sie von den neuen Machthabern im Reich zum Feind erklärt worden waren. Eine nicht unerhebliche Anzahl waren entschiedene aktive Gegner des Nationalsozialismus, den sie schon vor ihrer Flucht bekämpft hatten. Für die Asylländer wurden sie zu einem politischen Unsicherheitsfaktor, und das Dritte Reich gab klar zu erkennen, daß es die seinen nunmehr im Ausland lebenden Gegnern belassenen minimalen Rechte als unfreundlichen Akt der Regierungen der Asylländer gegenüber dem nationalsozialistischen Deutschland betrachtete.

Gerechterweise muß man, wie Walter[2] hervorhebt, bei der Untersuchung der Emigrantenpolitik der Asylländer, vor allem bei den kleineren Staaten, den propagandistischen, diplomatischen und auch ökonomischen Druck nennen, mit dem das Dritte Reich Einfluß auf die Haltung der Asylländer zum Emigrantenproblem zu nehmen versuchte[3]. Ein weiterer wichtiger Gesichtspunkt für die Beurteilung der Emigrantenpolitik der Asylländer ergibt sich daraus, daß das Dritte Reich sich selbst als das Bollwerk gegen den Bolschewismus präsentierte – ein Anspruch, der ihm nicht wenige Sympathien einbrachte – und die politischen Emigranten nichts weiter schienen als unterlegene politische Gegner, in der Mehrzahl zudem den Linksparteien angehörend oder zuzurechnen, so daß sie vielfach lediglich als subversive Elemente betrachtet wurden[4]. Nicht zuletzt wurden die Emigranten zu einem Streitpunkt innenpolitischer Auseinandersetzungen, oft weniger wegen ihrer Tätigkeit als vielmehr dadurch, daß von verschiedenen politischen Gruppen ihre Anwesenheit in den Asylländern zu propagandistischen Zwecken benutzt wurde (offener oder latenter Antisemitismus, Appelle an Überfremdungsangst und Konkurrenzangst).

Verschiedene Motive trafen so zusammen, und einige Asylländer versuchten, sich durch eine internationale Übereinkunft wirtschaftlich, sozial und auch politisch zu entlasten. Gerade der Wunsch, die politischen Momente aus dieser Angelegenheit fernzuhalten, bestimmten von Anfang an die internationale Behandlung des deutschen Flüchtlingsproblems.

Die Jahrestagung des Internationalen Arbeitsamtes in Genf, auf der erstmals auch im internationalen Rahmen über das deutsche Flüchtlingsproblem gesprochen wurde, verabschiedete im Juni 1933 eine Resolution an den Völkerbund, in der dieser aufgefordert wurde, angesichts der angespannten Arbeitsmarktlage in den Asylländern nach Möglichkeiten zur Unterbringung und Unterstützung der Flüchtlinge aus Deutschland zu suchen. Ausdrücklich wurde hervorgehoben, daß damit keine Einmischung in die inneren Angelegenheiten Deutschlands verbunden sein sollte[5].

Berlin bestritt die Zuständigkeit des Völkerbundes in dieser Frage und konnte, mit Unterstützung des Generalsekretärs des Völkerbundes, Avenol, verhindern, daß diese Resolution den Mitgliedstaaten offiziell mitgeteilt wurde[6]. Das bedeutete jedoch nur vorübergehend Zeitgewinn. Berichte aus Genf, dem Sitz des Völkerbundes, und vertrauliche Mitteilungen von dritter Seite machten aber auch Berlin klar, daß das deutsche Flüchtlingsproblem bald in irgendeiner Form zu offiziellen Beratungen vor dem Forum des Völkerbundes führen würde[7]. Das AA versuchte zunächst, sich dadurch dieser unerwünschten Entwicklung entgegenzustemmen, daß es ein deutsches Flüchtlingsproblem schlichtweg leugnete und sich im übrigen jede Einmischung des Völkerbundes in Angelegenheiten deutscher Staatsangehöriger entschieden verbat[8].

Am 20. September erklärte der niederländische Geschäftsträger in Berlin, Baron de Vos, seine Regierung erwäge die Frage, ob nicht der bevorstehende Zusammentritt des Völkerbundes genutzt werden sollte, eine Diskussion über das deutsche Emigrantenproblem herbeizuführen, denn die Niederlande sähen sich durch die Vielzahl der mittellosen und zum Teil auch schriftlosen Emigranten nicht mehr in der Lage, geeignete Maßnahmen allein zu treffen. Man denke dabei »lediglich an eine rein technische Diskussion«; nichts liege der niederländischen Regierung ferner als eine Diskussion über innerdeutsche Fragen zu entfachen. De Vos deutete auch an, eine deutsche Stellungnahme könnte bei den Weisungen an die niederländische Delegation, die erst in drei Tagen nach Genf abreisen werde, berücksichtigt werden[9]. Die Antwort auf diese niederländische Offerte, die Instruktionen an die niederländische Delegation mit dem AA abzustimmen, fiel mager und für die holländische Regierung völlig unzureichend aus. De Vos wurde lediglich erklärt, die geringe Zahl von 33 ausgebürgerten Reichsdeutschen rechtfertige in keiner Weise besondere Maßnahmen, und die übrigen Emigranten würden ebenso behandelt wie alle anderen Deutschen[10]. Dies wiederholte Neurath auch bei seinem Zusammentreffen mit dem holländischen Außenminister de Graef am 25. September in Genf. Das aber war nichts weiter als ein Versuch, den holländischen Antrag zu neutralisieren und de Graef zu dupieren. Der holländische Außenminister jedoch betonte, er könne aus innenpolitischen Gründen den Antrag nicht mehr zurückziehen[11].

Am Nachmittag des 26. September fand in der Reichskanzlei eine Chefbesprechung über außenpolitische Fragen statt. Erster Punkt der Tagesordnung war der holländische Antrag[12]. In Vertretung des Außenministers unterrichtete Staatssekretär Bülow die Anwesenden von dem holländischen Schritt. Er betonte, die holländische Regierung habe nicht die Absicht gehabt, Deutschland politische Schwierigkeiten zu bereiten;

vielmehr suche man in den Niederlanden nach Mitteln und Wegen, sich selbst von dieser »immer drückender werdenden Sorge zu entlasten«. Mehrfach sei versucht worden, die holländische Regierung davon abzubringen, einen solchen Antrag zu stellen, allerdings ohne Erfolg. Bülow verschwieg auch nicht, daß die rund 50 000 Emigranten für die Asylländer ein ernstes Problem darstellten. »Theoretisch« seien die Flüchtlinge, mit Ausnahme der Ausgebürgerten, noch immer deutsche Staatsangehörige, die Anspruch auf deutschen Schutz hätten. Daher sei beabsichtigt, in Genf zu erklären, die Flüchtlinge seien »freiwillig emigriert« und könnten jederzeit zurückkehren. Der in Genf weilende Außenminister bitte um Ermächtigung, offiziell eine solche Erklärung abzugeben.

Hitler widersprach, wie das Protokoll festhielt, entschieden dem Inhalt der vom AA angeregten Erklärung:

»Es sei an sich ein großer Vorteil für Deutschland, daß die politischen Flüchtlinge das Land verlassen hätten. Da es sich bei ihnen vorwiegend um Ostjuden handele, sei es nicht mehr als recht und billig, wenn auch andere Länder gezwungen würden, eine bescheidene Quote dieser Welle ostjüdischer Einwanderer bei sich aufzunehmen. Zu erklären wäre vielmehr in Genf: 1) Es handele sich ausschließlich um Leute, die wegen ihres schlechten Gewissens aus Deutschland geflohen seien und gegen die in Deutschland Untersuchungen geführt würden. 2) Wir hätten trotz der Notlage in Deutschland Hunderttausende, die aus dem Osten eingewandert seien, in den letzten Jahren bei uns aufgenommen. Es könne uns nicht zugemutet werden, daß wir 3) diese Leute bei uns behalten müssen, und es müsse darauf aufmerksam gemacht werden, daß andere Länder, besonders Frankreich und die Schweiz, stets gern das Asylrecht bewilligt haben. Deutschland könne aber keine Erklärung abgeben, aus der man unsere Bereitwilligkeit herauslesen könnte, Flüchtlinge wieder bei uns aufzunehmen und durch die wir möglicherweise international festgelegt würden.«[13]

In diesen wenigen Sätzen war Hitlers ganze Denkweise über das Emigrantenproblem zusammengefaßt[14] und zugleich als Richtlinie für die nationalsozialistische Emigrantenpolitik fixiert; in unzähligen Varianten fanden sie Eingang in amtliche Verlautbarungen.

Für die deutsche Delegation in Genf war diese grundsätzliche Stellungnahme Hitlers wenig hilfreich. Zwar teilte sie weisungsgemäß den deutschen Standpunkt den anderen Mitgliedstaaten mit, doch war damit das aktuelle Problem noch nicht vom Tisch. Der holländische Antrag war eingebracht, und für die deutschen Vertreter kam es zunächst darauf an, eine praktische Diskussion in dieser Frage zu verhindern. Die anderen Staaten kamen Deutschland insofern weit entgegen, als sie den Antrag an die II. Kommission verwiesen, die sich normalerweise mit wirtschaftlichen Fragen[15] befaßte, um ihrerseits den nichtpolitischen Charakter zu unterstreichen[16]. Dennoch erklärte die deutsche Delegation zunächst ihr »Desinteressement« an jeder weiteren materiellen Behandlung der Angelegenheit[17]. Eine aktive Mitarbeit komme schon deswegen nicht in Betracht, weil es sich bei den deutschen Flüchtlingen »vielfach« um Personen handele, »die sich offen oder geheim in landesverräterischer Weise gegen Deutschland betätigt haben«[18]. So leichtfertig man mit dem Vorwurf landesverräterischer Betätigung umging, so fadenscheinig war dieses Argument auch, wenn es zur Begründung des deutschen Fernbleibens von den Beratungen herangezogen wurde. Dahinter steckte als tatsächlicher Beweggrund – abgesehen von Hitlers Vorstellungen – die Befürchtung, die ins Auge gefaßten internationalen Einrichtungen für die Flüchtlinge aus Deutschland könnten »in irgendeiner Weise zu einem Stützpunkt derjenigen Elemente werden, die das Ziel verfolgen, vom Ausland her die deutsche Regierung offen oder heimlich zu bekämpfen und zu schädigen«[19].

Ohne deutsche Mitwirkung erarbeitete die II. Kommission eine Resolution, die der Völkerbundsversammlung zur Beschlußfassung vorgelegt werden sollte. Sie sah eine sehr weitgehende Beteiligung von Völkerbundsorganen und damit auch weitgehende Übernahme der Verantwortung durch den Völkerbund vor[20]. In Berlin sah man sich in der Hoffnung getäuscht, die anderen Mitgliedstaaten würden keinen Beschluß gegen Deutschland durchdrücken wollen. Die deutsche Delegation in Genf wurde nach Bekanntwerden der Resolution angewiesen, bei der entscheidenden Schlußabstimmung dagegen zu stimmen[21], was bei der erforderlichen Einstimmigkeit zur Annahme der Resolution Ablehnung bedeutet hätte.

Diese Mitteilung stieß in Genf auf eine »sehr kühle Haltung«[22], und der Delegierte Ritter wies darauf hin, daß Deutschland durch ein Veto »in eine unangenehme Lage kommen werde, die von anderen Mächten als willkommen begrüßt würde«[23]. Die intransingente Haltung Deutschlands in dieser Frage konnte in der Tat zu einem Eklat führen. Kam durch das deutsche Veto die vorgesehene Einrichtung eines Hohen Kommissariats für die Flüchtlinge aus Deutschland nicht zustande, waren die einzelnen Staaten gezwungen, selbständig Maßnahmen zur Lösung des Emigrantenproblems zu ergreifen, und das konnte im äußersten Fall Abschiebung von Emigranten nach Deutschland bedeuten – eine Lösung, die ganz und gar im Gegensatz zu den nationalsozialistischen Interessen stand. Weiter konnte die bis dahin von allen betroffenen Staaten verfolgte Linie, die Emigrantenfrage als nichtpolitische Angelegenheit zu behandeln, verlassen werden und zu der unerwünschten politischen Diskussion über das Hitler-Regime führen, wobei mit Sicherheit nicht allein die Flüchtlingsfrage aufgeworfen worden wäre; das nationalsozialistische Deutschland war nicht allein wegen der Emigrantenfrage, sondern weit mehr noch wegen seiner antijüdischen Politik in die moralische Defensive gedrängt. Die negativen Rückwirkungen auf die deutsche Außenpolitik hatte man schon empfindlich zu spüren bekommen. Schließlich gehörte auch die Abrüstungsfrage, selbst wenn deren technische Beratungen bei der Abrüstungskonferenz selbst lagen, zu den politischen Kernfragen der Gespräche in Genf.

Inwieweit diese Überlegungen im einzelnen für Berlin ausschlaggebend waren, in der Emigrantenfrage eine andere Haltung einzunehmen, ist nicht genau auszumachen. Jedenfalls erging an die deutsche Delegation umgehend die Weisung, »durch Stimmenthaltung die Ernennung eines Flüchtlingskommissars« zu ermöglichen[24], allerdings nur unter der Bedingung, daß folgende deutsche Forderungen erfüllt wurden: Der Kommissar durfte kein Organ des Völkerbundes sein, keine amtlichen Beziehungen zu Völkerbundsorganisationen haben, nicht dem Rat berichten dürfen, nur den Regierungen verantwortlich sein, die seine Ernennung vorgeschlagen hatten, und schließlich auch nicht finanziell vom Völkerbund getragen werden[25]. Die deutschen Forderungen nach einer völlig autonomen Organisation standen im Gegensatz zu den in den bisherigen Beratungen erarbeiteten Plänen. Dennoch einigte sich die II. Kommission auf der Basis der deutschen Wünsche[26]. Außer dem einmaligen Akt der Ernennung des Hohen Kommissars durch den Völkerbund bestand keine einzige Verbindung zwischen der ganzen Flüchtlingsaktion und dem Völkerbund.

Am 10. Oktober brachte die II. Kommission die »Proposition visant l'Organisation, sur une base internationale, de l'assistance aux réfugiés (israélites et autres) provenant d'Allemagne« in der Vollversammlung ein[27], die am 11. Oktober bei Stimmenthaltung Deutschlands die Resolution annahm[28]. Der zu ernennende Hochkommissar sollte die internationale Zusammenarbeit herbeiführen. Der Völkerbundsrat wurde ersucht, Regierungen und, wenn ratsam, auch private Organisationen zur Unterstützung des Hochkommissars einzuladen. Wenn es dem NS-Regime auch unangenehm war, daß die Frage der deutschen Flüchtlinge zu einer internationalen Frage und zudem vor dem Forum des Völkerbundes erhoben worden war, so blieb ihm, wollte es einer verbindlichen Zusage, die Emigranten könnten jederzeit zurückkehren, aus dem Wege gehen, nur die eine – später auch durchgesetzte – Möglichkeit, einer auf privater Basis organisierten Flüchtlingshilfe zuzustimmen. Das nationalsozialistische Deutschland hatte dennoch nicht völlig erfolglos taktiert. Die Flüchtlingshilfe war eine »organisation autonome«; ihre periodische Berichterstattung durfte nicht vor dem Völkerbundsrat erfolgen, so daß er auch weiterhin keine amtliche Kenntnis nehmen mußte. Durch diese Konstruktion waren auch die deutschen Befürchtungen, die Flüchtlingshilfe-Organisation könnte zum Stützpunkt antinationalsozialistischer Agitation werden[29], weitgehend ausgeräumt. Wenn völkerbundsamtlich nicht von »deutschen Flüchtlingen«, sondern von »refugiés (israélites et autres) provenant d'Allemagne« die Rede war, so war das zwar eine korrekte Beschreibung in der Hinsicht, daß ja in der Tat nicht alle Flüchtlinge aus Deutschland auch die deutsche Staatsangehörigkeit besaßen. Doch drang damit auch schon Hitlers Auffassung von der Mehrzahl der Flüchtlinge als »Ostjuden« und »landfremden Elementen« durch[30]. Hitler hatte ohnehin die Bezeichnung deutsch nicht mit der Staatsangehörigkeit gleichgesetzt. Und nicht zuletzt: Hatte Deutschland mit seiner Haltung nicht doch vor einem internationalen Forum klar gezeigt, daß es, bei aller Härte der Standpunkte, durchaus zu konstruktiver Zusammenarbeit in internationalen Fragen bereit war? – Drei Tage nach der Abstimmung in der Vollversammlung erklärte Hitler am 14. 10. 1933 den Austritt Deutschlands aus dem Völkerbund und der Abrüstungskonferenz. Hitler versäumte nicht, in seiner Rede, in der er diesen Schritt begründete und zugleich die deutsche Friedensliebe herausstrich, auch auf die deutschen Flüchtlinge zu verweisen, »die sich heute als Emigranten bemühen, ehrliche und anständige Völker gegeneinander zu hetzen«[31].

Dem vom Völkerbund eingesetzten Hohen Kommissar für die Flüchtlinge aus Deutschland waren ein Verwaltungsrat, dem gegenüber der Kommissar seine Berichte erstattete und der aus Vertretern der beteiligten Regierungen bestand, und ein Beratungskomitee, bestehend aus Flüchtlingshilfe-Organisationen, beigegeben[32]. Das Büro des Kommissars wurde nicht in Genf, sondern in Lausanne errichtet. Damit war auch durch räumliche Trennung unterstrichen, daß es sich nicht um ein Völkerbundsorgan handelte. Norman Bentwich, ein Mitarbeiter des Hohen Kommissars, schreibt, daß man zu dieser Zeit die Trennung der Hohen Kommission vom Völkerbund nicht als Hindernis effektiver Arbeit angesehen habe, sondern vielmehr darauf rechnete, daß sich die

»moralische Autorität« des Völkerbundes positiv auf die Arbeit auswirken würde[33]. Der Berichterstatter vor der Völkerbundsversammlung vom 11. Oktober, auf der die Einsetzung des Hohen Kommissars beschlossen wurde, hatte erklärt, er und seine Kollegen seien darin übereins, daß es sich um eine Entscheidung handele »à la fois délicate et importante«. Die Aufgabe des Kommissars sei um so schwieriger, als er zusammen mit seinem Verwaltungsrat eine »organisation autonome« darstelle. Es sei deshalb unerläßlich, daß die Wahl auf eine Person falle »qui puisse donner, par son autorité, son expérience, son impartialité et sa compétence, toute les garanties et toute la confiance nécessaire, aussi bien aux réfugiés eux-mêmes qu'aux gouvernements intéressés et aux organisations et personnes privées qui seront appellées à collaborer d'une manière quelconque à l'oeuvre envisagée«[34].

Der Verwaltungsrat wählte am 26. Oktober den Amerikaner James G. McDonald zum Hohen Kommissar[35]. McDonald war Präsident der angesehenen American Foreign Policy Association, ein Kenner der europäischen Szene und hatte, was im Hinblick auf seine bevorstehende Aufgabe als entscheidend angesehen wurde, gute Verbindungen zu deutschen amtlichen Stellen. Auch dem nationalsozialistischen Deutschland stand er nicht unbedingt feindlich gegenüber[36]. Er schien die Gewähr zu bieten, daß die anstehenden Verhandlungen auch mit der deutschen Regierung nicht »unnötig« politisiert wurden im Sinne der zuvörderst »humanitären« Aufgabe in der Flüchtlingshilfe.

2. Die Tätigkeit des Flüchtlingskommissars McDonald bis zu seinem Rücktritt 1935

Das Dritte Reich hatte die Ernennung eines Flüchtlingskommissars nicht verhindern können. Aus wohlerwogenen Gründen hatte man schließlich durch Stimmenthaltung zur Schaffung einer Organisation für die Flüchtlinge aus Deutschland beigetragen.

Das Flüchtlingsproblem umfassend zu erörtern, würde den Rahmen der vorliegenden Untersuchung, die sich ja auf die politische Emigration und die Haltung Hitler-Deutschlands ihr gegenüber beschränken will, sprengen. Viele Aspekte müssen hier unberücksichtigt bleiben. Das gilt vor allem für die Bereiche der gelenkten Judenauswanderung aus Deutschland und ihre Verknüpfung mit der Emigrantenfrage allgemein[37]. Mit seinen Bemühungen, aus humanitären Gründen den aus Deutschland Geflüchteten eine neue Heimat zu besorgen, sie in dieser neuen Heimat seßhaft und nach Möglichkeit auch zu Staatsbürgern des neuen Gastlandes zu machen, befand sich der Hohe Kommissar im Einklang mit der von deutscher Seite verfolgten grundsätzlichen politischen Linie, die einmal außer Landes gegangenen – und hier vor allem jüdischen – Emigranten an einer Rückkehr zu hindern und sie zu zwingen, eine andere als die deutsche Staatsangehörigkeit zu erwerben. Die Arbeit des Flüchtlingskommissars war insofern mit ihrer humanitären Zielsetzung eine Ergänzung der rasseideologisch bestimmten deutschen Auswanderungspolitik.

Soweit die Lösung des Flüchtlingsproblems berührende Fragen Deutschland direkt betrafen, konzentrierten diese sich auf zwei Komplexe, und zwar einmal auf die Frage nach dem rechtlichen Status der Emigranten, zum anderen auf finanzielle Probleme. Auf diese beiden Komplexe soll im folgenden näher eingegangen werden.

Schon in den Diskussionen um die Einsetzung eines Völkerbundsorgans für die Flüchtlinge aus Deutschland waren die deutschen Positionen in der Emigrantenfrage abgesteckt worden. Die darin vorgebrachten Argumente, Befürchtungen und erkennbaren Motive blieben auch für die weitere Behandlung der Angelegenheit ausschlaggebend. Hitler hatte in der Kabinettssitzung vom 26. September die Marschroute angegeben: keine Rückkehr der Emigranten. Die sich daraus ergebenden sozialen und finanziellen Belastungen sollte das Ausland tragen. Mit Blick auf zu erwartende Unterredungen mit dem Flüchtlingskommissar versteifte man sich auf den Standpunkt, in Genf keinerlei Verpflichtung zur Zusammenarbeit übernommen zu haben. Ob und in welchem Umfang eine begrenzte »technische« Kooperation stattfinden würde, hing allein von deutschen Zweckmäßigkeitserwägungen ab. Dafür wiederum waren folgende Überlegungen richtungsweisend: alles zu vermeiden, wodurch das Dritte Reich über die Emigrantenfrage unnötigerweise moralisch oder politisch in die Enge getrieben werden konnte, alles zu vermeiden, was zu irgendeiner Einmischung in die deutsche Innenpolitik führen konnte und schließlich alles zu vermeiden, was dazu führen konnte, daß die Frage der deutschen Flüchtlinge erneut allgemein diskutiert wurde und dadurch eventuell neue international geschlossene Aktionen nach sich zog. Auf eine kurze Formel gebracht, lautete die deutsche Position: völliges Desinteressement, keinerlei Verhandlungen, taktische Flexibilität, um unerwünschte politische Rückwirkungen zu vermeiden.

Gegenüber dieser Position hatte der Hohe Kommissar, wie schon in der Völkerbundsversammlung anerkannt, keinen leichten Stand. Weder der Hohe Kommissar noch die im Verwaltungsrat tätigen Vertreter der

Regierungen ließen die deutsche Regierung darüber im Zweifel, daß sie ihre Arbeit völlig unpolitisch sahen. Insbesondere der Vertreter der niederländischen Regierung legte gegenüber dem deutschen Gesandten in Bern Wert darauf, »eine etwaige deutsche Verstimmung abzuschwächen«[38]. In privaten Mitteilungen über den Verlauf der ersten Verwaltungsratssitzung in Lausanne berichtete der Holländer dem deutschen Gesandten, man sei in keinem Augenblick auf die Vorgänge zu sprechen gekommen, die zur Auswanderung aus Deutschland geführt hätten. Man betrachte die »vorhandenen Emigranten lediglich als ein bestehendes Problem« für die Länder, die sie aufgenommen hätten. Für den deutschen Gesandten von Weizsäcker war klar, daß diese Mitteilungen gemacht worden waren, »unangenehme Nachwirkungen bei uns zu verwischen«, die daraus entstanden sein könnten, daß der niederländische Außenminister mit seinem Antrag »in Genf die ganze Flüchtlingsfrage vor ein so großes Forum gebracht und eine deutschfeindliche Debatte entfesselt hat.«[39]

McDonald legte gegenüber dem deutschen Botschafter Luther in Washington seine Haltung zum Flüchtlingsproblem dar[40]. Er betonte, stets für die berechtigten Forderungen Deutschlands, vor allem die Forderung nach Gleichberechtigung, eingetreten zu sein. Dadurch, daß er die Aufgabe des Hohen Kommissars übernommen habe, habe sich seine »Auffassung Deutschland betreffend in keiner Weise geändert«. Für ihn und seine Mitarbeiter sei die übernommene Aufgabe »lediglich technischer Natur«. Für die jede Mitarbeit ablehnende Haltung Deutschlands zeigte er Verständnis. Mit keinem Wort berührte er politische Hintergründe.

In dem immer wieder gegenüber deutschen Stellen hervorgehobenen unpolitischen Charaker der Tätigkeit der Flüchtlingskommission steckte unbezweifelbar auch das Kalkül, damit das Dritte Reich für eine begrenzte Zusammenarbeit zu gewinnen. So deutete McDonald an, daß das Flüchtlingsproblem und die damit verbundenen inneren Schwierigkeiten in den Asylländern Deutschland immer weiter psychologisch belasten würde. Auch die Bemerkung McDonalds, ein etwaiger Nachfolger könnte vielleicht nicht von der gleichen Gesinnung gegenüber Deutschland erfüllt sein wie er, war eine Aufforderung an die deutsche Adresse, in ihm, McDonald, doch immerhin noch das kleinere Übel zu sehen. Informationen, die das deutsche Konsulat in Genf aus Kreisen der Flüchtlingskommission nach Berlin weitergab, wiesen auf die Gefahr hin, daß Deutschland bei intransingenter Haltung moralisch in die Enge getrieben werden könnte und der Vorwurf, die deutsche Regierung sei allen

Argumenten der Menschlichkeit unzugänglich, Stoff für eine weltweite Propagandakampagne gegen das nationalsozialistische Deutschland bieten würde[41]. Nach den gleichen Informationen war man aber auch bei der Flüchtlingskommission bemüht, jede antinationalsozialistische Propaganda zunächst zu vermeiden. Das Konsulat in Genf konnte denn auch nach der ersten Verwaltungsratssitzung nach Berlin berichten: »Es kann objektiv festgestellt werden, daß die Bemühungen, eine Ausschlachtung der Verhandlungen zu antideutscher Propaganda zu verhindern, von Erfolg gewesen sind. Nirgends ist in der hiesigen Presse eine besondere Hetze aus diesem Anlaß aufgekommen.«[42]

Mochte es sich bei solchen Hinweisen auf eine mögliche moralische Offensive gegen Deutschland auch um einen taktischen Schachzug handeln, im AA schloß man das als Konsequenz der eigenen Haltung keineswegs aus. Der Leiter der Rechtsabteilung, Gaus, empfahl, dem Hohen Kommissar auf dessen Anfragen sachlich Auskunft zu erteilen und bei allen Wünschen, die über die sachliche Auskunftserteilung hinausgingen, davon auszugehen, »daß eine wohlwollende Prüfung solcher Wünsche geeignet sein könnte, der antideutschen Propaganda im Ausland viel Boden zu entziehen, während eine grundsätzliche Ablehnung neuen Propagandastoff liefern würde«[43].

Im Februar 1934 kündigte McDonald seinen Besuch in Berlin an. Nach den im AA vorliegenden Nachrichten beabsichtigte McDonald, über die Ausstellung von Pässen für Emigranten und über die Behandlung der in Deutschland befindlichen Vermögenswerte der Emigranten zu sprechen. Staatssekretär Bülow lud die beteiligten Ressorts zum 6. Februar zu einer Besprechung ein, auf der die Unterredungsrichtlinien abgestimmt werden sollten[44]. Bülow erinnerte an die Weisung Hitlers, alles zu vermeiden, was eine Rückkehr der Emigranten nach Deutschland erleichtern könne. Weiter führte er aus, es sei »selbstverständlich, daß diese Besprechungen [mit McDonald] ausschließlich im Sinne der deutschen Interessen« geführt werden müßten. Es sei wünschenswert, die ganze Angelegenheit im AA zu zentralisieren. McDonald sollte zwar Gelegenheit gegeben werden, seine Wünsche vorzutragen, auch werde ihm, soweit es unbedenklich scheine, Auskunft gegeben werden, doch sollte nicht mit ihm *verhandelt* und keine Abmachungen mit ihm getroffen werden. In der Paßfrage sollte McDonald die Rechtslage erläutert werden, wonach deutsche Pässe nicht mehr ausgegeben würden an Ausgebürgerte, an frühere Reichsangehörige, deren Einbürgerung widerrufen worden war, und an Inhaber von deutschen Nansen- und Fremdenpässen. Eine Paßentziehung komme auch bei Emigranten nur nach den geltenden paßrechtlichen Vorschriften in Frage. Die beteiligten Ressorts waren sich ferner darin einig, die Schaffung eines besonderen Passes oder Ausweises für deutsche Emigranten durch ausländische Stellen »nach Möglichkeit zu verhindern«, weil, wie schon früher intern argumentiert wurde, sonst die Beteiligten abgehalten werden könnten, eine fremde Staatsangehörigkeit zu erwerben. Nach außen hin sollte das damit begründet werden, »daß der Kreis der etwa hierfür in Betracht kommenden Personen zu klein sei«.

Am 7. Februar kam McDonald nach Berlin, erfuhr dort in der amerikanischen Botschaft, daß seine Tochter schwer erkrankt sei, worauf er beschloß, gleich am Nachmittag wieder abzureisen. Seine Unterredungen mit Neurath und Beamten des AA waren dementsprechend nur kurz. Gegenüber Neurath betonte er nochmals, daß sich durch seine jetzige Tätigkeit an seiner früheren Haltung gegenüber Deutschland nichts geändert habe. Im Gegenteil bemühe er sich darum, »Politik nach Möglichkeit aus den Arbeiten des Flüchtlingskommissars und seiner Mitarbeiter auszuschalten«[45]. Er sei »lediglich wegen einiger technischer Einzelheiten« nach Berlin gekommen. Im übrigen beschränkte er sich darauf, »mit wenigen Worten anzudeuten, daß er dankbar wäre, wenn die deutsche Regierung in den von ihm aufgeworfenen technischen Fragen ihre Mitwirkung nicht versagen würde«.

In der Paßfrage hatte McDonald in der Tat nur bescheidene Wünsche vorzubringen. Weit davon entfernt, die deutsche Ausbürgerungspraxis oder das Verhalten deutscher Auslandsbehörden zu kritisieren, weil sich diese vielfach weigerten, neue Pässe an Emigranten auszustellen oder abgelaufene zu verlängern, erbat McDonald nichts weiter, als daß die deutschen Paßbehörden im Weigerungsfalle dem Betroffenen eine Bescheinigung darüber ausstellen möchten, daß er mit einer Verlängerung oder Neuausstellung eines deutschen Ausweises nicht zu rechnen habe. Dem Gesuchsteller werde mit einer solchen Bescheinigung einer deutschen Behörde vielfach erleichtert, ein Zwischenpapier seines Aufenthaltslandes zu erlangen. Auf diesen wahrhaft bescheidenen Wunsch wurde McDonald erwidert, »daß der Erteilung einer derartigen schriftlichen Auskunft wohl nichts entgegenstehe«[46]. McDonald versäumte auch nicht zu betonen, daß er nicht beabsichtige, »etwa auf die Schaffung eines besonderen McDonald-Passes oder eines ähnlichen Dokumentes hinzuwirken«[47]. Dem AA konnte es nicht schwerfallen, den deutschen Auslandsvertretungen im Sinne der Wünsche McDonalds Weisung zu erteilen, zumal ja die Absicht, die Emigranten zur Annahme einer anderen Staatsangehörigkeit zu zwingen, dadurch nicht berührt wurde.

Paßtechnische Behandlung der Emigranten durch die deutschen Behörden

Um den Hintergrund zu erhellen, vor dem sich die von McDonald in Berlin vorgetragenen Wünsche recht bescheiden ausnehmen, erscheint es hier angebracht, auf die Paßbehandlung der Emigranten durch die deutschen Behörden etwas ausführlicher einzugehen. Die Frage der Ausbürgerung hatte in einigen Ländern bereits zu Schwierigkeiten geführt[48]. So drückte die englische Regierung ihr Befremden darüber aus, daß Reichsdeutschen, denen sie aufgrund gültiger deutscher Pässe die Einreise gewährt hatte, die Staatsbürgerschaft aberkannt oder die Einbürgerung widerrufen worden war, ohne daß die englische Regierung von einem solchen Vorhaben vorher in Kenntnis gesetzt worden war, so daß sie diese Personen nicht mehr rechtzeitig vor ihrer Ausbürgerung aus dem Land entfernen konnte[49]!

Um nachteilige Auswirkungen auf sämtliche Inhaber deutscher Pässe zu vermeiden, mußten die deutschen Auslandsvertretungen mit neuen Richtlinien für die Paßbehandlung bei Emigranten versehen werden. Schwierigkeiten mit ausländischen Regierungen wegen der paßtechnischen Behandlung der Emigranten deutscherseits, uneinheitliches, zumeist mit der bestehenden Rechtslage im Widerspruch liegendes Vorgehen innerdeutscher Stellen und nicht zuletzt Kompetenzfragen zwischen AA und Gestapo zwangen zu einer Abklärung der verschiedenen Standpunkte unter den mit der Emigrantenfrage befaßten deutschen Behörden. In einer auf den 9. 8. 1935 vom RMdI einberufenen Besprechung wurde eingehend die paßtechnische Behandlung der Emigranten erörtert[50].

Bereits im Juli 1934 war vom AA ein Erlaß herausgegangen, der sich insbesondere mit Paßfragen derjenigen Reichsdeutschen befaßte, die zur Ausbürgerung bzw. Rückbürgerung anstanden. Es hatten sich nach einlaufenden Berichten Schwierigkeiten vor allem deswegen ergeben, weil Ausgebürgerte sich weigerten, ihre Pässe bei den entsprechenden deutschen Auslandsvertretungen abzuliefern. Wie sich herausstellte, machten viele auch weiterhin Gebrauch von ihren an sich ungültigen Papieren. Dagegen erhob man solange keinerlei Bedenken, wie eine Verwertung nur gegenüber ausländischen Behörden erfolgte und deutsche Interessen nicht unmittelbar berührt wurden[51]. Anders sah man jedoch die Lage, wenn diese Personen weiterhin mit ihren nicht mehr gültigen Papieren um Schutz und Hilfe bei den deutschen Auslandsvertretungen nachsuchten und zudem aufgrund der in ihren Händen befindlichen Pässe Verlängerung oder Neuausstellung beantragten. Grundsätzlich wurde dazu in dem Runderlaß festgestellt, daß infolge der durch die »nationale Erhebung eingetretene Neuordnung der Verhältnisse in Deutschland« es »an sich« schon geboten scheine, »daß der Schutzgewährung durch die deutschen Vertretungen im Ausland, sofern vermutet werden kann, daß sie unberechtigter Weise nachgesucht wird, eine sorgfältige Prüfung der Staatsangehörigkeitsverhältnisse der Antragsteller vorausgeht«. In allen Fällen, »in denen irgendwie Anlaß zu der Vermutung gegeben ist, daß ein Widerruf der Einbürgerung vorliegen könnte, insbesondere bei Angehörigen der jüdischen Rasse«, sollte deshalb »vor einwandfreier Feststellung der fortdauernden Reichsangehörigkeit des Antragstellers« eine Paßverlängerung oder Neuausstellung eines Reisepasses abgelehnt werden. Um eine im Sinne der »Neuordnung der Verhältnisse in Deutschland« unerwünschte Ausstellung von Reisepässen nach Möglichkeit zu verhindern, waren die Auslandsvertretungen gehalten, bei der für den Paßbewerber zuständigen innerdeutschen Behörde rückzufragen, »ob etwa Gründe vorliegen, welche die Versagung des Passes rechtfertigen würden«[52]. Solche Rückfragen wurden vielfach nicht nur in streng sachlichem Sinne beantwortet. Einige Regierungspräsidenten, Polizeipräsidenten usw. hatten sich darüber hinaus für befugt gehalten, eigenmächtig über bestimmte Personen eine »Paßsperre« zu verhängen. Auf der Ressortbesprechung vom August stand auch diese Praxis zur Diskussion. Gestapo und AA nahmen dabei verschiedene Positionen ein, die, über den gegebenen Anlaß hinaus, die Frage aufwarfen, wer letztlich darüber zu entscheiden habe, ob ein Paß versagt werden sollte oder nicht.

Nach geltendem Recht lag die Ausstellung von Pässen im Ausland in Händen der deutschen Auslandsvertretungen; die Gründe für eine Paßversagung waren in § 11 der Paßbekanntmachung von 1932 festgesetzt. Innerdeutsche Behörden, wie z. B. der Polizeipräsident von Köln, hatten aber davon abweichend auch ein allgemeines »staatspolizeiliches Interesse« auch ohne Vorliegen konkreter Tatsachen als Grund für die – unrechtmäßige – Paßsperre geltend gemacht[53].

Das Bestreben der Gestapo ging dahin, die Emigranten von den geltenden Rechtsvorschriften ganz auszunehmen. Sie billigte nicht nur die bis dahin verhängten Paßsperren, sondern stellte sich auf den Standpunkt, »daß die Ausstellung deutscher Pässe an Emigranten auch dann möglichst zu versagen sei, wenn gegen ihre Person nichts vorliegt«, denn, so wurde diese Auffassung begründet, man habe keine Veranlassung, »den Emigranten durch die Paßausstellung irgendwie in ihrem Fortkommen behilflich zu sein«[54].

Für das AA erschien dies aus mehreren Gründen nicht annehmbar. Durch den von der Gestapo vertretenen Standpunkt, auf jedes Beibringen von konkreten Tatsachen zu verzichten – die, bei weitester Auslegung der Bestimmungen, eine Paßversagung oder Begrenzung einigermaßen gerechtfertigt hätten – und stattdessen das beliebig dehnbare »staatspolizeiliche Interesse« zum Maßstab zu machen, wurde die Entscheidung über die Paßvergabe letztlich den nach den Rechtsvorschriften zuständigen deutschen Auslandsvertretungen entzogen. Die Entscheidung darüber aber war eine Kompetenzfrage, und das AA war weder gewillt, sich diese Kompetenz nehmen zu lassen noch hinzunehmen, daß die vielfältig geübte Praxis der Paßsperre durch innerdeutsche Behörden zur Norm und damit die Kompetenzfrage gegenstandslos wurde. Das AA beharrte darauf und drang auch entgegen den Vorstellungen der Gestapo damit durch, daß die Entscheidungsbefugnis gemäß der Paßbekanntmachung von 1932 in Händen derjenigen Paßbehörde liegen müsse, in deren Bezirk der Paßbewerber seinen Wohnsitz oder Aufenthalt habe.

Das entscheidende Argument, dem auch die Gestapo schwerlich widersprechen konnte, war, daß eine grundlose Verweigerung von Pässen für Emigranten die Emigrantenfrage unnötig verschärfen würde. An einer sachlich nicht gerechtfertigten paßtechnischen Benachteiligung der Emigranten bestand aber nach Meinung des AA kein Interesse. Eine Paßversagung machte den Betroffenen praktisch zum Staatenlosen. Eine Vermehrung der Staatenlosen, so befürchtete man, würde den Kreisen, die sich mit der internationalen Flüchtlingsfürsorge befaßten, »immer wieder neues Material zu Angriffen gegen Deutschland liefern«[55]. Darüber hinaus ergaben sich »Schwierigkeiten gegenüber ausländischen Regierungen, die im Vertrauen auf den vorher vorhanden gewesenen Paß den Beteiligten Einreise und Aufenthalt gewährt haben«[56]. Schließlich führte eine zu forsch betriebene Paßversagung zu Konsequenzen, die mit den »bevölkerungspolitischen Interessen des Reiches« kollidierten. Denn bleiben die Emigranten ohne gültigen Paß, war damit zu rechnen, daß sie entweder als lästige Ausländer von ihrem Aufenthaltsstaat nach Deutschland abgeschoben wurden, »wo ihre Wiederzulassung, solange sie die deutsche Staatsangehörigkeit besitzen, nicht verweigert werden kann, oder daß sie sich, von Land zu Land weitergedrängt, schließlich doch selbst zur Rückwanderung entschließen«[57]. Deswegen plädierte das AA für eine »verständige Handhabung der Paßvorschriften«[58]. In Zukunft sollte die Paßausstellung an Emigranten, abgesehen von den in § 11 der Paßbekanntmachung von 1932 besonders aufgeführten Verweigerungsgründen, die ja auch für Nicht-Emigranten galten, danach beurteilt werden, ob der Paß in Händen seines Inhabers »die innere oder äußere Sicherheit oder sonstige erhebliche Belange des Reiches oder eines deutschen Landes« gefährdete[59]. Gemäß den getroffenen Vereinbarungen wurden die Landesregierungen, Regierungspräsidenten und Polizeipräsidenten vom RuPrMdI mit Runderlaß vom 21. 9. 1935 angewiesen, bei Rückfragen der deutschen Auslandsvertretungen sich darauf zu beschränken, »die Tatsachen anzugeben, die ihnen über die betreffende Person bekannt geworden sind«. Gegebenenfalls konnten Bedenken geltend gemacht werden oder auf sonstige Umstände hingewiesen werden, »welche der Ausstellung oder Verlängerung eines Passes nach ihrer Ansicht entgegenstehen«. Solche Bedenken und Hinweise waren jedoch für die Paßbehörde im Ausland nicht bindend[60].

Das AA hatte sich mit seinem Anspruch auf alleinige Zuständigkeit in der Paßausstellung auch an Emigranten formell durchsetzen können. In der Ressortbesprechung wurden jedoch auch Übereinkommen getroffen, die materiell einschneidende Änderungen in der Handhabung der Paßvorschriften bewirkten. Da waren zunächst die Richtlinien für die Rückkehr von Emigranten. Die Schaffung einer besonderen Einreisebestätigung, die deren Inhaber vor der Überführung in ein Konzentrationslager schützen sollte, begrenzte die Gültigkeit deutscher Pässe in Händen von Emigranten von vornherein auf das Ausland[61]. Die Ausstellung einer solchen Reisebestätigung war von der zuvor einzuholenden Stellungnahme der Gestapo abhängig. Die Entscheidung lag in dieser Frage faktisch bei der Gestapo. Das Verfahren, auf das man sich für die Ausstellung bzw. Verlängerung von Pässen für Emigranten einigte, wahrte zwar den Anspruch des AA, wurde aber insofern modifiziert, als Rückfragen über Paßbewerber, die nicht als Emigranten anzusehen waren, an die für den Bewerber zuständigen inneren Behörden zu richten waren; handelte es sich um einen Emigranten, so war die Anfrage stets an das Geheime Staatspolizeiamt zu richten. Diese Regelung führte die vom AA zuvor monierte Praxis, eine Paßversagung für Emigranten mit staatspolizeilichem Interesse zu begründen, praktisch wieder ein, allerdings mit dem Unterschied, daß nicht mehr die örtliche Behörde, sondern das Geheime Staatspolizeiamt in Berlin darüber zu befinden hatte. In der Ressortbesprechung hatte es zu diesem Punkte noch geheißen, die Gestapo werde sich bei den angeforderten Auskünften »auf die notwendigen Angaben über die angefragte Person beschränken und zur Frage der Paßausstellung nur dann Stellung nehmen, wenn besondere Gründe dafür vorliegen«[62]. So dezidiert war aber in dem Runderlaß des AA vom 12. 11. 1935 über die Handhabung der Paßvorschriften von der Beschränkung der Gestapo nicht mehr die Rede⁶³. Dort hieß es zur Begründung, warum die die Emigranten betreffenden Anfragen nicht bei den an und für sich zuständigen örtlichen Polizeibehörden sondern zentral bei dem Gestapa zu erfolgen hätten, man habe damit sicherstellen wollen, daß etwa vorliegende »politische Bedenken«, die den örtlichen Behörden nicht immer bekannt sein könnten, »in jedem Falle zur Kenntnis der Auslandsvertretungen gelangen«. Die Anfragen richteten sich auf die Feststellung der Staatsangehörigkeit, ob ein Verfahren wegen Ausbürgerung oder Rückbürgerung schwebte und »ob Tatsachen bekannt sind, die eine Versagung des Passes geboten erscheinen lassen«.

Die prinzipiell in das Ermessen der Auslandsvertretung gestellte Entscheidung wurde gewiß in vielen Fällen dadurch illusorisch gemacht, daß »selbstverständlich« die von den innerdeutschen Dienststellen gemachten Bedenken »gebührend zu berücksichtigen« waren. Nach Lage der machtpolitischen Verhältnisse im Reich war eine gegen das Votum der Gestapo erfolgte Entscheidung mit schwer kalkulierbaren Risiken verbunden. Die Gestapo war also mit ihrer Vorstellung, den Emigranten grundlos den Paß zu versagen, zwar nicht durchgedrungen; die Zentralisierung aller die Emigranten betreffenden Anfragen beim Gestapa in Berlin gab ihr jedoch vielfältige Möglichkeiten, auf die Paßerteilung oder Paßversagung entscheidenden Einfluß zu nehmen. Dies vor allem auch deswegen, weil die Geltungsdauer der Pässe für Emigranten auf höchstens sechs Monate und nur in besonderen Ausnahmefällen auf ein Jahr begrenzt war. Über jede Verlängerung war das Gestapa zu unterrichten. Die Gestapo hatte also jederzeit die Möglichkeit, die faktische Paßversagung anzuempfehlen. Wenn das AA in einem Erlaß an das deutsche Konsulat in Rotterdam mitteilte, die Entscheidung über die Paßausstellung an Emigranten sei wieder »ausschließlich in die Hände der deutschen Auslandsvertretungen« gelegt⁶⁴, so traf dies nur sehr bedingt zu.

Vor diesem Hintergrund der Richtlinien für die Paßbehandlung der Emigranten fiel die Konzession, die man dem Flüchtlingskommissar McDonald gemacht hatte, kaum ins Gewicht, zumal die von ihm gewünschte Aushändigung einer amtlichen Bestätigung, ob der Emigrant mit einer Verlängerung eines Passes zu rechnen habe oder nicht, letztlich den deutschen Intentionen, die Emigranten sollten sich um eine andere Staatsangehörigkeit bemühen, entgegenkam. Bei dem von einem Mitarbeiter McDonalds vorgetragenen Wunsch, eine beabsichtigte Ausbürgerung nicht sofort zu vollziehen, sondern zuvor anzukündigen, damit die Betroffenen ihre Dispositionen treffen könnten, hörte die deutsche Konzessionsbereitschaft schon auf. Die Erfüllung dieses Wunsches bezeichnete man rundweg als aussichtslos[65].

Bemühungen McDonalds um eine materielle Beteiligung Deutschlands an der Lösung des Flüchtlingsproblems

Die Flüchtlingshilfe, die der Hohe Kommissar koordinieren sollte, war, dank deutscher Einflußnahme, ganz auf private Unterstützungen abgestellt. Schon wenige Monate nach der ersten Fluchtwelle standen viele Hilfsorganisationen vor fast leeren Kassen. Die Befürchtungen der Asylländer, schließlich die Unterstützung der Emigranten zu Lasten öffentlicher Mittel übernehmen zu müssen, war ein Antrieb gewesen, das Flüchtlingsproblem durch eine internationale Organisation bearbeiten zu lassen. Was lag näher, als Deutschland selbst anzugehen, seinen finanziellen Beitrag zu dem von ihm verursachten Flüchtlingsproblem zu leisten? Aus vertraulichen Informationen wußte man in Berlin, daß ein deutscher finanzieller Beitrag im Vordergrund des Interesses stand. Man rechnete auch damit, daß sich der Hohe Kommissar wegen dieser Frage mit deutschen amtlichen Stellen in Verbindung setzen würde[66].

In der Ressortbesprechung vom 6. 2. 1934, die der Vorbereitung und Abstimmung des erwarteten Besuchs McDonalds in Berlin diente, wurde auch die Kapital- und Devisenfrage erörtert. Der Vertreter des Gestapa erklärte, eine Beschlagnahme oder Einziehung von Emigrantenvermögen sei, abgesehen von der Einziehung des Vermögens bei Ausbürgerung, in Preußen »kaum« erfolgt. An dieser Praxis werde auch festgehalten werden[67]. Diese Angaben des Gestapa bezogen sich, soweit sie überhaupt zutreffend waren, freilich nur auf die Beschlagnahme bzw. Einziehung von Privatvermögen. Außer acht gelassen waren dabei die Vermögenseinziehungen nach dem »Gesetz über die Einziehung volks- und staatsfeindlichen Vermögens« vom Juli 1933, das die Konfiskation von Vermögen nicht nur, wie bis dahin schon, von KPD und SPD ermöglichte, sondern darüber hinaus auch die Einziehung solcher Vermögen, die »zur Förderung marxistischer oder anderer volks- oder staatsfeindlicher Bestrebungen gebraucht« würden[68]. Nach und nach wurden so die Vermögen der als staatsfeindlich erklärten Parteien und Organisationen eingezogen, so daß sie den im Exil zum Teil weiterbestehenden Körperschaften auch nicht zur Unterstützung der Emigranten zur Verfügung standen.

McDonald hatte in einem Gespräch mit dem deutschen Botschafter in

Washington angeregt, eine Treuhandorganisation zu schaffen (ähnlich der im Haavara-Abkommen getroffenen Regelung für die Auswanderer nach Palästina), durch die ohne Transfer die in Deutschland verbliebenen Vermögenswerte der Emigranten im Ausland ausgezahlt werden könnten[69]. Staatssekretär Bülow trug auch dies auf der Ressortbesprechung vor, erhielt aber vom Vertreter des Reichswirtschaftsministeriums lediglich den Bescheid, »bezüglich der Restvermögen der Emigranten müsse es bei der jetzigen Regelung bleiben, daß über diese nur mit Genehmigung der Devisenbewirtschaftungsstelle verfügt werden könne. Irgendwelche Verwertungen dieser Vermögen, die mittelbare Transferierungen darstellten, kämen nicht in Betracht«[70]. Der Vertreter der Reichsbank stellte unzweideutig fest, »daß zusätzliche Devisenabgaben für Zwecke der Emigranten nicht möglich seien«[71]. Damit war praktisch entschieden, daß alle finanziellen Wünsche des Flüchtlingskommissars aus technischen Gründen abzulehnen waren.

Wie schon in der Paßfrage, so wollte man erst recht in finanziellen Angelegenheiten keine Unterredungen mit McDonald, die über eine rein technische Erörterung hinausgingen. Unter technischen Fragen verstand man in Berlin lediglich die Unterrichtung über die »Sach- und Rechtslage«[72]. Bei dem kurzen Besuch McDonalds in Berlin vom Februar 1934 wurde nur über Paßangelegenheiten, nicht aber über Vermögen der Emigranten im Reich gesprochen. Als McDonald zwei Monate später über den amerikanischen Geschäftsträger in Berlin bei Dieckhoff, dem Leiter der Abteilung III im AA und – wegen alter persönlicher Bekanntschaft – dem vom AA bestimmten Gesprächspartner McDonalds, anfragen ließ, ob er zur Besprechung einiger genereller Fragen empfangen werden könnte, erklärte Dieckhoff, er wüßte nicht, »was Gegenstand eines Gesprächs sein sollte«[73]. McDonald fühlte sich offensichtlich brüskiert. In London beklagte er sich beim deutschen Botschafter darüber, daß er trotz mehrmaliger Versuche in Berlin nicht mit maßgebenden Persönlichkeiten in Verbindung gekommen sei[74]. Hoesch verwies darauf, daß es sich bei den anstehenden Fragen um technische Angelegenheiten handele. McDonald entgegnete, die Entscheidung, »ob überhaupt deutscherseits auf diese Fragen eingegangen werden sollte, falle in das Gebiet der Politik und müsse deshalb von maßgebender Stelle entschieden werden«. Er verlieh seiner Beschwerde Nachdruck indem er hervorhob, sich »bisher« allen Anregungen widersetzt zu haben, die deutsche Ablehnung jeder praktischen Mitarbeit öffentlich zu brandmarken. Im AA hielt man trotzdem daran fest, Verhandlungen grundsätzlicher Art abzulehnen. Auf die von McDonald angedeutete Möglichkeit, Deutschland zu brandmarken, reagierte man in auf deutscherseits mittlerweile üblich gewordener Weise mit dem Hinweis auf mögliche Repressalien. Wenn McDonald die deutsche Haltung zu Angriffen auf die deutsche Regierung benutzen wolle, heißt es in einem Telegramm an die deutsche Botschaft in London, »mag er das tun. Er wird selbst zu beurteilen haben, ob er damit den Kreisen, deren Vertretung er so bereitwillig übernommen hat, einen Dienst erweist«[75].

Nach wie vor war die deutsche Haltung unnachgiebig. Dies hatte seinen Grund vor allem darin, daß man wegen finanzieller Forderungen des Flüchtlingskommissars die ohnehin prekäre Devisenlage durch die, gemessen an den Aufrüstungsplänen, periphere Emigrantenfrage nicht noch mehr belasten wollte. Das, was vom Hohen Kommissar mittlerweile an »Anregungen« unterbreitet war, beschränkte sich zudem schon längst nicht mehr auf zurückgelassene Vermögenswerte, sondern betraf auch Rechtsansprüche, deren Anerkennung neuerliche finanzielle Probleme mit sich gebracht hätte.

Der aus 15 Regierungsvertretern bestehende Verwaltungsrat des Flüchtlingskommissariats hatte das Recht, Vertreter von Privatorganisationen zu seinen Arbeiten heranzuziehen. Neben zahlreichen, vor allem jüdischen Organisationen bemühten sich auch politische Organisationen, die Belange der deutschen politischen Emigranten zur Sprache zu bringen. So hatte der Vorstand der Sopade in einem Memorandum zur Frage der politischen Flüchtlinge[76] betont, daß, wenn auch der größte Teil der Emigranten aus Juden bestehe, der kleinere Teil der politischen Emigranten dennoch »keine geringere Beachtung« verdiene; denn die Hilfe für die Emigranten sei »ein Dienst aus Menschlichkeit, der alle umfassen sollte, die außerhalb ihres Vaterlandes Zuflucht suchen mußten, ganz gleich aus welchen Gründen sie es verlassen haben«. Da schätzungsweise $9/10$ aller Flüchtlinge Juden seien, sei zu befürchten, daß ausschließlich die Interessen der jüdischen Flüchtlinge vom Flüchtlingswerk wahrgenommen würden[77]. Eine Mitarbeit der Arbeiterorganisationen zur Wahrnehmung wirtschaftlicher und sozialer Interessen der Flüchtlinge sei deswegen dringend erforderlich, »um den hier und da möglichen Eindruck, es handele sich nur um ein jüdische Angelegenheit, von vornherein zu verhindern«[78]. Das Schicksal der politischen Emigranten sei in vielen Fällen noch trauriger als das der jüdischen, heißt es in dem Memorandum, denn die politischen Emigranten seien zum größten Teil völlig unbegütert, seien plötzlich geflohen, hätten ihre Familien zurücklassen müssen und hätten ihr geringes Hab und Gut verloren.

In Gesprächen mit McDonald legte der Beauftragte des Parteivorstandes, Hertz, die besonderen sachlichen Belange der politischen Flüchtlinge dar, wobei es neben der Paß- und Niederlassungsfrage vor allem um die Sicherung der Vermögenswerte der Flüchtlinge ging[79]. Hertz betonte, daß das Vermögen der politischen Emigranten »in der Hauptsache aus Rechtsansprüchen bestehe, und zwar einerseits aus Rechtsansprüchen gegen öffentliche Unternehmungen (Sozialversicherung usw.) und andererseits aus Rechtsansprüchen an Selbsthilfeorganisationen (Gewerkschaften, Konsumvereinen, Arbeiterbank, Unterstützungsvereinigung und Volksfürsorge)«[80].

Der Wahrung bzw. Regelung dieser Rechtsansprüche kam insofern besondere Bedeutung zu, als diese Vermögenswerte nach den neuen gesetzlichen Bestimmungen in Deutschland meistens unter den Begriff des »volks- und staatsfeindlichen Vermögens« fielen. McDonald anerkannte, daß diese Ansprüche »genau so schutzbedürftig seien wie private Vermögenswerte begüterter Flüchtlinge«, machte aber auf die Probleme aufmerksam, die einer Regelung entgegenstünden und betonte, eine Lösung sei nur »im Zusammenwirken und bei gutem Willen der deutschen Regierung« möglich[81].

Im Mai 1934 legte der Parteivorstand der Sopade eine ›Denkschrift über die Erhaltung von Ansprüchen deutscher Emigranten an die Sozialversicherung‹ dem Hohen Kommissar mit der dringenden Bitte vor, in seinen Verhandlungen mit der deutschen Regierung auf eine Regelung und Sicherstellung dieser Ansprüche hinzuarbeiten[82]. Man knüpfte daran die Hoffnung, McDonald könnte die Rückerstattung der von den Emigranten an die verschiedenen gesetzlichen Versicherungen eingezahlten Beiträge erreichen, wozu die deutsche Regierung, wie man betonte, »verfassungsrechtlich ohne weiteres die Möglichkeit« habe. Es ist nicht wahrscheinlich, daß McDonald, nach allen Erfahrungen, die er bislang in Emigrantenangelegenheiten mit deutschen Stellen gemacht hatte, ernsthaft mit einem deutschen Eingehen auf solche Vorstellungen rechnete. Immerhin wurden sie von ihm in Berlin vorgetragen[83]. Dort nahm man noch einmal gegenüber dem Flüchtlingskommissariat grundsätzlich zu allen das Emigrantenproblem betreffenden Fragen Stellung. Eine Prüfung von Vorschlägen, hieß es, komme überhaupt nur in Betracht, wenn sie nicht die Grundsätze deutscher Innenpolitik berührten »oder etwa auf eine Änderung der deutschen Gesetzgebung« hinausgingen. Auch McDonald müsse verstehen, daß das Deutsche Reich nicht für jene Personen, die sich der »Neuordnung in Deutschland nicht anpassen« wollten durch eine »Sondergesetzgebung« für sie »besondere Vergünstigungen« gewähren könne[84]. Was die Sozialversicherungsansprüche der Emigranten angehe, so seien seit dem 30. 1. 1933 »keine gesetzlichen Vorschriften erlassen worden, die eine Schlechterstellung der abgewanderten Reichsangehörigen begründen könnten«[85]. Sollten einzelne Berechtigte nicht in den Genuß der ihnen zustehenden Leistungen kommen, »so kann [!] dies darauf zurückzuführen sein, daß ihr im Inland befindliches Vermögen aus irgendwelchen Gründen beschlagnahmt ist«. Eine Aufhebung der Beschlagnahme komme jedenfalls dann nicht in Frage, wenn der Betreffende sich »im In- oder Auslande staatsfeindlich betätigt« habe, denn es sei nicht vertretbar, »derartigen Personen deutsche Versicherungsleistungen ins Ausland zu zahlen und ihnen dadurch die Möglichkeit weiterer staatsfeindlicher Betätigung zu erleichtern«. Im übrigen sehe man keinen Weg, irgendwelche Vorschläge zur Lösung der »angeblichen Schwierigkeiten« zu machen. Auch eine mündliche Erörterung verspreche keinen praktischen Erfolg. Damit hatte Deutschland unmißverständlich zu verstehen gegeben, daß es dazu sein letztes Wort gesprochen habe. Als Sachargument führte man ins Feld, daß nach den inzwischen verschärften deutschen Devisenbestimmungen die Emigranten sich in keiner schlechteren Lage befänden als »alle anderen Deutschen, die ihren Wohnsitz oder ständigen Aufenthalt im Ausland haben«. Die durch den Devisenmangel geschaffene Lage müsse sich eben auch auf die Emigranten auswirken[86].

In Berlin bemühte man sich nicht nur, Vereinbarungen aus dem Wege zu gehen, die vermehrte Zahlungen an die Emigranten zur Folge gehabt hätten; angesichts des chronischen Devisenmangels suchte man auch nach Möglichkeiten, die bis dahin erfolgten Zahlungen einzuschränken. Dies vollzog sich in einer für das Dritte Reich typischen Weise, da zunächst durch belastende Verwaltungsakte eine Sachlage geschaffen wurde, die dann später durch ein Gesetz sanktioniert wurde. Ende November 1934 erging vom Gestapa eine Weisung, die die Behandlung derjenigen Emigranten betraf, die Empfänger von Renten, Versorgungsbezügen usw. waren[87]. Ihre Zahl wurde als »nicht unerheblich« bezeichnet. Feststellungen hätten ergeben, »daß sich trotz der ihnen weiterhin belassenen Bezüge vielfach gerade diese Emigranten im Ausland in einer den Interessen des Reiches abträglichen Weise betätigt und die ihnen aus dem Reich zufließenden Gelder zum Schaden des Reiches« verwandt hätten. Im Hinblick auf ihr »deutschfeindliches Verhalten« seien sie weiterer Zahlungen »nicht würdig«. Rechtsanspruch wurde hier also gegen ‹Würdigkeit› gesetzt. Um diese zu überprüfen und damit auch über die Weiterzahlung zu entscheiden, wurden die nachgeordneten Polizeidienststellen angewiesen, die bei ihnen vorliegenden Emigrantenlisten auf Empfänger von Renten usw. zu überprüfen. Über jeden sollte ein eingehender Bericht angefertigt werden, der in einer besonderen Rubrik auch Auskunft über das »politische Vorleben« und seine »politische Tätigkeit im Auslande« zu geben hatte. Wegen der »volkswirtschaftlichen Wichtigkeit« wurde ausdrücklich auf gewissenhafte Durchführung der Anordnung hingewiesen. Beabsichtigt war, nach Feststellung »staatsfeindlicher Betätigung« die Renten usw. ruhen zu lassen. Das aber bedeutete für die Betroffenen faktisch Entzug der Existenzgrundlage. Erst drei Jahre später wurde diese Anordnung durch ein Gesetz sanktioniert[88]. Das Reichsinnenministerium bemühte in diesem Falle auch die deutschen Auslandsvertretungen, Ermittlungen über die staatsfeindliche Betätigung des Rentenempfängers anzustellen, die zur Aussetzung der Zahlungen führen sollten[89]. Die dem Flüchtlingskommissar gegebene Versicherung, seit der nationalsozialistischen Machtergreifung seien keine gesetzlichen Vorschriften erlassen, die versorgungsberechtigte Emigranten benachteiligten – zum gegebenen Zeitpunkt formal durchaus zutreffend –, wurde so durch die verfolgte Praxis jedoch unterhöhlt.

McDonald mußte feststellen, daß sich die deutsche Regierung jeder praktischen Mitarbeit verschloß. Er gab, von dieser Einsicht getrieben, seine bis dahin konziliante Haltung gegenüber Deutschland auf. Auf der Sitzung des Verwaltungsrates Anfang November 1934 forderte er »some considerable measure of co-operation from Germany« und daß die Emigranten nicht weiterhin an der Nutzung ihres rechtmäßigen Eigentums gehindert würden[90]. Der Vorsitzende des Verwaltungsrates, der Engländer Lord Cecil, sprach in scharfen Worten von der Pflicht der deutschen Regierung alles zu tun, um die Lasten zu erleichtern, die infolge ihrer Politik den angrenzenden Ländern auferlegt worden waren. Wie die deutsche Botschaft in London dazu bemerkte, gab Lord Cecil damit die Auffassung weiter Kreise in England wieder[91]. McDonald hielt jetzt sogar unter Umständen eine internationale Aktion für notwendig.

Im AA kam man nicht umhin festzustellen, daß die Bemühungen McDonalds und Lord Cecils dahin gingen, »nötigenfalls durch unmittelbare Schritte der beteiligten ausländischen Regierungen gegenüber Deutschland eine den Wünschen der Emigranten entsprechende Regelung der Transferfrage zu erzwingen«[92]. Es stellte sich also die Frage, ob angesichts möglicher Interventionen eine andere Haltung zugunsten der Emigranten eingenommen werden sollte, um schließlich nicht erneut Agitationsstoff gegen Deutschland selbst zu liefern. Wenn man auch die

Wahrscheinlichkeit nicht sehr hoch einschätzte, daß die ausländischen Regierungen sich zu amtlichen Schritten entschließen würden, so war immerhin damit zu rechnen, daß sie »auf anderen Gebieten Maßnahmen ergreifen, die uns unbequem wären«[93]. Für ein mögliches Entgegenkommen wurde vorgeschlagen, eine Ausnahmebehandlung – unter Vorbehalt, daß die nötigen Devisen zur Verfügung stünden – für jene Emigranten ins Auge zu fassen, deren Rückkehr aus innenpolitischen Gründen unerwünscht und deren Verbleib im Ausland im deutschen Interesse war, d. h. also die deutschen und nichtdeutschen Juden. Eine Ausnahmeregelung sollte keinesfalls für jene Emigranten in Betracht kommen, die wegen ihrer »staatsfeindlichen Haltung« Deutschland verlassen hatten. Abgesehen davon, daß das Vermögen dieser politischen Emigranten »vielfach in Beschlag genommen ist, kommt die Ermöglichung von Geldüberweisungen an sie schon deshalb nicht in Frage, weil ihnen dadurch die weitere staatsfeindliche Betätigung gegen Deutschland vom Ausland her erleichtert würde«[94].

Die Auffassung des Parteivorstandes der SPD, die politischen Emigranten verdienten die gleiche Beachtung in der Arbeit des Flüchtlingskommissars wie die jüdischen Flüchtlinge, war von McDonald aufgegriffen und gegenüber Deutschland auch vertreten worden. Aber gerade die politischen Emigranten hatte man deutscherseits sofort aus einer möglichen Sonderregelung ausgenommen. Zugleich bewahrheitete sich die Befürchtung, die Emigrantenfrage könnte als rein jüdisches Flüchtlingsproblem angesehen und behandelt werden. Die im Einklang mit der nationalsozialistischen Judenpolitik stehende Abwanderung von Juden aus Deutschland ließ es für die deutsche Regierung angezeigt erscheinen, finanzielle Konzessionen zu machen und auch unter verschlechterter Devisenlage eine Ausnahmeregelung für jüdische Emigranten zumindest zu erwägen.

Rücktritt McDonalds

Nach zweijähriger Tätigkeit mußte McDonald erkennen, daß seine Bemühungen um eine Lösung des Flüchtlingsproblems ohne nennenswerten Erfolg geblieben waren. Die auf deutschen Druck hin erfolgte Trennung seiner Organisation vom Völkerbund hatte von vornherein seine Arbeit belastet. Mangelnde Kooperationsbereitschaft der Mitgliedstaaten des Völkerbundes »brachte sein Arbeitstempo beinahe auf den Nullpunkt«[95]. Die Hohe Kommission wurde behandelt wie das ausgestoßene Kind des Völkerbundes[96]. Die Weigerung Deutschlands, durch praktische Mitarbeit eine Lösung herbeizuführen, machte jede weitere Arbeit unter den gegebenen Umständen und in der bisherigen Organisationsform illusorisch, zumal da neue gesetzliche Bestimmungen (Nürnberger Gesetze) ein weiteres Ansteigen der Flüchtlingszahlen erwarten ließen. McDonald zog die Konsequenzen und demissionierte. Selbst auf deutscher Seite anerkannte man, daß ein Grund dafür in der »Erfolglosigkeit seiner Bemühungen, besonders im Verkehr mit der deutschen Regierung, zu suchen« war[97]. In seinem dem Völkerbundssekretär vorgelegten Demissionsschreiben vom 27. 12. 1935 begründete McDonald seinen Schritt und erhob schwere Vorwürfe gegen die deutsche Regierung[98]. Klar und unmißverständlich forderte er zu Anstrengungen auf, die Ursachen zu beseitigen oder zu mildern (to remove or mitigate), »which create German refugees«. Dies könne nicht Aufgabe eines wie auch immer organisierten Flüchtlingskommissariats sein, sondern sei eine politische Angelegenheit, die zu den politischen Funktionen des Völkerbundes selbst gehöre[99]. McDonald schloß seinen Brief mit einer persönlichen Bemerkung. Er habe, betonte er, in der Nachkriegszeit sich stets dafür eingesetzt, daß dem deutschen Volk Gerechtigkeit widerfahre. Aber überzeugt davon, daß das Leiden in den Nachbarländern Deutschlands und, mehr noch, das schreckliche menschliche Elend innerhalb Deutschlands solange unvermeidlich sei, bis die gegenwärtigen Tendenzen im Reich überprüft und rückgängig gemacht würden, könne er nicht schweigen[100]. »Wenn die innere Politik Hunderttausende menschlicher Wesen mit Demoralisierung und Exil bedroht, dann müssen Erwägungen der diplomatischen Korrektheit zurücktreten hinter Erwägungen der einfachen Menschlichkeit.« Darum lenke er die Aufmerksamkeit auf diese Lage und trete dafür ein, »daß die Weltmeinung, vertreten durch den Völkerbund, seine Mitgliedstaaten und andere Staaten, sich in Bewegung setze, um die schon eingetretenen und noch bevorstehenden Tragödien zu lindern«[101].

Mit diesem etwas dramatischen Schritt löste McDonald ein weltweites Echo aus. Die deutschen Auslandsvertretungen berichteten, daß der größte Teil der ausländischen Presse z. T. im Wortlaut und in großer Aufmachung den Rücktritt gebracht hatte. In einem Leitartikel der Londoner ›Times‹ hieß es, die Ausführungen McDonalds müßten die öffentliche Meinung von neuem aufrühren. Sie dürften auch von jenen Staatsmännern nicht unbeachtet bleiben, die sich für ein besseres Verständnis des nationalsozialistischen Deutschlands einsetzten[102]. In den USA erregten die Meldungen großes Aufsehen. In der amerikanischen Presse wurden scharfe Angriffe gegen Deutschland geführt[103]. In Deutschland war man offensichtlich von der Heftigkeit und den Gründen, mit denen McDonald seinen Schritt erklärte, äußerst unangenehm überrascht. In Berichten und Kommentaren ging die deutsche Presse zum Gegenangriff über. Die »Hetze« McDonalds wurde als »Genfer Anmaßung« und als »bolschewistische Schimpferei« qualifiziert[104] und die Denkschrift als abgekartetes Spiel jüdisch-freimaurerischer Kreise und bolschewistische Propaganda diffamiert[105]. Die Personen schließlich, deren McDonald sich so warm annehme, seien »nur Elemente der Zersetzung [...], nicht aber Menschen, die die Fürsorge der Liga der Nationen verdienen«[106]. Man verwahrte sich gegen die ‹Einmischung in die inneren Angelegenheiten› eines souveränen Staates[107] und sprach dem Völkerbund jegliche Legitimation ab, da er nach dem Kriege sich den »natürlichen Pflichten der Menschlichkeit« gegenüber »Männern und Frauen deutschen Blutes« versagt habe. Er habe »allen Anlaß gegenüber dem nationalsozialistischen Deutschland zu schweigen«[108].

Bemerkenswert an dieser Kampagne ist, daß sie sich gleichermaßen gegen den Völkerbund und McDonald richtete, den man fälschlicherweise als Völkerbundsbeamten bezeichnete. Die Vehemenz, mit der McDonald diffamiert und der Völkerbund diskreditiert wurden, ließ erkennen, wie empfindlich das Dritte Reich reagierte und – reagieren wollte. Für jede weitere Beratung des Flüchtlingsproblems im Rahmen des Völkerbundes war dies ein Gesichtspunkt, den die Verantwortlichen nicht ohne weiteres unberücksichtigt lassen konnten.

Hitler beschloß sofort nach Bekanntwerden des McDonald-Briefes, alle deutschen Emigranten auszubürgern. Das AA konnte ihn jedoch unter Hinweis auf die außenpolitisch bedenklichen Folgen einer Massenausbürgerung von diesem Vorhaben zunächst abbringen. Hitler bestand aber darauf, daß von den Möglichkeiten des Ausbürgerungsgesetzes in größerem Umfange als bisher Gebrauch gemacht wurde[109]. Weit also davon entfernt, auch nur im geringsten die intransingente Haltung in der Emigrantenfrage aufzugeben, verschärfte das Dritte Reich noch seine Emigrantenpolitik. Lediglich politische Zweckmäßigkeitserwägungen hielten Hitler davon ab, seinen Plan einer Massenausbürgerung durchzusetzen und damit vollends alle Lasten des durch Deutschland geschaffenen Flüchtlingsproblems dem Ausland aufzubürden. Schon im Herbst 1933, als er Neurath untersagte, in Genf eine Erklärung abzugeben, daß die Emigranten jederzeit nach Deutschland zurückkehren könnten, hatte er seine Kompromißlosigkeit zum Maßstab für die Behandlung der Emigrantenfrage gemacht. Mit seinem Plan zur Massenausbürgerung hatte er seine radikale Haltung erneut dokumentiert.

McDonald war in Berlin mit seinen Wünschen und Vorstellungen stets auf Granit gestoßen. Die organisatorische Trennung seines Amtes vom Völkerbund, der geringe Rückhalt, den er sowohl beim Völkerbund als auch bei den einzelnen Regierungen für seine Arbeit fand, schwächten in jeder Hinsicht seine Position gegenüber der deutschen Regierung, ja mehr noch, Berlin wurde dadurch in die Lage versetzt, allen angedeuteten moralischen und möglichen politischen Rückwirkungen zum Trotz, auf seiner unnachgiebigen Haltung zu beharren und nach Gutdünken Maßnahmen zu treffen, die die Lage der Emigranten immer weiter verschlechterten. Der Grundsatz, nach dem McDonald seine Arbeit aufgenommen und auch durchgeführt hatte, nämlich die Politik aus der Flüchtlingshilfe fernzuhalten und auf die moralische Autorität des Völkerbundes zu vertrauen, hatte sich als ein Schlag ins Wasser erwiesen. In seinem »Letter of Resignation« zog er als Lehre aus diesen Erfahrungen, daß nur ein Einwirken auf die Ursachen der Emigration das Problem lösen könne; nicht bloße moralische Entrüstung, sondern politische Autorität hielt er dabei für angebracht und erforderlich.

Die ausländischen Regierungen waren in ihrer Haltung gegenüber der deutschen Regierung nach dem gleichen Grundsatz wie McDonald verfahren. Ein politischer Einsatz für die Emigranten war ihnen zu hoch. An diesem Prinzip hielten sie auch weiterhin fest. Das bewußte Bemühen, die Politik aus dieser Angelegenheit fernzuhalten, hatte für das Dritte Reich den überragenden Vorteil, in internen Erörterungen und Planungen politische Rückwirkungen zwar nicht sicher ausschließen zu können, jedoch mit ernsthaftem Eintreten nur sehr bedingt rechnen zu müssen. Mithin konnte man um den Preis gelegentlicher politischer Verstimmungen oder kurzzeitiger Propaganda gegen Deutschland, die ja nicht unbedingt zur Eintrübung politischer Beziehungen führen mußte, an den Grundsätzen der deutschen Emigrantenpolitik, wie sie in den vergangenen zwei Jahren vertreten worden waren, auch in Zukunft festhalten.

3. Fortsetzung der ‹unpolitischen› Flüchtlingshilfe durch den Völkerbund und Auflösung des Kommissariats für Flüchtlinge aus Deutschland

Schon im Laufe des Jahres 1935 waren verstärkt Anzeichen dafür festzustellen, die Hilfsarbeit für die Flüchtlinge aus Deutschland wieder in die Organisation des Völkerbundes zu integrieren. So schlug die norwegische Regierung im Juni vor, das Internationale Nansenamt und das Hohe Kommissariat für die Flüchtlinge aus Deutschland zu einer einheitlichen Völkerbundsorganisation zusammenzufassen[110].

Eine solche Zentralorganisation war nach Meinung des AA für Deutschland nunmehr von »erheblichem ideellen und praktischem Interesse«[111]. Hatte Deutschland sich im Herbst 1933 noch jeder Befassung des Völkerbundes mit den Flüchtlingen aus Deutschland entschieden widersetzt, so stand man jetzt solchen Integrationsplänen längst nicht mehr so ablehnend gegenüber, da sie sich teilweise durchaus mit den Interessen der deutschen Politik deckten, auch wenn eine solche neu zu schaffende Organisation dem Völkerbund direkt unterstellt würde. Denn, so kalkulierte man im AA, die Zentralisation würde sich günstig darauf auswirken, daß die Schwierigkeiten, die der Aufnahme der Emigranten in anderen Ländern entgegenstanden (z. B. Paßfragen, Arbeitsmarktfragen etc.) beseitigt würden, womit letztlich die Gefahr ihrer Rückkehr oder Abschiebung abnahm[112]. Weiter hoffte man, daß dann die Behandlung gerade der deutschen Flüchtlingsfrage, die gemessen am Weltflüchtlingsproblem ja nur einen Bruchteil darstellte, der Aufmerksamkeit der Weltöffentlichkeit entrückt würde. Nachdem sich der Völkerbund mit den deutschen Flüchtlingen zuletzt in Sachen Saarflüchtlinge »sowieso schon befaßt« hatte, bestanden nach dieser Richtung »auch keine besonderen Bedenken« mehr[113]. Auch gegen die Ausstellung von Sonderpässen (Nansenpaß), gegen die man zuvor so hartnäckig ins Feld gezogen war, hatte man nichts mehr einzuwenden, weil eben auch dadurch die Folgen der Paßlosigkeit – Rückkehr und Abschiebung – vermieden wurden.

Noch 1933 hatte man internationale Aktionen zugunsten deutscher Emigranten ausschließlich unter dem Gesichtspunkt des politischen Prestiges Deutschlands betrachtet. Jetzt war man eher bereit, solche Bestrebungen im Rahmen weiter gefaßter deutscher Interessen, vor allem des »bevölkerungspolitischen Interesses« zu werten.

Gewiß, völlig bedenkenlos sah man einer solchen Entwicklung trotzdem nicht entgegen. Zu befürchten blieb, daß die Schaffung einer besonderen Völkerbundsbehörde für sämtliche Flüchtlinge »zu einer Aktivierung der damit zusammenhängenden Fragen und damit auch zu einer (vielleicht öfteren) Diskussion der deutschen Emigrantenfrage vor dem Forum des Völkerbundes« führen könnte. Überdies glaubte man, eine besondere Gefahr darin zu erblicken, »daß die deutschen Emigranten durch ihre Rührigkeit und Intelligenz die erste Geige spielen« könnten[114].

Diese Bedenken waren gewiß nicht unbegründet, konnten aber andererseits gegen die Vorzüge einer möglichen zentralen Flüchtlingsorganisation abgewogen werden: Eine restriktive Paßbehandlung der deutschen Emigranten mußte sich dann nicht unbedingt negativ auf deutsche Belange auswirken; die Verhinderung der unerwünschten Rückkehr würde erleichtert, und nicht zuletzt rechnete man wohl damit, daß finanzielle Forderungen an Deutschland künftig nicht mehr oder in geringerem Umfang erhoben würden. Was man weiterhin unter allen Umständen vermieden sehen wollte, war eine politische Diskussion vor internationalem Forum und das Aufrollen von Fragen, die die Ursachen der Emigration betrafen.

Die 16. Vollversammlung des Völkerbundes beriet im September 1935 über die Neuordnung des Flüchtlingswesens. Der norwegische Plan zur Zentralisierung der Flüchtlingsarbeit stieß jedoch auf weite Ablehnung. Nach den Beobachtungen des deutschen Konsuls in Genf scheiterte schließlich dieses Vorhaben am Widerstand Italiens und der Sowjetunion[115].

Auch die übrigen Mitgliedstaaten waren kaum bereit, eine in die Regie des Völkerbundes übernommene Flüchtlingsarbeit und deren Kosten durch erhöhte Beitragszahlungen zu decken[116]. Die Vollversammlung beschloß zunächst nur, durch einen Sachverständigenausschuß das Problem des internationalen Flüchtlingsschutzes untersuchen zu lassen[117].

Im Januar 1936 legte dieser Ausschuß dem Völkerbundsrat die Ergebnisse seiner Arbeit vor. Er mußte feststellen, daß sich die Lage der Flüchtlinge zusehends verschlechtert hatte[118]. Von dem Zentralisierungsplan blieb nichts mehr übrig. Soweit die Vorschläge Dauermaßnahmen betrafen, wurden sie zur Entscheidung der kommenden Völkerbundsversammlung überwiesen. Hinsichtlich der vorläufigen Maßnahmen wurde ein neuer Präsident des Nansenamtes ernannt und zwecks Ernennung eines neuen Hochkommissars für die deutschen Flüchtlinge ein kleineres Ratskomitee gebildet, das am 14. 2. 1936 den englischen Generalmajor Sir Neill Malcolm zum vorläufigen Hohen Kommissar für die Flüchtlinge aus Deutschland ernannte[119]. Im Gegensatz zu seinem Vorgänger war der neue Hochkommissar offizielles Völkerbundsorgan. Ihm wurde die Aufgabe zugewiesen, Fragen der Beschäftigung und Arbeitsvermittlung mit den interessierten Regierungen zu prüfen und die Zusammenarbeit mit den privaten Flüchtlingsorganisationen herzustellen. Auf der Völkerbundstagung im September 1936 wurde Sir Neill zum Hohen Kommissar für die Flüchtlinge aus Deutschland ernannt. Seine Amtszeit sollte bis zum 31. 12. 1938 dauern, dem Zeitpunkt, zu dem voraussichtlich auch das Nansenamt aufgelöst werden würde und über eine eventuelle Neuorganisation des gesamten Flüchtlingswesens durch den Völkerbund entschieden werden mußte.

Der neue Flüchtlingskommissar sah seine Aufgabe unpolitisch und erklärte, es werde keine Einmischung in die innere Politik Deutschlands geben[120]. Er unternahm erst gar nicht den Versuch, in Berlin das Flüchtlingsproblem zur Sprache zu bringen. Damit befand er sich im Einklang mit den ihm von der Völkerbundsversammlung zugewiesenen Aufgaben: Er hatte nur mit den Regierungen in Verbindung zu treten, in deren Gebiet Flüchtlinge Zuflucht gefunden hatten. In Berlin notierte man mit Genugtuung, daß demgemäß etwaige Verhandlungen mit der deutschen Regierung, wie sie McDonald immer wieder zu führen versucht hatte, nicht in Betracht kämen[121].

Mit diesem Verzicht auf den geringsten Kontakt mit der deutschen Regierung wird der Trennungsstrich manifest, wie er zwischen den von McDonald verfolgten Zielen und der von dem neuen Hochkommissar eingeleiteten politischen Linie verläuft[122].

Durch den Fehlschlag des norwegischen Planes waren auch die von deutscher Seite daran geknüpften Erwartungen auch nicht voll erfüllt. Weiterhin bestand eine Sonderorganisation für die Flüchtlinge aus Deutschland. Die Norwegische Regierung fragte schon vor Schaffung der neuen Völkerbundsorganisation in Berlin an, wie man sich dort dazu stelle[123], wobei Norwegen entschiedenen Wert auf die Feststellung legte, die ganze Angelegenheit »jeden politischen Charakters zu entkleiden«[124]. In einer Unterredung mit Staatssekretär von Bülow fragte der norwegische Gesandte, ob man in Berlin eine norwegische Beteiligung an einer Emigranten-Fürsorgeorganisation als »Unfreundlichkeit« ansehen würde, was Bülow bejahte[125]. Berlin gab die bis dahin nach außen gezeigte desinteressierte Haltung auf und erklärte nun mit Nachdruck, es könne sich weder mit der Schaffung einer Sonderorganisation für deutsche Flüchtlinge noch ihrer Unterstellung unter den Völkerbund einverstanden erklären. Man sprach dem Völkerbund die Aktivlegitimation zur Behandlung dieser Angelegenheit ab. Alle Beteiligten sollten sich darüber klar sein, daß die deutsche Regierung keine Völkerbundsorganisation als Verhandlungspartner anerkennen werde. Man werde gar keine Verhandlungen, und sei es auch nur technischer Art, führen. Im übrigen sehe man in Berlin in einem besonderen Völkerbundsorgan für die deutschen Flüchtlinge den Versuch, »die Plattform des Völkerbundes zur Propaganda gegen Deutschland zu benutzen«. Es lasse sich nicht verkennen, daß die gemachten Vorschläge »eines gegen Deutschland gerichteten Beigeschmacks nicht entbehrten«[126]. Gegenüber den möglichen Vorzügen einer zentralen Flüchtlingsorganisation überwogen schließlich doch die dagegen erhobenen Bedenken, und diese wurden ausschlaggebend für die Haltung Berlins in dieser Frage.

In Kreisen der beteiligten Regierungen hegte man offensichtlich immer noch die Hoffnung, Deutschland werde eines Tages in den Völkerbund zurückkehren. Darum vermied man nach Möglichkeit alles, was eine eventuelle Rückkehr erschweren könnte[127]. So wurde auch London als Sitz des Hochkommissars beibehalten, obgleich, im Gegensatz zu McDonald, Sir Neill offizielles Völkerbundsorgan war, so hielt man auch weiterhin die Politik aus dieser Angelegenheit fern, und schließlich setze man die Frage der Freigabe des in Deutschland verbliebenen Vermögens der Emigranten gar nicht mehr auf die Tagesordnung[128].

Nach dem »Anschluß« Österreichs an Deutschland setzte erneut eine Flüchtlingswelle ein. Die Nachbarländer des Großdeutschen Reiches schlossen ihre Grenzen. Die Gestapo jagte Juden über die Reichsgrenzen. Wurden sie wieder nach Deutschland abgeschoben, verbrachte man viele von ihnen in Konzentrationslager. Das Flüchtlingsproblem gewann wieder höchste Aktualität. Weltweit wurden in der Öffentlichkeit Maßnahmen zugunsten der Emigranten gefordert. Am 22. 3. 1938 lud der amerikanische Präsident Roosevelt 33 Regierungen ein, gemeinsam das Problem der Flüchtlinge aus Deutschland und Österreich zu erörtern[129]. Am 6. Juli versammelten sich Vertreter von 31 Regierungen in Evian zu Beratungen über das Flüchtlingsproblem. Die hochgespannten Erwartungen, vor allem der Flüchtlinge selbst, sollten jedoch während des Konferenzverlaufs in Enttäuschung verkehrt werden. Es fehlte nicht an Sympathie-Erklärungen der Regierungsvertreter, doch fand sich kaum ein Land bereit, mehr als bisher für die Flüchtlinge zu tun[130]. Der ›Völkische Beobachter‹ triumphierte: »Keiner will sie haben.«[131]

Am 14. Juli verabschiedete die Konferenz eine Resolution, die die Sorge für die Flüchtlinge aus Deutschland und Österreich einem zu bildenden permanenten Intergovernmental Comittee for Refugees (ICR) mit Sitz in London übertrug. Dieses Komitee sollte sich nicht nur der Flüchtlinge annehmen, sondern auch jener Personen, die wegen ihrer politischen Überzeugung, ihres Glaubens oder aus rassischen Gründen zur Emigration gezwungen wurden, bis jetzt aber das Reich noch nicht verlassen hatten[132].

Das ICR war demnach sowohl eine Flüchtlings- als auch Auswanderungshilfsorganisation. Zum Direktor des Komitees wurde der Amerikaner George Rublee ernannt, Chef eines der größten Warenhäuser in

New York. Er sollte in Verbindung mit den Flüchtlingsorganisationen des Völkerbundes, dem Internationalen Arbeitsamt in Genf und privaten Hilfsorganisationen für die Gründung einer neuen Existenz für die Flüchtlinge sorgen. Das, was man beim Hochkommissar für die Flüchtlinge aus Deutschland ausgeklammert hatte, sollte nunmehr durch diese neue Organisation angestrebt werden: Verhandlungen mit der deutschen Regierung über das Eigentum der Emigranten[133].

In dem Exil-Organ ›Die neue Weltbühne‹ warnte Georg Bernhard vor der »etwas naiven Auffassung«, man brauche nur mit der deutschen Regierung zu verhandeln, um die Herausgabe der Gelder der »Juden, der Katholiken und der anderen Staatsfeinde« auch zu erreichen. Er erinnerte daran, daß schon einmal ein solches Ziel zuschanden geworden sei[134].

Eine Unterredung des britischen Botschafters in Berlin mit Außenminister Ribbentrop war in der Tat nicht ermutigend für ein solches Vorhaben. Auf die Frage, ob die deutsche Regierung bereit sei, hinsichtlich der Emigrantenfrage mit den übrigen Regierungen zusammenzuarbeiten, antwortete Ribbentrop, das Deutsche Reich müsse dies grunsätzlich ablehnen. Die Frage, ob Deutschland »die Transferierung von Kapital in jüdischen Händen erleichtert werden könne«, fuhr der Außenminister fort, »müsse verneint werden, da ein Transfer des von Juden – vor allem nach dem Kriege – angesammelten Kapitals Deutschland nicht zugemutet werden könne«[135].

Aus den gleichen Gründen aber, aus denen sich das Dritte Reich weigerte, die Emigranten nach Deutschland zurückkehren zu lassen, war man nach anfänglich totaler Ablehnung bereit, schließlich doch mit dem ICR Verhandlungen aufzunehmen. Für die Austreibung der Juden bot sich aus deutscher Sicht eine Zusammenarbeit mit Rublee letztlich doch als sinnvoll an. Nach ersten vertraulichen Kontakten[136], die von Göring unter Umgehung Ribbentrops, aber mit Billigung Hitlers, initiiert worden waren, kam es im Januar und Februar in Berlin zu Verhandlungen mit Rublee, die im Februar zu dem »Rublee-Wohlthat-Abkommen« führten. Danach sollten zunächst 150 000 Juden Deutschland verlassen. Die Vermögen der Juden sollten in einen Fonds fließen, von dem 25 % für die Auswandernden freigegeben wurden. Den Rest wollte Deutschland einbehalten.

Auch dieses Abkommen war nur ein Moment der forcierten Austreibung der Juden aus Deutschland, und niemals als praktische Hilfe für die deutschen Emigranten gedacht.

Das Hohe Kommissariat für die Flüchtlinge aus Deutschland hörte mit dem 1.1.1939 auf zu existieren. Auf Beschluß der Völkerbundsversammlung gab es ab da nur noch eine einzige Organisation unter einem Hohen Kommissar, der die bisherige Flüchtlingsarbeit fortzusetzen hatte. Zum neuen Kommissar wurde der Engländer Sir Herbert Emerson ernannt, der als Nachfolger Rublees auch Präsident des ICR wurde. Der Hochkommissar befaßte sich aber im Gegensatz zum ICR nicht mit Ansiedlungsfragen und mit materieller Hilfe für die Flüchtlinge, sondern nur mit der Gewährung des Rechtsschutzes. Während des Krieges verlor das Hochkommissariat mehr und mehr an Bedeutung. Das ICR wurde zur offiziellen Flüchtlingshilfeorganisation[137].

Überlegungen darüber, was geschehen wäre, wenn sich die ausländischen Regierungen geschlossener gezeigt und entschiedener in der ja auch ihre eigenen Belange betreffenden Flüchtlingsfrage geeinigt und ihre Ansprüche gegenüber der deutschen Regierung geltend gemacht hätten, müssen Spekulation bleiben. Festzustellen aber bleibt, daß man auf deutscher Seite immer wieder besorgt darüber war, daß es zu solchen geschlossenen, nicht nur verbalen Aktionen dieser Länder gegenüber Deutschland kommen könnte. Ernsthafte und nachdrückliche Vorstellungen dieser Regierungen in Berlin – und dazu stellte man ja dort auch jeweils vorsorglich Überlegungen an – hätten zu einer Modifizierung der deutschen Haltung führen müssen. Da man aber in Berlin doch davon ausgehen konnte, daß geschlossene Aktionen nicht ernsthaft zu gewärtigen seien, sah man sich auch nicht genötigt, Entgegenkommen zu zeigen.

Ein weiterer Punkt bleibt zu berücksichtigen. In der internationalen Zusammenarbeit der Regierungen zur Lösung des Flüchtlingsproblems war keine allzu große Bereitschaft auf irgendeiner Seite festzustellen, mehr als nach humanitären Gesichtspunkten unbedingt erforderlich für die Flüchtlinge zu tun. Jeder Staat glaubte sich im Recht, wenn er sich weigerte, allein die Lasten auf sich zu nehmen. Damit brachten sich diese Staaten selbst in gewisser Hinsicht in Mißkredit, so daß man in der deutschen Propaganda frohlocken konnte: »Keiner will sie haben.«

Das Flüchtlingsproblem war wegen der großen Zahl jüdischer Flüchtlinge vor allem ein »Judenproblem«, um in nationalsozialistischer Terminologie zu bleiben. Ein allseits vorhandener, wenn auch verbrämter latenter Antisemitismus, Angst vor Überfremdung, Sorgen vor Überlastung des Arbeitsmarktes ließ die jeweiligen ausländischen Regierungen nur recht lasch handeln. Dies nutzte man deutscherseits aus, indem man auf die Fragwürdigkeit moralischer Überheblichkeit dieser Staaten gegenüber dem nationalsozialistischen Deutschland und seiner Judenpolitik hinwies.

Die deutsche Haltung in der Flüchtlingsfrage war von Hitlers Weigerung bestimmt, irgendeine verpflichtende Erklärung darüber abzugeben, die Emigranten könnten jederzeit wieder nach Deutschland zurückkehren. Entscheidend für die weitere Behandlung der Frage wurde die allseits bekundete und Deutschland gegenüber immer wieder gegebene Zusicherung, die Politik aus der Angelegenheit fernzuhalten. Erst die relative Gewißheit, daß mit international geschlossenen *politischen* Aktionen wegen der Flüchtlinge nicht zu rechnen war, versetzte das Dritte Reich in den Stand, zunächst über keine als eine rein technische Erörterung mit dem Hochkommissar hinauszugehen, und schließlich auch diese grundsätzlich abzulehnen. Was McDonald bei seiner Demission als Voraussetzung jeder künftigen Flüchtlingshilfe empfohlen hatte, blieb ungehört. Bei wachsender Ohnmacht des Völkerbundes verringerten sich auch die Chancen, daß diese Organisation jemals in der Lage sein würde, gegen die Ursachen der Emigration aufzutreten. Die Konferenz von Evian, die auf Initiative Amerikas, das ja kein Mitglied war, zustande kam, bestätigte das nur.

Wenn Deutschland durch Stimmenthaltung die Einsetzung eines Hochkommissars für die Flüchtlinge aus Deutschland überhaupt erst möglich machte, so geschah dies allein deswegen, um ein Abschieben der Emigranten ins Reich zu verhindern. Dieser Gesichtspunkt war auch entscheidend, um Hitler vom Plan der Massenausbürgerung nach der Demission McDonalds abzubringen. »Bevölkerungspolitische Notwendigkeiten«, sprich Anti-Judenpolitik waren bestimmend für das taktische Verhalten sowohl in der Paßfrage wie in der Transferfrage. Die desolate Devisenlage ließ hier dem Dritten Reich nur wenig Spielraum, es gab andere Prioritäten.

Die im engeren Sinne politischen Emigranten waren aus den Überlegungen für mögliche Konzessionen deutscherseits von vornherein ausgenommen. Ihre Rechtsansprüche zu kassieren, schien dem Dritten Reich im Sinne einer Abwehr der Gegenpropaganda notwendig und war zudem einträglich.

Die deutsche Sorge vor einer internationalen Diskussion des Flüchtlingsproblems, wobei, wie man vermutete, die deutsche Emigration wegen ihrer Aktivität die »erste Geige spielen« würde, sollte nicht unterschätzt werden, auch wenn man sich im Dritten Reich ziemlich sicher war, daß daraus kaum politische Aktionen anderer Staaten hervorgehen würden. Der NS-Staat hatte hier eine leicht verwundbare Stelle.

Moralische Offensiven gegen eine Diktatur sind für diese stets unerfreulich, und ihre möglichen Auswirkungen enthalten immer auch schwer kalkulierbare Risiken für die eigenen politischen Ziele. Aus diesem Grunde legte es das Dritte Reich durch sein Verhalten auch so entschieden darauf an, daß keine, wie auch immer geordnete Hilfe für die Flüchtlinge aus Deutschland zur Plattform für eine Agitation gegen Hitler-Deutschland werden konnte.

Das Exil als Faktor nationalsozialistischer Politik, dargestellt am Beispiel des Abstimmungskampfes für die Rückgliederung des Saargebietes 1933—1935

1. Die Abstimmungsziele des Nationalsozialismus

Nach den Bestimmungen des Versailler Friedensvertrages unterstand das durch diesen Vertrag geschaffene Saargebiet für 15 Jahre dem Mandat des Völkerbundes. Danach sollte sich die Saarbevölkerung in einer Volksabstimmung für eine von drei Möglichkeiten entscheiden: Rückkehr zum Deutschen Reich, Anschluß an Frankreich oder Verbleib unter Völkerbundsmandat (Status quo). Für die Dauer der Mandatszeit übte eine Regierungskommission unter Vorsitz eines vom Völkerbund ernannten Präsidenten die Regierungsgewalt aus. Die weiteren Einzelheiten und der Termin der Abstimmung waren vom Völkerbund festzusetzen. Er hatte auch über die Konsequenzen des Abstimmungsergebnisses zu befinden[1].

Hatte bis 1933 eine ›nationale Einheitsfront‹ in der Frage der Rückgliederung unter den politischen Kräften des Saargebietes bestanden, so änderte sich diese Situation nach der nationalsozialistischen Machtergreifung im Reich schlagartig. Die Saarländer wollten zweifellos wieder Reichsdeutsche werden. Doch die entscheidende Frage war nun, wollten sie auch Nationalsozialisten werden?

Stärkste politische Kraft in dem überwiegend katholischen Saargebiet war das Zentrum, gefolgt von Kommunisten und Sozialdemokraten. Über das Wählerverhalten bei einer frühestens in zwei Jahren stattfindenden Abstimmung besagte das allein noch wenig, zumal die Rückgliederungsfrage im wesentlichen national bestimmt war. Aber die antijüdischen Ausschreitungen im Reich, die antikirchlichen Maßnahmen und die brutale Unterdrückung und Verfolgung der politischen Gegner durch das NS-Regime konnten auch nicht ohne Einfluß auf die Haltung der Saarländer in der Rückgliederungsfrage bleiben. In Berlin mußte man durchaus damit rechnen, daß sich ein erheblicher Teil der Bevölkerung an der Saar gegen eine Rückgliederung an ein nationalsozialistisches Deutschland aussprechen würde. Wenn aber im Abstimmungskampf und schließlich im Abstimmungsergebnis etwa deutlich werden sollte, daß die bis dahin unangefochtene Einheit aller Parteien des Saargebietes in der Rückgliederungsfrage ausgerechnet am Nationalsozialismus zerbrochen war, so wäre das ein ungeheurer Prestigeverlust für ihn und zugleich ein schwerer Schlag für das um innen- und außenpolitische Konsolidierung ringende NS-Regime in Berlin gewesen. Die nationalsozialistischen Anstrengungen waren daher ganz darauf gerichtet, daß das Abstimmungsergebnis zu einem glänzenden Erfolg für eine Rückgliederung an Hitler-Deutschland wurde.

Bereits im Mai 1933 erklärte Hitler vor Vertretern der nichtsozialistischen Parteien des Saargebietes, die zu ihm gekommen waren, um mit ihm die Taktik des bevorstehenden Abstimmungskampfes abzusprechen, man müsse sich »stets vor Augen halten, daß es sich im Saargebiet in den nächsten 1½ Jahren um einen wesentlich außenpolitisch betonten Kampf« handele[2]. Es ging nicht allein um den territorialen Anspruch gegenüber Frankreich, von dem Hitler später, nach der Abstimmung, sagte, er sei befriedigt und damit auch das letzte Hindernis auf dem Wege zu einer deutsch-französischen Aussöhnung beseitigt; weit mehr noch ging es dem Regime um Bestätigung der von ihm behaupteten Identität von Nationalsozialismus und Deutschland. Eine unter Aufsicht des Völkerbundes stattfindende Abstimmung bot augenscheinlich die Gewähr, daß sie frei und unbeeinflußt erfolgte. Unter diesen Umständen würde ein überwältigendes Votum für die Rückgliederung der bis dahin zweifelnden Weltöffentlichkeit offenbar machen, daß die Saarländer sich in freier Wahl für den Nationalsozialismus entschieden hätten, womit die von den Gegnern des Regimes so vehement vertretene Behauptung, Hitler sei nicht gleich Deutschland, als ›Zwecklüge‹ widerlegt worden wäre.

Zwei Tage nach der Abstimmung im Januar 1935 schrieb der ›Völkische Beobachter‹, während der ganzen Zeit hätten das Saargebiet und Deutschland im Scheinwerferlicht der Welt gestanden. Allen Beobachtern sei klar gewesen, daß es nicht nur um eine »Entscheidung zwischen Deutschland und Frankreich ging, sondern daß noch einmal das ›andere Deutschland‹ dem neuen Deutschland Adolf Hitlers in offener Wahlschlacht gegenüberstand«[3].

Die Absicht, den politischen Gegner an der Saar vernichtend zu schlagen, um dann das nationalsozialistische Regime gestärkt und gefestigt aus dem Kampf hervorgehen zu lassen, erklärt den ungeheuren politischen und propagandistischen Einsatz, mit dem das Regime von Berlin aus den Gang der Entwicklung zu steuern versuchte. »Der Abstimmungskampf sollte ein Kampf des ganzen Deutschlands sein, der Sieg aber, ein Sieg des Nationalsozialismus[4].«

Die deutsche politische Emigration erlangte im Abstimmungskampf eine Bedeutung, die bei der geringen Zahl von Emigranten, die im Saargebiet Zuflucht gesucht hatten, zunächst erstaunt[5]. Doch auch dazu erklärte sich der Nationalsozialismus nach der Abstimmung. Am 15. 1. 1935 gab Htiler der amerikanischen Hearstpresse ein Interview. Auf die Frage, ob er nach der erfolgreichen Saarabstimmung etwas zu sagen habe, »was von besonderem Interesse gerade für das amerikanische Volk sein könnte«, antwortete Hitler: Er habe nur »eine einzige Bitte«. In den letzten Monaten hätten die Amerikaner das Gegenteil von dem gehört und gelesen, »was jetzt durch diese freie, offene Wahl bekundet ist. Ich würde glücklich sein, wenn man dies erkennen wollte, um auch in Zukunft den beruflich internationalen Brunnenvergiftern und Hetzern unserer Emigranten kein Wort mehr zu glauben. So wie sie über die Saar gelogen haben, lügen sie über Deutschland und belügen damit praktisch die ganze Welt.«[6] Auch Hitler bestätigte damit selbst, daß es an der Saar um die Auseinandersetzung mit dem »anderen Deutschland« gegangen war, als dessen Repräsentanten sich die politischen Emigranten verstanden.

Sie durch den Abstimmungskampf vernichtend zu schlagen, um ihre sich für das Dritte Reich so nachteilig auswirkende Tätigkeit für die Zukunft überhaupt lahmzulegen und den nationalsozialistischen Sieg an der Saar erst vollkommen zu machen – das war das über die Rückgliederung des Saarterritoriums hinausgehende politische Ziel gewesen und so wollte das Regime das Abstimmungsergebnis gewertet wissen. Berücksichtigt man diese durch das Regime nachträglich offengelegte Zielsetzung, so kommt man nicht umhin, dem Faktor Emigration im Abstimmungskampf zentrale Bedeutung beizumessen[7].

2. Die Situation im Saargebiet nach der Machtergreifung im Reich

Die bis dahin zahlenmäßig kleine NS-Bewegung im Saargebiet verzeichnete nach dem Machtantritt Hitlers einen rapiden Aufstieg. Zahlreiche Neueintritte in die Partei und zunehmender Einfluß vom Reich ließen sie zu einem immer wichtigeren Faktor der Innenpolitik des Saargebietes werden. Die Nationalsozialisten versuchten, sich an die Spitze der Anschlußbewegung zu setzen und die grundsätzliche Bereitschaft aller Parteien und Organisationen zur Rückgliederung unter NS-Führung zu organisieren. Im Laufe des Jahres 1933 schlossen sich außer Kommunisten und Sozialdemokraten alle Parteien, die für eine Rückgliederung an das

NS-Deutschland eintraten, zur »Deutschen Front« zusammen. Allein die NSDAP bewahrte zunächst ihre Identität, löste sich schließlich im März 1934 auf, um aus taktischen Gründen in der »Deutschen Front« ›aufzugehen‹. Die Geschlossenheit in der Abstimmungsfrage würde, so kalkulierte man, ihre Wirkung auch auf Sozialdemokraten und Kommunisten nicht verfehlen. Um das erstrebte Abstimmungsergebnis zu erreichen, brauchte man eben auch Stimmen aus diesem Lager. Man wollte jedoch nicht nur Stimmen, sondern Zustimmung zum Nationalsozialismus. Es sei Aufgabe der NSDAP, betonte der Landesleiter dieser Partei Spaniol, »die Anhänger des Marxismus innerlich zu gewinnen, denn man wolle dem Vaterland keine Marxisten, sondern Deutsche zurückbringen«[8]. Ganz in diesem Sinne wurde der Zusammenschluß aller nichtsozialistischen Parteien in der »Deutschen Front« als das Ende allen Parteienstreits, aller Klassengegensätze und aller religiösen Vorbehalte deklariert. Für alle sollte es nur noch eine Pflicht geben: Deutsche zu sein und sich dementsprechend ›deutsch‹ in der Abstimmungsfrage zu verhalten[9]. Mit Einheitsappellen und nationalen Phrasen sollten so entgegenstehende Bedenken überlagert, politische und weltanschauliche Vorbehalte abgebaut und Alternativen zu einer Rückgliederung an Hitler-Deutschland ausgelöscht werden.

Der »Deutschen Front« stand keine vergleichbare Organisation der Rückgliederungsgegner gegenüber. Die NS-Gegner verstreuten sich auf einzelne Gruppen von Katholiken, Sozialisten und Kommunisten. Den Versuchen der Linksparteien, durch eine Einheitsfront bzw. unter Einschluß der Katholiken mit Hilfe einer Volksfront sich dem Sog der »Deutschen Front« entgegenzustemmen, war letztlich auch kein Erfolg beschieden.

Die Befürworter des Status quo sahen sich vor eine schwierige Aufgabe gestellt; jahrelang hatte man die Rückkehr zum Reich gepredigt, nun sollten die Saarländer begreifen, daß Hitler der Zerstörer Deutschlands war. »Selbst wenn es gelungen wäre, den Durchschnittsabstimmungsberechtigten von den verbrecherischen Taten und Absichten der Nationalsozialisten zu überzeugen, wäre die Notwendigkeit geblieben, auch noch begreifbar zu machen, daß man gegen die Rückgliederung nach Deutschland stimmen müsse, um Hitler zu stürzen.«[10] Während die »Deutsche Front« und die nationalsozialistische Propaganda des Reiches sämtliche Register des Appells an die Gefühle zogen, hatten die Gegner »nur eine einzige Möglichkeit den Kampf zu gewinnen: den Appell an die Vernunft«[11].

Die Hitler-Gegner an der Saar erhielten durch den Zuzug von reichsdeutschen Emigranten Verstärkung. Bei diesen Emigranten handelte es sich zumeist um aktive Antifaschisten. Sie hatten die Gewalt der neuen Machthaber am eigenen Leibe zu spüren bekommen. Sie hatten bereits alles verloren und setzten ihre ganze Hoffnung auf einen Sturz des Hitler-Regimes. Zwar waren sie nicht abstimmungsberechtigt, aber sie wußten, daß das Ergebnis der Abstimmung nicht nur über das Saargebiet, sondern auch über ihr weiteres Schicksal und das Schicksal Deutschlands mitentscheiden würde. Ihr Kampf gegen die Rückgliederung war ein Kampf gegen das nationalsozialistische Deutschland, so wie das nationalsozialistische Deutschland an der Saar den Kampf gegen das ›andere Deutschland‹ führte.

3. Die Einstellung von reichsdeutschen Emigranten in den saarländischen öffentlichen Dienst

Im Frühjahr 1933 schätzte man im Reich die Gefahr, daß die ins Saargebiet geflüchteten Emigranten dort eine den nationalsozialistischen Interessen abträgliche Agitation betreiben könnten, nicht so groß ein, um durch paßtechnische Konsequenzen, die ja stets zweischneidig waren, die Flucht von Hitlergegnern ins Saargebiet zu verhindern[12]. Zwar gab es auch im Saargebiet eine »antideutsche Hetze«, doch erblickte man dahinter nicht die Emigranten als treibende Kraft. Im Herbst jedoch stellte Staatssekretär Bülow in einem Schreiben an Lammers fest, daß »uns die Emigranten zu schaffen« machten. Trotz geringer Zahl und obgleich von einer politischen Betätigung nur wenig festzustellen sei, wirke sich »ihre bloße Anwesenheit [...] außerordentlich hemmend auf die Ausgestaltung der deutschen Front« aus[13]. Die NSDAP des Saargebietes selbst sah in der Anwesenheit der Emigranten insofern eine Gefahr für die kommende Abstimmung, »als sie von den Marxisten und Autonomisten jederzeit als lebendige Kronzeugen für eine nicht immer wirkungslose Greuelpropaganda herangezogen werden könnten«[14].

Bezeichnenderweise kam auch von dieser Seite der Vorschlag, durch eine Amnestie für einzelne politische Emigranten »die Gefahr, die die Emigranten darstellen, ein für allemal zu bannen bzw. auf ein Mindestmaß herabzudrücken«. Durch eine solche spezielle Amnestie würde »hier an der Saar eine bedeutende Entlastung des z. Z. bestehenden politischen Druckes« erzielt werden können. Ein solches Verfahren hätte zudem den Vorzug, »daß die Leute dann im Reich unter Aufsicht kämen, während sie hier vollständig jeder Kontrolle entzogen sind«[15]. Das AA stimmt dem Vorschlag zu. Dabei war aber nicht an eine Amnestie »im technischen Sinne« gedacht, »die natürlich für das Saargebiet allein nicht in Betracht kommen könnte, sondern an eine Regelung, die es den Emigranten ermöglichen würde, unbesorgt und möglichst auch mit der Aussicht, wieder eine Erwerbstätigkeit ausüben zu können, zurückzukehren«[16]. Daß dafür nicht alle Emigranten in Frage kamen, verstand sich von selbst. Für den Anfang wäre schon viel gewonnen, meinte Bülow, »wenn nur einige Dutzend Emigranten wieder zurückgebracht werden könnten«. Wegen der »politischen Bedeutung« im Hinblick auf die »dringend erforderliche Einigung der deutschen Saarbevölkerung« schlug er vor, auch das Reichskabinett mit der Angelegenheit zu befassen. Lammers griff den Vorschlag auf und in Schreiben an den Stellvertreter des Führers (Heß) und den Stellvertreter des Reichskanzlers (Papen) erbat er deren Stellungnahme[17].

Sowohl die Parteileitung der NSDAP als auch Papen waren damit einverstanden, daß den »moralisch [!] unbelasteten Emigranten« im Saargebiet die Rückkehr ermöglicht werden sollte. Selbst Hitler stimmte dem zu[18]. Lammers hatte in seinen Schreiben ausdrücklich betont, daß Vorsorge dafür getroffen werden müßte, die »einer solchen bevorzugten Behandlung für würdig Erachteten« an ihrem Heimatort vor »Eingriffen in ihre persönliche Freiheit« zu schützen[19]. Alle Anzeichen aber deuten darauf hin, daß dieser zu propagandistischen Zwecken gefaßte Plan einer speziellen Amnestie nicht durchgeführt worden ist. Jedenfalls fanden sich keine Hinweise darauf, daß die nationalsozialistische Propaganda in entsprechender Aufmachung einen solchen Fall auswertete. Zudem hätten die inzwischen ergangenen Weisungen für die Behandlung der rückkehrenden Emigranten eine Ausnahmeregelung für die Emigranten des Saargebietes sofort als propagandistisches Manöver entlarvt und den beabsichtigten Zweck in Frage gestellt.

Gestapo-Chef Diels stellte im Januar 1934 fest, die Lage im Saargebiet habe sich im Verlaufe der letzten Wochen »erheblich zugespitzt«[20]. Die Regierungskommission hatte eine Reihe einschneidender Verordnungen erlassen, »die sich nahezu ausschließlich gegen die NSDAP des Saargebietes richten«. Ihre Auswirkungen seien noch nicht ganz abzuschätzen, doch müsse damit gerechnet werden, daß sie schärfer als bisher durchgeführt würden, »nachdem maßgebliche Stellen der Politischen Polizei mit Emigrantenbeamten besetzt worden sind«. Das war in der Tat ein schwerer Schlag für die Nationalsozialisten, daß ausgerechnet die Politische Polizei des Saargebietes an wichtigen Stellen mit Beamten besetzt war, bei denen jeder Unterwanderungs- und Erpressungsversuch zugunsten der Nationalsozialisten scheitern mußte. Ob der Präsident der Regierungskommission, der Engländer Knox, mit der Maßnahme, Emigranten in den saarländischen Polizeidienst zu nehmen, politisch klug gehandelt hat, muß füglich bezweifelt werden. Die Regierungskommission, ohnehin von den Nationalsozialisten als »landfremd« und als Handlanger des französischen Imperialismus diffamiert, lieferte damit neuen Agitationsstoff gegen sich selbst. Die Emigrantenfrage wurde dadurch zur Streitfrage ersten Ranges, die sich durch die gesamte Abstimmungsperiode zog. Die Nationalsozialisten sahen in der Einstellung der Emigranten in den Polizeidienst eine eindeutige Parteinahme der zu Neutralität verpflichteten Regierungskommission zugunsten der Hitler-Gegner und eine Unterdrückung des Deutschtums an der Saar. Die Betrauung der Emigranten mit öffentlichen Ämtern wurde Knox als »flagranter Rechtsbruch« angelastet[21]. Der Vorwurf der Neutralitätsverletzung paßte ausgezeichnet ins Propagandakonzept der Nationalsozialisten, untermauerte er doch deren den Saarländern immer wieder vorgesetzte These, nur durch den Anschluß an das nationalsozialistische Deutschland könnte die jahrelang erduldete ›Unterdrückung‹ ihr Ende finden.

Knox hatte gewiß mit seiner Entscheidung nicht den glücklichsten Griff getan. Andererseits hatte er aber auch nicht die Unterstützung beim Völkerbund gefunden, die er für seine nicht leichte Aufgabe benötigt hätte, um Ruhe und Ordnung in dem Abstimmungsgebiet einigermaßen aufrecht zu erhalten. Er hatte im Herbst 1933 vergeblich versucht, einige luxemburgische Kriminalbeamte zur Unterstützung in diesem Bemühen zugeteilt zu bekommen[22] Das war insofern kein außergewöhnliches Ansinnen, als während sämtlicher Abstimmungen nach dem Versailler Vertrag stets auch ausländische Polizeikräfte in dem jeweiligen Abstimmungsgebiet hinzugezogen worden waren[23]. Dies wurde Knox allerdings offensichtlich auf den Druck Berlins versagt[25], woraufhin er sich für die Anstellung von Emigranten entschied. Die Nationalsozialisten sahen darin lediglich die Unterstellung, saarländische Beamte allein könnten die für die Abstimmungsperiode geforderte Aufrechterhaltung von Ordnung und Sicherheit nicht gewährleisten. Daß aber begründeter Anlaß dafür gegeben war, stellte die vom Völkerbund eingesetzte Abstimmungskommission im August 1934 fest; sie beanstandete die Beziehungen der Behörden zu den politischen Parteien und erinnerte die saarländischen Beamten nachdrücklich an ihre Neutralitätspflicht[26].

Durch Appelle der »Deutschen Front« an die ›nationale Pflicht‹ und damit verbundene versteckte Drohungen mit Konsequenzen für die Zeit nach der Rückkehr, durch Unterwanderungen, Einschüchterungen und zunehmende Einflußnahme vom Reich aus auf die Entwicklung im Saargebiet war die Rechtssicherheit für die Hitlergegner und die Anhänger einer Status-quo-Lösung tatsächlich immer weniger gewährleistet, weil schließlich auch Richter zum Teil offen mit der NS-Bewegung sympathisierten oder, eingeschüchtert, in ihrem Sinne sprachen[27]. Die politischen Gegner wurden durch Gestapo, SD und V-Leute überwacht, die, wie die Stapostelle Trier in einem Bericht an das Gestapa hervorhob, auch in Beamtenkreisen des Saargebietes saßen und aufgrund ihrer Stellungen in der Lage waren, »zuverlässige Nachrichten zu erlangen«[28]. Selbst Dokumente, die von der Polizei bei einer Haussuchung in einer Kreisgeschäftsstelle der NSDAP beschlagnahmt worden waren und äußerst belastendes Material für den Nachweis darstellten, daß die von der Regierungskommission verbotene organisatorische Verbindung von NS-Organisationen des Saargebietes mit entsprechenden Organisationen im Reich weiterhin bestand, wurden aus der Aktenverwaltung der Regierungskommission entfernt[29]. Die »Deutsche Front« und Dienststellen des Reiches wurden durch saarländische Beamte über interne Vorgänge im Saargebiet informiert, ja mehr noch: Die »Deutsche Front« konnte »Behördenaktionen abwenden oder steuern und jederzeit stille legen oder offene Sabotage behördlicher Anordnungen inszenieren«[30].

Gewiß wäre es gerade in dieser Situation dem Anspruch und dem Ansehen eines neutralen Treuhänders dienlicher gewesen, wenn die Regierungskommission (mithin auch der Völkerbund) ausländische Beamte mit Polizeiaufgaben betraut hätte statt Reichsdeutsche, die den Machthabern in Berlin ein Dorn im Auge waren. Allerdings hätte auch das an der Entrüstung und lautstarken Protesten der Nationalsozialisten wenig geändert, lag ihnen doch vor allem daran, möglichst unbehindert von irgendwelchen Maßnahmen der Regierungskommission in ihrem Sinne und mit ihren eigenen Methoden die Abstimmung vorzubereiten. Bei diesem Vorhaben wirkte sich die Anwesenheit der »Emigrantenbeamten« überaus störend aus, mehr vielleicht, als es ausländische Beamte getan hätten, und darum wurden gerade sie zur Zielscheibe heftigster Angriffe der »Deutschen Front« und der Propaganda des Reiches.

Die Regierungskommission hatte einige Planstellen bei der Landeskriminalpolizei mit Deutschen besetzt, die sämtlich zuvor bei der Polizei im Reich beschäftigt gewesen waren und aufgrund nationalsozialistischer Gesetzgebung aus dem Dienst entlassen worden waren (Gesetz zur Wiederherstellung des Berufsbeamtentums). So bekleideten nunmehr Posten bei der Politischen Polizei: der früher in Diensten der hessischen Schutzpolizei stehende Verwaltungssekretär Lauriolle, der frühere Kriminalassistent bei der Politischen Abteilung des Essener Polizeipräsidiums

Lehnert, der frühere hessische Oberregierungsrat Ritzel, der ehemalige Polizeileutnant Machts von der Berliner Politischen Polizei sowie der ehemalige Regierungsrat Danzebrink aus Münster[31]. Schon die ersten Einsätze der saarländischen Polizei unter maßgeblicher Mitwirkung dieser neuen Beamten zeigten, daß die Nationalsozialisten an der Saar und die Reichsregierung nicht mehr damit rechnen konnten, mehr oder weniger ungestört und mit versteckter oder offener Unterstützung saarländischer Beamter ihre Politik zu betreiben. Die Hausdurchsuchung bei der Kreisgeschäftsstelle der NSDAP, die belastendes Material zutage gefördert hatte, ging, wie man bei der Gestapo besorgt feststellte, hauptsächlich auf das Konto dieser »Emigrantenbeamten«[32]. Das Material wurde von der Regierungskommission in einem Bericht an den Völkerbund verwertet. Es wies unter anderem nach, daß von der Pfalz aus die Bildung von SA- und SS-Formationen im Saargebiet betrieben wurde. Eine Eingabe der »Deutschen Front« an den Völkerbund gegen Knox verlor dadurch erheblich an Gewicht. Das beschlagnahmte Material würde sich, so befürchtete Diels, »beim Völkerbund zweifellos außerordentlich nachteilig auswirken«[33]. Wiederholte Festnahmen und Durchsuchungen bewiesen zur Genüge, »welche Gefahr für die deutsche Sache die Anstellung der Emigrantenbeamten« darstellte[34]. Göring forderte das AA in Berlin auf, bei der Regierungskommission gegen die Verwendung derartiger Personen Schritte zu unternehmen und nichts unversucht zu lassen, »der großen Gefahr, die diese Elemente bilden, entgegenzutreten«[35].

Nicht nur die Anstellung von Emigranten im öffentlichen Dienst, sondern die Anwesenheit deutscher Flüchtlinge im Saargebiet überhaupt war aus reichsdeutscher Sicht eine ernste Gefahr für die ›deutsche Sache‹. In einer Note vom 27. 2. 1934 an den Präsidenten der Regierungskommission forderte Neurath von Knox die Entfernung der »Emigrantenbeamten« und grundsätzliche Aufenthaltsverweigerung für politische Flüchtlinge, da diese »eine zügellose deutschfeindliche Propaganda« entfalteten und die Regierungskommisison offensichtlich nicht in der Lage sei, »die politische Betätigung von Flüchtlingen gegen Deutschland und ihre Abstimmungspropaganda zu unterbinden«[36]. Unter den Emigranten befände sich zudem eine »nicht unerhebliche Anzahl« von Personen, die wegen »strafbarer Handlungen des gemeinen Rechts« strafrechtlich verfolgt würden[37]. In gewohnter Weise versuchte man auch hier, die antifaschistische Tätigkeit des gesamten Exils als Aktivitäten gemeiner Verbrecher zu diffamieren und ihre Unterdrückung durch auswärtige Regierungen zu erreichen. Das auch im Reich bekannte tatsächliche Verhältnis der Zahlen von angeblich Kriminellen zur Gesamtzahl der Flüchtlinge war für die reichsdeutschen Stellen kein Hindernis. Wie eine Aufzeichnung des AA vom Mai 1934 festhielt, befanden sich unter den 750 polizeilich gemeldeten Emigranten 36 in Deutschland steckbrieflich Gesuchte, bei denen es sich zudem »meistens um Kommunisten« handelte[38], d. h., daß erst durch die nationalsozialistische Gesetzgebung und Strafpraxis viele der steckbrieflich Gesuchten zu gemeinen Verbrechern gestempelt worden waren.

In seiner Antwort auf die deutsche Einspruchsnote verwahrte sich Knox gegen die ihm und der Regierungskommision gemachten Vorwürfe. Entschieden lehnte er sowohl eine Entfernung der Emigranten aus dem öffentlichen Dienst als auch die Vertreibung der Emigranten aus dem Saargebiet durch Aufhebung des ihnen gewährten Asyls ab[39]. Zu der Anschuldigung, mit der Anstellung der »Emigrantenbeamten« habe er Bestimmungen des Versailler Vertrages verletzt, erklärte Knox, daß der Regierungskommisison gerade nach diesem Vertrag das Recht zustehe, die ihr erforderlich erscheinenden Beamtenernennungen vorzunehmen. Er verwies darauf, daß nach 1919 eine beträchtliche Zahl ehemaliger Beamter des Reiches oder der Länder in saarländische Dienste übernommen worden war. Die Regierungskommission habe sich niemals um die politische Einstellung dieser Beamten gekümmert und vermöge auch heute »in dem Umstand, daß Beamte sich früher in Deutschland politisch in einem Sinne betätigt haben, der nach damals geltenden Gesetzen nichts Ungesetzliches an sich trug, kein Hindernis für ihre Einstellung zu erblicken«[40].

Zu dem Pauschalvorwurf, bei den Emigranten handele es sich zumeist um Kriminelle, erbat Knox konkrete Angaben, um überhaupt feststellen zu können, ob Anlaß zum Einschreiten gegeben war. Er verwies in diesem Zusammenhang auf deutsche Auslieferungsanträge, denen, soweit es sich um Vergehen des gemeinen Rechts handelte, die Regierungskommission ja durchaus nachgekommen sei. Auf Meldungen des reichsdeutschen Rundfunks hin, daß gegen einen der ›Emigrantenbeamten‹ ein Haftbefehl vorliege, habe die Regierungskommission im Januar 1934 sofort telegrafisch im AA zur Sache angefragt. Bis heute sei aber diese Anfrage ohne Antwort geblieben. Andererseits könnten saarländische Beamte, die wegen krimineller Taten im Saargebiet strafrechtlich verfolgt würden, nach ihrer Flucht ins Reichsgebiet dort ungehindert öffentliche Aufgaben wahrnehmen. Knox protestierte gegen die »wiederholte Einmischung deutscher Behörden oder amtlicher deutscher Stellen in rein saarländische Angelegenheiten« und forderte die deutsche Regierung auf, sich an die anerkannten Prinzipien des Völkerrechts in zwischenstaatlichen Beziehungen zu halten.

Die Note war eine deutliche Absage an das deutsche Ansinnen; das

Reich hatte nun erst einmal den Beweis für seine Behauptungen anzutreten, und die von Knox erhobene Beschwerde gegen die Einmischung deutscher Stellen in die saarländische Politik wogen nicht minder schwer. In Berlin mußte man wohl oder übel einsehen, daß auf diplomatischem Wege zunächst eine Abwendung der Gefahr, die man in den Emigranten erblickte, kaum möglich sein würde. Trotzdem ließen Berlin und hilfswillige Beamte und Privatpersonen im Saargebiet nichts unversucht, den Störfaktor Emigration zu eliminieren, wie noch im einzelnen zu zeigen sein wird.

Nach einer Verordnung der Regierungskommission vom 7. 2. 1934 wurde den Flüchtlingen ausdrücklich das Asylrecht zugestanden und auch das Verfahren geregelt, nach dem ihnen Aufenthalt zu gewähren war. Entscheidend war, daß die bis dahin in der Zuständigkeit der örtlichen Polizeibehörden liegende Vernehmung über die Fluchtgründe auf die bei der Direktion des Innern (Innenministerium) geschaffene Zentralstelle für die Erfassung politischer Flüchtlinge überging, die auch allein über die Erteilung der Aufenthaltserlaubnis, ihre Verlängerung oder ihren Entzug zu entscheiden hatte[41]. Damit sollte den lokalen saarländischen Behörden, die, was nicht selten vorkam, die Flüchtlinge schikanierten, weitgehend der Einfluß auf die Ausgestaltung des gewährten Asyls genommen werden. Dennoch betrieben lokale Behörden ihre eigene Politik, um auf ihre Weise mit den unerwünschten Emigranten fertig zu werden. So erbat das Wohlfahrtsamt der Stadt Saarbrücken von reichsdeutschen Stellen Strafregisterauszüge über Emigranten. Wie der Oberbürgermeister der Stadt auf Anfrage der Saarbetreuungsstelle im Preußischen Innenministerium, die den Grund für zahlreiche diesbezügliche Ersuchen wissen wollte, erklärte, wurden sie nur über Emigranten gestellt. Zweck sei es, der Regierungskommission »nachzuweisen, daß es sich hier zum großen Teil gar nicht um wirkliche politische Flüchtlinge handelte, sondern um kriminelle Personen, welche einer Unterstützung gar nicht bedürftig sind«[42].

Der Bürgermeisterverband des Saargebietes entwickelte eine eigene Strategie zur Inkriminierung der Flüchtlinge und ihrer Vertreibung aus dem Saargebiet. In einer Stellungnahme des Verbandes zur Flüchtlingsfrage wurden en detail Empfehlungen für das »praktische Verfahren bei der Anmeldung und Behandlung von politischen Flüchtlingen« gegeben[43], so z. B., wie man Hausbesitzer dazu bringen konnte, die Aufnahme von Flüchtlingen zu verweigern, wie man in Unterstützungsfällen bei Anfragen am Heimatort des Emigranten im Reich »durch gewisse Ergänzungsfragen auf dem amtlichen Formular eine Antwort der Heimatbehörde dahin [...] provozieren [konnte], daß der Flüchtling ein Schwindler und kein politischer Flüchtling« sei; wurde vom Reich aus »in gewünschtem Sinne« Antwort gegeben, so wurde der Flüchtling wegen Unterstützungsbetrugs verhaftet und dem Amtsgericht zugeführt. Auch wenn man den Angeschuldigten in den meisten Fällen wieder laufen lassen mußte, wurde doch erreicht, daß »die Flüchtlinge von hier wieder flüchtig gingen«.

Da der Regierungskommission über die Anmeldung jedes politischen Flüchtlings Bericht erstattet werden mußte, wies man in solchen Fällen vielfach auf die »Unglaubwürdigkeit der gemachten Angaben« hin und ließ allgemein einfließen, daß es sich nach den bisherigen Erfahrungen in der Regel um Kriminelle, Verbrecher, Betrüger und Phantasten handele. Man hoffte auf diese Weise »im Hinblick auf die Überflutung des Saargebietes mit solchen Elementen aus sicherheitspolizeilichen Gründen« Anträge bei der Regierungskommission auf Ausweisung mit mehr Erfolg als bisher stellen zu können. Die Flüchtlinge wurden »von ihrem ersten Auftauchen in der Gemeinde an unnterbrochen unter scharfe polizeiliche Beobachtung gestellt«. Als zweckmäßig wurde angesehen, daß die Landratsämter die bei ihnen geführten Emigrantenlisten in Zusammenarbeit mit reichsdeutschen Stellen austauschten und ergänzten.

Regierungsrat Watermann vom Preußischen Innenministerium, der von Köln aus als Verbindungsmann zum Saargebiet arbeitete, hielt die vom Bürgermeisterverband gemachten Vorschläge »für sehr zweckmäßig«[44]. Da bis dahin die Stapostelle Trier die Kartothek der politischen Flüchtlinge geführt hatte, sollte sie auch weiterhin mit dieser Angelegenheit befaßt bleiben. Watermann erbot sich, »mit Trier zu verhandeln, um die unmittelbaren Beziehungen zwischen dem Bürgermeisterverband bzw. den Landratsämtern und der Gestapo in Trier herzustellen, soweit dies noch nicht der Fall ist«[45].

Die Vorschläge des Bürgermeisterverbandes waren offene Sabotage der Anordnungen der Regierungskommission, und die Äußerungen Watermanns bezeugen, wie gut die geheime Zusammenarbeit zwischen saarländischen Behörden und reichsdeutschen Stellen funktionierte[46].

Am 19. 4. 1934 hielt die »Vereinigung der Polizeibeamten Saarbrücken« eine Generalversammlung ab. In einer Resolution forderte sie Knox auf, die Anstellungen von Emigranten in den saarländischen Polizeidienst wieder rückgängig zu machen[47]. Sowohl die reichsdeutsche Propaganda und die Presse der »Deutschen Front« als auch die Presse der Hitler-Gegner griffen diesen Fall sofort auf. Nahezu völlige Übereinstimmung herrschte bei sonst unterschiedlicher Bewertung des Vorganges darin, daß es sich hier um eine politische Angelegenheit handele. Die Regierungskommission enthob die beiden Mitglieder des Vorstandes, die die Resolution unterzeichnet hatten, sofort des Dienstes und leitete ein Dienststrafverfahren mit dem Ziel der Dienstentlassung ein. Einige weitere Beamte wurden von ihren Ämtern suspendiert. Am 25. 4. 1934 verfügte sie die Auflösung der Vereinigung mit der Begründung, die Einstellung der Emigranten sei lediglich aus »politischen Gründen« zum Gegenstand der Entschließung gemacht worden[48].

Am 30. April schilderte Knox in einer Note an den Völkerbund den Vorfall[49]. Er bezeichnete ihn als »symptomatisch« für die Lage im Saargebiet und wies in diesem Zusammenhang auf kursierende Putschgerüchte hin. Trotz diplomatisch vorsichtiger Formulierung gab Knox deutlich zu erkennen, daß nach seiner Meinung die Initiatoren der Resolution der Polizeivereinigung jenseits der Grenzen des Saargebietes, nämlich in Berlin, saßen. Es sei zu erwähnen, schrieb er, »daß der Rundfunksender Berlin schon am 21. April 1934 die erste Nachricht über diesen Antrag durchgegeben hatte« und daß diesem Antrag »eine dauernde Kampagne vorausgegangen war, die vom deutschen Rundfunk sowie von bestimmten örtlichen Presseorganen gegen diese neuen Polizeibeamten geführt wurde«. Diese »seltsamen Ereignisse« genügten »als solche«, um die Manifestation »von einem gewissen Standpunkt aus zu erklären«[50].

Außenpolitisch spielte sich der Vorgang zu einem höchst ungünstigen Zeitpunkt ab, denn beim Völkerbund lag schon die Frage auf dem Tisch, ob nicht eine internationale Polizeitruppe ins Saargebiet entsandt werden sollte. Das AA wertete denn auch das Vorgehen der Polizeivereinigung als politisch unzweckmäßig[51], doch war das AA nicht allein für die Saarpolitik zuständig. Die Reichsleitung der NSDAP stellte sich uneingeschränkt hinter das Vorgehen der Polizeivereinigung und hinter die von der Regierungskommision relegierten Beamten. Das volle Eintreten der Reichsleitung für die Aktion und der Wortlaut eines Schreibens an den Außenminister lassen die Vermutung Knox' gerechtfertigt erscheinen, daß von hoher Parteiebene aus die Resolution der Polizeivereinigung inspiriert worden ist[52]. So heißt es u. a. in diesem Schreiben, die Erfahrung habe gelehrt, »daß die deutschen Belange an der Saar außerordentlich gefahrenbedroht sind, wenn nicht jeder gesunde Auftrieb innerhalb des Saarvolks möglichst gestützt wird«. Man halte es »für notwendig, daß jede nationale Regung der Saarbevölkerung gepflegt werden muß, auch wenn sie nicht immer den Gepflogenheiten entsprechen sollte, die im diplomatischen Verkehr notwendigerweise unter Wahrung aller Vorsicht üblich sind«. Da das Endziel im Kampf um die Saar von der »größtmöglichen

Mehrheit der deutschstimmenden Volksgenossen« abhänge, sei auch jede Handlung, die dieses Ergebnis fördere, »eine wichtige Hilfe« zum Gesamtaufbau der Saar, »wie sie 1935 dastehen soll«[53].

Von Parteiseite sah man in der Unterstützung solcher Aktionen offenbar eine notwendige Ergänzung zu den auf größere Vorsicht angewiesenen diplomatischen Vorstößen der Reichsregierung. Die Rechnung ging in diesem Falle nicht auf. Knox entließ keinen der Emigranten. Demonstrativ übernahm er gleich zwei Emigranten neu in den Polizeidienst. Die nationalsozialistische Propaganda nutzte jedoch auch diesen Mißerfolg zu verstärkten Angriffen auf die »Emigranten-Beamten« und die für ihre Tätigkeit verantwortliche Regierungskommission, um unter der Saarbevölkerung das Gefühl von dem ›Märtyrertum‹ wach zu halten, das es unter dem gegenwärtigen Regime zu erdulden habe. Niemand dürfe sich wundern, hieß es, wenn sich die Saarbevölkerung gegen solche Methoden »einer landfremden Regierung« auflehne[54].

In Berlin sann man weiter darüber nach, wie die Emigranten aus ihren öffentlichen Ämtern im Saargebiet entfernt werden könnten. Die von Knox in dessen Note an die deutsche Regierung geforderten konkreten Angaben zu den Anschuldigungen, die angestellten Emigranten seien nichts weiter als Kriminelle, ließ man unbeantwortet. Indessen schlug man propagandistisch weiter Kapital daraus und hielt die Behauptung aufrecht, um die Regierungskommission zu diskreditieren[55] und ihr die Schuld an den Unruhen im Saargebiet in die Schuhe zu schieben.

Die Bemühungen der Regierungskommission, festzustellen, wer von den angeblich kriminellen Emigranten tatsächlich unter falschen Voraussetzungen um politisches Asyl im Saargebiet nachsuchte, blieben in der nationalsozialistischen Presse unerwähnt. Wie der Oberpräsident der Rheinprovinz, der zugleich »Reichskommissar für die Übergabe des Saargebietes« war, in einem Schreiben an das AA bestätigte, hatte die Direktion des Innern der Regierungskommission z. B. im April 1934 in 19 gleichlautenden Schreiben an verschiedene deutsche Gerichtsbehörden um kurzfristige Überlassung genau bezeichneter Strafakten gebeten, um die Frage einer etwaigen Abschiebung von steckbrieflich gesuchten Personen prüfen zu können[56]. Auf reichsdeutscher Seite war man aber nicht ohne weiteres bereit, den Pauschalvorwurf von den ›kriminellen Emigranten‹ durch handfeste Beweise zu erhärten, ja man war nicht einmal bereit, im Rahmen des Rechts- und Amtshilfeverkehrs Auskunftsersuchen nachzukommen, wenn die Initiative zur Aufklärung gemeiner Straftaten von der Regierungskommission selbst ausging. »Üblicherweise«, schrieb der Oberpräsident, würde in solchen Fällen, in denen die Regierungskommission deutsche Strafakten anfordere, die ersuchte Gerichtsbehörde veranlaßt, »die betreffenden Strafakten einer genauen Prüfung dahingehend zu unterziehen, ob sie nach ihrem Inhalt geeignet sind, die politischen Belange des Reiches zu gefährden«. Rechtshilfeersuchen deutscher Behörden, die gegen politische Flüchtlinge ergingen, würden »bereits im Reichskommissariat angehalten und wegen ihrer aussichtslosen Durchführung [!] oder aus politischen Bedenken [!] den deutschen Behörden zurückgegeben«. Die Diffamierungsabsicht und die Handhabung von Rechtsmitteln nach dem Prinzip politischer Opportunität konnte kaum deutlicher zum Ausdruck gebracht werden.

Herausgehobenes ständiges Angriffsobjekt deutscher Behörden und der NS-Propaganda waren, gleichsam stellvertretend für alle, die bei der saarländischen Polizei angestellten Emigranten Ritzel und Machts. Aufgrund ihrer leitenden Stellungen konnten sie jederzeit störend in die vom Reich gewünschte Entwicklung eingreifen. Noch im Februar 1934 gab sich die Gestapo zuversichtlich, durch eigene Anstrengungen Ritzel aus den Diensten der Regierungskommission entfernen zu können[57]. Aber das Vorhaben gestaltete sich schwieriger als erwartet.

Wie das AA in einer Note an Knox mitteilte, lief gegen Ritzel ein Strafverfahren wegen Vergehens gegen die Verordnung des Reichspräsidenten zum Schutze von Volk und Staat; ferner hatte die Staatsanwaltschaft beim Amtsgericht Darmstadt einen Haftbefehl erwirkt wegen angeblicher Unterschlagungen Ritzels[58]. Die Regierungskommission gab sich jedoch, wie auch später in ähnlich gelagerten Fällen, nicht damit zufrieden, daß ein Haftbefehl vorlag, sondern forderte Einsicht in die einschlägigen Unterlagen. Ein handschriftlicher Vermerk auf dem von der Staatsanwaltschaft Darmstadt an das AA gerichteten Schreiben, mit dem auch der Haftbefehl gegen Ritzel übermittelt worden war, läßt deutlich werden, daß es nicht etwa um den Buchstaben des Gesetzes, sondern um die Durchsetzung politischer Ziele ging: Die einzelnen Beschuldigungen gegen Ritzel, heißt es da, »sind indes nicht ganz schwerer Art und beziehen sich auf zeitlich lange zurückliegende Vorfälle. Deshalb wird von einer Übersendung des Schreibens der Staatsanwaltschaft an die Regierungskommission abzusehen sein, obwohl diese auch um Mitteilung des betr. Aktenstücks gebeten hat ...«[59]

Man erwartete also von der Regierungskommission, daß sie sich mit dem vorliegenden Haftbefehl begnügte und dem deutschen Verlangen nach Entlassung Ritzels nachkam. Knox aber beharrte auf seinem Anspruch, und so zogen sich die deutschen Anschuldigungen durch die ganze Abstimmungsperiode, ohne daß man in Berlin auch nur im entferntesten daran dachte, hinreichende Beweise vorzulegen. Der Grund hierfür lag darin, daß man zum einen in Berlin selbst erkannte, auf welch schwachen Füßen die Beweisführung stand; zum andern befürchtete man wohl nicht zu unrecht, daß eine Bekanntgabe von Einzelheiten von der Regierungskommission dazu benutzt worden wäre, die von deutscher Seite betriebene Inkriminierung der Emigranten als perfide Zweckpropaganda bloßzustellen. Nach einigen Monaten erkannte auch die Gestapo, daß die Möglichkeit eines Einschreitens gegen Ritzel oder gar eine Entlassung aufgrund der gegen ihn erhobenen Vorwürfe »angesichts der seither zu Tage getretenen Einstellung der Regierungskommission nur gering« war[60]. Dennoch ließ das AA nicht davon ab, weiterhin auf Entlassung zu drängen. Man verlegte sich in Berlin auf reine Zermürbungstaktik, die, durch eine hemmungslose Propaganda unterstützt, die These von den Kriminellen in Diensten der Regierungskommission aufrecht erhielt.

Wie gegen Ritzel, so bemühte man sich auch gegen Machts belastendes Material beizuschaffen, um seine Entlassung zu bewirken. Zeugnis für die enge Zusammenarbeit zwischen reichsdeutschen amtlichen Stellen und der »Deutschen Front« legt die von dieser im Mai an den Völkerbundsrat gerichtete Eingabe ab, in der Behauptungen und Vorwürfe gegen Machts erhoben wurden, die sich auf seine angebliche Selbstverstümmelung während des Krieges stützten. War es schon sehr bezeichnend für das nationalsozialistische Vorgehen, daß man auf so weit zurückliegende Fälle angewiesen war – ganz zu schweigen von fehlenden Beweisen –, um im beabsichtigten Sinne Einfluß zu nehmen, so schien das hier offenliegende anscheinend blinde Vertrauen in die Wirksamkeit amtlichen Rufmords jegliches Nachdenken darüber zu überlagern, daß man sich selbst als Urheber solcher Initiativen gerade vor den Augen der Weltöffentlichkeit diskreditieren mußte.

Korrekterweise ersuchte die Regierungskommisison die deutsche Regierung um Auskunft und Aktenunterlagen zum Beweis der Behauptungen gegen Machts[61]. Wiederum sah man sich in Berlin nicht in der Lage, die Wünsche der Regierungskommission zu befriedigen. Mit einer Aktenauswahl glaubte man, dem Ersuchen Knox' Genüge getan zu haben. Man entschuldigte sich mit »zeitraubenden Ermittlungen« dafür, daß man nicht sämtliche Akten zur Verfügung stellten wollte und warf darüber hinaus der Regierungskommission vor, sie habe vor der Anstellung Machts nicht die nötigen Erkundigungen in Berlin eingeholt[62].

Das Dritte Reich sah in der Inkriminierung der Emigranten aber seine Möglichkeiten, ihre Entfernung aus dem Saargebiet zu erreichen, noch nicht erschöpft. Im preußischen Innenministerium erwog man, Familienmitglieder der »Emigrantenbeamten« in Konzentrationslager zu verbringen. Ein derartig »scharfes Vorgehen gegen die bei der Saar-Regierung beschäftigten Emigranten«, betonte das Preußische Innenministerium in einem Schreiben an das Reichsinnenministerium, »rechtfertigt sich unbedingt, da nach den Meldungen aus dem Saargebiet diese Emigrantenpolizisten die deutsche Bevölkerung vollkommen terrorisieren«. Zudem werde ihr Wirken »von Tag zu Tag für die deutschen Interessen gefährlicher«[63]. Das Reichsinnenministerium hielt jedoch Repressalien gegen zurückgebliebene Familienangehörige »aus verschiedenen Gründen für unangebracht«[64]. Hingegen hielt man Maßnahmen gegen ein weiteres Abwandern von Beamten, die nach dem Gesetz zur Wiederherstellung des Berufsbeamtentums entlassen worden waren, in das Saargebiet durchaus für zweckmäßig, so z. B. »durch Anhalten des Umzugsgutes« eine Abwanderung (und damit womöglich eine Anstellung bei der Regierungskommission) zu erschweren[65].

Die Gestapo hatte sich jedoch zu dieser Zeit bereits über die Vorstellungen des Reichsinnenministeriums hinweggesetzt. Ein Ersuchen des ebenfalls in Diensten der Regierungskommission stehenden ehemaligen Kriminalsekretärs der hessischen Polizei, Lauriolle, seiner im Reich lebenden Frau die Reise nach Saarbrücken zu gestatten, damit sie beide ihre wirtschaftlichen Verhältnisse regeln könnten, lehnte die Gestapo ab und stellte stattdessen die Ehefrau unter verschärfte Beobachtung, um ihre Reise zu ihrem Ehemann ins Saargebiet zu verhindern[66]. Anfang Mai 1934 ließ die Gestapo das gesamte Vermögen Ritzels beschlagnahmen und zugunsten des Landes Hessen einziehen. Zur Begründung dieser Maßnahme, die in aller Öffentlichkeit in der reichsdeutschen Presse bekanntgegeben wurde, hieß es, Ritzel sei neben anderen Emigranten in der saarländischen Polizei »eine der treibenden Kräfte bei der Bekämpfung und Bespitzelung der auf Rückgliederung an Deutschland gerichteten Bestrebungen der deutschen Saarbevölkerung«[67]. Dies allein und nichts weiter diente zur Begründung. Keinerlei Hinweis auf eine Absicherung dieser Maßnahme durch ein Gesetz oder eine spezielle Verordnung. Die ›Strafe‹ für ein den Nationalsozialisten nicht genehmes Verhalten und die Absicht, mit dieser Maßnahme und ihrer gewollten Publizität über den Einzelfall hinaus Druck auf alle Emigranten auszuüben, rangierten augenscheinlich vor dem Bedürfnis, dies auch mit dem Anstrich der Gesetzmäßigkeit zu versehen, obschon mit dem Ausbürgerungsgesetz dazu eine Möglichkeit gegeben war. Daß auch dies seinen triftigen Grund hatte, darüber wird weiter unten zu sprechen sein.

Nicht genug damit, daß die Maßnahme gegen Ritzel zum Gegenstand nationalsozialistischer Propaganda wurde, die deutsche Presse schloß daran auch noch die Aufforderung an jeden, der über weitere Vermögenswerte Ritzels in Deutschland wisse – eigens aufgeführt wurden Sparguthaben, Versicherungsansprüche, ausstehende Forderungen –, dies der Gestapo zu melden. Wer wissentlich schweige, erkläre sich »mit dem Tun dieses Volksfeindes solidarisch, stellt sich außerhalb der Volksgemeinschaft und wird beim Bekanntwerden in entsprechender Form zur Rechenschaft gezogen«[68].

Das Dritte Reich hatte mit dem Vorgehen gegen Ritzel ein Exempel statuieren wollen in der Hoffnung, damit auch alle anderen Emigranten einzuschüchtern und zum Wohlverhalten zu zwingen. Warum nun verzichtete man im Fall Ritzel darauf, zur Begründung der Maßnahme das Ausbürgerungsgesetz heranzuziehen? Vorangegangen war hier eine Kontroverse zwischen der Gestapo einerseits und dem AA sowie dem Reichsinnenministerium andererseits: Bereits im April 1934 – zu einer Zeit, als die Ausbürgerung politischer Emigranten noch in erster Linie als Abschreckungsmaßnahme gedacht war – hatte die Gestapo vorgeschlagen, sämtliche im Dienste der Regierungskommission stehenden Emigranten auszubürgern[69]. Die Gestapo erhoffte sich mit dieser Maßnahme die Vertreibung der verhaßten ›Emigranten-Beamten‹ aus ihren Ämtern im öffentlichen Dienst des Saarlandes. Doch das Reichsinnenministerium empfahl, Anträge auf Ausbürgerung von im Saargebiet lebenden Emigranten bis zur Zeit nach der Abstimmung zurückzustellen. Diesen Standpunkt vertrat auch das AA. Politische Bedenken gegen eine Durchführung zum jetzigen Zeitpunkt waren entscheidend.

In einem Schreiben an die Gestapo erläuterte der Saarreferent im AA Ende Juli 1934 die Gründe[70]. Frankreich hatte eine weitgehende Amnestie für alle Bewohner des Saargebietes für die Zeit nach der Abstimmung angestrebt. Berlin war es gelungen, diese Forderungen abzuwehren und auf eine bloße Sicherheitsgarantie zugunsten der abstimmungsberechtigten Personen (dazu zählten nicht die Emigranten) zu beschränken. Der Völkerbund hatte sich jedoch eine Ausdehnung dieser Garantien auch auf die nichtabstimmungsberechtigten Bewohner vorbehalten. Es könne daher »kaum einem Zweifel unterliegen«, schrieb Voigt, »daß Fälle von Ausbürgerungen deutscher, im Saargebiet aufhältlicher Staatsangehöriger dem Völkerbund Anlaß geben würde, auf diesen Vorbehalt schon jetzt zurückzugreifen, während bei Zurückstellung der Ausbürgerungen Aussicht besteht, die Frage bis zur Zeit nach der Abstimmung offen zu halten«. Daran aber bestehe »ein erhebliches deutsches Interesse, da eine vor der Abstimmung beschlossene Amnestie den deutschfeindlichen Elementen, insbesondere den Emigranten, Gelegenheit geben würde, ihre antideutsche Betätigung noch über das bisherige Maß hinaus zu steigern«. Nach Abwägung der Vor- und Nachteile einer Ausbürgerung kam Voigt zu dem Schluß, daß »im höheren deutschen Interesse davon doch bis auf weiteres Abstand zu nehmen« sei.

Mögliche internationale Sicherheitszusagen für die Emigranten im Saargebiet hätten das nationalsozialistische Ziel, an der Saar den politischen Gegner, das ›andere Deutschland‹ vernichtend zu schlagen, in der Tat in Frage gestellt. Der vorläufige Verzicht auf weitere gesetzliche Strafmaßnahmen gegen die Emigranten, wie sehr man sie auch wünschte, erschien dem AA aus übergreifenden politischen Erwägungen heraus opportun. Das hinderte die Gestapo jedoch nicht, im Falle Ritzel die Vermögensbeschlagnahme zu veranlassen, um wenigstens so, auch ohne das Ausbürgerungsgesetz zu bemühen, einen in exponierter Stellung wirkenden Emigranten zu strafen, indem sie ihn materiell schädigte – zur Warnung für alle seine Gesinnungsfreunde.

Zieht man ein kurzes Resumee der nationalsozialistischen Anstrengungen, die Emigranten als Störfaktor im Abstimmungskampf auszuschalten, so ist festzuhalten, daß sie bis dahin trotz ungeheuren Aufwands und politischen Drucks sämtlich erfolglos blieben.

4. Die Frage der Sicherheitsgarantien für die Bewohner des Saargebietes

Die innenpolitische Lage des Saargebietes, der inzwischen nicht zu übersehende massive Druck auf die saarländische Bevölkerung seitens der »Deutschen Front« und die nicht zu überhörenden Drohungen gegen die Hitler-Gegner über eine Abrechnung mit ihnen nach der Abstimmung hatten die Frage nach Garantien für eine freie, unbeeinflußte Abstimmung wie auch für die persönliche Sicherheit der Abstimmungsberechtigten aufgeworfen. Solange hierfür nicht eindeutig Gewähr gegeben war, schien jeder Bewohner des Saargebietes der Gefahr ausgesetzt, daß die während des Abstimmungskampfes eingenommene politische Haltung nach der Abstimmung zum Nachteil für seine persönliche Sicherheit ausschlug. Ohne solche Garantien wurde auch schon vor der Stimmabgabe ein Moment der Unsicherheit ins Saargebiet getragen[71]; viele Saarbewohner schwenkten, um sich politisch rückzuversichern, ins Lager der »Deutschen Front« über. In einer außenpolitischen Debatte des französischen Parlaments hatte Außenminister Barthou erklärt, er trete für volle Sicherheit der Saarbewohner ein. Frankreich könne nicht darin einwilligen, daß die Gegner der Rückgliederung Repressalien ausgesetzt seien. Als Beispiel dafür, welchen Gefahren diese Personen nach einem Anschluß an Deutschland ausgesetzt seien, führte er eine in einer deutschen Zeitung erschienene Karikatur an, in der der Führer der SPD des Saargebietes, Max Braun, an einem Baum aufgeknüpft dargestellt wurde[72].

Nach dem Saarstatut war der Völkerbund verpflichtet, für eine gesicherte freie, geheime und unbeeinflußte Stimmabgabe zu sorgen[73]. Für Frankreich war es zudem eine Frage des moralischen Prestiges, angesichts der gegen die Hitler-Gegner ausgestoßenen Drohungen, an deren Verwirklichung nach all den Meldungen, die bislang über die Behandlung politischer Gegner im Reich ins Ausland gedrungen waren, nicht zu zweifeln war, auf Sicherheitsgarantien für alle Saarbewohner zu bestehen. Eine vom Völkerbund eingesetzte Dreierkommission hielt es für erforderlich, daß diese Garantien zwischen den Beteiligten, also zwischen Deutschland und Frankreich frei vereinbart würden. Frankreich war dazu bereit. Berlin lehnte zunächst grundsätzlich jede Sicherheitsgarantie ab, denn eine solche Regelung diskriminiere Deutschland, weil sie Verfolgungsabsichten unterstelle; zudem entzöge sie reichsdeutsche Emigranten der deutschen Gesetzgebung wie sie überhaupt einen Eingriff in die Souveränität Deutschlands darstelle[74].

Wie Hitler über die Einhaltung möglicher Sicherheitszusagen dachte, hatte er bereits in einer Besprechung mit Parlamentariern des Saargebietes im Mai 1933 deutlich genug zu verstehen gegeben. Zur Frage einer »Generalamnestie« für die Gegner des Nationalsozialismus im Saargebiet erklärte Hitler laut Aufzeichnung des Saar-Industriellen Röchling, der an dieser Besprechung teilgenommen hatte: »Was nun diejenigen anbelange, die in der Vergangenheit sich in vaterländischer Hinsicht nicht richtig benommen hätten, so könne natürlich die Reichsregierung schon heute eine Amnestie für die Rückgliederung in Aussicht stellen. Aber diese Amnestie würde ja denjenigen nichts helfen, die wegen ihres Verhaltens von der Bevölkerung erschlagen würden.«[75]

Daraus sprach Hitlers tiefste Mißachtung vertraglicher Vereinbarungen. Er ließ zugleich erkennen, daß der sogenannte Volkszorn für ihn kein Anlaß war, die davon Betroffenen verstärkt unter rechtsstaatlichen Schutz zu stellen.

Schließlich gab das Dritte Reich seine ablehnende Haltung dann doch auf und stimmte den geforderten Sicherheitsgarantien zu, die durch einen Notenaustausch zwischen der deutschen und der französischen Regierung am 2. 6. 1934 besiegelt wurden[76]. In Berlin hatte man wohl erkannt, daß ein weiteres Sträuben gegen die geforderten Garantien das Mißtrauen gegen das Dritte Reich in bezug auf die Behandlung politischer Gegner nur noch steigern würde[77]. Zum andern hatte Frankreich ein Junktim geschaffen zwischen Sicherheitsgarantien und Festsetzung des Abstimmungstermins. Berlin lag aber sehr viel daran, mit einem baldigen Abstimmungstermin rechnen zu können, denn solange dieser nicht feststand, bestand die Gefahr, daß er jeweils weiter hinausgeschoben und eine Festsetzung mit neuen Bedingungen verknüpft würde. Auf lange Sicht konnte das nur die Stoßkraft der »Deutschen Front« schwächen und damit auch das hochgesteckte Ziel des nationalsozialistischen Deutschlands illusorisch machen. Der stille Vorbehalt, die eingegangene Verpflichtung nur insoweit zu respektieren, als das zweckmäßig erschien[78], hat für Berlin die Zusage sicherlich erleichtert. Zudem hatte man von deutscher Seite erreicht, daß die nichtabstimmungsberechtigten Personen, das waren jene, die zum Zeitpunkt der Schaffung des Saargebietes nicht Bewohner des Saargebietes waren, also auch fast alle Emigranten, nicht in die Sicherheitsgarantien einbezogen waren. Auch der Führer der SPD des Saargebietes, Max Braun, der erst seit 1924 im Saargebiet ansässig war, wurde durch dieses Zugeständnis an Deutschland betroffen[79].

Dieser Umstand verschaffte der nationalsozialistischen Propaganda und den Kampagnen der »Deutschen Front« gegen die Status-quo-Bewegung den Vorteil, unablässig darauf hinweisen zu können, daß die eigentlichen Befürworter des Status quo, zu denen ja auch die Emigranten zählten, gar keine »Saarländer« seien. Das wurde auch weidlich ausgenutzt, um die Status-quo-Bewegung als gar nicht im Interesse der Saarbewohner liegend darzustellen und als eine lediglich aus Eigennutz betriebene Kampagne »landfremder« und »undeutscher« Elemente zu diffamieren.

Nachdem die Sicherheitsgarantien gegeben waren, wurde auf Beschluß des Völkerbundsrates am 4. 6. 1934 die Abstimmung auf den 13. 1. 1935 festgesetzt. Entsprechend einer Empfehlung des Dreierausschusses wurde des weiteren eine Abstimmungskommission ernannt, zu deren Aufgabe die Organisation, Durchführung und Kontrolle der Abstimmung gehörte[80].

Mit der gegebenen Sicherheitsgarantie hatten sich Deutschland wie Frankreich verpflichtet, »sich jeden unmittelbaren oder mittelbaren Drucks zu enthalten, der die Freiheit und die Aufrichtigkeit der Stimmabgabe beeinträchtigen könnte«, ebenso aber auch hinsichtlich der abstimmungsberechtigten Personen jede »Verfolgung, Vergeltungsmaßnahmen oder

Schlechterstellung wegen der politischen Haltung«, die sie während des Völkerbundregimes und des Abstimmungskampfes gezeigt hatten, zu unterlassen[81]. Ein Kommentar des ›Völkischen Beobachters‹ gab aber sogleich die nötigen Erläuterungen, wie man von nationalsozialistischer Seite die garantierte Freiheit politischer Betätigung auch der Status-quo-Bewegung, deren Sicherung ja gerade Anlaß für die Sicherheitsgarantien gewesen war, interpretierte[82]: Die Garantie dürfe »nicht zu einem Freibrief für gewissenlose Hetze umgewertet« werden. Nach nationalsozialistischer Terminologie gab es ›gewissenlose Hetze‹ nur auf einer Seite: beim Status quo und den Emigranten. Das Blatt forderte denn auch die für die Abstimmung Verantwortlichen auf, »rücksichtslos gegen diejenigen notorischen Hetzer« vorzugehen, die mit der Abstimmung selbst »nicht das geringste« zu tun hätten. Das müsse von deutscher Seite verlangt werden, »wenn überhaupt bei Vereinbarungen [...] von Gegenseitigkeit die Rede sein soll«.

Das Blatt gab damit einmal mehr zu erkennen, wo die ernsten Sorgen lagen, daß nämlich im Vertrauen auf die Sicherheitsgarantien vielleicht doch mehr Saarbewohner einer Status-quo-Lösung zuneigen könnten und daß man gerade in den Emigranten das vielleicht entscheidende Element sah, das eine solche Lösung am Leben erhielt. Zugleich aber war mit dem Hinweis auf Gegenseitigkeit eine neue Hintertür geöffnet. Bei etwaigen Beschwerden seitens Frankreichs, der Regierungskommission oder auch des Völkerbundes wegen Verletzung des Abkommens durch die Nationalsozialisten hatte man stets als Gegenargument die Anwesenheit und die »Hetze« der nichtabstimmungsberechtigten Emigranten zur Hand. So wurde beständig durch wiederholte Behauptungen in der nationalsozialistischen Propaganda der Versuch unternommen zu beweisen, daß die Emigranten für die Unruhe im Saargebiet verantwortlich seien, daß nicht die »Deutsche Front«, sondern die Emigranten Terror ausübten. Dies insbesondere, nachdem unter Leitung Machts eine Hausdurchsuchung bei der »Deutschen Front« durchgeführt worden war[83] und Knox aufgrund des dort beschlagnahmten Materials in einer Note vom 3. August an den Völkerbund erneut nachdrücklich eine internationale Polizeitruppe für das Saargebiet forderte, da seiner Meinung nach die vorhandene saarländische Polizei keine Gewähr mehr dafür bot, die Ruhe und Ordnung aufrecht zu erhalten. Die Durchsuchung der Büroräume bei der »Deutschen Front« hatte Unterlagen zutage gefördert, die die Querverbindungen der »Deutschen Front« mit reichsdeutschen Stellen sowie mit der saarländischen Polizei nachwiesen[84]. Die NS-Presse stellte das in Abrede und verwies darauf, daß die Aktion von dem »Emigrantenkommissar« Machts geleitet wurde, und das sei Grund genug, an der Echtheit solcher nachgewiesener Querverbindungen zu zweifeln[85]. Die NS-Presse konterte auch sogleich mit »Enthüllungen« über Emigrantenterror. Bei richtiger Verwendung der saarländischen Polizei, d. h. einer Polizei ohne Emigranten, sei keine internationale Polizei vonnöten[86], denn das Saarland stehe lediglich »unter dem Terror der Emigranten«[87].

In einem Aide-mémoire vom 31. 8. 1934 rollte der französische Außenminister Barthou vor dem Völkerbund, der sich nach Unterzeichnung des Garantieabkommens vom Juni eine Ausdehnung der Garantien auch auf die nichtabstimmungsberechtigten Bewohner des Saargebietes vorbehalten hatte, erneut die Sicherheitsfrage auf; ferner standen Fragen des künftigen Regimes an der Saar nach der Abstimmung, eine eventuelle zweite Abstimmung und wirtschaftliche Probleme zur Diskussion. Die Forderung nach Ausdehnung der Sicherheitsgarantien auf die Nichtabstimmungsberechtigten, worin die Emigranten eingeschlossen waren, lag auf dem Tisch[88]. Eine überschäumende Flut von Angriffen auf die Emigranten war die Antwort der Nationalsozialisten auf die Forderungen Knox' nach ausländischen Polizisten und auf die von Frankreich erneut zur Sprache gebrachten Sicherheitsgarantien.

Diese Frage hatte nun für Frankreich nicht mehr eine nur moralische Bedeutung. In Frankreich rechnete man offensichtlich damit, daß nach der Abstimmung – an einem Sieg der Nationalsozialisten zweifelte man kaum – Tausende, vielleicht Zehntausende von Flüchtlingen aus dem Saargebiet nach Frankreich strömen würden, weil sie wegen ihres Eintretens für den Status quo Repressalien ausgesetzt sein würden[89]. Berlin lehnte eine Ausdehnung der Rechtsgarantien und den Plan einer internationalen Polizeitruppe entschieden ab.

Gerüchte über einen nationalsozialistischen Putsch an der Saar und daraufhin erfolgte französische Truppenkonzentrationen an der Grenze zum Saargebiet verschärften im Herbst die außenpolitische Lage. Neurath wies Botschafter Köster in Paris an, »nachdrücklich Verwahrung« gegen die Einmarschdrohungen bei der französischen Regierung einzulegen, denn die Begründung der Truppenkonzentration mit angeblichen deutschen Maßnahmen zur Störung der Volksabstimmung sei »haltloses Gerede« und unverantwortlich, auch wenn der Präsident der Regierungskommission darauf in einem Bericht an den Völkerbund Bezug genommen habe[90]. Die deutsche Demarche übte heftige Kritik an der französischen Haltung in der Saarfrage, denn, so hieß es, Frankreich versuche die in Versailles gestellte »völkische Frage« deutsch oder französisch in eine innerpolitische »für oder gegen den Nationalsozialismus« umzudrehen.

Frankreich stütze sich dabei auf eine »zahlenmäßig geringe innerpolitische Opposition im Saargebiet, deren Kern die Kommunisten bilden und deren Wortführer nichtabstimmungsberechtigte Personen und Emigranten von meistens höchst fragwürdigem Charakter« seien.

In dieser angespannten Atmosphäre fanden Anfang November in Rom Verhandlungen mit der vom Völkerbund eingesetzten Dreierkommission statt, bei denen es sowohl um wirtschaftliche Fragen wie um Sicherheitsgarantien für Nichtsaarländer, um das Recht der Regierungskommission, im Falle von Unruhen französische Truppen zu rufen, um die Definition des Status quo und um eine eventuelle 2. Abstimmung an der Saar ging[91].

Der Truppenaufmarsch, Knox' Forderung nach einer internationalen Polizeitruppe und die Frage erweiterter Sicherheitsgarantien fielen politisch auf das Dritte Reich zurück, gründeten sie doch in einem tiefen Mißtrauen gegenüber dem nationalsozialistischen Deutschland. Berlin reagierte darauf, indem es die Emigrantenfrage als ein Kernproblem in den Vordergrund spielte. Eine befriedigende Lösung in diesem Punkte sollte die anderen Fragen gleich mit erledigen oder einfach gegenstandslos machen. Gemäß der nationalsozialistischen These, daß allein die Emigranten für die unruhige Lage im Saargebiet verantwortlich seien, forderte Berlin deren Ausweisung. Wenn Deutschland die Entfernung der Emigranten aus dem Saargebiet und die Zurücknahme der Einmarschbereitschaft der französischen Truppen fordere, schrieb der ›Völkische Beobachter‹, so sei das nur »folgerichtig«, denn man verlange dies »nur im Interesse der Aufrechterhaltung des Friedens«[92].

Sogleich forderte Bürckel als Saarbevollmächtigter des Reichskanzlers das AA auf, sich an die im Völkerbund vertretenen Mächte zu wenden und auf eine »Neuordnung des Emigrantenwesens im Saargebiet« zu drängen. »In erster Linie sollte man verlangen«, meinte Bürckel, »daß mit Rücksicht auf den Abstimmungskampf und die äußerst angespannte Lage nichtabstimmungsberechtigten Deutschen, die aus politischen Gründen Deutschland verlassen haben, der Aufenthalt im Saargebiet verboten wird«[93]. Offensichtlich erwartete man in Berlin, daß Frankreich und der Völkerbund als die Hauptadressaten sich die Auffassung von der Urheberschaft der Emigranten an den bestehenden Schwierigkeiten zu eigen machten und ihr durch ein Eingehen auf die daraus abgeleitete deutsche Forderung Rechnung trugen.

Zweifellos wurde von Berlin die Emigrantenfrage aus taktischen Gründen hochgespielt. Aber dahinter steckte doch mehr als bloß »künstliche Aufregung«[94]. Das unablässige Bemühen Berlins, die Emigranten aus dem

Geschehen an der Saar auszuschalten, galt ja dem weiter gesteckten Ziel einer Vernichtung der gesamten politischen Emigration und einer Niederlage des ›anderen Deutschland‹. Nach wie vor war die Gefahr noch nicht gebannt, daß die antinationalsozialistischen Kräfte an der Saar durch Herbeiführung eines deutschen Mißerfolgs bei der Regelung des Saarproblems dem Nationalsozialismus eine Niederlage bereiten könnten. Die Frage erweiterter Sicherheitsgarantien, die ja eng mit der Emigrantenfrage verknüpft war, konnte durchaus in dem befürchteten deutschen Mißerfolg enden. Für Berlin ging es gleichermaßen darum, die Emigranten als Störfaktor zu eliminieren und in puncto Sicherheitsgarantien neue vertragliche Bindungen zu vermeiden. Der französischen Forderung nach Einbeziehung der Nichtabstimmungsberechtigten in die Sicherheitsgarantien, woran Frankreich nicht allein aus Gründen der politischen Moral ein erhebliches Interesse hatte, trat Deutschland mit der Forderung nach Ausweisung sämtlicher Emigranten aus dem Saargebiet entgegen.

Die Positionen der Verhandlungspartner (Deutschland auf der einen, Frankreich und der Völkerbund auf der anderen Seite) waren damit so abgesteckt, daß keine der Parteien ohne Prestigeverlust vollständig von der eigenen abrücken konnte und das Verhandlungsergebnis somit notwendig in einem Kompromiß enden mußte, falls nicht eine der beiden Seiten die Verhandlungen überhaupt scheitern lassen wollte. Das aber war eine Vorentscheidung von politischer Tragweite. Deutschland, ohnehin in der schwächeren Position, konnte sich einen Mißerfolg gar nicht leisten. Blieb die Frage, ob Frankreich ein Interesse daran hatte, dem nationalsozialistischen Deutschland durch Unnachgiebigkeit politisch eine Niederlage zu bereiten.

Der Verhandlungsverlauf aber zeigte, daß es Frankreich darum zu tun war, zu einer einvernehmlichen Regelung zu gelangen. Sehr bald zeigte es Entgegenkommen in wirtschaftlichen und finanziellen Fragen (z. B. Ablösung der Saargruben)[95]. Zufrieden notierte man in Berlin die französische Konzessionsbereitschaft, erkannte aber auch klar, daß die weitere günstige Entwicklung davon abhing, inwieweit Frankreich bereit war, auf die politischen Forderungen des Barthou-Memorandums vom August zu verzichten, d. h. also auf eine mögliche zweite Abstimmung, Definition des Status quo und Ausdehnung der Garantie auf Nichtabstimmungsberechtigte[96].

Der deutsche Widerstand gegen erweiterte Garantiebestimmungen drohte zunächst jeden weiteren Fortschritt in den Verhandlungen zu blockieren. Bürckels Forderung nach sofortiger Ausweisung sämtlicher politischer Flüchtlinge provozierte geradezu »neue politische Forderungen größten Ausmaßes« der Gegenseite, wie Aloisi, der Vorsitzende des Dreierkomitees, in einem Gespräch mit dem deutschen Botschafter in Rom, Hassell, hervorhob. Aloisi empfahl, diese Forderung nicht zur Bedingung jedweder Verhandlung zu machen[97]. Er zeigte Verständnis für den deutschen Standpunkt, daß durch Sicherheitsgarantien kein »Freibrief für Emigranten« geschaffen werden dürfe und wies sogleich einen Weg, der es Berlin ermöglichen würde, Entgegenkommen in der Garantiefrage zu zeigen, ohne einen vollständigen Rückzieher machen zu müssen. Und zwar brachte Aloisi den Wohnsitzbegriff in die Debatte ein, mit Hilfe dessen die Emigranten von der Garantie ausgeschlossen werden konnten[98]. Auch das Dreierkomitee war bereit, dem deutschen Widerstand dadurch Rechnung zu tragen, daß bei einer Ausdehnung der Garantie die Emigranten ausdrücklich (über die Wohnsitzklausel) ausgeschlossen wurden[99]. Es war aber nicht bereit, völlig auf neue Garantien zu verzichten.

Für Berlin lagen die Gründe der Ablehnung jedoch nicht in erster Linie darin, daß zusätzlich zu den schon seit Juni unter Garantie stehenden Abstimmungsberechtigten auch die Nichtabstimmungsberechtigten einbezogen werden sollten; der Grund lag vielmehr darin, daß Berlin sich weigerte, den Gegnern des Nationalsozialismus, gleich, ob abstimmungsberechtigt oder nicht, Garantien zuzusichern, wodurch ja praktisch dann innenpolitische Gegner unter internationalen Schutz gestellt gewesen wären. Denn soviel war ja klar: die ganze von Frankreich und dem Völkerbund eingebrachte Sicherheitsfrage war eine Intervention zugunsten möglicher Opfer des Hitler-Regimes an der Saar, und das war nach Lage der Dinge de facto auch eine Intervention zugunsten der Hitler-Gegner. Deswegen wollte man auch einer Ausdehnung der Garantien nicht zustimmen, zumal nicht mehr allein eine Ausdehnung bezüglich des Personenkreises zur Diskussion stand, sondern auch freies Abzugsrecht unter Mitnahme der Vermögenswerte und ein Oberstes Gericht, vor dem Verletzungen der Garantiebestimmungen eingeklagt werden konnten.

Erst als Berlin bedeutet wurde, daß der Völkerbundsrat eine Ausdehnung der Sicherheitsgarantien trotz deutscher Ablehnung von sich aus beschließen könnte, war es grundsätzlich bereit, die starre Haltung in dieser Frage aufzugeben. Mit der Wohnsitzklausel war man den deutschen Wünschen schon weit entgegengekommen. Der Begriff ‹Bewohner des Saargebietes›, auf den sich Frankreich, der Völkerbund und Deutschland nach langem Hin und Her Mitte November einigten, wurde dahin definiert, daß darunter nur solche Personen fielen, »die am 13. Januar 1935 seit mindestens drei Jahren ihren Wohnsitz im Saargebiet« hatten[100].

Damit waren alle Emigranten ausgeschlossen, ohne sie eigens nennen zu müssen. Aber warum wurde der Stichtag auf *drei* Jahre zurückverlegt? Als triftiger Grund dafür ist wohl anzunehmen, daß man alles vermeiden wollte, um dieses Datum nicht zu sehr in Zusammenhang mit der nationalsozialistischen Machtergreifung zu bringen, was bei einer Rückverlegung um zwei Jahre unabweisbar gewesen wäre. Gewollt oder ungewollt trugen damit Frankreich und der Völkerbund der nationalsozialistischen Auffassung Rechnung, daß unter Emigranten nicht nur die zu verstehen seien, die Deutschland nach der Machtergreifung aus politischen Gründen verlassen hatten, sondern auch jene, »die in Erwartung des kommenden Umschwunges der politischen Verhältnisse« schon vor diesem Zeitpunkt das Reich verlassen hatten[101]. Mochte der Dreijahrezeitraum aus der Sicht Frankreichs ein Akt diplomatischer Höflichkeit gewesen sein, das nationalsozialistische Deutschland wertete ihn als ein Stück Prestigegewinn.

Eine Forderung Deutschlands war mit der Ausklammerung der Emigranten aus einem möglichen Garantieabkommen bereits erfüllt. Trotz grundsätzlicher Bereitschaft zum Einlenken war man jedoch in Berlin weiterhin bemüht, um die Unterzeichnung materiell erweiterter Garantiebestimmungen herumzukommen.

Noch am 24. November erhielt der Saarreferent im AA, Voigt, von Bürckel Order, Forderungen nach Einschaltung eines Abstimmungsgerichts für abwandernde Personen und eine Ausdehnung der Schutzbestimmungen auf alle Saarbewohner abzulehnen. Sollte er nicht damit durchkommen, so sollte er beide Fragen in der Weise gegeneinander aushandeln, »daß wir die Einschaltung des Obergerichts konzedieren und daß die Gegenseite dafür ihre Forderung auf Ausdehnung der Schutzbestimmung aufgibt«[103].

Blieb Berlin so aus den bekannten Gründen in der Garantiefrage trotz des sehr weiten Entgegenkommens der Gegenseite in der Emigrantenfrage unnachgiebig, so nahm es zu der Forderung einer internationalen Polizeitruppe für das Saargebiet eine der bisherigen völlig entgegengesetzte Haltung ein. Mitte November hatte Hitler gegenüber Neurath erklärt, »daß es ihm erwünscht erscheine, neutrale, in erster Linie schweizerische Abstimmungspolizei heranzuziehen, weil dies bei der jetzigen Entwicklung in unserem Interesse läge«[104]. Diese Schwenkung in der Polizeifrage, auf die Berlin naturgemäß ohnehin kaum Einfluß hatte, da das Saargebiet bis zur endgültigen Entscheidung über das Abstimmungsergebnis unter Völkerbundsverwaltung stand und der Völkerbund dementsprechend die Maßnahmen treffen konnte, die er für nötig hielt, ermöglichte sich Berlin dadurch, daß es nunmehr den Emigranten im Saargebiet

Putschabsichten unterstellte[105]. Bürckel erklärte gegenüber Bülow, es lägen »schlüssige Beweise vor, daß die Emigranten einen Putsch vorbereiten«. Bürckel schlug vor, unter Hinweis auf diese »Putschgefahr« und unter Hinweis »auf die Notwendigkeit der Erhaltung des Friedens und guter Beziehungen zwischen Frankreich und Deutschland die Entsendung schweizerischer Abstimmungspolizei« zu beantragen. Auf die Frage Bülows, was er denn mit »schlüssigen Beweisen« meine, antwortete Bürckel, es lägen »eidesstattliche Vernehmungen« verschiedener Personen vor[106].

Mit dieser »Forderung« – die man, solange sie von Knox erhoben worden war, stets entschieden zurückgewiesen hatte, bis sie ohne eigene Zustimmung schließlich vollendete Tatsache zu werden drohte – konnte man den Eindruck verwischen, als habe man in diesem Punkte nachgegeben. Zudem knüpfte man daran die Hoffnung, daß dann auch die »Emigrantenbeamten« aus dem saarländischen Polizeidienst entfernt würden. Als schließlich im Dezember internationale Polizei an der Saar Posten bezog, hielt man das zwar immer noch für überflüssig, da die Volksgenossen an der Saar sich völlig diszipliniert verhielten (zuvor hatte es geheißen, man brauche ausländische Polizei, um einen Emigrantenputsch abzuwehren), aber man fragte sich: »Was haben eigentlich noch [...] die Emigranten in der Saarländischen Polizei zu suchen?« »Wir fordern und erwarten, daß Herr Knox die Emigranten aus der saarländischen Polizei entläßt.«[107]

Am 27. November hielt Neurath bei Hitler Vortrag über die noch anstehenden Fragen zum Komplex Sicherheitsgarantien. Die Gegenseite war dem Dritten Reich in wichtigen Punkten weit entgegengekommen. So war von einer möglichen zweiten Abstimmung nicht mehr die Rede. Offen war noch, ob man allen Saarbewohnern das Abzugsrecht zugestehen sollte, ohne daß damit der Verlust der Reichsangehörigkeit verbunden war, und ob man sich mit der Nichtanwendung der Ariergesetzgebung auf ein Jahr [!] abfinden sollte[108]. Neurath machte deutlich, daß der Verhandlungsspielraum in Rom erschöpft sei. Bei Ablehnung der beiden Punkte sei mit Sicherheit anzunehmen, daß der Völkerbundsrat eine Regelung in dieser Frage von sich aus oktroyieren würde. Das und ein mögliches Scheitern oder längeres Hinauszögern der Verhandlungen – bis zur Abstimmung waren es nur noch wenige Wochen – wollte Hitler nicht riskieren. Zudem hatte das Dritte Reich in augenscheinlich gewichtigen Fragen seine Vorstellungen durchsetzen können. So kam es Hitler »auf diese Kleinigkeiten« bei der »Regelung der Saarfrage nicht an«[109].

Am 2./3. 12. 1934 wurden durch einen Briefwechsel zwischen Aloisi und Neurath die erweiterten Sicherheitsgarantien für die nichtabstimmungsberechtigten Bewohner des Saargebietes bekräftigt. Am 3. 12. 1934 wurde das Abkommen zwischen Deutschland und Frankreich über Fragen der Rückgliederung des Saargebietes unterzeichnet[110].

In einem Runderlaß zog das AA Bilanz. Die politischen Abreden (Ausdehnung des Garantieabkommens) wurden als Erfolg gewertet, denn die Emigranten waren davon ausgenommen. Damit hätten sich Frankreich und der Völkerbund an den Emigranten »desinteressiert«, die an der »Vergiftung der Atmosphäre im Saargebiet hauptsächlich Schuld tragen«[111]. Personen, die das Saargebiet verlassen wollten, könnten dies zwar unter Mitnahme ihres Vermögens tun. Doch böte die zu diesem Punkt abgegebene deutsche Erklärung jederzeit die Möglichkeit, solchen Personen die Reichsangehörigkeit abzuerkennen[112]. Die Bestrebungen, einen besonderen Minderheitsschutz zu errichten, hätten unterlaufen werden können, denn die Verpflichtung, die Ariergesetzgebung nicht in Kraft zu setzen, galt nur für ein Jahr.

Diese Anstandsfrist von einem Jahr, die man Deutschland konzediert hatte, lag ganz auf der Linie der Bemühungen aller Beteiligten, durch das Abkommen von Rom jeden Eindruck zu vermeiden, eine Seite hätte eine Niederlage erlitten. Frankreich konnte seine Garantievorstellungen im wesentlichen durchsetzen, und Deutschland brauchte sich nur ein Jahr daran zu halten. Beide Seiten hatten so ihr Gesicht gewahrt. Der französische Ministerpräsident Flandin hatte im November außerhalb der offiziellen diplomatischen Kanäle, aber durchaus mit der Absicht, daß seine Bemerkungen der deutschen Regierung bekanntgemacht würden, zu erkennen gegeben, was Frankreich von einer glatten und einvernehmlichen Erledigung der Saarfrage mit dem Dritten Reich erwartete[113]. Die Rückgabe des Saargebietes an Deutschland dürfe nicht zu dem Eindruck führen, sagte Flandin, »daß sie eine Niederlage für die französische Politik bedeute«. Das gelte insbesondere in der Garantiefrage. In diesem Punkte sah er einen »Prüfstein« für die Zusammenarbeit zwischen Frankreich und Deutschland. Eine glatte Erledigung der Saarfrage würde für beide ein beachtlicher Erfolg sein. Die übrigen Länder müßten dann sehen, »daß das Deutschland Hitlers – und Hitler wäre doch Deutschland – dieses schwierige Problem mit Ruhe, Disziplin und Würde gemeistert hätte«. Die Emigranten müßten dann einsehen, »daß der von ihnen heute erwartete échec für die Politik des Dritten Reiches ausbliebe«. Natürlich gebe es viele Leute, die ihm, Flandin, eine auf solchen échec Deutschlands abgestellte Politik empföhlen. Er sei aber entschlossen, nicht auf eine solche politische Linie einzuschwenken.

Damit leistete Flandin Hitler genau den Dienst, den dieser für einen vollen Erfolg des Nationalsozialismus an der Saar benötigte.

Auf einer Ministerbesprechung am 4. Dezember nahmen Neurath und Hitler eine erste Wertung des Abkommens von Rom vor[114]. Neurath bezeichnete die politische Seite des Abkommens als »sehr erfreulich«. Zum erstenmal sei es gelungen, »in direkten Verhandlungen mit den Franzosen zu einer Einigung zu kommen«. Zwar habe man Konzessionen machen müssen, so in der Übergangsfrist von einem Jahr, doch habe dieses Zugeständnis den »Vorteil, daß diejenigen Leute, die uns unbequem seien, sich in diesem einen Jahr aus dem Saargebiet entfernen könnten«. Hitler sah in dem Abkommen »einen unzweifelhaften Erfolg, der auf das Wiedererstarken Deutschlands als Großmacht zurückzuführen« sei. Frankreich habe die Gelegenheit »zu einem Präventivkrieg endgültig verpaßt«. Auch dem Ziel, an der Saar einen überwältigenden Erfolg für das nationalsozialistische Deutschland zu erringen, einen Erfolg, der zur Konsolidierung des Regimes entscheidend beitragen sollte, sah sich Hitler einen gewaltigen Schritt näher gebracht. Er wertete die Regelung der Saarfrage, »wie sie in dem Abkommen gestaltet« war, als die »erste außenpolitische Rechtfertigung der inneren Neugestaltung Deutschlands«!

Hitler sprach damit deutlich aus, worum es an der Saar ging: um die endgültige Anerkennung des nationalsozialistischen Deutschland. Gemessen an dieser Zielsetzung waren es in der Tat nur ein paar ›Kleinigkeiten‹, ob man Saarbewohnern das Abzugsrecht zugestand, ob man einem Abstimmungsgericht zustimmte oder ob man sich bereit fand, für ein Jahr auf die Anwendung der Ariergesetzgebung im Saargebiet zu verzichten. Garantien für die politischen Gegner hatte man weitgehend verhindern können. Die Gegenseite hatte durch ihre Konzessionen zu erkennen gegeben, daß sie sich an diesen Gegnern desinteressierte und bereit war, auf der Basis der vollzogenen Tatsachen Politik zu treiben.

Wieviel die von deutscher Seite gegebenen Garantiezusagen wert waren, illustriert ein Vorfall, der sich kurze Zeit nach Unterzeichnung des Römischen Abkommens ereignete. Als der Führer der christlichen Gewerkschaften, Imbusch, auf einer Versammlung des Christlich-Sozialen Volksbundes für den Status quo sprechen wollte, wurde er von einem NS-Rollkommando niedergeschlagen. Die österreichische ›Reichspost‹ kommentierte: »Die gegebene Zusage scheint nicht einmal vor, geschweige denn nach der Abstimmung vor dem braunen Terror zu schützen.«[115]

5. Abstimmungspropaganda und Exil

Das Abkommen von Rom präjudizierte das Abstimmungsergebnis. Im Grunde gingen alle Beteiligten von einem deutschen Sieg aus. Die Erarbeitung exakter Bestimmungen für den Eventualfall eines Status-quo-Sieges versagte man sich und damit auch jede klare Aussage über die einzig echte Alternative zu einer Rückgliederung an das nationalsozialistische Deutschland. Während die sich bei einer Rückkehr des Saargebietes nach Deutschland ergebenden Sachfragen in allen Einzelheiten diskutiert und die Modalitäten der Rückgliederung festgelegt worden waren, hielt es der Dreierausschuß »weder für möglich noch zweckmäßig«, die »näheren Einzelheiten der Organisation« des dann zu errichtenden Regimes eingehender zu erörtern, wenn das Abstimmungsergebnis für die nach dem Saarstatut vorgesehene Alternative der Beibehaltung des gegenwärtigen Regimes (Status quo) ausfallen sollte[116]. Das Dreierkomitee gab sich alle Mühe, seinem zur Veröffentlichung bestimmten Bericht zu diesem Punkt eine Form zu geben, die eine Ausbeutung der »Abstimmungspropaganda zugunsten des Status quo« ausschloß. Insbesondere war von der Möglichkeit einer zweiten Abstimmung keine Rede mehr[117].

Wie man auch die Aussichten der Status-quo-Bewegung auf einen achtbaren Erfolg zu diesem Zeitpunkt beurteilen mag, festzuhalten bleibt, daß den Saarländern durch diese Handlungsweise des Völkerbundes die klare Aussage über ihre tatsächlichen Entscheidungsalternativen vorenthalten wurde. Eine eindeutige Stellungnahme, hinter der die ganze Autorität des Völkerbundes stand, *daß* die Alternative vorhanden war und wie sie aussah, hätte der Status-quo-Bewegung die Möglichkeit gegeben, den Wählern der Rückgliederung an das Reich eine annähernd gleich konkrete Vorstellung für die Zukunft entgegenzusetzen. So aber hatte der Völkerbund der »Deutschen Front« eine »starke Handhabe« verschafft, die »Status-pro-Propaganda zu bekämpfen«[118].

Der Völkerbund sanktionierte damit im Grunde die nationalsozialistische Propagandathese, daß der Status quo eigentlich gar keine Alternative zu der Rückgliederung an das Reich sei, daß sie die ›undeutsche‹, von ›landfremden Elementen‹ in eigener Sache betriebene Irreführung der ›deutschfühlenden Bevölkerung an der Saar‹ sei. Die Emotionen, die sich mit Parolen wie »Zurück zum Vaterland« oder »Heim ins Reich« wecken ließen, wogen schwer gegenüber dem fremd klingenden, an den Verstand appellierenden Begriff Status quo. Die nationalsozialistische Propaganda nutzte das rigoros aus[119].

Das Dritte Reich hatte alles daran gesetzt, die Emigranten an der Saar auszuschalten, weil sie die nationalsozialistischen Interessen so nachhaltig störten, weil sie ein Hindernis für die von den Nationalsozialisten in den Abstimmungskampf gesetzten Ziele waren und schließlich, weil sie selbst Objekt des Kampfes gegen den politischen Gegner des Nationalsozialismus waren, der hier an der Saar endgültig geschlagen werden oder doch so entscheidend geschwächt werden sollte, daß er der Konsolidierung des nationalsozialistischen Regimes, innen- wie außenpolitisch, nichts mehr entgegenzusetzen vermochte. Ihre Niederlage sollte den Sieg des Nationalsozialismus erst vollständig machen. Zu aller diplomatischen Aktivität, zu all den Mitteln, die zur Erreichung dieses Zieles geheiligt schienen, gesellte sich eine mit ungeheurem Aufwand betriebene Propaganda, deren unablässige Angriffe auf eine Ausschaltung und Vernichtung der Emigration als politischem Faktor zielten.

Die Emigration war jedoch nicht nur Objekt nationalsozialistischer Angriffe, sie war für die Nationalsozialisten auch Mittel zum Zweck. Das wird besonders deutlich daran, wie die nationalsozialistische Propaganda das Thema Emigration handhabte. Im Kapitel über die Abwehr durch Propaganda wurde schon auf die ausgesprochen funktionale Bedeutung hingewiesen, die die Emigration für die nationalsozialistische Propaganda erlangte. In der Saarpropaganda kehren beide Elemente wieder: Abwehr des politischen Gegners durch die Propaganda und Mittel der Propaganda zur Durchsetzung weitergehender politischer Zielsetzungen.

Das Saargebiet war Abstimmungsgebiet. Das hieß: Der Nationalsozialismus wollte und mußte einen vollen Erfolg erringen, und zwar mit einem Abstimmungsergebnis, das an Eindeutigkeit nichts mehr zu wünschen übrig ließ. Das aber bedeutete, daß im Vorraum der Entscheidung der Abstimmung über eine Rückgliederung an das nationalsozialistische Deutschland keine echte Alternative entgegenstehen durfte. Bestehende Alternativen mußten beseitigt, als unmöglich zu wählende ›Scheinalternativen‹ dargestellt werden. Der Wähler durfte nicht die Möglichkeit zur Entscheidung zwischen Alternativen erhalten, ihm mußte die Zustimmung zur vom Reich gewünschten Entscheidung als einzig gangbarer Weg erscheinen. Dies erforderte ein taktisches Konzept, nach dem die Gegner einer Rückgliederung an das Hitler-Deutschland zwar angegriffen, eingeschüchtert und isoliert werden konnten, doch durfte das nicht soweit gehen, daß ihnen ein Einschwenken auf die Anschlußlinie völlig unmöglich gemacht wurde. Der Führer der Saar-NSDAP, Spaniol, hatte mit seinem rüden Ton und unverhohlenen Drohungen nicht nur die Gegner einer Rückgliederung total verprellt, sondern auch viele, die trotz nationalsozialistischem Regime einer Rückgliederung zuneigten, eher abgestoßen als gewonnen. Prompt wurde er von Berlin seines Amtes enthoben und durch den konzilianteren Pirro ersetzt.

Die taktischen Rücksichten auf die besonderen Bedingungen des Abstimmungskampfes an der Saar gingen sogar soweit, daß die Gestapo eine »Milderung der Gegensätze auf kirchenpolitischem Gebiet im Reich« empfahl. Denn von den »zahlreichen Faktoren, die den Rückgliederungskampf der Saarbevölkerung erschweren«, erlangte »vor allem die Verschärfung der kirchenpolitischen Lage eine besondere Bedeutung«, erkannte die Gestapo. Eine Milderung, so erhoffte man sich, würde ihre »Auswirkungen auf die Lage im Saargebiet nicht verfehlen«[120].

Tatsächlich wurde die antikirchliche Propaganda im Reich zurückgeschraubt[121]. Auch »Reichsbischof« Müller wurde wegen seiner Propagierung einer »romfreien« Kirche zurückgepfiffen. Neurath zitierte ihn zu sich und erklärte ihm im Auftrage Hitlers, »daß solche Äußerungen aus seinem Munde geeignet seien, die ganze Abstimmung in der Saar zu unseren Ungunsten zu gestalten«[122].

Das katholische Exilorgan ›Deutsche Briefe‹ warnte vor der »Liebenswürdigkeit« des NS-Regimes gegenüber der katholischen Kirche im Reich. Es bezeichnete das zutreffend als reine Taktik, denn noch stehe »die wichtige Saarabstimmung vor der Tür, in der es auf die katholischen Stimmen ankommt«[123]

Das AA hielt es aus außenpolitischen Gründen, vor allem aber wegen der Saarfrage, auch für angebracht, den »Thälmann-Prozeß beschleunigt und möglichst ohne sensationellen Verlauf« durchzuführen, da der Prozeß den »Gegnern des nationalsozialistischen Deutschlands erwünschten Anlaß, insbesondere in der Saarfrage [biete], eine aktive antideutsche Propaganda zu entfalten«. Man hielt es für richtiger, den Prozeß entweder »in angemessener Frist vor der Saarabstimmung« zu beenden oder auf »einen Zeitpunkt nach der Abstimmung« zu verlegen[124].

Solche Belege bezeugen, wie wichtig das NS-Regime die Abstimmung an der Saar nahm und wie es versuchte durch taktische Züge, selbst durch weitgehende Konzessionen an gegenwärtige Erfordernisse, alle möglichen Unsicherheitsfaktoren für einen vollen nationalsozialistischen Erfolg an der Saar zu neutralisieren. Es war ein Kampf um jede einzelne Stimme. So forderte die NS-Presse immer wieder alle im Reich oder im Ausland lebenden abstimmungsberechtigten Saarländer auf, zur Stimmabgabe ins Saargebiet zurückzukehren. Das Regime selbst organisierte die Sammeltransporte derjenigen Saarländer, die dieser Aufforderung nachkommen wollten.

Die Abstimmungspropaganda war darauf abgestellt, alle möglichen

Vorbehalte politischer, religiöser und weltanschaulicher Art als irrelevant abzutun. Es sollte keinen Zweifel daran geben, daß es nur eine ›nationale Pflicht‹ gab, nämlich für die Rückgliederung an das nationalsozialistische Deutschland zu stimmen. So wie in dem Schlagwort von der ›nationalen Revolution‹ alle Gegensätze scheinbar durch einen höheren Wert aufgehoben waren, so war auch hier der Appell an die ›nationale Pflicht‹ der allem übergeordnete, unantastbare Wert, vor dem politische, religiöse und weltanschauliche Gegensätze als reine ›Alltagsfragen‹ zurückzutreten hatten. Dem Status quo haftete das nationale Defizit an, ein Umstand, den die NS-Propaganda in nationale Unzuverlässigkeit, in »Landesverrat« umkehrte.

Gemäß der nationalsozialistischen Propagandamaxime, »selbst auseinanderliegende Gegner immer zu einer Kategorie gehörend erscheinen zu lassen«[125], wurden alle Gegner des Nationalsozialismus, unbeschadet ihrer unterschiedlichen Positionen, in eine einzige Frontstellung zum Nationalsozialismus gebracht. Zum Erfolgskonzept der Propaganda gehörte es aber ebenso, nicht die Masse anzugreifen, sondern die Führer und Repräsentanten der gegnerischen Gruppierungen, um das Vertrauen der Anhänger in ihre Führung zu untergraben. Und schließlich war NS-Propaganda nicht Aufklärung, sondern Überredung, arbeitete nicht argumentativ, sondern mobilisierte Ressentiments. Eine sachbezogene rationale Auseinandersetzung verbot sich für sie, um nicht den leisesten Zweifel an der Richtigkeit der eigenen Position aufkommen zu lassen.

Auf dieses Grundmuster läßt sich auch die Abstimmungspropaganda der Nationalsozialisten reduzieren. Schon frühzeitig wurde die Emigration zum Antisymbol dieser Propaganda: Sie wäre es, die, die Interessen der Saarländer mißachtend, Propaganda gegen eine Rückgliederung mache. »Deutsche Emigranten und Saarmarxisten« wollten den Status der Völkerbundsherrschaft aufrecht erhalten, nicht zum Wohle der Saarländer, sondern damit ihnen das Asyl erhalten bliebe[126], sie wären es auch, die mit dem »französischen Chauvinismus eine Interessengemeinschaft geschlossen« hätten[127]. Kein Zufall wäre es, »daß sich früher führende Sozialdemokraten ausgerechnet Saarbrücken als Zufluchtsort ausgesucht haben, um so unter der wohlwollenden Duldung der Franzosen das Netz der marxistischen Hetzpropaganda gegen Deutschland wirksam auszubauen«[128]. Auch die »neuen brutalen Unterdrückungsmaßnahmen gegen die nationalsozialistische Bewegung im Saarland« stünden damit »zweifellos« in engstem Zusammenhang[129].

Die Maßnahmen, die die Regierungskommission zur Aufrechterhaltung von Ruhe und Ordnung im Saargebiet ergriff und die insbesondere nationalsozialistischen Aktivitäten an der Saar einen Riegel vorschoben, führten zu heftigen Angriffen gegen die Regierungskommisison. Knox legte gegen die »ebenso heftigen wie unbegründeten Angriffe«, die »fast täglich von Stellen, die der deutschen Regierung unterstehen, verbreitet werden und sich gegen die Verwaltung, gegen die Regierungskommission, gegen ihre Mitglieder und gegen ihre Beamten richten«, schärfsten Protest ein[130]. Das AA anerkannte, daß Knox' Beschwerden insbesondere über den Deutschen Rundfunk »nicht ganz unbegründet« waren. Man erwog daher im Reich, »die Saarnachrichten des westdeutschen Rundfunks anders zu gestalten«[131].

Die Anstellung von Emigranten in den saarländischen Polizeidienst bot sich der Propaganda als willkommene Gelegenheit dar, die Regierungskommission deswegen und wegen der Duldung der Emigranten im Saargebiet weiterhin unter Beschuß zu nehmen und der Saarbevölkerung vor Augen zu führen, wie sehr sie unter dem vom Völkerbund eingesetzten Regime zu leiden habe, wie dieses Regime jede deutsche Regung unterdrücke und die Feinde Deutschlands favorisiere[132]. Die Absicht, die Emigranten, insbesondere die im Polizeidienst stehenden, als Propaganda-Objekt aufzubauen, ließ die ›Deutsche Allgemeine Zeitung‹ durchblikken, als sie die Anstellung als »unerhörten Skandal« bezeichnete und hinzufügte, dieser Skandal werde die Bevölkerung auch in den nächsten Wochen beschäftigen[133]. Völkerbundsregime an der Saar »Arm in Arm« mit den Emigranten[134], damit wurde in immer neuen Varianten die ›Beibehaltung des gegenwärtigen Regimes‹ (Status quo) als Alternative für die Rückgliederung an das Reich diskreditiert.

Auch das antifranzösische Ressentiment spielte in der NS-Propaganda eine Rolle. In einem Brief an Hitler setzte sich Bürckel mit der Status-quo-Bewegung auseinander. Deren Parole ›Wer für Deutschland ist, ist gegen Hitler – wer gegen Hitler ist, ist für Status quo‹ werde man, schrieb Bürckel, »die einfache Frage gegenüber[stellen]: Hitler oder Barthou«[135].

Weit stärker jedoch als auf das antifranzösische Ressentiment baute die Propaganda auf die Wirkung, die sie von einer Verunglimpfung des Exils erwartete. Indem man die Emigranten fälschlicherweise als die Vorreiter des Status quo und dessen einzige Nutznießer vorstellte, konte man sich, der Propagandamaxime entsprechend, auf sie als die eigentlichen Gegner konzentrieren. Damit brauchte man weniger die Saareinwohner selbst, also die Wähler, anzugreifen, sondern konnte durch Identifikation der nichtabstimmungsberechtigten Emigranten mit der Status-quo-Lösung diese Lösung diffamieren, als unwählbar charakterisieren und damit mittelbar auch unentschiedene wahlberechtigte Status-quo-Anhänger umstimmen.

In einer Rede, die zweimal über Reichssender ausgestrahlt, ausführlich in der deutschen Presse kommentiert und in der saarländischen Presse zitiert wurde, setzte sich Bürckel mit dem ›wahren‹ Charakter der Statusquo-Bewegung auseinander. »Anhänger des status quo«, sagte er, »sind in der Hauptsache die aus Deutschland ausgewanderten marxistischen und kommunistischen Anführer«. Sie erstrebten ein sicheres Asyl und wollten das Saargebiet zu einem »Aktionszentrum im Herzen Europas« machen, von dem aus sie ganz Europa mit den »kommunistisch-marxistischen Ideen verseuchen möchten«[136]

Mit Rücksicht auf den überwiegend katholischen Charakter des Saargebietes hatte man im Reich die antikirchlichen Aktionen zurückgeschraubt. Daraufhin zielte auch die Abstimmungspropaganda mehr und mehr darauf ab, christliche Kreise anzusprechen und religiös bedingte Vorbehalte gegenüber dem nationalsozialistischen Regime abzubauen. Auf einer sogenannten Grenzlandkundgebung[137] mokierte sich Goebbels über die sozialistische Emigration, die jetzt mit dem Unkenruf einhergehe, die Rückkehr des Saargebietes zum Reich bedeute eine Gefahr für die Kirche. Damit hätte sie aber »den Bock zum Gärtner« gemacht. Er, Goebbels, sehe seine Aufgabe darin, »den Emigranten, die als Biedermänner herumgehen, in Wirklichkeit aber separatistische Landesverräter sind, die Maske vom Gesicht« zu reißen. Seiner Warnung vor diesen »Verführern« fügte er, bewußt an vertraute Klänge des christlichen Wortschatzes anknüpfend, in salbungsvollem Ton hinzu: »Schenkt den falschen Propheten kein Gehör, gebt vielmehr den Landesverrätern und Emigranten die Quittung eurer Verachtung. Und dann seid überzeugt, daß die kurze Dulderzeit, die noch vor euch liegt, überwunden wird, und die Stunde nicht mehr fern ist, wo ihr heimkehrt ins große, einige deutsche Vaterland! [...] deshalb stehe ich in dieser Stunde hier, um euch den Mut zu stärken und Glauben und Zuversicht über die Grenzen [...] mitzugeben[138].«

Auch Hitler baute auf die Wirksamkeit der Anklänge an einen religiösen Wortschatz, wenn er, ebenfalls auf einer Grenzlandkundgebung, von solchen Deutschen im Saargebiet sprach, die diesen Namen nicht verdienten und zu dem Vergleich griff, daß auch unter den 12 Aposteln sich ein Judas befand. »Wer will sich wundern, wenn auch wir solche Erscheinungen besitzen? Allein trotz dieses Judas hat das Christentum gesiegt, und trotz unserer Emigranten wird die Bewegung siegen.«[139]

Hitler und Goebbels verbrämten so ihre Angriffe auf den Status quo.

Die Rückkehr zum Reich wurde geradezu zu einem Heilsversprechen hochstilisiert, und die Emigranten als die eigentlichen Gegner einer Rückgliederung wurden dem biblischen Judas gleichgesetzt, womit zugleich versteckte antisemitische Ressentiments eingewoben waren.

Da sich die Status-quo-Bewegung aus verschiedenen politischen und weltanschaulichen Lagern rekrutierte, brauchte die Propaganda für jedes dieser Lager ein anderes abschreckend wirkendes Zeugnis ihrer Unwählbarkeit, um so jedem einzelnen Wähler die Stimmabgabe für die Rückgliederung zu erleichtern. Als alle Negativa in sich vereinigendes Symbol bot die NS-Propaganda das Exil an. Der Status quo wurde als der aus Eigennutz der Emigranten betriebene Versuch dargestellt, in undeutscher, landesverräterischer, unmoralischer und unchristlicher Weise das Saargebiet an die Franzosen, den Kommunismus oder den Teufel auszuliefern. Die Abstimmung wurde, weg von ihrem politischen Gehalt, zu einer gefühlsbestimmten nationalen Frage erklärt. Diese entpolitisierende Tendenz der Propaganda wird besonders deutlich an dem Aufruf eines Pastor Wilhelm, vormals Zentrumsmitglied, nunmehr Mitglied des Landesrats und der »Deutschen Front«, den dieser in der ›Deutschen Front‹, dem Organ der gleichnamigen gleichgeschalteten Organisation, unter der Schlagzeile »Nie und nimmer Status quo!« an die Saarbevölkerung richtete. Er forderte die Saarländer auf: »Halte zu Deinem Volke, denn es ist Deines Blutes!« Die Abstimmung sei keine Frage der Alternativen, denn »auf jene Ebene also muß die Frage gehoben werden, die da heißt: Abstammung, Geburt, Blut, Volksbewußtsein, Nationalgefühl und Nationalbewußtsein...«[140].

Die Absicht, jedes politische Bewußtsein zu vernebeln, konnte kaum deutlicher zum Ausdruck gebracht werden. In totaler Verfälschung des Tatsächlichen wurden die Emigranten als die »Drahtzieher der Status-quo-Bewegung«[141] und damit diese Alternative diffamiert. Goebbels unterstellte den Emigranten, sie träten mit dem Anspruch vor die Welt, das Saarvolk [!] zu repräsentieren. Leider habe die deutsche Regierung »vorläufig kein Mittel, diesen schimpflichen Tatbestand zu beseitigen«. Das aber sei eine Herausforderung an die Wähler. Es gebe nur eine Instanz, die darauf »eine wirksame Antwort geben kann«, ermunterte er die Saarländer, »und diese Instanz seid Ihr. Ihr könnt die Antwort geben, indem Ihr den Emigranten mit Verachtung den Rücken kehrt [...], um ihnen [!] dann bei der Wahl einen Denkzettel zu verabreichen, der sie der allgemeinen Lächerlichkeit der Welt preisgegeben wird«[142]. Damit wurde an die Stelle des Status quo, der als Alternative zu einer Rückgliederung an das Reich im Saarstatut verankert war, die Emigration als negative Größe bei der Wahl gesetzt. Der Abstimmung sollte auch der Anstrich eines Votums gegen die Emigration verliehen werden.

Drei Tage vor der Wahl erhob die nationalsozialistische Propaganda die Abstimmung gar zur Charakterfrage: »Der 13. Januar – Triumph deutschen Charakters!«[143], und Bürckel gab vor der ausländischen Presse zuversichtlich zu verstehen, daß es zu keiner Abtretung kommen werde und »daß kein Asyl für Emigranten geschaffen wird, dafür sorgt am Sonntag der Saarländer, der deutsche Saarländer«[144].

Die Abstimmung ergab die überwältigende Mehrheit von über 90% der Stimmen für eine Rückgliederung an das Deutsche Reich. Für den Status quo stimmten 8,8%, für den Anschluß an Frankreich 0,4%.

Das nationalsozialistische Ziel war erreicht. In einem Kommentar zu dem Ergebnis schrieb der ›Völkische Beobachter‹, wenn es auch den »Hetzern« gelungen sei, das Ansehen des nationalsozialistischen Deutschland in der Welt zu schädigen, so habe das »mustergültige Verhalten der deutschen Saarländer im Kampf um die Saar die Arbeiten der Verräter durch die schweigende Tat vom 13. Januar in einzigartiger Weise vernichtet«[145]. Das ›andere Deutschland‹ war praktisch geschlagen. Die Anschlußpropaganda hatte nie ein Hehl daraus gemacht, daß eine Rückgliederung an ein nationalsozialistisches Deutschland ein Votum für Hitler sein würde, für seine Vorstellungen und seine Politik. Doch hatte man es vermieden, unablässig in aller Klarheit darauf zu verweisen, wie bedeutungsvoll dies für den Bestand des Regimes sein würde. Das hatte man den Hitler-Gegnern überlassen, die mit ihrem Appell an die Vernunft, an das wache politische Bewußtsein schließlich eine Niederlage erlitten.

In einer Sonderpressekonferenz im Propagandaministerium erläuterte Goebbels die Bedeutung des Abstimmungsergebnisses[146]: Hebe man das Ergebnis von den Prognosen in der Emigrantenpresse und der Auslandspresse ab, könne man sich ein Bild davon machen, »wie sich hier voneinander unterschieden eine zweckbestimmt gegen das deutsche Volk gerichtete internationale Propaganda und die reale harte Wirklichkeit«. Für das Saargebiet träfen all die Gründe, die man im Ausland für den Bestand des nationalsozialistischen Regimes ausgegeben habe, nicht zu. Im Saargebiet gebe es keine Konzentrationslager, habe es keine Knebelung der öffentlichen Meinung und keine Diktatur gegeben. Die Abstimmung habe stattgefunden »in vollster Neutralität, ohne jeden Druck, ohne jede Hemmung, es sei denn Druck und Hemmung seien gegen die deutsche Richtung gewesen«. Dennoch sei es zu dem überwältigenden Bekenntnis zum nationalsozialistischen Deutschland gekommen, und das sei »das Ausschlaggebende für unsere innenpolitische Betrachtung«, daß es »nicht nur ein Bekenntnis zur deutschen Nation, sondern ein Bekenntnis zum nationalsozialistischen Staat« gewesen sei. »Denn Sie wissen so gut wie ich, daß die Status-quo-Richtung [...] sich nicht [!] antideutsch gab.« Sie sei vielmehr Sammelbecken all derer gewesen, die zwar zu Deutschland wollten, nicht aber unter den gegebenen Umständen. »Das heißt also mit anderen Worten: Was uns die größte Sorge in der Zeit des Kampfes gemacht hat, das ist zugleich unser größter Erfolg geworden, indem nämlich die Status-quo-Richtung [...] eindeutig herausgestellt hat: Wer sich zu Deutschland bekennt, bekennt sich zu Hitler.« Das hieße, 90 %/o der Saarländer hätten sich »zu Deutschland und damit zum Nationalsozialismus und damit zu Hitler bekannt«. Damit stehe aber auch vor dem deutschen Volk und vor der Welt fest, daß der Nationalsozialismus eine unerschütterliche politische Macht darstellt, ein Phänomen, das durch keine Argumente mehr aus der Welt wegdiskutiert werden kann.

Hitler selbst hob am gleichen Tage als außenpolitische Bedeutung hervor, daß nunmehr die »letzte territoriale Streitigkeit zwischen Deutschland und Frankreich aus der Welt geschieden« sein. Das günstige Ergebnis war aber mehr. Es erfüllte die nationalsozialistischen Zielsetzungen in fast allen Punkten: Mit Hinweis auf dieses Ergebnis und unter Hinweis auf die Tatsache, daß es eine ›freie und unbeeinflußte‹ Entscheidung unter der Aufsicht des Völkerbundes gewesen war, ließ sich jetzt die nationalsozialistische Identitätsthese viel besser und glaubwürdiger vertreten, daß Deutschland, der Nationalsozialismus und Hitler eins seien. Das Regime hatte die Aufwertung erfahren und sich in einer Art plebiszitärer Legitimierung die Basis verschaffen können, die es zu seiner Anerkennung als nicht mehr aus der Welt zu schaffender politischer Faktor, innen- wie außenpolitisch, benötigte.

Zusammenfassend kann man wohl feststellen, daß der Faktor Emigration sowohl in der Saarpolitik wie in der Saarpropaganda von entscheidender Bedeutung war. Als Repräsentant des im Reich zum Schweigen verurteilten ›anderen Deutschland‹ und Gegner des Nationalsozialismus war er ständiges Angriffsobjekt der Nationalsozialisten. Mit allen Mitteln und entschiedenem Nachdruck war das NS-Regime bemüht, die Gefahr, die es in ihm erblickte, zu bannen. Wie auch die Kommentare Hitlers und Goebbels' nachträglich zu erkennen gaben, ging es nicht um die Gewinnung des Saarterritoriums allein, sondern weit mehr noch um die Bestätigung des nationalsozialistischen Regimes durch einen augenfälligen Sieg über seine Widersacher. Die Vehemenz, mit der dieser Abstimmungskampf geführt wurde, findet in dieser erweiterten Zielsetzung eine Erklärung.

Das Exil war Objekt nationalsozialistischer Politik und Propaganda und hatte zugleich für diese bestimmte Funktionen zu erfüllen; ihm selbst galt der Kampf und mit ihm wurde die politische Alternative bekämpft, für die das Exil und die noch intakten oppositionellen Gruppen des Saargebietes eintraten. Mit den Mitteln und Methoden nationalsozialistischer Politik und Propaganda wurde das Exil und seine Tätigkeit verleumdet und diffamiert und damit auch die Status-quo-Lösung, als deren Urheber und Repräsentant es fälschlicherweise hingestellt wurde. Unter den besonderen Bedingungen des Abstimmungskampfes fiel der Emigration eine Schlüsselrolle zu. Ihr Vorhandensein störte die Strategie der Selbstverharmlosung des Regimes, bot aber andererseits einer skrupellosen Propaganda die Angriffsfläche, um die tatsächlich bestehenden Alternativen zu einer Rückgliederung an ein nationalsozialistisches Deutschland und ihren Konsequenzen zu verschleiern, das politische Bewußtsein zu vernebeln und die Scheinalternative aufzubauen zwischen einer Entscheidung für Hitler oder für die Emigration.

Die unter den gegebenen Umständen eminent politische Rückgliederungsfrage wurde entpolitisiert; die Abstimmung wurde zu einer Frage des Charakters und des Blutes gemacht. Den politischen Nutzen, den das Regime aus dem auch zweifellos dadurch herbeigeführten überwältigenden Sieg zog, wurden die Machthaber nicht müde zu betonen, um sogleich aus dem gewonnenen Kapital bare Münze zu schlagen: Noch in den Begeisterungstaumel über den Abstimmungssieg hinein wurde die Wiedereinführung der allgemeinen Wehrpflicht am 16. 3. 1935 verkündet.

Schlußbemerkung

Die politisch-publizistische Tätigkeit der politischen Emigration im Ausland und ihre Bemühungen, unter den Bedingungen des Exils den Kampf gegen das Regime in der Weise fortzuführen, daß es von Innen heraus gestürzt werden könne, stellten eine Bedrohung für den Machtanspruch der Nationalsozialisten, dessen Durchsetzung und Sicherung dar. Insbesondere in der Konsolidierungsphase des NS-Regimes sahen die Machthaber in den auf Unterstützung innerdeutschen Widerstandes gerichteten Aktivitäten der Exilierten eine überaus ernstzunehmende Gefahr. Diese Gefahr nahm allerdings unter innenpolitischen Gesichtspunkten in dem Maße ab, wie die Effektivität der Gestapo in der Zerschlagung organisierten Widerstandes zunahm. Systematische Überwachung und Erfassung der Exilierten trugen mit dazu bei, jene Formen des Widerstandes, die noch nicht oder nur unzureichend auf die Möglichkeiten zum Widerstand unter totalitären Bedingungen abgestellt waren, in ihren Erfolgsaussichten einzuschränken.

Aber auch nach institutionell abgesicherter NS-Herrschaft blieb jede unerwünschte Beeinflussung der Bevölkerung ein gefahrdrohendes Moment. Bereits in den Anordnungen über die Behandlung von rückkehrenden Emigranten wurden zur Begründung sicherheitspolizeiliche Motive angegeben, die im weitesten Sinne die Unterdrückung unerlaubter und unerwünschter Nachrichten, Meinungen und Vorstellungen umfaßten. Die aggressiv-polemische Auseinandersetzung mit dem Exil in der nationalsozialistischen Propaganda bestätigte zugleich dessen Repräsentationscharakter für das ›andere Deutschland‹. Die Abwehr von Einfuhr und Verbreitung illegalen Schrifttums war notwendige ergänzende Maßnahme, um nicht politische und geistige Gleichschaltung und die Ausrichtung aller Wertmaßstäbe auf das nationalsozialistische System einer gefährlichen Belastungsprobe auszusetzen.

Die Abwehrmaßnahmen des Regimes deckten sich, soweit sie die direkte Einwirkung des Exils auf das Reich betrafen, mit den Kampfmethoden gegen den inneren Gegner. Die Übertragung solcher Methoden auch gegen die Bedenken derjenigen, die Außenpolitik und politisch-polizeiliche Aufgaben getrennt sehen wollten, und unbeschadet möglicher oder auch schon eingetretener nachteiliger politischer Rückwirkungen, kennzeichnet in Teilen die Politik auch gegenüber dem Gegner im Ausland. Mit den von der Politischen Polizei bestimmten ›innerpolitischen Notwendigkeiten‹ glaubte man die Überwachung durch die amtlichen deutschen Auslandsvertretungen, aber auch Entführungen und Mord rechtfertigen zu können. Entführungen und Mord schalteten zwar einzelne Exilierte aus, systematische Überwachung erfüllte eine Vorbedingung für die Abwehr aller regimefeindlichen Bestrebungen, aber für die angestrebte völlige Ausschaltung des politischen und weltanschaulichen Gegners, insbesondere als meinungsbildender Faktor im Ausland, bewirkten diese Maßnahmen, soweit sie bekannt und beachtet wurden, eher das Gegenteil.

Mit Drohungen, Strafen und Repressalien versuchte das Regime, die Gegner zum Wohlverhalten zu zwingen: Um sie in ihrer Glaubwürdigkeit herabzusetzen und damit auch ihrer Wirkung auf die öffentliche Meinung im Ausland zu begegnen, diffamierte die NS-Propaganda sie unablässig als politisch, geistig und moralisch minderwertige und kriminelle Elemente.

Was die NS-Propaganda allein nicht erreichen konnte, versuchte die NS-Diplomatie mit zahllosen Interventionen: Unterdrückung der Exilpresse und Verbot jeder gegen den Nationalsozialismus gerichteten Tätigkeit der Exilierten in den Asylländern. Denn als Träger einer unabhängigen Publizistik durchbrachen die Exilierten ständig das Nachrichten- und Meinungsmonopol Goebbels' und durchkreuzten, wenn auch aufs ganze gesehen erfolglos, so doch für das Regime in kritischen Phasen in bedenklicher Weise, die Bemühungen um außenpolitische Absicherung des Regimes und seiner politischen Zielsetzungen. Es waren wohl nicht allein die vertraulichen Informationen, die, durch die Exilpresse weitergegeben, den Wert dieser Presse bestimmten, weit mehr noch dürften es die daraus gezogenen Schlüsse und die Einordnung in die Gesamtpolitik des Dritten Reiches gewesen sein, wenn das Regime dieser Exilpresse die – gewiß überschätzte – Möglichkeit zur Beeinflussung des Auslands und seiner Politik gegenüber dem Dritten Reich einräumte.

Nachdem das Mittel der Intervention gegen die Tätigkeit der Exilierten, wie man intern feststellen mußte, stumpf geworden war, ging das Regime ab Mitte der dreißiger Jahre verstärkt dazu über, mit seinen Forderungen nach Unterdrückung der Exilierten zugleich Angriffe gegen die Regierungen der Asylländer zu verbinden, die, indem sie solche Tätigkeit duldeten, auch verantwortlich gemacht wurden für die angebliche völkerrechtswidrige Einmischung in die inneren Angelegenheiten des Dritten Reiches. Mit wachsender Macht spielte das Regime mehr und mehr die ›außenpolitischen Belastungen‹ aus, um, nun nicht mehr auf die Exilpresse beschränkt, auf das Verbot jeder Regimekritik im Ausland zu drängen. Der ›Modellfall‹ Tschechoslowakei hatte deutlich werden lassen, daß das Drängen auf Verbot der Exilpresse nur Vorstufe zu weitergehenden, die demokratischen Grundlagen des Asyllandes selbst betreffenden Forderungen war. Das NS-Regime hatte nie einen Zweifel daran gelassen, daß es den Grundsatz der demokratischen Pressefreiheit nicht akzeptierte; 1938 ließ Hitler aber auch keinen Zweifel mehr daran, daß er willens war, jeder antinationalsozialistischen Bekundung im Ausland mit ›nationalsozialistischer Gründlichkeit‹ zu begegnen. Das betonte Herausstreichen der Machtmittel und die nachdrücklich vorgetragene Bereitschaft, diese auch einzusetzen, sollten das Ausland zum Wohlverhalten gegenüber Hitler-Deutschland zwingen. Angesichts der grundlegend veränderten politischen Gesamtlage von 1938/39 schien es insbesondere den Regierungen der kleineren Anliegerstaaten des Dritten Reiches ratsam, auf Mäßigung in der Kritik am Nationalsozialismus selbst gegenüber ihren eigenen Bürgern zu drängen. Das totalitäre Element des nationalsozialistischen Machtanspruchs auch über die Reichsgrenzen hinweg zeigte sich allerdings nicht nur in den Bemühungen um völlige Ausschaltung der aktiv politisch tätigen Emigranten; der Kampf des Regimes galt dem gesamten, die politische und geistige Alternative zum Nationalsozialismus verkörpernden ›anderen Deutschland‹. Die Konfrontation mit diesem ›anderen Deutschland‹, ob es sich nun politisch artikulierte oder ob es ohne politischen Akzent und ohne nationale Betonung in Kunst oder Wissenschaft auftrat, stellte in jedem Falle für den Nationalsozialismus ein unerträgliches Faktum dar. Wo immer Emigranten als nicht legitimierte Repräsentanten in Erscheinung traten, fielen sie auch mit unter die Kategorie des zu bekämpfenden Gegners; denn zum nationalsozialistischen Totalitätsanspruch gehörte auch die behauptete Identität von Nationalsozialismus und Deutschland.

Um die Anerkennung dieser Behauptung war es auch in der Saarabstimmung gegangen. Das Regime hatte den Abstimmungskampf dort auch mit dem Ziel geführt, das ›andere Deutschland‹ unter den Augen der Weltöffentlichkeit vernichtend zu schlagen, um daraus innen- und außenpolitisch den Nutzen ziehen und beweisen zu können, daß der Nationalsozialismus »eine unerschütterliche Macht darstellt, ein Phänomen, das durch keine Argumente mehr aus der Welt wegdiskutiert werden kann« (s. S. 342).

Obgleich Gegenstand dieser Untersuchung primär die Politik gegenüber der politischen Emigration war, konnten die vielfältigen Berührungspunkte dieser Politik mit der nationalsozialistischen Judenpolitik nicht unberücksichtigt bleiben, insbesondere nicht bei den Maßnahmen gegen rückkehrende Emigranten und bei der Ausbürgerungspolitik nach 1935. Die Androhung von Konzentrationslagerhaft bei einer Rückkehr ins Reich war in erster Linie als Abschreckung gegen eine Rückkehr jüdischer Emigranten gedacht. Das kam praktisch einem Rückkehrverbot und damit faktisch einer Ausweisung auch deutscher Staatsangehöriger gleich. In ihrer Begründung und Absicherung nach außen durch Sprachregelung stellte diese Maßnahme auf die ›politische Emigration‹ ab, um sie als Wahrnehmung ›legitimer‹ Interessen eines Staates in der Abwehr staatsfeindlicher Bestrebungen vertreten zu können. Rassepolitische Motive standen auch für Hitler im Vordergrund, als er sich weigerte, eine international verpflichtende Erklärung abzugeben, die Emigranten könnten jederzeit wieder zurückkehren, und ›bevölkerungspolitische‹ Ziele waren es auch, die die Haltung des Dritten Reiches gegenüber dem vom Völkerbund eingesetzten Hochkommissar für die Flüchtlinge aus Deutschland weitgehend bestimmten. Während die Ausbürgerungen in den ersten beiden Jahren vorwiegend als Strafe für jegliches regimefeindliche Verhalten im Ausland und mit der Absicht, abschreckend zu wirken, angewandt wurde, verzichtete man nach 1935 darauf, ›Gründe an den Haaren‹ herbeizuziehen und wandte die Ausbürgerung als entschiedenes Mittel zur nationalsozialistischen Judenpolitik an.

Die nationalsozialistische Emigrantenpolitik war einmal Fortsetzung des Kampfes gegen den innenpolitischen Gegner und innere Widerstände gegen die nationalsozialistische Herrschaft; sie war des weiteren Kampf gegen einen Gegner im Ausland unter vorwiegend außenpolitischen Gesichtspunkten; sie war schließlich sowohl Waffe gegen *jeden* politischen und weltanschaulichen Gegner des Nationalsozialismus als auch entschiedenes Mittel nationalsozialistischer Judenpolitik. Ihr Gepräge erhielt diese Politik insbesondere von politisch-polizeilichen Zielsetzungen und Methoden, von rassepolitischen Zielen und schließlich von der totalitären Ideologie des Nationalsozialismus.

Anhang

Quellen- und Literaturverzeichnis
Anmerkungen

1. Quellen

a) ungedruckte

Bundesarchiv Koblenz (BA)

R 18:

5510	5511	6006	6010

R 22:

603	956	1251	2117	3308
953	1056	1467	3289	4089
954	1132	1497	3307	20318
955	1135	1498		

R 43 I:

253	254	255	256	260

R 43 II:

134	398	1264	1399	1414
137 b	411	1264 a	1400	1461
340	1202	1270	1411	1496

R 53:

91

R 58:

2	276	451	517	954
3	324	454	562	999
5 a	355	457	586	1028
7	380	459	590	1068
229	392	463	595	1083
241	411	488	605	1094
242	412	494–2	608	1098
256	445	495	745–4	1158
264	446	498	840	1218
265	447	500	844	1242
269	449	508	953	1280
273				

»Leitheft Emigrantenpresse« 1937 (in: BA R 58/1098)

R 60 II:

83	85	86	100

NS 10:
50   69   89
ZSg. 101:
4   5
Slg. Schumacher:
226 (Emigranten)

Politisches Archiv des Auswärtigen Amtes Bonn (PA)
Büro des Reichsministers:
1 c Nr. 1, Reden, Interviews und Aufsätze des Reichsministers, Bd. 3, 4.
18, Völkerbund, Bd. 35, 36.
39, Tschechoslowakei, Bd. 3.
Büro des Staatssekretärs:
A I, Aufzeichnungen St.S. betr. Interne Dienstanweisungen, Stellungnahme zu Sachfragen, G. A. usw., Bd. 3.
AD, Aufzeichnungen St.S. von Bülow über Diplomatenbesuche, Bd. 7, 8.
RM, Schriftwechsel mit RM sowie Aufzg. RM, Bd. 6.
Politische Abteilung I. Völkerbund:
Länderakten, Deutschland-Flüchtlinge (Emigranten), Bd. 1.
Politische Abteilung II:
Belgien 12, Innere Verwaltung. Ausweisung von Deutschen durch Belgien, Bd. 2.
Frankreich, Politik 2, Politische Beziehungen zwischen Deutschland und Frankreich, Bd. 33, 34.
Frankreich, Politik 3 A, Frankreich/Jugoslawien. Das Attentat auf König Alexander I. von Jugoslawien in Marseille, Bd. 1–6.
Politik 4, Donaupakt, Bd. 1.
Saargebiet, Politische Angelegenheiten adh. Emigranten, Bd. 1, 2, 3.
Saargebiet, Abstimmung, Dreierkomitee adh. VI, Bd. 1, 2.
Tschechoslowakei, Politik 2, Politische Beziehungen der Tschechoslowakei zu Deutschland, Bd. 11, 12.
Presse-Abteilung:
England 4, Bd. 3.
Tschechoslowakische Republik 2, Bd. 5.
Tschechoslowakische Republik 3, Presse, Propaganda und Allgemeine Angelegenheiten, Geheim, Bd. 3.
P 16, Propaganda gegen Deutschland und Gegenpropaganda, Bd. 6.
P 45, Verbote deutscher Zeitungen im Ausland, Bd. 8.
P 49, Frankreich 4, Presse, Propaganda und Allgemeine Angelegenheiten, Geheim, Bd. 5.
Referat D:
Po 2, Politische Beziehungen Deutschlands zum Ausland, Bd. 5.
Po 5, Bbd. Kommunismus, Bd. 1.

Po 5, N. E. adh. 4 Nr. 1, Deutsche Emigranten im Ausland, Bd. 1, 1 a, 1 b, 2, 3.
Po 5, N. E. adh. 4 Nr. 2, Ausbürgerungen, Bd. 1.
Po 5, N. E. adh. 10, Juden- und Flüchtlingsfragen, Bd. 1.
Politik-Verschluß:
Tschechoslowakei, Politische Angelegenheiten, Bd. 2, 5, 8.
Inland II A/B:
80-31, Politische Beziehungen Deutschlands zum Ausland, 1940–1941, Bd. 2.
80-32, Innere Politik, Saarfragen, Bd. 1.
80-41, Sdh. III, Rückführung deutscher Staatsangehöriger aus dem unbesetzten Frankreich, Bd. 1.
82/3, Kurzwellensender der »Schwarzen Front« in Prag (Ermordung Formis).
83-24, Runderlasse betr. Information der Auslandsvertretungen über innerpolitische Fragen, Bd. 1.
83-40, Greuel- und Hetzpropaganda, Bd. 3, 5, 6.
83-45 A, Schwarze Front (Otto Strasser), Bd. 1.
83-60, Kommunistische und marxistische Zersetzungsarbeit, Bd. 3, 4.
83-60 E, Sdh. I, Zusammenarbeit der Geheimen Staatspolizei und der tschechischen Polizei, 1938–1939.
83-75, Deutsche Emigranten im Ausland, Bd. 1–27.
83-75, Tätigkeit deutscher Emigranten im Ausland (1941–1942).
83-75 A, Behandlung rückkehrender Emigranten (Schulungslager), Bd. 1–4.
83-76, Ausbürgerungen, 1. Liste (A–Z).
Ausbürgerungen, 1. Liste.
Ausbürgerungen, Allgemein, Bd. 1, 2.
Ausbürgerungen, II. Liste (H–Z).
Ausbürgerungen, III. Liste (A–M).
Ausbürgerungen, 12. Liste.
Ausbürgerungen, Brüning, RK a. D.
83-77, Unterstützung und Unterbringung politischer Flüchtlinge im Ausland, Bd. 1, 2.
83-78, Spionageabwehr, Vertrauensmänner, Bd. 1, 2, 3, 4.
83-79, Emigrantenpresse, Bd. 1.
84-11, Zwischenfall am Bahnhof Eisenstein (Lampersberger, Josef).
83-42, Sdh. I, Greuelpropaganda des früheren Reichstagsabgeordneten Gerhard Seger, 1934.
Handakten I, Amtsrat Karl Heinrich.
Inland II g:
83-45/83-75
83-75/83-78, Festnahmen im Emigrantenheim Strasnic 1937–1938.
Namen. 494, Hirsch, Helmut, 1937.

Abteilung Recht:
Nr. 36, Völkerrecht, Kriegsrecht, Waffenstillstand mit Frankreich, Bd. 1.
Recht V, Juden- und Flüchtlingsfragen, Bd. 1-7.
Missionsakten:
Deutsche Gesandtschaft im Haag, Nie 12. Emigranten, Judenfragen, Bd. 1.
Gesandtschaft Prag, A.III.1.b.8. Politische Beziehungen der Tschechoslowakei zu Deutschland, Emigration, Bd. 1-5.
Chef A. O. Ne. 56:
a) Volksdeutsche, b) Auswanderer, c) Rückwanderer, d) Doppelstaatler.
Archiv des Instituts für Zeitgeschichte (IfZ).
MA-443; MA-553; MA-699.
FA 119.
Da. 70.02 (1938).
Dc. 15.02.
Ms. 159.
II. Internationales Symposion zur Erforschung des deutschsprachigen Exils seit 1933, Kopenhagen, August 1972. (Ms. 192/2).

b) gedruckte

Akten zur Deutschen Auswärtigen Politik, Serie D 1937-1945. Baden-Baden 1950 ff. Band I. Von Neurath zu Ribbentrop. September 1937 bis März 1938. Bd. II, Deutschland und die Tschechoslowakei 1937-1938 (in den Anmerkungen zit. ADAP).
Barth, Heinrich: ›Strafrechtspolitischer Rückblick‹, in: ›Deutsches Recht‹, 6 (1936), S. 109-114.
Boberach, Heinz [Hrsg.]: ›Berichte des SD und der Gestapo über Kirche und Kirchenvolk‹, Mainz 1971.
Boberach, Heinz [Hrsg.]: ›Meldungen aus dem Reich. Auswahl aus den geheimen Lageberichten des Sicherheitsdienstes der SS 1939-1944‹, München 1968.
Buber-Neumann, Margarete: ›Als Gefangene bei Stalin und Hitler‹, Stuttgart 1958.
Cohen, David: ›Zwervend en dolend‹, Haarlem 1955.
›Das braune Netz‹, Paris 1935.
›Deutsche Briefe 1934-1938. Ein Blatt der katholischen Emigration‹, bearb. von Heinz Hürten, 2 Bände, Mainz 1969.
›Exil-Literatur 1933-1945‹, eine Ausstellung aus den Beständen der Deutschen Bibliothek (Katalog). Frankfurt/M. 1965.
Fraenkel, Heinrich: ›Lebewohl, Deutschland‹, Hannover 1960.
Grzesinski, Albert: ›Inside Germany‹, New York 1939.
›Handbuch des Auswärtigen Dienstes‹, hrsg. vom Auswärtigen Amt, bearb. v. E. Kraske, Halle 1939.
Heydrich, Reinhard: ›Die Bekämpfung der Staatsfeinde‹, in: ›Deutsches Recht‹, 6 (1935), H. 7/8.

Hitler, Adolf: ›Mein Kampf‹, München ⁹1933.
Kasche, Hans: ›Das politische Verbrechen in den deutschen Auslieferungsverträgen‹, in: ›Juristische Wochenschrift‹, 62 (1933), S. 1639 f.
Klöss, Erhard [Hrsg.]: ›Reden des Führers. Politik und Propaganda Adolf Hitlers 1922–1945‹, München 1967.
Král, Vaclav [Hrsg.]: ›Das Abkommen von München 1938‹, Prag 1968.
Král, Vaclav [Hrsg.]: ›Die Deutschen in der Tschechoslowakei 1933–1947‹, Dokumentensammlung, Prag 1964.
Kronhausen, Eberhard: ›Saarvolk im Kampf‹, Stuttgart, Berlin, Leipzig 1934.
Mann, Heinrich, und ein junger Deutscher: ›Der Sinn dieser Emigration‹, Paris 1934.
Mann, Klaus: ›Der Wendepunkt. Ein Lebensbericht‹, München 1969.
Mann, Thomas: ›Altes und Neues‹, Frankfurt 1953.
›Material zu einem Weißbuch der deutschen Opposition gegen die Hitlerdiktatur‹, Hrsg. vom Vorstand der SPD. London 1946.
Misch, Carl: ›Gesamtverzeichnis der Ausbürgerungslisten 1933–1938‹. Nach dem amtlichen Abdruck des Reichsanzeigers zusammengestellt und bearbeitet von C. Misch. Paris 1939.
›Mit dem Gesicht nach Deutschland. Eine Dokumentation über die sozialdemokratische Emigration‹, Hrsg. von Erich Matthias. Düsseldorf 1968.
Muckermann, Friedrich: ›Im Kampf zwischen zwei Epochen. Lebenserinnerungen‹, Bearb. u. eingeleitet von Nikolaus Junk. Manz 1973.
›Nationalsozialistisches Handbuch für Recht und Gesetzgebung‹, Hrsg. von Hans Frank. München 1935.
›Der Parteitag der Ehre‹ [1935]. Offizieller Bericht.
›Der Prozeß gegen die Hauptkriegsverbrecher vor dem Internationalen Militärgerichtshof Nürnberg‹, Nürnberg 1947 (in den Anmerkungen zit. IMT).
›Reichsgesetzblatt‹, I, 1933 ff.
Ritter, Gerhard: ›Der deutsche Professor im Dritten Reich‹, in: ›Die Gegenwart‹, 1. Jg. Nr. 1 v. 24. 12. 1945, S. 23–26.
›Schulthess Europäischer Geschichtskalender‹, München 1933 ff.
Sonderegger, René: ›Mordzentrale X. Enthüllungen und Dokumente über die Auslandstätigkeit der deutschen Gestapo‹, Zürich 1936.
Stampfer, Friedrich: ›Die dritte Emigration. Ein Beitrag zu ihrer Geschichte‹, in: ›Mit dem Gesicht nach Deutschland. Eine Dokumentation über die sozialdemokratische Emigration‹, Hrsg. v. Erich Matthias. Düsseldorf 1968.
Strasser, Otto: ›Exil‹, München 1958.
Strasser, Otto: ›Mein Kampf‹, Frankfurt 1969.
›Survey of International Affairs‹ (1934), Hrsg. v. Arnold J. Toynbee. London 1935.
Treviranus, Gottfried Reinh.: ›Für Deutschland im Exil‹, Düsseldorf, Wien 1973.
›Ursachen und Folgen‹. ›Vom deutschen Zusammenbruch 1918 und 1945 bis

zur staatlichen Neuordnung Deutschlands in der Gegenwart‹, Hrsg. v. Herbert Michaelis und Ernst Schraepler. Berlin 1958 ff, Band XI.

Volz, Hans: ›Daten der Geschichte der NSDAP‹, Berlin 1938.

Zeitungen:
›Der Angriff‹; ›Berliner Börsenzeitung‹; ›Der Kampf‹; ›Deutsche Allgemeine Zeitung‹; ›Deutsche Front‹; ›Die neue Weltbühne‹; ›Die Zukunft‹; ›Neuer Vorwärts‹; ›Pariser Tageszeitung‹; ›Prager Presse‹; ›Das schwarze Korps‹; ›Völkischer Beobachter‹; ›Volkstimme‹.

2. Darstellungen

Adam, Uwe Dietrich: ›Judenpolitik im Dritten Reich‹, Düsseldorf 1972.

Albrechtova, Gertrud: ›Zur Frage der antifaschistischen Emigrationsliteratur im tschechoslowakischen Asyl‹, in: ›Historica‹, VIII (1964) S. 177–233.

›Anatomie des SS-Staates‹, 2 Bde. München 1967.

Arendt, Hannah: ›Elemente und Ursprünge totaler Herrschaft‹, Frankfurt 1955.

Aronson, Shlomo: ›Reinhard Heydrich und die Frühgeschichte von Gestapo und SD‹, Stuttgart 1971.

Ben Elissar, Eliahu: ›La Diplomatie du IIIe Reich et les Juifs 1933–1939‹, Paris 1969.

Bentwich, Norman: ›The Refugees from Germany‹, London 1936.

Berendsohn, Walter A.: ›Die humanistische Front‹, Zürich 1946.

Berglund, Gisela: ›Deutsche Opposition gegen Hitler in Presse und Roman des Exils. Eine Darstellung und ein Vergleich mit der historischen Wirklichkeit‹, Stockholm 1972.

Böhme, H.: ›Der deutsch-französische Waffenstillstand im Zweiten Weltkrieg‹, Stuttgart 1966.

Bouvier, Beatrix: ›Die Deutsche Freiheitspartei (DFP). Ein Beitrag zur Geschichte der Opposition gegen den Nationalsozialismus‹, Diss. Frankfurt 1969.

Bracher, Karl Dietrich: ›Die deutsche Diktatur. Entstehung, Struktur, Folgen des Nationalsozialismus‹, Köln u. Berlin 1970.

Broszat, Martin: ›Der Staat Hitlers‹, München 1969.

Broszat, Martin: ›Nationalsozialistische Konzentrationslager 1933–1945‹, in: ›Anatomie des SS-Staates II‹.

Buchheim, Hans: ›Die SS – das Herrschaftsinstrument‹, in: ›Anatomie des SS-Staates I‹.

Cerny, Bohumil: ›Der Parteivorstand der SPD im tschechoslowakischen Asyl‹, in: ›Historica‹, XIV (1967), S. 175–218.

Cesar, J./Cerny, B.: ›Die deutsche antifaschistische Emigration in der Tschechoslowakei 1933–1934‹, in: ›Historica, XII (1967), S. 147–184.

Drechsler, Hanno: ›Die Sozialistische Arbeiterpartei Deutschlands (SAPD)‹, Meisenheim 1965.

Duhnke, Horst: ›Die KPD von 1933–1945‹, Köln 1972.

Echterhoelter, Rudolf: ›Das öffentliche Recht im nationalsozialistischen Staat‹, Stuttgart 1970. = ›Quellen und Darstellungen zur Zeitgeschichte‹, Bd. 16/II.

Edinger, Lewis J.: ›Sozialdemokratie und Nationalsozialismus. Der Parteivorstand der SPD im Exil 1933–1945‹, Hannover, Frankfurt 1960.

›Erkämpft das Menschenrecht. Lebensbilder und letzte Briefe antifaschistischer Widerstandskämpfer‹, Berlin 1958.

Fest, Joachim C.: ›Das Gesicht des Dritten Reiches. Profile einer totalitären Herrschaft‹, München 1969.

Friedrich, Lieselotte: ›Die Aberkennung der Staatsangehörigkeit als Strafmaßnahme‹, Diss. Jena 1935.

Frings, Paul: ›Das internationale Flüchtlingsproblem 1919–1950‹, Frankfurt/M. 1951.

Fuchs, Gerhard: ›Gegen Hitler und Henlein. Der solidarische Kampf tschechischer und deutscher Antifaschisten‹, Berlin 1961.

Genschel, Helmut: ›Die Verdrängung der Juden aus der Wirtschaft im Dritten Reich‹, Göttingen 1966.

›Zur Geschichte der deutschen antifaschistischen Widerstandsbewegung 1933 bis 1945. Hrsg. vom Verlag des Ministeriums für Nationale Verteidigung‹, Berlin 1958.

Gittig, Heinz: ›Illegale antifaschistische Tarnschriften 1933–1945‹, Leipzig 1972.

Grossmann, Kurt R.: ›Emigration. Geschichte der Hitler-Flüchtlinge 1933 bis 1945‹, Frankfurt 1969.

Hagemann, Jürgen: ›Die Presselenkung im Dritten Reich‹, Bonn 1970.

Hammer, Walter: ›Hohes Haus in Henkers Hand‹, Frankfurt/M. 1957.

Hirsch, Helmut: ›Die Saar von Genf, 1920–1935‹. Rheinisches Archiv 46, Bonn 1954.

Höhne, Heinz, ›Der Orden unter dem Totenkopf‹, Gütersloh 1967.

Jacobsen, Hans-Adolf: ›Nationalsozialistische Außenpolitik 1933–1938‹, Frankfurt/M. und Berlin 1968.

de Jong, Louis: ›Die deutsche fünfte Kolonne im Zweiten Weltkrieg‹, Stuttgart 1959.

Kimminich, Otto: ›Asylrecht‹, Berlin-Neuwied 1968.

Kliem, Kurt: ›Der sozialistische Widerstand gegen das Dritte Reich, dargestellt an der Gruppe »Neu Beginnen«‹, Diss. Marburg 1957.

Klotzbach, Kurt: ›Gegen den Nationalsozialismus. Widerstand und Verfolgung in Dortmund 1933–1945‹, Hannover 1969.

Kogon, Eugen: ›Der SS-Staat. Das System der deutschen Konzentrationslager‹, Berlin 1947.

Krausnick, Helmut: ›Judenverfolgung‹, in: ›Anatomie des SS-Staates II‹.

Krausnick, Helmut/Hermann Graml: ›Der deutsche Widerstand und die Alliierten‹. Schriften d. Bundeszentrale für Heimatdienst 1962.

Krüger, Peter/Erich C. Hahn: ›Der Loyalitätskonflikt des Staatssekretärs Bernhard Wilhelm von Bülow im Frühjahr 1933‹, in: ›VfZG‹, 20 (1972), S. 376 bis 410.

Kunkel, Ernst: ›Für Deutschland gegen Hitler. Die Sozialdemokratische Partei des Saargebietes im Abstimmungskampf 1933/1935‹, Hrsg. von der Arbeitsgemeinschaft verfolgter Sozialdemokraten im Saarland. Saarbrücken [1968].

Lessing, Hans: ›Das Recht der Staatsangehörigkeit und die Aberkennung der Staatsangehörigkeit zu Straf- und Sicherungszwecken‹, Leiden 1937.

Ludwig, Carl: ›Die Flüchtlingspolitik der Schweiz in den Jahren 1933–1955. Beilage zum Bericht des Bundesrates an die Bundesversammlung über die Flüchtlingspolitik der Schweiz seit 1933 bis zur Gegenwart‹, Bern 1957.

Lüth, Erich: ›Max Brauer, Glasbläser, Bürgermeister, Staatsmann‹, Hamburg 1972.

Maier-Hultschin, C. J.: ›Struktur und Charakter der deutschen Emigration‹, in: ›Politische Studien‹, 6 (1955), S. 6–22.

Matthias, Erich: ›Sozialdemokratie und Nation. Ein Beitrag zur Ideengeschichte der sozialdemokratischen Emigration in der Prager Zeit des Parteivorstandes 1933–1938‹, Stuttgart 1952.

Morse, Arthur D.: ›Die Wasser teilen sich nicht‹, München 1968.

Müssener, Helmut: ›Die deutschsprachige Emigration in Schweden nach 1933. Ihre Geschichte und kulturelle Leistung‹, Stockholm 1971; inzwischen völlig neu bearbeitet unter dem Titel: ›Exil in Schweden. Politische und kulturelle Emigration nach 1933‹, München 1974.

Nolte, Ernst: ›Der Faschismus in seiner Epoche‹, München ⁴1971.

Paetel, Karl O.: ›Das deutsche Exil‹, in: ›Die Rundschau‹, 70. Jg., 1947, H. 5/6, S. 95–102.

Paetel, Karl O.: ›Deutsche im Exil. Randbemerkungen zur Geschichte der politischen Emigration‹, in: ›Außenpolitik‹, 6 (1955), S. 572–585.

Paetel, Karl O.: ›Die deutsche Emigration der Hitlerzeit‹, in: ›Neue Politische Literatur‹, 5 (1960), S. 466–482.

Plum, Günter, ›Volksfront, Konzentration und Mandatsfrage. Ein Beitrag zur Geschichte der SPD im Exil 1933–1939‹, in: ›VfZG‹, 18 (1970), S. 410–442.

Radkau, Joachim: ›Die deutsche Emigration in den USA. Ihr Einfluß auf die amerikanische Europapolitik 1933–1945‹, Düsseldorf 1971.

Röder, Werner: ›Die deutschen sozialistischen Exilgruppen in Großbritannien. Ein Beitrag zur Geschichte des Widerstandes gegen den Nationalsozialismus‹, Hannover 1969.

Röder, Werner: ›Die deutsche politische Emigration. Anmerkungen zu ihren inneren und äußeren Dimensionen‹, in: ›Verbrannt, verboten – verdrängt? Ausstellungskatalog der Stadtbibliothek Worms zum 40. Jahrestag der Bücherverbrennung am 10. Mai 1933‹, S. 46–48.

Rothfels, Hans: ›Die deutsche Opposition gegen Hitler‹, Frankfurt 1969.

Rothfels, Hans: ›Sinn und Aufgabe der Zeitgeschichte‹, in: ›Zeitgeschichtliche Betrachtungen‹, Göttingen ²1963.

Seabury, Paul: ›The Wilhelmstraße. A Study of German Diplomats under the Nazi Regime‹, Berkeley, Los Angeles 1954.

Simpson, Sir John: ›The Refugee Problem‹, London 1939.

Sontheimer, Kurt: ›Thomas Mann und die Deutschen‹, Frankfurt 1965.
Stahlberger, Peter: ›Der Zürcher Verleger Emil Oprecht und die deutsche politische Emigration 1933–1945‹, Zürich 1970.
Steinberg, H.-J.: ›Widerstand und Verfolgung in Essen 1933–1945‹, Hannover 1969.
Vondung, Klaus: ›Völkisch-nationale und nationalsozialistische Literaturtheorie‹, München 1973.
Walter, Hans-Albert: ›Deutsche Exilliteratur‹, Bd. I u. II. Neuwied 1972.
Wambaugh, Sarah: ›The Saar Plebiscite. With a Collection of official Documents‹, Cambridge, Massachusettes 1940.
Wehling, Wilhelm: ›Zum antifaschistischen Widerstandskampf der deutschen Arbeiterklasse während der faschistischen Vertrauensrätewahlen im Frühjahr 1935‹, in: ›Beitr. zur Geschichte der deutschen Arbeiterbewegung‹, 2 (1960), S. 488–507.
Wighton, Charles: ›Heydrich, Hitlers most evil Henchman‹, London 1962.
Willi, Jost Nikolaus: ›Der Fall Jacob – Wesemann 1935/36. Ein Beitrag zur Geschichte der Schweiz in der Zwischenkriegszeit‹, Bern und Frankfurt/M. 1972. = ›Europäische Hochschulschriften‹, Reihe III, Bd. 13.
Zenner, Maria: ›Parteien und Politik im Saargebiet unter dem Völkerbundsregime 1920–1935‹, Saarbrücken 1966.

Anmerkungen

Einleitung
1 Rothfels, ›Opposition‹, 1969, S. 9.
2 ders., S. 8 f.
3 vgl. den Vortrag von Günter Plum auf dem II. Internationalen Symposion zur Erforschung des deutschsprachigen Exils vom August 1972. In: ›II. Internationales Symposion‹, Bl. 302–311.
4 Röder, ›Exilgruppen‹, S. 15.
5 Walter, ›Exilliteratur I‹, S. 9.
6 ders., S. 25.
7 Rothfels, ›Sinn und Aufgabe der Zeitgeschichte‹, S. 10.
8 vgl. den kurzen Überblick bei Walter, ›Exilliteratur I‹, S. 1–25; ausführlich bei Müssener, ›Die deutschsprachige Emigration in Schweden‹, S. 23–60. Die seit 1969 bestehende, dem Deutschen Institut der Universität Stockholm angegliederte »Stockholmer Koordinationalsstelle zur Erforschung der deutschsprachigen Exilliteratur« gibt seit 1970 halbjährlich erscheinende ›Berichte‹ heraus, die u. a. über Primär- und Sekundärliteratur, Arbeitsvorhaben usf. auf dem Gebiet der gesamten Exilforschung unterrichten; s. ›Bericht I–VI‹. Stockholmer Koordinationsstelle zur Erforschung der deutschsprachigen Exilliteratur, Stockholm 1970 ff.
9 vgl. Walter, ›Exilliteratur I‹, S. 197 ff.
10 Röder, ›Exilgruppen‹, S. 14.
11 Plum, ›Volksfront‹, S. 410 Anm. 1.
12 ebd.
13 Röder, ›Exilgruppen‹, S. 14. – Ich folge damit dem von Röder eingeschlagenen Weg.
14 vgl. Paetel, ›Das deutsche Exil‹; Paetel, ›Die deutsche Emigration der Hitlerzeit‹; Radkau, ›Deutsche Emigration in den USA‹, S. 11 f.
15 Plum, ›Volksfront‹, S. 410 Anm. 1.
16 ebd.
17 vgl. Röder, ›Deutsche Politische Emigration‹, S. 47.
18 Über den Anteil der politischen Emigranten an der Gesamtemigration liegen nur Schätzungen vor. In den ersten beiden Jahren dürfte er rund $1/5$ betragen haben. Mit steigender Zahl der wegen rassischer Verfolgung Ausgewanderten sank er auf etwa 10 Prozent. Röder, ›Exilgruppen‹, S. 15 f.
19 Grossmann, ›Emigration‹, S. 67 ff.
20 Bei der Erschließung des Materials konnte ich z. T. auf die »Dokumentation zur Emigration 1933–1945« im Institut für Zeitgeschichte in München

zurückgreifen. Auf einen Antrag zur Benutzung des Deutschen Zentralarchivs in Potsdam wurde ein ablehnender Bescheid erteilt.
21 vgl. Plum, ›Volksfront‹, S. 441.
22 Fast überall in der Literatur wird diese Veränderung der politischen Lage in ihrer entscheidenden Bedeutung für die politische Arbeit des Exils hervorgehoben. Vgl. Paetel, ›Deutsche im Exil‹, S. 581 f.: Mit Beginn des Krieges, vor allem nach dem Zusammenbruch Frankreichs, veränderten sich »Gesicht und die Aufgabe« des deutschen politischen Exils »grundsätzlich«.

Das Exil als Gegner des Nationalsozialismus und die Abwehrmaßnahmen des NS-Regimes
1 Heinrich Mann, ›Der Sinn dieser Emigration‹, S. 27. – Der Ausdruck ‹das andere Deutschland› ist nicht identisch mit Opposition. Er schloß diese mit ein, umfaßte darüber hinaus aber auch alle jene Wertvorstellungen, die positiv vor der nationalsozialistischen Ideologie und Herrschaftspraxis abgehoben wurden. Er war vor allem Begriff für die breitgefächerte Gegnerschaft zum Nationalsozialismus, und in diesem Sinne wird er in dieser Untersuchung gebraucht.
2 Klaus Mann, ›Wendepunkt‹, S. 294: »Unser echter, wenngleich naiver Glaube an die Stärke und den Heroismus der innerdeutschen Widerstandsbewegung gab uns den moralischen Halt, den Auftrieb, dessen wir in unserer Isoliertheit und Hilflosigkeit so dringend bedurften.«
3 VB v. 19. 1. 1934.

Allgemeine Abwehrmaßnahmen
1. Bemühungen um Ausschaltung des Exils als Faktor der Meinungsbildung
1 vgl. Edinger, ›Sozialdemokratie‹, S. 40, 147; Matthias, ›Sozialdemokratie und Nation‹, S. 23 f.
2 vgl. das sog. Hoßbachprotokoll über die Besprechung in der Reichskanzlei v. 5. 11. 1937. – IMT, Bd. XXV, S. 403 ff.
3 ›Deutschland-Dienst‹ der Sopade vom Juni 1937, abgedr. in: ›Ursachen und Folgen‹, Bd. XI, S. 321.
4 Edinger, ›Sozialdemokratie‹, S. 147.
5 ders., S. 154.
6 Lagebericht der Stapostelle Berlin für das erste Vierteljahr 1939 vom 31. 3. 1939. – BA R 58/446, Bl. 36.
7 Aufzg. Bülow-Schwante von Mitte März 1934. – PA Inland II A/B 83 – 79, Emigrantenpresse, Bd. 1.
8 ›Mitteilungen des Geheimen Staatspolizeiamtes‹, Nr. 2 v. 31. 1. 1934. (Die »Mitteilungen« wurden als »Unterrichtsmittel« den Zentralbehörden des Reiches von der Gestapo übersandt.) – BA R 58/1068, Bl. 46 f.
9 Stampfer, ›Emigration‹, S. 83.
10 Thomas Mann, ›Dieser Friede‹. In: Th. M., ›Altes und Neues‹, Frankfurt 1953, S. 631.

11 Aufzg. Renthe-Fink v. 30. 6. 1936. Rd.Erl. AA v. 13. 7. 1936. – PA Inland II A/B 83 – 76, 1. Liste (A–Z).
12 s. Berglund, Deutsche Opposition, S. 7 und Anm. 8. Im Kapitel »Die deutsche Opposition im Spiegel der Exilpresse« (S. 72–122) untersucht Berglund einige Exilorgane z. B. darauf hin, wie in ihnen die deutsche Opposition dargestellt wird sowie Informationsgehalt und Informationswert der Organe.
13 ›Mitteilungen des Geheimen Staatspolizeiamtes‹ Nr. 2 v. 31. 1. 1934. – BA R 58/1068, Bl. 46 f.
14 Amtliche Erklärung der Reichsregierung. – VB v. 14. 3. 1933.
15 VB v. 19. 4. 1934.
16 Vorgang in BA R 22/2117.
17 Schreiben GStA Düsseldorf an RJustMin. Tagebuch Gürtner, Eintragung v. 29. 3. 1935. – BA R 22/603, Bl. 54 f.
18 Schreiben Gürtner an Hitler v. 10. 2. 1934. – BA R 22/2117.
19 Schreiben St.S. der RKzlei an RMdJust v. 20. 2. 1936. – a. a. O.
20 VB v. 7./8. 1. 1934.
21 VB v. 3. 11. und 11. 11. 1933.
22 VB v. 24. 1. 1934.
23 VB v. 10. 8. 1933.
24 Rudolf Heß in einer Rede zum »Tag der nationalen Solidarität«. – VB v. 9./10. 12. 1934.
25 ›Der Angriff‹ v. 21. 7. 1933.
26 VB v. 7./8. 1. 1934.
27 ›Der Angriff‹ v. 6. 6. 1937.
28 VB v. 10. 6. 1933.
29 VB v. 1. 12. 1933.
30 ›Das schwarze Korps‹ v. 12. 3. 1935. – Antisemitismus, Antimarxismus, die »jüdisch-bolschewistische Verschwörung« – Kernstücke nationalsozialistischer Ideologie und Propaganda – spielten im Kampf gegen das Exil insofern eine große Rolle, als die Exilpresse wegen ihrer »jüdisch-marxistischen« Provenienz abqualifiziert werden sollte, zum andern sie als augenscheinlicher ‹Beweis› für die Richtigkeit der These von der ‹internationalen jüdisch-bolschewistischen Verschwörung› ins Feld geführt wurde; die weltweite Propaganda der Exilierten gegen den Nationalsozialismus wurde als Beweis für die internationale politische Geschlossenheit der Juden gewertet (s. VB v. 10. 6. 1933).
31 Jacobsen, ›Außenpolitik‹, S. 393.
32 Der Artikel Lloyd Georges war am 13. 10. 1933 im Londoner ›Daily Mail‹ erschienen. Er wurde den deutschen Auslandsvertretungen vom AA mit der Weisung übersandt, ihn im englischsprechenden Ausland im Sinne der deutschen Interessen zu verwenden. – PA P 16, Propaganda gegen Deutschland und Gegenpropaganda, Bd. 6.
33 ›Deutsche Briefe‹, Nr. 11 v. 13. 12. 1934, S. 115.

34 ›Deutsche Briefe‹, Nr. 12 v. 21. 12. 1934, S. 124.
35 vgl. Muckermann, ›Im Kampf zwischen zwei Epochen‹, S. 617 f.
36 ›Deutsche Briefe‹, Nr. 141 v. 4. 6. 1937, S. 721.
37 ebd.
38 Fraenkel, ›Lebewohl, Deutschland‹, S. 38 f.
39 VB v. 8. 3. 1936.
40 VB v. 14. 10. 1933.
41 zit. nach Albrechtova, ›Antifaschistische Emigrationsliteratur‹, S. 180.
42 Proklamation Hitlers auf dem Parteitag der NSDAP v. 1933. – VB v. 2. 9. 1933.
43 VB v. 12. 9. 1933.
44 ›Der Angriff‹ v. 29. 7. 1933.
45 Sonderbeilage zum SD-Pressebericht Nr. 49 v. 3. 4. 1936. – BA R 58/463, Bl. 80.
46 Schreiben Diels an Röhm v. 12. 4. 1934. – BA Slg. Schumacher 232.
47 Ber. Dt. Ges. Bern v. 14. 7. 1936. – PA Inland II A/B 83 – 76, Ausbürgerungen (I. Liste).
48 Erl. AA an Dt. Ges. Bern v. 29. 11. 1934. – PA Inland II A/B 83 – 75, Deutsche Emigranten im Ausland, Bd. 3.
49 Ber. Dt. Ges. Budapest v. 3. 1. 1935. – PA P 45, Verbote deutscher Zeitungen im Ausland, Bd. 8.
50 Stahlberger, ›Oprecht‹, S. 283 ff.
51 Ber. Dt. Ges. Prag v. 7. 2. 1935. – PA Polit. Abt. II, Tschechoslowakei, Pol. 2 Polit. Beziehungen der Tsl. zu Dtld., Bd. 12.
52 Ber. Dt. Ges. Athen v. 17. 6. 1933. – PA Ref. D. Po 5 N.E. adh. 4 Nr. 1, Bd. 1.
53 Ber. Dt. Ges. Budapest v. 21. 11. 1933. – a. a. O. Bd. 4.
54 Deutsch-ungarische Polizeiabkommen v. 21. 11. 1933. – PA Ref. D, Po 5, Bd. Kommunismus, Bd. 1.
55 Vermerk Voigts v. 16. 3. 1934. – PA Pol. Abt. II, Saargebiet, Pol. Angelegenheiten adh. Emigranten, Bd. 1. – Berlin erreichte schließlich auch die Abberufung Max Brauers, der als Völkerbundsberater in China tätig war. Vgl. Lüth, ›Max Brauer‹, S. 26.
56 zit. nach Vondung, ›Literaturtheorie‹, S. 86.
57 Jacobsen, ›Außenpolitik‹, S. 343.
58 Leitheft Emigrantenpresse, S. 2 f.
59 VB v. 25. 10. 1935.
60 Erl. AA an Dt. Botsch. Paris v. 20. 4. 1937. – BA R 43 II/340 Bl. 52 ff.
61 Tatsächlich fand in Paris – allerdings außerhalb des Ausstellungsgeländes – eine vom Schutzverband deutscher Schriftsteller veranstaltete Ausstellung ›Das deutsche Buch in Paris von 1837–1937‹ statt, die, einschließlich der Exilliteratur, den Gästen der Weltausstellung »ein Bild vom humanistischen Deutschland« geben sollte. – ›Pariser Tageszeitung‹ v. 12. 6. 1937. Berendsohn, ›Humanistische Front‹, S. 64 f. Um den Aktivitäten der Exilorgani-

sationen während der Weltausstellung etwas entgegensetzen zu können, hatte die Auslandsorganisation der NSDAP vorgeschlagen, die nationalsozialistische ›Deutsche Zeitung in Frankreich‹ statt wie bisher alle 14 Tage nunmehr jede Woche herauszubringen. Schreiben A. O. an ProMi v. 5. 4. 1937. – PA P 49 Frankreich 4. Presse, Propaganda und allgem. Angelegenheiten, Geheim, Bd. 5.

62 Tschechoslowakische Verbalnote v. 8. 2. 1938 und Ber. Dt. Ges. Prag v. 11. 4. 1938. – PA Presse-Abt., Tschechoslowakische Republik 2, Bd. 5.

63 Vorgang in PA Inland II A/B 83 – 75, Tätigkeit deutscher Emigranten im Ausland (1941–1942).

64 Der ‹Emigrationsverlust› deutscher Universitäten an Hochschullehrern betrug von 1931/32 bis 1938 immerhin rund 3120 Wissenschaftler. Chr. v. Ferber, ›Die Entwicklung des Lehrkörpers der deutschen Universitäten und Hochschulen 1864–1954‹, Göttingen 1956, S. 146.

65 Rd.Erl. AA v. 21. 1. 1938. – PA Dt. Ges. im Haag, Nie 12. Emigranten, Judenfrage, Bd. 1.

66 Bereits ein halbes Jahr zuvor hatte der Chef der Auslandsorganisation der NSDAP, Bohle, bemängelt, daß von den Auslandsvertretungen Gesuche emigrierter Wissenschaftler um Genehmigung von Wohnsitzverlegungen, Transferierung von Ruhegeld usf. befürwortend vorgelegt worden waren mit der Begründung, daß die Tätigkeit der Antragsteller »im deutschen kulturpolitischen oder wirtschaftlichen Interesse« liege. Bohle wies in dem Zusammenhang nachdrücklich darauf hin, daß Wissenschaftler, die aufgrund des Gesetzes zur Wiederherstellung des Berufsbeamtentums oder des Reichsbürgergesetzes von 1935 entlassen worden waren »oder aus irgendwelchen Gründen als Emigranten bezeichnet werden müssen, keinesfalls als Vertreter deutscher Wissenschaft im Ausland angesehen werden können«, auch dann nicht, wenn sie seinerzeit mit Genehmigung deutscher Behörden ihren Wohnsitz ins Ausland verlegt hätten. – Rd.Erl. AA [gez. Bohle] v. 23. 7. 1937. – PA Inland II A/B 83 – 75, Bd. 12.

67 Ritter, ›Der deutsche Professor im Dritten Reich‹.

68 Schreiben Reichskirchenregierung an AA v. 26. 1. 1934. – PA Inland II A/B 83 – 77. Unterstützung und Unterbringung politischer Flüchtlinge im Ausland, Bd. 1.

69 ›National-Socialisten‹ v. 6. 3. 1937. Übersetzung aus SD-Pressebericht Nr. 34 v. 9. 3. 1937. – BA R 58/498, Bl. 132 f.

70 Ber. Dt. Ges. Kopenhagen v. 22. 4. 1937. Nach der Aufstellung des Justizministers lebten in Dänemark ca. 600 russische und 1512 deutsche Emigranten, darunter 200 Kinder. – PA Recht V, Juden- und Flüchtlingsfragen, Bd. 7.

71 Ber. Dt. Ges. Kopenhagen v. 31. 3. 1938. – PA Inland II A/B 83 – 77. Unterstützung und Unterbringung politischer Flüchtlinge im Ausland, Bd. 2.

72 Ber. Dt. Ges. Kopenhagen v. 7. 11. 1938. – a. a. O.

73 vgl. Ludwig, ›Flüchtlingspolitik der Schweiz‹, S. 74 ff.
74 VB v. 14. 2. 1935.
75 Ber. Dt. Ges. den Haag v. 6. 2. 1935. – PA Inland II A/B 83 – 75, Bd. 4/5.
76 ebd.
77 Meldungen, daß der niederländische Justizminister die Entlassung der letzten 7 internierten deutschen Kommunisten zu Ostern 1935 auf Druck Moskaus verfügt hatte, das mit Annullierung der an Holland erteilten Aufträge gedroht habe, wurden, wie Zech meinte, erwartungsgemäß dementiert. – Ber. Dt. Ges. den Haag v. 26. 4. 1935. – a. a. O.
78 Schreiben Heydrichs an Luther. – PA Inland II A/B 80 – 41 Sdh. III, Rückführung deutscher Staatsangehöriger aus dem unbesetzten Frankreich, Bd. 1.
79 Ber. Dt. Ges. Prag v. 6. 3. 1935. – PA Inland II A/B 83 – 45 A, Schwarze Front (Otto Strasser), Bd. 1.
80 zit. nach Stahlberger, ›Oprecht‹, S. 75.
81 Gutachten des Präsidenten des Obersten Gerichtshofs des Saargebietes, Nippold, über das Asylrecht. – PA Gesandtschaft Prag, A.III.1.b.8. Polit. Beziehungen der Tsl zu Dtld., Emigration, Bd. 1.
82 Ber. Dt. Ges. Prag v. 3. 6. 1935. – PA Pol. Abt. II, Tschechoslowakei, Pol. 2. Polit. Beziehungen der Tsl zu Dtld., Bd. 12.
83 VB v. 10. 8. 1933.
84 ›Der Angriff‹ v. 31. 8. 1933. Cesar/Cerny, ›Die deutsche antifaschistische Emigration‹, S. 164, 202.
85 VB v. 13. 4. 1934.
86 Ber. Dt. Ges. Prag v. 7. 5. 1934. – PA Büro RM 39. Tschechoslowakei, Bd. 3.
87 Ber. Dt. Ges. Prag v. 16. 4. 1934. – PA Pol. Abt. II, Tschechoslowakei, Pol. 2, Bd. 11.
88 Aufzg. Köpke (mit Paraphe Bülows und Neuraths) v. 18. 5. 1934. – PA RM 39. Tschechoslowakei, Bd. 3.
89 Schreiben v. 28. 4. 1934 (Konzept. Ab-Vermerk 30. 4.). – PA Pol. Abt. II, Tschechoslowakei, Pol. 2, Bd. 12.
90 Grossmann, ›Emigration‹, S. 34.
91 Fuchs, ›Gegen Hitler und Henlein‹, S. 93 f.
92 Ber. Dt. Ges. Prag v. 2. 2. 1935. – PA Inland II A/B 83–45 A, Schwarze Front (Otto Strasser), Bd. 1.
93 Vorgänge zum Emigranten-Abkommen von 1935–1936 in PA Pol. Abt. II, Tschechoslowakei, Pol. 2, Bd. 12.
94 ADAP S. D., Bd. II, Dok. Nr. 16, S. 27 f.
95 Ber. Dt. Ges. Prag v. 24. 6. 1936. – PA Ges. Prag.A.III.1.b.8. Sdbd., Polit. Beziehungen, Emigranten, Bd. 5.
96 Telegr. Dt. Ges. Prag v. 16. 12. 1937. – PA Inland II A/B 83 – 79, Emigrantenpresse, Bd. 1.
97 Handschriftliche Bemerkung Schumburgs. – ebd.
98 s. das sog. Hoßbach-Protokoll. – IMT XXV, S. 55 f.
99 Král, ›Die Deutschen in der Tschechoslowakei‹, S. 55 f.

100 ADAP S. D., Bd. II, Dok. Nr. 29, S. 55 f.
101 ADAP S. D., Bd. II, Dok. Nr. 34, S. 62.
102 ›Neuer Vorwärts‹ v. 26. 12. 1937. – Bereits am 11. 7. 1936 hatte Österreich mit dem Deutschen Reich ein Gentlemen-Agreement geschlossen, das die Grundlage für normale und freundschaftliche Beziehungen zwischen beiden Staaten bilden sollte. Beide Seiten verpflichteten sich in der Übereinkunft, Einfluß auf die Presse im eigenen Lande zu nehmen, was sich »auch auf die Emigrantenpresse in beiden Ländern« bezog. – ADAP S. D., Bd. I, Dok. Nr. 152, S. 231.
103 Stampfer, ›Emigration‹, S. 100 ff.
104 Král, ›Das Abkommen von München‹, S. 247.
105 Erl. AA an Dt. Ges. i. Prag (Konzept, Ab-Vermerk v. 16. 12. 1938). – PA Presse-Abt., Tschechoslowakische Republik 3, Presse, Propaganda u. Allgemeine Angelegenheiten. Geheim, Bd. 3.
106 Schreiben Aschmann an ProMi v. 28. 12. 1938. – a. a. O.
107 Aufzg. der Presse-Abt. im AA über die von RAM gewünschte »Zusammenfassung aller Argumente, die bei einer Besprechung der deutsch-tschechoslowakischen Pressefragen eine Rolle spielen können« v. 21. 1. 1939. – a. a. O. Bd. 4.
108 Aufzg. Aschmann v. 23. 1. 1939. – a. a. O.
109 Der deutsche Gesandte hatte zugleich mit der Forderung nach Abstellung der ‹Emigrantenhetze› die Legalisierung von NS-Parteiorganisationen in der ČSR gefordert. – ADAP S. D., Bd. II, Dok. Nr. 12, S. 25.
110 Walter, ›Exilliteratur II‹, S. 35.
111 So hatte Beran, der Führer der größten tschechischen Partei, der Agrarier, in einer Unterredung mit dem deutschen Gesandten Eisenlohr am 26. 2. 1938 erklärt, er trete grundsätzlich für eine Annäherung an Deutschland ein. Er, Ministerpräsident Hodza und Innenminister Cerny verträten die Ansicht, daß »die Agitation der Emigranten gegen Deutschland unterbunden werden müsse«. Er werde in Fragen Emigranten »kompromißlos hart« sein. – ADAP S. D. Bd. II, Doc. Nr. 62, S. 111 f.
112 Für direkte wirtschaftliche Pressionen konnten keine Belege gefunden werden. Aber bereits 1933 hatte Berlin bei Handelsvertragsverhandlungen mit den Niederlanden offensichtlich auf ein Entgegenkommen in der Emigrantenfrage gedrängt. In einem Schreiben an die RKzlei stellte Darré, Reichsminister für Ernährung und Landwirtschaft, fest, daß »in maßgebenden Kreisen« das bei den Verhandlungen mit den Niederlanden »gegebene Versprechen, keinen Spaß mehr mit den Emigranten zu verstehen, gehalten wird«. – Schreiben v. 2. 2. 1934. Vermerk Lammers': »Der Herr Reichskanzler hat Kenntnis.« – BA R 43 II/1461, Bl. 152 f.
113 vgl. Walter, ›Exilliteratur II‹, S. 34 ff.
114 Ber. Dt. Ges. Brüssel v. 27. 9. 1937. – PA Inland II A/B 83 – 75, Bd. 8.
115 Telegr. Dt. Ges. Rio de Janeiro v. 31. 3. 1937. – PA Inland II A/B 83 – 75, Bd. 10.

116 Ber. Dt. Ges. Stockholm v. 26. 10. 1934. – PA Inland II A/B 83 – 60. Kommunistische und marxistische Zersetzungsarbeit, Bd. 3.
117 zit. nach ›Zur Geschichte der deutschen antifaschistischen Widerstandsbewegung 1933–1945‹, hrsg. v. Verlag d. Ministeriums für Nationale Verteidigung, Berlin 1958, S. 97.
118 Stahlberger, ›Der Verleger Emil Oprecht und die deutsche Emigration 1933–1945‹, Zürich 1970.
119 ebd., S. 121.
120 ebd., S. 122 ff.
121 VB v. 24. 10. 1936, VB v. 31. 10. 1937.
122 VB v. 29. 8. 1933.
123 Rede Hitlers vom 20. 2. 1938 (nach dem Revirement vom 4. 2. 1938). – VB v. 21. 2. 1938.
124 Rd.Erl. Ribbentrops an die deutschen Auslandsvertretungen v. 28. 2. 1938. – PA Inland II A/B 83 – 40, Greuel- und Hetzpropaganda, Bd. 6 (Hervorhebung im Original).
125 Walter, ›Exilliteratur II‹, S. 35 f.
126 Bericht v. 23. 11. 1938. – BA NS 10/89, Bl. 18 ff. Der Bericht ging von der Adjutantur des Führers an den »Präsidenten des Geheimen Kabinettsrats« [Neurath]. Nach einem Wunsch Hitlers sollte der Vorgänger Ribbentrops »über alle außenpolitischen Fragen« des Geschäftsbereiches des AA informiert werden. Jacobsen, ›Außenpolitik‹, S. 317.
127 Ber. Dt. Ges. Brüssel v. 13. 6. 1938. – BA R 58/500, Bl. 6 ff.
128 ebd.
129 Vermerk Gestapa II A 4 (Döring) v. 30. 6. 1938. – BA R 58/500, Bl. 2 ff.
130 Erl. AA an Dt. Botsch. Paris v. 18. 1. 1938. – PA Inland II A/B 83 – 79. Emigrantenpresse, Bd. 1.
131 VB v. 15. 2. 1938.
132 vgl. S. 39.
133 VB v. 7. 11. 1938.
134 VB v. 8. 11. 1938.
135 Erl. AA an Dt. Botsch. London v. 8. 11. 1938 u. Telegr. AA Nr. 365 an Dt. Botsch. London v. 17. 10. 1938. – PA Presse-Abt., England 4, Bd. 3.
136 Sonderrundschreiben des Reichspropagandaamtes Berlin v. 28. 10. 1938. – IfZ Da. 70.02 (1938).
137 Walter, ›Exilliteratur‹, S. 77.
138 Aufruf der Deutsch-Französischen Union in ›Die Zukunft‹, Nr. 20 v. 19. 5. 1939.
139 Gerade weil namhafte französische Persönlichkeiten in dieser Organisation mitwirkten, drang man von Berlin aus auf ein Verbot. – Erl. AA v. 17. 6. 1939 an dt. Botsch. Paris. – PA Inland II A/B 83 – 75, Bd. 21.
140 Simpson, ›Refugee Problem‹, S. VI.
141 Rd.Erl. Gestapa v. 24. 12. 1937. – BA R 58/457 (dort auch die Lageberichte der Stapostellen für das Jahr 1937).

142 So heißt es in dem Lagebericht des Gestapa v. Mai/Juni 1934, die »marxistische Wühlarbeit« daure unvermindert an. »Auch das Benehmen und die Äußerungen der marxistischen Emigranten lassen auf eine unverminderte Tätigkeit der Marxisten im Reich schließen.« BA R 58/229, Bl. 56.
143 Schreiben Gestapa (Diels) an RAM v. 29. 8. 1933. – PA Ref. D Po 5 N.E. adh. 4 Nr. 1, Bd. 2.
144 S. z. B. die Arbeiten von Bouvier, Drechsler, Duhnke, Edinger, Gittig, Kliem, Klotzbach, Matthias, Steinberg.
145 ›Neuer Vorwärts‹ v. 18. 6. 1933. Zit. nach Edinger, ›Sozialdemokratie‹, S. 36.
146 Diese VO wurde im Zusammenhang mit der Reichstagsbrand-VO vom 28. 2. 1933 erlassen. – RGBl. I, S. 85.
147 Broszat, ›Der Staat Hitlers‹, S. 406.
148 ebd.
149 s. S. 165 ff.
150 Schreiben Göring an Hitler v. 22. 7. 1933. – BA R 43 II/1264 a, Bl. 7.
151 RGBl. I, S. 723.
152 Begründung in BA R 43 II/1264 a, Bl. 26 ff. Die Vorschriften bezogen sich auf den Straftatbestand des Hochverrats, so wie er in §§ 80 ff. StGB festgelegt war. Dieser, wie auch der Tatbestand des Landesverrats wurden durch das »Gesetz zur Änderung von Vorschriften des Strafrechts und des Strafverfahrens« v. 24. 4. 1934 völlig neugefaßt und erweitert. – RGBl. I, S. 341.
153 Begründung zum Gesetzentwurf. – BA R 43 II/1264 a, Bl. 26 ff.
154 RGBl. I, S. 723.
155 RGBl. I, S. 135.
156 Allgemein zum Schriftschmuggel, insbesondere Tarnschriften, siehe Gittig, ›Antifaschistische Tarnschriften‹, passim.
157 Rd.Erl. AA v. 8. 11. 1935. – PA Inland II A/B 83 – 75, Bd. 5.
158 Gittig, ›Antifaschistische Tarnschriften‹, S. 18 ff.
159 Vorgänge dazu in BA R 58/380.
160 Auf eine von Heydrich angeregte Demarche beim tschechoslowakischen Außenministerium wegen der (namentlich zumeist bekannten) deutschen und tschechoslowakischen Kommunisten, die im Grenzgebiet illegal arbeiteten, verzichtete der neu ernannte Gesandte in Prag, Eisenlohr. Er hielt eine Erörterung dieser Frage zum gegenwärtigen Zeitpunkt im »Hinblick auf die angespannte außenpolitische Lage« weder für »aussichtsvoll noch für zweckmäßig«. Ber. Dt. Ges. Prag v. 28. 4. 1936. – PA Ges. Prag A.III.1.b.8. Sdbd., Polit. Beziehungen, Emigranten, Bd. 4.
161 Schreiben v. 5. 7. 1935. – BA R 58/380, Bl. 130.
162 Verfügung v. 18. 9. 1935. – a. a. O. Bl. 131.
163 Ber. Gestapa Sachsen v. 19. 11. 1935. – a. a. O. Bl. 134 ff.
164 Vermerk Sattlers vom Gestapa v. 13. 1. 1936. – BA R 58/445, Bl. 69.
165 ebd.

166 Lagebericht der Stapo Kiel für September 1938. – BA R 58/446, Bl. 196.
167 Lagebericht der Stapo Aachen für April 1938. – a. a. O., Bl. 280.
168 a. a. O., Bl. 1, 156 f.
169 Tagesmeldung Stapo Stuttgart v. 21. 7. 1938. – BA R 58/454, Bl. 158–160.
170 vgl. die Aufstellung über Verurteilungen wegen Kurierdienst, Verbindung mit Emigranten im ›Material zu einem Weißbuch der deutschen Opposition gegen die Hitlerdiktatur‹, hrsg. v. Parteivorstand der SPD, London 1946, mehrere Beispiele auch bei Gittig, ›Antifaschistische Tarnschriften‹, S. 58 ff. Die Dokumentation zur Emigration 1933–1945 im IfZ weist eine große Anzahl der vor dem VGH verhandelten Strafsachen (Akten des ORA beim VGH) wegen illegaler Betätigung in Verbindung mit dem Exil aus.
171 vgl. Steinberg, ›Verfolgung‹, S. 97 und Anm. 25.
172 Stampfer, ›Emigration‹, S. 205.
173 s. Kliem, ›Neu Beginnen‹.
174 Plum, ›Volksfront‹, S. 429.
175 ›Der Kampf‹ v. 9. 9. 1937.
176 Rd.Erl. Gestapa v. 23. 10. 1937. – BA R 58/508.
177 Wehling, ›Vertrauensrätewahlen‹, S. 491.
178 vgl. Dokumentation über die Vertrauensratswahlen von 1935. VfZG 3 (1955), S. 314 f. Wehling, ›Vertrauensrätewahlen‹, passim.
179 Wehling, ›Vertrauensrätewahlen‹, passim.
180 Tagesmeldung Gestapa v. 10. 9. 1935. – BA R 58/562, Bl. 4.
181 Rd.Erl. Gestapa Dresden v. 5. 3. 1936. – BA R 58/488, Bl. 61 f.
182 Aktennotiz v. 22. 3. 1936. – BA R 58/447.
183 Cerny, ›Der Parteivorstand der SPD im tschechoslowakischen Exil‹, S. 185.
184 Volz, ›Daten der Geschichte der NSDAP‹, 1938, S. 69.
185 Schreiben ProMi an AA v. 23. 3. 1936. – PA Inland II A/B 83 – 40, Bd. 5.
186 VB v. 14. 8. 1934.
187 VB v. 12./13. 8. 1934.
188 VB v. 18. 8. 1934.
189 VB v. 15. 8. 1934.
190 s. S. 10 f.
191 Six, ›Propaganda‹, S. 14.
192 VB v. 29. 7. 1933.
193 vgl. Edinger, ›Sozialdemokratie‹, S. 54.
194 VB v. 16. 1. 1934.
195 VB v. 19./20. 8. 1934.
196 vgl. Bracher, ›Diktatur‹, S. 267.
197 DAZ v. 21. 8. 1934.
198 Vermerk Gestapa II A 2 v. 19. 1. 1938. – BA R 58/412, Bl. 43 ff.
199 Lagebericht der Zentralabteilung II 1 für Januar 1938. – BA R 58/999, Bl. 3 ff.
200 Jahreslagebericht 1938 des Sicherheitshauptamtes, Bd. 1 – BA R 58/1094, Bl. 111.

201 ebd. Bl. 101.
202 ebd. Bl. 105.
203 ›Mit dem Gesicht nach Deutschland‹, S. 205.
204 Krausnick/Graml, ›Der deutsche Widerstand‹, S. 5.
205 Bracher, ›Diktatur‹, S. 272.
206 Lagebericht 1938 des Sicherheitshauptamtes, Bd. 1, Bl. 108. – BA R 58/1094.
207 Die folgenden Ausführungen basieren auf der Untersuchung von Bouvier, ›Die Deutsche Freiheitspartei‹, Diss. Frankfurt 1972.
208 Lagebericht d. Zentralabt. II 1 für Januar 1938. – BA R 58/999, Bl. 3.
209 Jahreslagebericht 1938 des Sicherheitshauptamtes, Bd. 1, Bl. 103. – BA R 58/1094.
210 ebd.
211 Bouvier, ›DFP‹, S. 67 ff.
212 ebd., S. 80.
213 ebd., S. 64.
214 s. S. 55.
215 s. S. 58.
216 Notiz Gestapa. – BA R 58/608, Bl. 73.
217 Schreiben Gestapa an RJustMin v. 22. 9. 1937. – BA R 22/954.
218 ebd.
219 Beispiel in BA R 58/586, Bl. 276 ff. vgl. S. 117.
220 Schreiben RFSS – CdS – an Gestapa v. 23. 7. 1937. – BA R 58/645.
221 ebd.
222 zit. nach Sontheimer, ›Thomas Mann und die Deutschen‹, S. 98.
223 Jahreslagebericht 1938 des Sicherheitshauptamtes, Bd. 1. – BA R 58/1094.
224 So bemerkte der Kronjurist der Gestapo, Best, in einem Schreiben an das Justizministerium, daß dank der Abwehrmaßnahmen der Gestapo die staatsfeindliche Betätigung z. B. der Kommunisten fast ganz auf die Mund- und Schriftpropaganda eingeschränkt sei. Schreiben Best an RJustMin v. 26. 11. 1935. – BA R 22/953.

2. Überwachung
Organisation, Umfang und Intensität
1 VB v. 19. 1. 1934.
2 Nachrichtensammelstelle im RMdI an AA vom 2. 5. 1953. – PA Ref. D Po 5 N.E. adh. 4 Nr. 1, Bd. 1.
3 Rd.Erl. Gestapa vom 4. 5. 1933. – ebd.
4 Rd.Erl. AA vom 17. 5. 1933 und vom 22. 5. 1933. – Beide in PA Ref. D Po 5 N.E. adh. 4 Nr. 1, Bd. 1.
5 Rd.Erl. AA vom 3. 8. 1933. – PA Ref. D Po. 5 N.E. adh. 4 Nr. 1, Dt. Emigranten i. Ausland, Bd. 1a.
6 Die Berichte der dt. Auslandsvertretungen auf den Erlaß v. 3. 8. 1933 befinden sich a. a. O., Bd. 1b und 2.

7 Aufzg. v. 27. 9. 1933 des Referates D über »Die deutsche Emigration im europäischen Auslande, Herbst 1933«. – BA R 43 II/137b.
8 Dies traf, allerdings auch nur bedingt, auf die ČSR zu. In der Regel war die Gewährung des Asyls mit dem Verbot politischer Betätigung verknüpft. Zuwiderhandlungen wurden vielfach mit Ausweisungen geahndet. Im Reich wertete man hingegen nicht erfolgtes, aus deutscher Sicht aber wünschenswertes Einschreiten gegen jegliche Tätigkeit der Emigranten als Unterstützung antinationalsozialistischer Bestrebungen.
9 Ber. Dt. Botsch. Paris – v. 27. 10. 1933. – PA Ref. D Po. 5 N.E. adh. 4 Nr. 1, Bd. 3.
10 Rd.Erl. AA [Konzept] v. 27. 9. 1933 (Ab-Vermerk vom 28. 9. 1933). – a. a. O. Bd. 2. Als Anlage zu diesem Rd.Erl. wurde die Aufzeichnung über »Die deutsche Emigration im europäischen Auslande« beigefügt, um sämtliche Auslandsvertretungen über das Emigrantenproblem zu unterrichten und für »die weitere Beobachtung und Berichterstattung Anregungen zu geben«. Ebd.
11 Geschäftsverteilungspläne des Gestapa in BA R 58/840. – Teilweise auch aufgeführt bei Aronson, ›Heydrich‹ (1971), passim.
12 Bericht des Verbindungsreferenten des Auswärtigen Amtes beim Reichswehrministerium vom 4. 8. 1933. Der Leiter des Sonderdezernates habe die Abwehrabteilung des RWM gebeten, »das Sonderdezernat durch Zusendung aller der Abwehr zufallenden Nachrichten« zu unterstützen. Die Abwehr habe sich dazu bereit erklärt und die Abwehrstellen »auf eine schärfere Beobachtung der Emigrantenkreise im Auslande angesetzt«. Insbesondere sollten Ermittlungen über »Herausgeber und Hinterleute derjenigen Tageszeitungen und Zeitschriften« im Auslande angestellt werden, die »in hetzerischer Weise die deutsche Wehrhaftmachung« besprächen. – PA Ref. D Po. 5 N.E. adh. 4 Nr. 1, Bd. 3.
13 Aus einem Protokoll einer Referentenbesprechung des Amtes VI im RSHA über Methoden der Nachrichtenbeschaffung v. 6. 10. 1941. – BA R 58/1280.
14 Rd.Erl. Gestapa II A 4 vom 25. 8. 1938. – IfZ MA 443 Bl. 949461.
15 z. B. Rd.Erl. Gestapa v. 12. 6. 1937. – BA R 58/265.
16 Höhne, ›Orden‹, S. 210.
17 Boberach, ›Berichte‹, S. XXIX.
18 Lagebericht Mai/Juni 1934. – BA R 58/229. Jetzt auch (teilweise) bei Boberach, ›Berichte‹, S. 3–63.
19 Weitere Lageberichte vom März 1937 (BA R 58/459), Januar 1938, Jahresbericht für 1938 und für das erste Vierteljahr 1939. – Vgl. Boberach, ›Berichte‹, S. XXX.
20 ›Leitheft Emigrantenpresse‹, März 1937. – BA R 58/1098. Es handelt sich bei den Leitheften um Abhandlungen über ‹gegnerische Organisationen›, die, wie die gesamte Berichterstattung des SD, einem engen Kreis führender Funktionäre in Partei und Staat zur Kenntnis gegeben wurden. S. Buchheim, ›Die SS‹, in: ›Anatomie des SS-Staates‹ I, S. 60. Insgesamt sind

11 Leithefte überliefert. Boberach, ›Berichte‹, S. XXX f. und Anm. 1. Dort auch ein auszugsweiser Abdruck des Leitheftes Emigrantenpresse.
21 Aronson, ›Heydrich‹ (1971), S. 196.
22 z. B. Sonderbeilage zum SD-Pressebericht Nr. 87 vom 26. 6. 1936: »Die Emigrantenfrage, wie sie deutsche Emigranten sehen«. Sonderbeilage zum SD-Pressebericht Nr. 34 v. 9. 3. 1937: »Die Emigranten in Dänemark«. – BA R 58/498. – SD-Presse- und Schrifttums-Monatsbericht, August 1936, in dem beispielsweise Einigungsbestrebungen, die rechtliche Stellung der Emigranten in Frankreich, die »Hetze wider die Olympiade« durch die Emigranten und das »Emigrantenschrifttum« erörtert werden. – BA R 58/1218.
23 BA R 58/392 Bl. 35 ff.
24 BA R 58/488 Bl. 19 ff.
25 Schreiben des Amtes Information der DAF an das S-Amt des RFSS vom 7. 2. 1935 und 13. 2. 1935. – BA R 58/3 B Bl. 6–9 und 17–19.
26 Bericht v. 13. 6. 1937. – BA R 58/954 Bl. 7 ff.
27 Aufzg. Eichmanns v. 11. 9. 1937. – BA R 58/1158 Bl. 13–15.
28 Dabei war man allerdings auf die Zusammenarbeit mit dem Gestapa angewiesen, da die »emigrierten und ausgebürgerten Juden« beim SD »systematisch noch nicht erfaßt« waren. Aktennotiz vom 8. 6. 1936. – BA R 58/1242. – Eine »generelle Überprüfung sämtlicher ehem. Reichstagsabgeordneten der SPD bezügl. ihres jetzigen Aufenthaltes und ihrer heutigen Betätigung« wurde ebenfalls eingeleitet. – Schr. RFSS CdS an Gestapa v. 5. 11. 1937. – BA R 58/508.
29 So nach einer Verfügung Himmlers vom 4. 6. 1934. Aronson, ›Heydrich‹ (1971), S. 196.
30 Wighton, , ›Heydrich, Hitler's most evil henchman‹, S. 115 ff., Höhne, ›Orden‹, S. 211 f. Vgl. S. 241 dieser Arbeit.
31 Höhne, ›Orden‹, S. 210.
32 Boberach, ›Meldungen aus dem Reich‹, S. 13. Der Erlaß abgedruckt bei Boberach, ›Berichte‹, S. 905 f. – Wenn die Frage der Emigration in diesem Zusammenhang zum Gegenstand der Kompetenzabgrenzung gemacht wurde, ist anzunehmen, daß die Tätigkeit des SD auf diesem Gebiet sehr umfangreich gewesen sein muß. Die nach dem Funktionserlaß vorgesehene Aktenabgabe an die entsprechenden Sachgebiete des Gestapa erfolgte nur schleppend.
33 Arbeitsanweisung v. 15. 2. 1938, gedruckt bei Boberach, ›Berichte‹, S. 908 ff.
34 Aufsatz Heydrichs in der Zeitschrift ›Böhmen und Mähren‹, abschriftlich in ‹Schulungsmaterial für die Führerschule der Sipo›. – BA R 58/844.
35 Jacobsen, ›Außenpolitik‹, S. 23 f. Seabury, ›The Wilhelmstraße‹, S. 71 ff.
36 Vermerk Hinrichs v. 19. 11. 1936. – PA Inland II A/B 83 – 76, Allgemein, Bd. 1.
37 s. S. 70 f.
38 Rd.Erl. AA vom 27. 9. 1933. In dem Erlaß heißt es weiter, der »Feststel-

lung von Kuriernetzen und Verbindungsleuten« der Emigration sei »besondere Aufmerksamkeit« zu widmen (vgl. S. 71).
39 Bericht Dt. Kons. Genf vom 4. 8. 1933. – PA Ref. D Po. 5 N.E. adh. 4 Nr. 1, Bd. 1b. Das Konsulat hatte allen Grund, vor allem auf die Gefahr strafrechtlicher Verfolgung hinzuweisen, denn den Konsularbehörden fehlte für den Konfliktsfall der diplomatische Schutz.
40 Bericht Dt. Botsch. Paris v. 27. 10. 1933. – a. a. O. Bd. 3.
41 Bericht Dt. Ges. Bern vom 7. 8. 1933. – a. a. O. Bd. 1b.
42 Erl. AA an Dt. Botsch. Paris v. 30. 11. 1933. – a. a. O., Bd. 3. – Der Bericht der deutschen Botschaft Paris vom 27. Oktober hatte sowohl Neurath wie Bülow vorgelegen und trägt auch ihre Paraphen. Die Antwort an die Botschaft dürfte demnach auch mit beiden abgestimmt sein.
43 vgl. Jacobsen, ›Außenpolitik‹, passim. – Krüger/Hahn, ›Loyalitätskonflikt‹, S. 409.
44 ›Nationalsozialistische Beamtenzeitung‹ vom 4. 2. 1934. Der Artikel Neuraths ging zugleich als Runderlaß des AA am 5. 3. 1934 an sämtliche deutsche Auslandsvertretungen. – PA Inland II A/B 82 – 24. Rd.Erl. betr. Information der Auslandsvertretungen über innerpolitische Fragen, Bd. 1.
45 s. dazu den Aufsatz von Krüger/Hahn, ›Loyalitätskonflikt‹.
46 ebd. S. 397.
47 ebd. S. 409. – Bei Bülow klingen nur andeutungsweise die innerpolitischen Vorgänge in Deutschland vom Frühjahr 1933 an (Verfolgung politischer Gegner und Judenpolitik). Hingegen betonte Botschafter von Prittwitz, daß gerade die innerpolitischen Vorgänge ihn zu seinem Rücktritt bewogen hätten. In seinem Rücktrittsgesuch vom 6. 3. 1933 heißt es, er habe niemals ein Hehl aus seiner politischen Einstellung gemacht, die in dem Boden einer freiheitlichen Staatsauffassung und den Grundprinzipien des republikanischen Deutschlands wurzele. Jacobsen, ›Außenpolitik‹, S. 466.
48 Jacobsen, ›Außenpolitik‹, passim.
49 So monierte das RMdI in einem Schreiben an das AA, daß die ehemalige Abgeordnete der Deutschen Staatspartei, Frau Dr. Lüders, über die beim Innenministerium nachteilige Berichte eingegangen seien (sie habe sich über das neue Deutschland abfällig geäußert), vom AA als Verbindung zu zahlreichen ausländischen Stellen eingesetzt werde. Bülow-Schwante antwortet, Frau Lüders besitze auch weiterhin das Vertrauen des AA; sie habe sich bislang loyal verhalten. In einer internen Stellungnahme des AA heißt es weiter dazu, Frau Lüders habe sich in der Abrüstungsfrage in »wertvoller Weise eingesetzt«. Das Aufrechterhalten von Beziehungen zu Personen wie Frau Lüders sei nicht nur eine innenpolitische, sondern auch außenpolitische Frage, und darüber habe das AA zu entscheiden. Es könne dem AA nicht gleichgültig sein, ob es wertvolle Einwirkungsmöglichkeiten auf ausländische Kreise verliere oder nicht, zumal solche Möglichkeiten »z. Z. bekanntlich im allgemeinen sehr reduziert sind«. Das Innenministerium sei wohl kaum in der Lage, Ersatz dafür zu verschaffen. »Erfolgreiche Außenpolitik

wird aber vom AA verlangt.« – PA Ref. D Po 2, Politische Beziehungen Deutschlands zum Ausland, Bd. 5.

50 Jacobsen, ›Außenpolitik‹, S. 150 ff. Dort auch Beispiele.
51 Jacobsen, ›Außenpolitik‹, S. 470 f.
52 Sonderbericht Nr. 232. Mit Schreiben des Außenpolitischen Amtes der NSDAP vom 11. 5. 1934 der Reichskanzlei übersandt. – BA R 43 II/1414, Bl. 52–59.
53 Vermerk Lammers v. 15. 5. 1934: »Der Herr Reichskanzler hat Kenntnis.« – a. a. O.
54 Vermerk Lammers v. 15. 5. 1934: »Im Auftrage des Herrn Reichskanzlers habe ich dem Herrn Reichsminister des Auswärtigen von dem Inhalt der Anlage vertraulich Kenntnis gegeben.« – a. a. O.
55 Notiz Neuraths v. 1. 2. 1934. – PA Büro RM. 1c Nr. 1, Bd. 4. – Diese Notiz liegt zeitlich vor dem oben aufgeführten Bericht des APA. Daraus ist zu entnehmen, daß solche Anstände auch schon früher gemacht wurden. Ob Neurath seine Stellungnahme dazu auch vor Hitler vertrat, geht aus den Akten nicht hervor.
56 Dedeke, ›Das Dritte Reich und die Vereinigten Staaten‹, S. 133 ff.
57 Schreiben Gestapa an AA v. 10. 7. 1933. – Schreiben AA an Gestapa v. 20. 7. 1933. – PA Ref. D Po 5 N.E. adh. 4 Nr. 1, Bd. 1.
58 Schreiben Gestapa an RAM v. 29. 8. 1933. – a. a. O.
59 Vfg. des Leiters der Abtl. II im Gestapa v. 8. 11. 1938: »Gelegentlich einer Besprechung am 7. 11. 1938 befahl der Generalfeldmarschall einen Bericht über alle im In- und Ausland lebenden ehemals führenden Männer Deutschlands.« – BA R 58/495.
60 Aufzg. Hinrichs v. 3. 2. 1939 bezügl. Heinrich Brüning. – PA Inland II A/B 83 – 76, Brüning, RK a. D.
61 Jacobsen, ›Außenpolitik‹, S. 37 f. – Die von Jacobsen im Zusammenhang der Erörterung des Verhältnisses von A.O. und AA gemachte Bemerkung ist nach den hier gegebenen Beispielen von Überwachung, Denunziation und Einmischungsversuchen auch in diesem Falle zutreffend.
62 Vorgang vom Januar 1934 in PA Inland II A/B 83 – 78, Spionageabwehr, Vertrauensmänner, Bd. 1. Diese Antwort war nichts weiter als ein Beschwichtigungsversuch. Auf direkte schriftliche Anfrage nach der Auslandstätigkeit der Gestapo wurde eine solche Tätigkeit überhaupt in Abrede gestellt.
63 Rd.Erl. AA v. 30. 11. 1936. – PA Inl. II A/B 83 – 75, Bd. 19.
64 Ber. Dt. Ges. Prag v. 17. 10. 1936 [gez. Eisenlohr]. – PA Inland II A/B 83 – 75, Bd. 8.
65 Eine Fülle von Beispielen findet sich in den 27 Bänden des Aktenbestandes PA Inland II A/B 83 – 75, Deutsche Emigrantentätigkeit im Ausland.
66 Rd.Erl. 4. 5. 1933 zugleich Rd.Erl. AA v. 22. 5. 1933. – PA Ref. D Po 5 N.E. adh. 4 Nr. 1, Bd. 1.
67 Es fand sich zwar kein Hinweis darauf, daß solche Bemängelungen auch

schriftlich fixiert wurden, doch anhand der Anstreichungen, mit denen diese »soll« und »angeblich« versehen wurden, ist erkennbar, daß man damit wenig anzufangen wußte und wohl lieber konkreten Hinweisen nachgegangen wäre.

68 Ber. Dt. Botsch. Paris – v. 27. 10. 1933. – a. a. O. Bd. 3.
69 Schreiben Forster (Dt. Botsch. Paris) an Bülow-Schwante vom 15. 10. 1934. – PA Inland II A/B 83 – 75, Bd. 3.
70 Schreiben Bülow-Schwante an Forster v. 26. 10. 1934. – a. a. O.
71 Ber. Dt. Ges. Kopenhagen vom 18. 2. 1937. – PA Inland II A/B 83 – 78, Spionageabwehr, Vertrauensmänner, Bd. 4.
72 So fanden Verhandlungen zwischen AA und Gestapa über die Finanzierung der Emigrantenüberwachung statt. Bülow-Schwante schrieb an die Dt. Botschaft Paris am 26. 10. 1934, er habe nichts unversucht gelassen, dafür Mittel aufzutreiben (PA Inland II A/B 83 – 75, Bd. 3). – Von Mai 1934 bis Oktober 1934 hatte die Botschaft in Paris 1500 RM für die Emigrantenüberwachung aus dem Dipositionsfonds des Botschafters verauslagt (Schr. Dt. Botschaft Paris v. 15. 10. 1934. – PA Inland II A/B 83 – 78, Spionageabwehr, Bd. 2). Die Gestapo lehnte die Erstattung und die Bereitstellung weiterer Mittel zur Emigrantenüberwachung in Frankreich ab (der Betrag von 1500 RM wurde von der Reichsbank nach Paris überwiesen). Der Botschaft waren im August 1933 erstmalig vom Gestapa 1000 RM für diese Zwecke zur Verfügung gestellt worden. Bereits im November 1933 erbat die Botschaft neue Mittel. Für das Rechnungsjahr 1934/35 erwartete sie für diese Zwecke 2000 bis 3000 RM. Das Gestapa sah sich jedoch wegen der angespannten Finanzlage außerstande, diese Mittel anzuweisen. – Vorgänge in PA Inland II A/B 83 – 78, Spionageabwehr, Vertrauensmänner, Bd. 2.
73 Die mangelnde Unterrichtung des AA über die Tätigkeit der Gestapo war auch in ausländischen diplomatischen Kreisen wohlbekannt. Der britische Botschafter in Berlin, Phipps, schrieb, es sei kein Geheimnis, daß das AA große Schwierigkeiten habe, Informationen von der Gestapo zu erlangen. – Willi, ›Fall Jacob‹, S. 267.
74 Erl. AA an Dt. Ges. Prag v. 10. 5. 1933. – PA Ref. D Po 5 N.E. adh. 4 Nr. 1, Bd. 1.
75 Bericht Dt. Ges. Prag v. 1. 7. 1933. Schreiben Gestapa an AA v. 10. 7. 1933. – a. a. O.
76 Telegr. Dt. Ges. Prag v. 23. 8. 1933 an AA. Schreiben Gestapa an AA v. 22. 9. 1933. – a. a. O., Bd. 1b und 2.
77 Ein Beispiel dafür (Auszug aus dem Karteiblatt eines Emigranten) in BA R 58/392 Bl. 22–24.
78 s. S. 70 dieser Arbeit. Zu solchen Emigrantenaufstellungen kam es zunächst nur im Machtbereich Görings. Eine Ausdehnung der listenmäßigen Erfassung der Emigranten auch auf die außerpreußischen Länder wurde vom RMdI zunächst wegen der damit verbundenen Arbeit der ohnehin überlasteten Politischen Polizeien für untunlich gehalten. (Schreiben Gestapa v.

10. 11. 1934 an AA. — PA Inland II A/B 83 — 75, Bd. 4/5.) Bis zum Frühjahr 1934 hatten aber auch die Politischen Polizeien der anderen Länder mit der Einrichtung von Emigrantenkarteien begonnen. Im März 1934 verfügte die Bayerische Politische Polizei, die Erfassung der Emigranten solle »wie bereits in anderen Ländern geschehen, auch in Bayern durchgeführt werden«. — Rd. Schr. BPP — II 2 B.Nr. 9108 vom 8. 3. 1934. — BA Slg. Schumacher 226. Die im Jahre 1934 verstärkt einsetzende Rückwanderung von zumeist jüdischen Emigranten veranlaßte Göring, erneut die Stapostellen nachdrücklich an die Emigrantenkartei zu erinnern. Anhand der Emigrantenlisten sollten aus dem Ausland nach Deutschland Zurückkehrende als Emigranten identifiziert werden können. Vgl. Kapitel Rückwanderung.

79 Schreiben Himmlers an AA v. 30. 5. 1935. — PA Inland II A/B 83 — 60, Kommunistische u. marxistische Zersetzungsarbeit, Bd. 3. Nach dem Stand v. 7. 9. 1935 waren in den Listen, die auch Lichtbilder enthielten, 1942 Kommunisten erfaßt. — a. a. O., Bd. 4. Der entsprechende Erlaß zur Aufstellung der Listen war vom Gestapa am 9. 1. 1935, von der BPP am 14. 1. 1935 ergangen. — IfZ Fa 119, Bl. 79–80.

80 Rd.Erl. Gestapa v. 12. 6. 1937. — BA R 58/265.

81 Rd.Erl. Gestapa v. 27. 8. 1936. — a. a. O.

82 Diese Aufstellung ging auf eine Anordnung Görings v. 7. 11. 1938 zurück. Verfg. Müllers an einzelne Abteilungen des Gestapa v. 8. 11. 1938. — BA R 58/495; dort auch ein »Verzeichnis der führenden deutschen Marxisten vor und nach der nationalen Erhebung«, die sich im Ausland aufhielten. Die Liste enthält 52 Namen. — Auf diese Anordnung Görings geht wahrscheinlich auch eine geheime, zwei Bände (580 Seiten) umfassende Aufstellung über führende Personen der »Systemzeit« vom Juni 1939 zurück. In Fotokopie im Archiv des IfZ. — IfZ Dc 15.02.

83 Rd.Erl. AA v. 14. 8. 1937. — PA Inland II A/B 83 — 75, Bd. 11.

84 Walter, ›Exilliteratur I‹, S. 214 ff.

85 Cesar/Cerny, ›Die deutsche antifaschistische Emigration‹, S. 167. — Die Verfasser, die als Quelle die Akten des Prager Innenministeriums heranzogen, sehen als erwiesen an, »daß es sich hier nicht um vereinzelte Aktionen einiger eifriger Kommandanten handelte, sondern um die Durchführung eines Befehls, der ersichtlich von oben aus Berlin gekommen war«.

86 ›Der Angriff‹ v. 4. 4. 1933. — Der Ausreisesichtvermerk wurde im Januar 1934 wieder aufgehoben.

87 Walter, ›Exilliteratur I‹, S. 216.

88 Rd.Erl. Gestapa v. 20. 7. 1933. Außerdem sollten die Gasthäuser in den Grenzorten auf politisch Verdächtige hin unauffällig überwacht werden. — BA R 58/445, Bl. 445 f. — Wenn in der Weisung von »sogenannten Fahndungsbüchern« die Rede war, dürften diese kaum mit den üblichen Fahndungsbüchern der Polizei bzw. des Zolls identisch gewesen sein. Es dürfte sich eher um interne Suchlisten gehandelt haben, in denen die politisch mißliebigen Personen aufgeführt waren.

89 Buchheim, ›Die SS‹, in: ›Anatomie des SS-Staates II‹, S. 147.
90 ebd.
91 ebd., S. 150 f.
92 Jahresbericht der Stapo Dresden v. 5. 1. 1938. – IfZ MA-699/8388–8393.
93 In einer Aufzeichnung über ›Die Geheime Staatspolizei‹ heißt es: »Die Gestapo kann sämtliche Zweige der Polizei, die Post, die Finanzbehörden, den Eisenbahnüberwachungsdienst, kurz alle Behörden zu ihrer Mitarbeit heranziehen.« – IfZ MA-553/4843. Das Folgende wurde zusammengestellt aus Unterlagen in BA R 58/454 und BA R 58/595.
94 Durch Postüberwachung konnte z. B. die Stapo Frankfurt/M. den Verbindungsmann von zwei ehemaligen Gewerkschaftern zur Zentrale nach Holland ermitteln. – Lagebericht Stapo Frankfurt/M. vom März 1938. – BA R 58/445, Bl. 233 f.
95 Stahlberger, Oprecht, S. 69.
96 Ber. Dt. Ges. den Haag v. 15. 12. 1937. – PA Dt. Ges. den Haag, Nie 12, Emigranten, Judenfrage, Bd. 1.
97 Ber. Dt. Ges. Lissabon v. 10. 6. 1933. – PA Ref. D Po 5 N.E. adh. 4 Nr. 1, Bd. 1.
98 Müssener, ›Deutschsprachige Emigration i. Schweden‹, 1971, S. 612 Anm. 175.
99 Ber. Dt. Ges. den Haag v. 15. 8. 1933. – PA Ref. D Po 5 N.E. adh. 4 Nr. 1, Bd. 1b.
100 Weitere Abkommen siehe Jacobsen, ›Außenpolitik‹, S. 461 ff.
101 »Niederschrift über das Ergebnis der Besprechungen zwischen den Vertretern der Kgl. Ungarischen Regierung einerseits und der Deutschen Reichsregierung andererseits.« – Schreiben RMdI v. 27. 11. 1933 an AA. – PA Ref. D Po 5 Bbd. Kommunismus, Bd. 1.
102 Aufzg. Heinburg v. 24. 11. 1934. – PA Pol. II, Frankreich, Politik 3 A, Frankr./Jugoslawien. Das Attentat auf König Alexander I. v. Jugoslw. i. Marseille am 9. 10. 1934, Bd. 3.
103 Schreiben an Gestapa v. 23. 1. 1936. – BA R 58/498 Bl. 30.
104 Schreiben an das Justizministerium in Brüssel. Vfg. Müllers v. 20. 1. 1937. – BA R 58/498 Bl. 112.
105 PA Inland II A/B 83 – 60 E, Sdh. I, Zusammenarbeit der Geheimen Staatspolizei und der tschechischen Polizei, 1938–1939. – Die deutsche Gesandtschaft in Prag konnte in einem Gespräch mit dem Deutschland-Referenten des tschechoslowakischen Außenministeriums immerhin »auf die bekannte Zusammenarbeit gegen kommunistische Aktionen« hinweisen. – Ber. Dt. Ges. Prag v. 21. 7. 1937. – PA Politik Geheim, Tschechoslow. g. Pol. Angel., Bd. 2.
106 vgl. S. 80.
107 Ber. Dt. Botsch. Paris v. 15. 10. 1934. – PA Inland II A/B 83 – 78, Spionageabwehr, Vertrauensmänner, Bd. 2.
108 Steinberg stellt in seiner Monographie über Verfolgung und Widerstand in

Essen die Frage, wie sich die »verblüffenden Erfolge der Gestapo« erklären ließen. Nach seiner Analyse war nicht in erster Linie die Qualität der Beamten der Gestapo dafür ausschlaggebend. Die Institution sei »alles andere als eine schlagkräftige Gruppe erstklassiger Kriminalisten« gewesen. Die Antwort laute vielmehr: »Durch einen gut funktionierenden V-Mann-(sprich Spitzel-)Apparat und durch brutale Gewalt. Es läßt sich nachweisen, daß in über 90% aller Fälle im Bereich von Essen die Erfolge der Gestapo auf diese Mittel zurückzuführen sind.« – Steinberg, ›Verfolgung‹, S. 62 f. – Für den Bereich der Emigrantenüberwachung und daraus resultierende Exekutivmaßnahmen dürfte der Prozentsatz ähnlich hoch liegen, zumal die deutsche Gestapo ihre eigene Ermittlungstätigkeit im Ausland schon wegen der damit verbundenen Schwierigkeiten einzuschränken gezwungen war.

109 Ber. Dt. Ges. Brüssel v. 19. 5. 1934. – PA Inland II A/B 83 – 75, Bd. 2.
110 Aktenvermerk vom März 1935 in PA Inland II A/B 83 – 78, Spionageabwehr, Vertrauensmänner, Bd. 2.
111 Berichte der Dt. Ges. Prag vom 24. 4., 24. 6. und 1. 7. 1933. – PA Ref. D Po 5 N.E. adh. 4 Nr. 1, Bd. 1.
112 Ber. Dt. Botsch. London v. 3. 5. 1934. – PA Inland II A/B 83 – 75, Bd. 3. – Es handelt sich um den durch die Entführung Berthold Jacobs bekannt gewordenen Dr. Wesemann. Vgl. allg. dazu Willi, Der Fall Jacob-Wesemann.
113 Schreiben Gestapa v. 19. 2. 1938 an AA. – PA Pol. Verschluß, Tschechoslowakei, Politische Angelegenheiten, Bd. 5.
114 Vermerk Dr. Brenners vom RJustMin über eine Dienstreise nach Hamburg v. 8. 4. 1936. – BA R 22/953.
115 Schreiben Gestapa v. 21. 2. 1938 an AA. – PA Verschluß. Tschechoslowakei, Politische Angelegenheiten, Politik g, Bd. 5.
116 »Zusammenstellung Nr. 2 über unzuverlässige Vertrauenspersonen« vom 5. 5. 1939. – BA R 58/517.
117 BA R 58/517.
118 Arendt, ›Elemente‹, S. 660.
119 Sonderegger, ›Mordzentrale‹, S. 28. – ›Das braune Netz‹, S. 95.
120 Stampfer, ›Emigration‹, S. 93 und Anm. 107. – Im Bundesarchiv Koblenz befinden sich solche Spitzellisten, z. B. die von der Sopade herausgegebenen ›Mitteilungen über das Spitzelwesen‹ und ›Fahndungsblätter des Internationalen Gewerkschaftsbundes‹, in denen auch jeweils vermerkt ist, von welchem Flüchtlingskomitee die Angaben gemacht sind. – BA R 58/517.
121 Rd.Erl. Gestapa v. 31. 3. 1937. »Betrifft: Abwehrarbeit der KPD.« – BA R 58/265.
122 Schreiben Kösters an Bülow v. 8. 2. 1934. – PA Inland II A/B 83 – 78, Spionageabwehr, Bd. 1.
123 Es handelt sich dabei vermutlich um Instruktionen für die mit der Abwehr beauftragten Beamten der Gestapo. – IfZ MA-553, Bl. 4872 f.

124 Aufzg. Bülows v. 15. 1. 1934, Anlage niederl. Protestnote. – PA Inland II A/B 83 – 78, Spionageabwehr, Bd. 1.
125 Aufzg. Bülows v. 15. 1. 1934. – PA Büro St.S., AD, Aufzeichnungen des Herrn Staatssekretärs über Diplomatenbesuche, Bd. 7.
126 Schreiben AA an RMdI v. 29. 8. 1933. – PA Ref. D Po 5 N.E. adh. 4 Nr. 1, Bd. 1. – Schreiben Volks an AA. – a. a. O. Bd. 1b.
127 Schreiben Gestapa v. 20. 1. 1934. – PA Inland II A/B 83 – 78, Spionageabwehr, Bd. 1.
128 Beispiele in PA Inland II A/B 83 – 78, Spionageabwehr, Bd. 1 und 2.
129 Faksimile solcher Ausweise für Agenten, in: ›Das braune Netz‹, S. 176 f. ›Das braune Netz‹, eine Publikation des von Willi Münzenberg in Paris geleiteten Verlags Edition du Carrefour, erschien im Sommer 1935. Sie stellt ein Konzentrat zahlloser Meldungen der Exil- und Auslandspresse über die Gestapotätigkeit im Ausland dar, nicht nur der Emigrantenüberwachung, sondern auch über Entführungen und Mord. Wenn auch mit sachlich unrichtigen Details, trifft diese Publikation doch den Kern, eben die Überwachung der Emigranten (und nicht nur dieser) und Exekutivmaßnahmen im Ausland unter Mißachtung völkerrechtlicher Normen. Das ›Arbeiterbladet‹, Organ der sozialdemokratischen norwegischen Regierungspartei, betonte in einer redaktionellen Abhandlung vom 9. 10. 1935, der Verlag habe mit dieser Veröffentlichung das Verdienst, die Welt auf die Gangstermethoden des Nationalsozialismus aufmerksam gemacht zu haben. – Ber. Dt. Ges. Oslo v. 17. 10. 1935. – BA R 18/6006.
130 Erl. AA an Dt. Botsch. London v. 8. 5. 1934. – PA Inland II A/B 83 – 78, Spionageabwehr, Bd. 2.
131 Ber. Dt. Ges. Kopenhagen [v. Renthe-Fink] v. 18. 2. 1937. – a. a. O. Bd. 4.
132 Schreiben Gestapa an AA v. 17. 7. 1934. – PA Inland II A/B 83 – 78, Spionageabwehr, Bd. 1. Die Auslandsvertretungen wurden mit Rd.Erl. AA 83 – 78, 16/1 vom 25. 1. 1935 angewiesen, »angebliche Agenten der Geheimen Staatspolizei, die sich dort mit irgendwelchen Anträgen vorstellen sollten, in jedem Falle abzuweisen«. – a. a. O.
133 Erl. PPkdr. d. Länder v. 22. 8. 1934, Rd.Erl. Gestapa v. 5. 9. 1934. – BA R 58/273.
134 vgl. S. 234 ff.
135 Notiz Henles für LR Hinrichs v. 7. 8. 1936. Mit Schreiben vom 19. August an das Gestapa riet das AA von einer Verwendung des als verschlagen bezeichneten Emigranten ab im »Hinblick auf die sehr schwierigen außenpolitischen Folgen, die seinerzeit durch den bekannten Fall Wesemann-Jacob entstanden« waren. – PA Inland II A/B 83 – 75, Bd. 8.
136 Die Vorgänge dazu von 1935 in PA Inland II A/B 83 – 78, Spionageabwehr, Vertrauensmänner, Bd. 3.
137 Dienstanweisung v. 23. 9. 1935. – IfZ MA-443 Bl. 0648 und Dienstanweisung v. 3. 12. 1935. – IfZ MA-443 Bl. 0778–0780.
138 Dienstanweisung v. 3. 12. 1935. – a. a. O.

139 Undatierte Instruktion, etwa 1935 (vgl. S. 104). – IfZ MA-553 Bl. 4872 f.
140 PA Inland II g 83 – 75 / 83 – 78, Festnahmen im Emigrantenheim Strasnič 1937–1938.
141 Unterlagen zu diesem Vorgang in PA Inland II A/B 83 – 78, Spionageabwehr, Vertrauensmänner, Bd. 3.
142 Willi, ›Fall Jacob‹, S. 296 f.
143 vgl. dazu Treviranus, ›Für Deutschland im Exil‹, S. 70 u. 73.
144 Der Bezirksanwalt begründete die Anklage gegen Müller im einzelnen u. a. damit, er habe sich an die Sohlen Brünings geheftet und, im Besitze von Empfehlungen hoher kirchlicher Würdenträger, das Vertrauen Brünings erschlichen. Nach den Angaben Müllers war bei einer Besprechung mit Gestapobeamten »stundenlang« über Brüning geredet worden, der ein für das Regime nicht mehr tragbarer Gegner sei.
145 ›Das schwarze Korps‹ v. 29. 4. 1938 (S. 14).
146 Ber. Dt. Ges. Oslo v. 21. 5. 1935. – PA Inland II A/B 83 – 60. Kommunistische und marxistische Zersetzungsarbeit, Bd. 3.
147 SD-Presseberichte v. 9. 3. 1937 und 22. 3. 1937. – BA R 58/498 Bl. 132 ff.
148 Ber. Dt. Kons. Apenrade v. 29. 4. 1939. – PA Inland II A/B 83 – 75, Bd. 21. – Das abschriftlich beigefügte »Schwarzbuch« weist im Vorwort auf die Gefahren hin, die dem dänischen Staate durch die Emigranten drohten, da die Flüchtlinge jüdisch, kriminell und kommunistisch seien. Das Vorwort schließt, das nationalsozialistische »Deutschland erwache!« kopierend, mit: »Danmark, vaagen op!« Eine Liste (20 Seiten) führt ‹gefährliche Personen und Terroristen› auf, darunter die Namen von Philipp Scheidemann, Gerhart Seger, Bert Brecht u. a.
149 Ber. Dt. Ges. Brüssel v. 27. 9. 1937. – PA Inland II A/B 83 – 75, Bd. 8.
150 BA R 22/953.
151 Schreiben PrMdI [gez. Dr. Loehrs] an AA, ProMi, RMdI, Vizekanzler Papen, Gestapa v. 25. 11. 1933. – PA Pol. II, Saargebiet, Politische Angelegenheiten, adh. Emigranten, Bd. 1.
152 PA Inland II A/B 83 – 78, Spionageabwehr, Vertrauensmänner, Bd. 3.
153 Ber. Dt. Ges. Brüssel v. 26. 10. 1935. – BA R 58/7 Bl. 145.
154 Bouvier, ›Deutsche Freiheitspartei‹, S. 26.
155 Stahlberger, ›Oprecht‹, S. 70. – Über ähnliche Fälle in England berichtet das ›Braune Netz‹, S. 99 ff. In einem Aktenvermerk des Gestapa mit dem Betreff »Sudetendeutsche Vertrauensleute« heißt es, daß einige – namentlich aufgeführte – V-Leute dem tschechoslowakischen Nachrichtendienst bekannt geworden seien, womit sie praktisch für eine weitere Verwendung nicht mehr in Frage kamen. – BA R 58/3, Bl. 195.
156 vgl. S. 104.
157 Jacobsen, ›Außenpolitik‹, S. 127 ff., 509 ff. – So beschäftigt sich ein Notenwechsel zwischen der niederländischen und der deutschen Regierung vom März bis September 1936 eingehend mit der Tätigkeit der Auslandsorganisation der NSDAP (A.O.), die sich seit ihrem Verbot Anfang 1934 in den

Niederlanden »Reichsdeutsche Gemeinschaft« nannte. Die Auseinandersetzungen gipfelten schließlich in einem Ausweisungsstreit. Die niederländische Regierung beanstandete u. a. die von der Zentrale in Berlin gegebenen Aufträge politisch-polizeilicher und kriminalpolizeilicher Art. – Vorgang in BA R 43 II/1411. – Zur Organisation, Tätigkeit der einzelnen Ortsgruppen, Zielsetzungen und Politik der A.O. unter der Leitung Wilhelm Bohles s. Jacobsen, ›Außenpolitik‹, passim. Weitere Belege für die Überwachung der Emigranten durch die A.O. und ihre Zusammenarbeit mit AA, Gestapo und SD: Eine Beteiligung der A.O. an der zahlenmäßigen Erfassung der Emigranten wurde dem AA vom RuPrMdI mit Schreiben v. 23. 1. 1936 anheimgestellt. Ein entsprechender Rd.Erl. erging vom AA an die Auslandsvertretungen. – PA Inland II A/B 83 – 75, Bd. 6. Ein Vermerk über die Abgabe von Akten des SD an das Gestapa v. 1. 12. 1937 besagt, daß die Akten »Illegales kommunistisches Material (übersandt von der A.O. der NSDAP)« enthielt. – BA R 58/605. – Die A.O. erhielt mit Schreiben vom 19. 6. 1939 vom Gestapa Hinweise auf die »Politische Zersetzungstätigkeit der deutschen Auslandsjugend« durch Jugendorganisationen der KPD-Emigration mit der Bitte, entsprechende Vorkommnisse zu melden. – BA R 58/355 Bl. 194 ff.

158 Wie wenig diese vor allem während des Krieges und unmittelbar danach verbreiteten Vorstellungen und Gerüchte über eine deutsche militärische »Fünfte Kolonne« auf tatsächlichen Gegebenheiten beruhten, hat de Jong in seinem Buch über ›Die deutsche Fünfte Kolonne‹ nachgewiesen.
159 Jacobsen, ›Außenpolitik‹, S. 535.
160 ebd.
161 BA R 58/498 Bl. 142–193.
162 so z. B. der Rd.Erl. Gestapa v. 14. 7. 1939. – BA R 58/590 Bl. 210 ff.
163 Tagesrapport der Stapo Dresden v. 11. 8. 1934. – Der Gestapo gelang es, einen der Festgenommenen als Spitzel zu gewinnen, der Gestapo-Beamte zu einem illegalen Treff in Berlin führte. – BA R 58/2 Bl. 4 ff.
164 Tagesmeldung des Gestapa v. 11. 9. 1935. – BA R 58/451 Bl. 23.
165 Lagebericht der Stapo Aachen v. 2. 1938. – BA R 58/449 Bl. 79 ff.
166 BA R 58/446 Bl. 239.
167 Ein solcher Vorgang befindet sich in BA R 58/7 Bl. 72–74. Das Gestapa wies die Stapo Dortmund an, aufgrund eingegangener Meldungen einen Mann in Neheim, der angeblich einen sog. Kettenbrief erhalten haben sollte, zu überwachen und festzustellen, ob er diesen Brief abgeliefert habe. Die Stapo Dortmund meldete Fehlanzeige. In einem Vermerk des Gestapa vom 7. 10. 1935 heißt es dann, über einzelne Personen »werden Einzelvorgänge geschaffen und das Weitere veranlaßt«.
168 Unterlagen zu diesem Vorgang, den der SD einleitete und im Zusammengehen mit der Gestapo bearbeitete, in BA R 58/488, Bl. 19 ff., 45 ff.
169 Rd.Erl. Gestapa v. 29. 6. 1939. – BA R 58/265.
170 Der Parteitag der Ehre [1935]. Offizieller Bericht, S. 284.

171 Bericht der Stapo Linz a. d. D. an Gestapa Berlin v. 16. 8. 1938. – BA R 58/411, Bl. 63.
172 Vfg. des Leiters der Abt. II im Gestapa [Müller] v. 1. 9. 1939. Danach waren die in den Listen Aufgeführten zunächst in »Schutzhaft« zu nehmen. Die Stapostellen hatten dann zu prüfen, ob eine Entlassung zu vertreten war. – BA R 58/412, Bl. 213.
173 BA R 58/5a, Bl. 1 ff. – Ein Aktenvermerk des Ref. II A 4 des Gestapa vom 25. 6. 1938, wo es um die zur Verfügung stehenden Arbeitskräfte für eine Kartei der kommunistischen Funktionäre geht, nennt bereits zu diesem Zeitpunkt einen »CSR-Sonderauftrag«, der es aussichtslos mache, für die Karteiarbeit Verstärkung zu erhalten. – IfZ MA-443/9440.
174 BA R 58/241, Bl. 104 ff.
175 BA R 58/324 (mit Namensliste).
176 BA R 58/446, Bl. 91 f.
177 Aktenvermerk Heydrichs vom 2. 7. 1940. – VfZG 11 (1963), S. 206 ff.
178 Von den Befehlshabern in den besetzten Ländern wurde laufend erbeutetes Material an das RSHA nach Berlin gesandt. Hinweise darauf finden sich mehrfach in den Akten des RSHA, z. B. Vermerk IV A 5a vom 17. 9. 1940: »Das beigefügte Rundschreiben über die deutsche Volksfrontbewegung ist aus dem in Paris erfaßten Schriftgut des Emigranten Georg Bernhard entnommen worden.« – BA R 58/355, Bl. 167.
179 Erl. CSSD v. 30. 10. 1940. – BA R 58/269.
180 Buchheim, ›Die SS – Das Herrschaftsinstrument‹, S. 73.
181 Hammer, ›Hohes Haus‹, s. unter den Namen Becker-Remscheid, Becker, Blenkle, Breitscheid, Buchwitz, Dahlem, Görlinger, Gross, Kuttner, Meyer-Sevenich, Rädel, Rau, Renner, Tempel, Wolff, Wolter. – Weitere Belege in ›Erkämpft das Menschenrecht. Lebensbilder und letzte Briefe antifaschistischer Widerstandskämpfer‹, Berlin 1958, passim.
182 Lagebericht GenStA Kassel v. 1. 12. 1941 an RJustMin. – BA R 22/956.
183 Steinberg, ›Verfolgung‹, S. 122 f.
184 VGH-Urteil v. 11. 11. 1943. Az: $\frac{9 \text{ J } 1/7/41}{5 \text{ H } 14/43}$. Kopie in BA R 60 II/85.
185 VGH-Urteil v. 25. 9. 1942. Az: $\frac{5 \text{ J } 219/40}{2 \text{ H } 227/42}$. Kopie in BA R 60 II/100.
186 VGH-Urteil v. 23. 6. 1944. Az: $\frac{1 \text{ H } 82/44}{8 \text{ J } 52/44}$. Kopie in BA R 60 II/86. – Kurzbiographie in ›Deutsche Widerstandskämpfer I‹, S. 30 f., ff.
187 Die ›Führerinformationen‹ gingen auf eine Anregung St. S. Schlegelbergers vom RJustMin zurück. Im Telegrammstil sollte Hitler durch sie fortlaufend über »wichtige Vorkommnisse, Maßnahmen und Pläne auf dem Rechtsgebiet« unterrichtet werden. Schreiben Schlegelbergers an Bormann v. 15. 5. 1942. – BA R 22/4089.
188 BA R 22/4089, Bl. 266. Weitere Meldungen über Todesurteile gegen Emi-

granten in den ›Führerinformationen‹ Nr. 151 v. 16. 2. 1934 (Max Prinz zu Hohenlohe-Langenburg), a. a. O. Bl. 217, und Nr. 1 v. 19. 6. 1942 (Graf Stürgkh). BA R 60 II/83.
189 Stampfer, ›Emigration‹, S. 120 und Dok. 104, 109, 110, 113.

3. Behandlung rückkehrender Emigranten
Die staatspolizeilichen und politischen Zielsetzungen der Maßnahmen des Dritten Reiches

1 Beispiele solcher Anträge auf Rückkehr in PA Inland II A/B 83 – 75 A, Behandlung rückkehrender Emigranten, Bd. 1 ff.
2 vgl. Walter, ›Exilliteratur I‹, S. 200 ff.; Grossmann, ›Emigration‹, S. 22 f.
3 s. Röder, ›Sozialistische Exilgruppen‹, S. 15 und Anm. 10.
4 BA Slg. Schumacher 226 (Emigranten). – Die Aufzeichnung trägt kein Datum. Die angegebene Zahl von 110 000 Flüchtlingen deckt sich annähernd mit einer vom Leo-Baeck-Institut herausgegebenen Statistik, die für die Zeit nach den Nürnberger Gesetzen 106 000 Flüchtlinge angibt. (Bei Grossmann, ›Emigration‹, S. 52, und Walter, ›Exilliteratur I‹, S. 202.) Die Aufzeichnung dürfte somit aus dem Herbst 1935 stammen.
5 Chefbesprechung v. 26. 9. 1933. – BA R 43 II/1399, Bl. 68 ff. Vgl. hier S. 254 f.
6 Rd.Erl. Gestapa v. 15. 1. 1934. Die deutschen Länder wurden aufgefordert, sich dem darin geregelten Verfahren »zum Zwecke eines einheitlichen Vorgehens gegen die Emigranten anzuschließen«. – BA R 43 II/137b, Bl. 78–82. VB v. 17. 1. 1934.
7 Rd.Erl. Gestapa v. 28. 1. 1935. – BA R 58/269.
8 Schreiben Görings an RMdI v. 15. 1. 1934. – BA R II/137b, Bl. 78 f.
9 VB v. 17. 1. 1934.
10 Ber. Dt. Botsch. Paris v. 26. 1. 1934. – PA Inland II A/B 83 – 75, Bd. 1.
11 Erl. AA an Dt. Botsch. Paris v. 8. 2. 1934. – a. a. O.
12 Rd.Erl. v. 26. 1. 1934. – PA Inland II A/B 83 – 75 A, Bd. 1.
13 Das ›Nachrichtenblatt des Geheimen Staatspolizeiamtes‹, Nr. 8 vom 29. 3. 1934, führte als Beispiel eine vom Hilfskomitee jüdischer Emigranten in Holland aufgestellte Übersicht an, wonach in der letzten Zeit allein aus Holland 689 jüdische Familien wieder nach Deutschland zurückgekehrt waren. – BA R 58/1083, Bl. 49.
14 Rd.Erl. Gestapa v. 21. 3. 1934. – a. a. O.
15 Rd.Erl. AA v. 20. 10. 1934. – PA Inland II A/B 83 – 75 A, Bd. 2.
16 ebd.
17 Erl. RuPrMdI an die Landesregierungen v. 9. 2. 1935. – BA R 58/269.
18 Adam, Judenpolitik, S. 114.
19 Rd.Erl. Gestapa v. 28. 1. 1935. – BA R 58/269.
20 Rd.Erl. RMdI v. 9. 2. 1935. – a. a. O. Die Gestapo erzwang auf solche Weise von den entsprechenden Ministerien immer häufiger ein Nachziehen bei den durch sie geschaffenen Tatsachen. S. Adam, ›Judenpolitik‹, S. 118 f.

21 Rd.Erl. Gestapa v. 28. 1. 1935. – a. a. O.
22 Schreiben Heydrichs an AA v. 20. 7. 1935. – PA Inland II A/B 83 – 75 A, Bd. 1.
23 Rd.Erl. Gestapa v. 13. 6. 1935. – BA R 58/269.
24 Rd.Erl. Gestapa v. 15. 5. 1935. – a. a. O.
25 Rd.Erl. Gestapa v. 13. 6. 1935. – a. a. O.
26 ebd.
27 Erl. Gestapa v. 10. 2. 1935. – BA R 58/276, Bl. 11.
28 Zu bestehenden Widerständen gegen eine forcierte antijüdische Politik vgl. Adam, ›Judenpolitik‹, S. 82 ff.
29 Rd.Erl. Gestapa v. 9. 3. 1935. – BA R 58/269.
30 Rd.Erl. Gestapa v. 13. 6. 1935. – a. a. O.
31 Rd.Erl. Gestapa v. 30. 9. 1936. – a. a. O.
32 Rd.Erl. Gestapa v. 9. 11. 1936. – PA Inland II A/B 83 – 75, Bd. 8.
33 Rd.Erl. Gestapa v. 13. 6. 1935. – BA R 58/269.
34 Zum Stellenwert von Gestapo und SD im Bereich der Judenpolitik des Dritten Reiches vgl. Adam, ›Judenpolitik‹, S. 101 ff.
35 vgl. dazu den Aufsatz von Heydrich, ›Die Bekämpfung der Staatsfeinde‹, in: ›Deutsches Recht‹, 6. Jg., 1935, Heft 7/8 v. 15. 4. 1936
36 Adam, Judenpolitik, S. 90.
37 ebd., S. 89 f.
38 Ber. Dt. Botsch. London v. 8. 4. 1935. – PA Inland II A/B 83 – 75 A, Bd. 1.
39 Verbalnote der Niederländischen Regierung v. 17. 4. 1935. – a. a. O.
40 Vermerk Röhreckes v. 29. 6. 1935. – a. a. O.
41 Mit Schreiben v. 3. 4. 1935 hatte Heydrich dem AA erstmals Kenntnis davon gegeben (und auch einen Erlaß abschriftlich beigefügt), daß rückkehrende Emigranten festgenommen und einem Konzentrationslager überstellt würden. Dieses Schreiben war, da es Fragen der Emigranten des Saargebietes behandelte, nicht an das Referat Deutschland, sondern an die Politische Abteilung II SG [Saargebiet] gelangt. Dort hatte man offenbar nicht die außenpolitische Bedeutung der generellen Einweisung von Emigranten in Konzentrationslager erkannt und die Anfrage Heydrichs in einem rein technischen Sinne beantwortet. – a. a. O.
42 Schreiben des RuPrMdI an AA und Gestapa v. 17. 5. 1935. – PA Inland II A/B 83 – 75 A, Bd. 1.
43 Notiz Schumburg v. 20. 5. 1935, zur Vorlage St.S. – PA Inland II A/B 83 – 75 A, Bd. 1.
44 Notiz Röhrecke v. 29. 6. 1935. – a. a. O.
45 ebd.
46 Notiz für L. R. Schumburg v. 20. 5. 1935. – PA Inland II A/B 83 – 75 A, Bd. 1. Eine weitere Frage Bülows ging dahin, was mit Frauen und Kindern geschehen solle. »Ihre Unterbringung in Lagern werde das größte Aufsehen erregen und im Ausland propagandistisch gegen uns ausgenutzt werden.« Diesem Gedanken hatte allerdings Heydrich, wohl durch die Erfahrungen

im Falle Seger belehrt, schon in seinem Erlaß v. 9. 3. 1935 an die Staatspolizeistellen Rechnung getragen. Frauen sollten zwar auch ins KZ verbracht werden, doch waren die »minderjährigen Kinder von Rückwanderern« für die »Dauer des Schulungsprozesses der Eltern möglichst bei Verwandten im Reich unterzubringen«. War das nicht möglich, sollten sich die Staatspolizeistellen mit den zuständigen örtlichen Wohlfahrtsverbänden »wegen der vorübergehenden Betreuung der Kinder ins Benehmen setzen«. – BA R 58/269. (Zum Fall Seger s. S. 205 ff.)
47 Rd.Erl. AA v. 31. 5. 1935. – PA Inland II A/B 83 – 75 A, Bd. 1.
48 Verbalnote der Niederländischen Regierung v. 17. 4. 1935. – PA Inland II A/B 83 – 75 A, Bd. 1.
49 Verbalnote AA v. 27. 6. 1935. – a. a. O.
50 Zum Zusammenspiel von gesteuerter Erregung und antisemitischer Terrorwelle von unten siehe Adam, ›Judenpolitik‹, S. 64 ff.
51 VB v. 19. 1. 1934.
52 ›Der Angriff‹ v. 18. 1. 1934.
53 VB v. 4. 7. 1938.
54 s. S. 132 f.
55 ebd.
56 Ber. Dt. Ges. Brüssel v. 19. 1. 1934. – PA Inland II A/B 83 – 77, Unterstützung und Unterbringung politischer Flüchtlinge im Ausland, Bd. 1.
57 VB v. 19. 1. 1934.
58 Rd.Erl. Gestapa v. 28. 1. 1935. – BA R 58/269.
59 Rd.Erl. RuPrMdI v. 9. 2. 1935. »... Während der Haftdauer sind eingehende polizeiliche Ermittlungen über die Tätigkeit und das politische Verhalten der Rückkehrer während ihres Auslandsaufenthaltes durchzuführen. Ich ersuche ergebenst, diese Schutzhäftlinge aus Emigrantenkreisen erst dann zu entlassen, wenn die angestellten polizeilichen Erhebungen nichts Belastendes ergeben haben und auch die Führung während der Schutzhaftdauer die Annahme unbedenklich erscheinen läßt, daß sie sich in den nationalsozialistischen Staat ohne Schwierigkeiten einfügen werden ...« [i. V. gez. Grauert]. – BA R 58/264.
60 Solcher Euphemismus zeigte sich auch vielfach in positiven Titeln zu Gesetzen, so daß sie selten die fürchterlichen Maßnahmen erkennen ließen, die sie ermöglichten. – Bracher, ›Diktatur‹, S. 233 f. (über das »Gesetz zur Wiederherstellung des Berufsbeamtentums«).
61 Schreiben Heydrichs an den Reichsjustizminister vom 4. 4. 1936. – BA R 22/1467.
62 Diese Verordnung Hitlers wurde den Generalstaatsanwälten mit Erl. des Justizministeriums vom 17. 6. 1935 bekanntgegeben. Führende kommunistische Funktionäre waren aber von dieser Regelung ausgenommen; bei ihnen wurde »die Schutzhaft als allgemeine Abwehrmaßnahme selbständig und ohne Zusammenhang mit einer einzelnen Straftat« verfügt. – BA R 22/1251.

63 Bezeichnenderweise ließ er aber gerade jenen Teil des Erlasses aus, der als Grund für die Einweisung in »Schulungslager« die erst dann einzuleitenden polizeilichen Ermittlungen nannte. Heydrich verwies nur auf jenen Teil, wonach die Einweisung zum Zwecke »weltanschaulicher Schulung« erfolge.
64 Schreiben Heydrichs an Justizminister v. 4. 4. 1936. – BA R 22/1467.
65 Broszat, ›Konzentrationslager‹, S. 32 ff. Diese Richtlinien, bis 1938 in Geltung, erhielten durch den Schutzhafterlaß vom 25. 1. 1938 eine erweiterte Zweckbestimmung. – Ebd., S. 74.
66 Notiz Gürtner für MinDir. Dr. Crone v. 22. 4. 1936. – BA R 22/1467.
67 Vermerk MinR. Kutzner vom 8. 5. 1936. – a. a. O.
68 Schreiben RJustMin an Gestapa v. 25. 5. 1936 [Konzept]. – a. a. O.
69 Schreiben Heydrich an RJustMin v. 8. 7. 1936. – a. a. O.
70 Dieser Mangel an geeigneten Lagern hatte aber auch schon 1½ Jahre zuvor bestanden, und die Gestapo dachte gar nicht daran, »geeignete Schulungslager« außerhalb der Konzentrationslager zu errichten.
71 Schriftliche Mitteilung von Herrn Kessler von der »Lagergemeinschaft Dachau – Mitglied des ‹Comité International de Dachau›« an den Verf. v. 31. 7. 1973. – Rückkehrende weibliche Emigranten waren dem Konzentrationslager Moringen zu überstellen. (Im März wurden alle weiblichen Häftlinge dieses Frauenkonzentrationslagers in das KZ Lichtenburg überführt.) Bis 1938 waren insgesamt 34 rückkehrende weibliche Emigranten im KZ Moringen inhaftiert. Die Haftdauer war in der Regel bei Jüdinnen länger als bei »Ariern«. Bei Jüdinnen durchschnittlich 2–6 Monate, im Höchstfall sogar über ein Jahr, bei »Ariern« durchschnittlich 2–3 Monate, Höchstfall 7 Monate. – Arndt, ›Das Frauenkonzentrationslager Ravensbrück‹, in: ›Studien zur Geschichte der Konzentrationslager‹. – Schriftenr. d. VfZG Nr. 21 (1970), S. 14 ff.
72 Kogon, ›SS-Staat‹, S. 14 ff.
73 Der Reichsminister der Justiz an die Herren Generalstaatsanwälte v. 22. 9. 1936. – BA R 22/1467. – Die Staatspolizeistellen wurden angewiesen, »bei der Überführung von Häftlingen aus der Schulungshaft in Untersuchungshaft oder bei der Vorführung aus der Schulungshaft vor das Gericht der Staatsanwaltschaft eine etwa vollstreckte Schulungshaft anzuzeigen«. Rd.Erl. Gestapa v. 17. 10. 1936. – a. a. O.
74 Arendt, ›Elemente‹, S. 655.
75 Vortrag Himmlers vom 28. 3. 1935, inhaltlich wiedergegeben im Tagebuch Gürtner, Eintragung v. 2. 4. 1935, Nr. 2. – BA R 22/603 (= IMT Doc. No. 3751-PS). Nach Himmlers Willen sollte der »Staatsfeind« keinen Anspruch auf Schutz durch Strafgesetze haben.
76 Rd.Erl. BPP v. 26. 6. 1934. – BA Slg. Schumacher 226 (Emigranten).
77 Beispiele für Vernehmungen zurückgekehrter Emigranten in BA R 58/7, R 58/488, R 58/595.
78 So machte ein aus der ČSR ausgewiesener, nach Österreich abgeschobener und von dort nach Deutschland zurückgekehrter Emigrant Angaben über

die Sopade in der ČSR und ließ während der Vernehmung durchblicken, »bei der Ermittlung von Staatsfeinden« mithelfen zu wollen. – Protokoll der Vernehmung in BA R 58/7 Bl. 75–99.
79 Rd.Erl. Gestapa v. 23. 2. 1939. – BA R 58/265.
80 Schreiben Gestapa an den Reichsanwalt beim Volksgerichtshof vom 24. 2. 1937. – BA R 58/488 Bl. 11 f.
81 Schreiben an RuPrMdI v. 29. 6. 1935. Auch außenpolitische Bedenken wurden noch einmal erhoben: »M. E. ist es jedenfalls aus außenpolitischen Gründen unerwünscht, jeden Rückkehrer solange zu inhaftieren, bis sich die Vermutung seiner politischen Unzuverlässigkeit als unbegründet erwiesen hat. Vielmehr müßte m. E. ein Verfahren angewendet werden, das einen unbescholtenen Rückkehrer gegen die Inhaftierung sichert. i. A. gez. Röhrecke.« – Im Konzept zu diesem Schreiben hatte noch der Satz gestanden: »Gegebenenfalls bitte ich, mich bei der Formulierung der Durchführungsvorschriften zu beteiligen.« – a. a. O.
82 Schr. RuPrMdI an AA und Gestapa v. 2. 8. 1935. – Einladung zu einer Besprechung im RuPrMdI am 8. 8. 1935. – a. a. O.
83 Rd.Erl. AA v. 6. 11. 1935. – a. a. O.
84 ebd.
85 Rd.Erl. AA v. 31. 8. 1935. – a. a. O., Bd. 2.
86 Schreiben Heydrich an AA v. 16. 7. 1935. – a. a. O., Bd. 1.
87 Zu diesem Teilproblem vgl. die Untersuchung von H. Genschel, ›Die Verdrängung der Juden aus der Wirtschaft im Dritten Reich‹, Göttingen 1966.
88 Rd.Erl. AA v. 6. 11. 1935. – a. a. O.
89 Die zur Paßausstellung berechtigten deutschen Auslandsbehörden hatten beim Gestapa anzufragen, ob gegen die Person des Antragstellers Bedenken vorlagen. – ebd.
90 Erl. AA an Dt. Kons. Rotterdam v. 22. 8. 1935. – a. a. O., Bd. 1.
91 Rd.Erl. Gestapa v. 24. 3. 1937. – BA Slg. Schumacher 226 (Emigranten).
92 Stellungnahme des Referates II 112 an II 1 v. 17. 4. 1937. – BA R 58/1239.
93 Rd.Erl. Gestapa v. 30. 9. 1936. – BA R 58/269 (Abschrift).
94 Erl. CdSSD an alle Staatspolizei-leit-Stellen v. 30. 10. 1940 und Erl. CdSSD an den Beauftragten des CdSSD für Belgien und Frankreich pp v. 30. 10. 1940. – BA R 58/269.
95 s. Krausnick, ›Judenverfolgung‹, S. 297.
96 Solche Rückwandererämter der A. O. bestanden in Berlin, Hamburg, Schneidemühl, München, Kiefersfelden, Dresden, Stettin, Breslau, Königsberg, Düsseldorf, Stuttgart und Oppeln.
97 Erl. RuPrMdI an Gestapa v. 22. 3. 1938. – IfZ MA-443/9605.
98 Erl. Gestapa an Stapo Berlin v. 9. 7. 1936. – BA R 58/273.
99 Rd.Erl. Gestapa v. 17. 11. 1936. – BA R 58/242.
100 Erl. RuPrMdI an Gestapa v. 22. 3. 1938. – IfZ MA-443/9601–9611.
101 Darauf wurde in einem Rd.Erl. des RuPrMdI v. 22. 3. 1938 ausdrücklich hingewiesen. – IfZ MA-443, Bl. 949601 ff.

102 Rd.Erl. Gestapa v. 22. 6. 1937. – BA R 58/269.
103 Die zuständigen SD-Abschnitte waren von den Beobachtungen zu unterrichten. Nach Ablauf eines halben Jahres war dem Gestapa über das Verhalten des Rußlandrückkehrers zu berichten und zugleich darüber Stellung zu nehmen, ob eine weitere Beobachtung für nötig erachtet wurde.
104 Rd.Erl. Gestapa v. 25. 1. 1938. – IfZ MA-443/9401–9403.
105 Der »Entwurf eines Merkblattes mit Richtlinien zu der Frage, unter welchen Voraussetzungen die Tätigkeit eines Reichsdeutschen in Sowjetrußland als Vorbereitung zum Hochverrat zu betrachten ist«, ging mit Schreiben vom 1. 7. 1939 an KR Heller vom Gestapa, der am 1. 8. 1939 sein Einverständnis gab. – BA R 22/955. – Mit Rd.Erl. des Reichsministers der Justiz vom 4. 8. 1939 an den ORA b. VGH, den GenStA b. Kammergericht und die GenStaatsanwälte bei den Oberlandesgerichten wurden diese Richtlinien zur Kenntnis gebracht. – ebd.
106 Dies führte der Rd.Erl. des Gestapo v. 22. 6. 1937 als Begründung dafür an, daß ein gesonderter Erlaß über die Behandlung d. Rußlandrückkehrer ergangen war. – BA R 58/269.
107 Diesen Sachverhalt meldete Justizminister Thierack unter Berufung auf eine Nachricht des RSHA in seiner »Führerinformation 1945 Nr. 190 vom 12. 2. 1945«. – BA R 22/4089, Bl. 284 f.
108 s. S. 127.
109 RFSSuChdDtPol an die Leitung der Auslandsorganisation der NSDAP v. 14. 3. 1938. – PA Chef A. O. 56. Volksdeutsche, Auswanderer, Rückwanderer.
110 Erl. d. Chefs der Sicherheitspolizei und des SD an die Dienststellen der Sicherheitspolizei und des SD in den besetzten Westgebieten vom 30. 10. 1940. – BA R 58/269.
111 Rd.Erl. CdSSD v. 30. 10. 1940. Der auf S. 155 Anm. 1 genannte Erlaß an die Dienststellen in den besetzten Gebieten vom gleichen Tage war als Anlage diesem Erlaß beigefügt. – a. a. O.
112 ebd.

Maßnahmen gegen einzelne Emigranten
1. Ausbürgerungspolitik
 1 RGBl. I, S. 480 (im folgenden »Ausbürgerungsgesetz« genannt).
 2 Reichs- und Staatsangehörigkeitsgesetz v. 22. 7. 1931. – RGBl. I, S. 583.
 3 Hitler, ›Mein Kampf‹, S. 488 ff. – Zu den Vorarbeiten und Plänen für ein Staatsangehörigkeitsrecht nach völkischen Gesichtspunkten und die teilweise gleichgelagerten Interessen von Nationalsozialisten und Konservativen s. Adam, ›Judenpolitik‹, S. 28 ff.
 4 zit. nach Adam, ›Judenpolitik‹, S. 44.
 5 ebd., S. 80.
 6 Einladungsschreiben Fricks zu einer Ressortbesprechung vom 12. 5. 1933. – BA R 43 II/134, Bl. 16.

7 Vorläufiger Entwurf. – a. a. O. Bl 17.
8 Schreiben Fricks an Lammers v. 10. 7. 1933. (Hervorhebung im Original.) Lammers setzte die Beratung des Gesetzentwurfs sofort auf die Tagesordnung der nächsten Kabinettsitzung. a. a. O. Bl. 24. – Die Vermutung, daß es sich dabei um einen taktischen Zug Fricks handelte, um damit Bedenken gegen die rassepolitische Komponente des Gesetzes oder gar Widerstände seitens der konservativen Kabinettsmitglieder zu unterlaufen, ist nicht ganz von der Hand zu weisen. Das Protokoll über die Beratung im Kabinett enthält keinen Hinweis auf die von Frick angesprochene Dringlichkeit im Hinblick auf die ‹Landesverräter›. (Ganzer Auszug aus der Niederschrift über die Sitzung im Reichsministerium vom 14. 7. 1933, vorm. 11.35 Uhr. – a. a. O. Bl. 28.) Die Tatsache, daß Frick nach Erlaß des Gesetzes darauf hinwies, daß es den eigentlichen »Beginn und Ausgangspunkt der deutschen Rassegesetzgebung« darstelle (zit. nach Adam, ›Judenpolitik‹, S. 81), unterstreicht die herausgehobene rassepolitische Bedeutung des Gesetzes und bestätigt zum Teil die Vermutung. Zu den taktischen Zügen der Nationalsozialisten gegen Widerstände der Konservativen hinsichtlich einer forciert betriebenen Rassepolitik vgl. Adam, ›Judenpolitik‹, passim.
9 VO vom 26. 7. 1933 zur Durchführung des Gesetzes über den Widerruf von Einbürgerungen und die Aberkennung der deutschen Staatsangehörigkeit. – RGBl. I, S. 538.
10 Schreiben RMdI an Landesregierungen und St.S. der RKzlei v. 9. 8. 1933. – BA R 43 II/134, Bl. 40.
11 Durchführungs-VO v. 26. 7. 1933. – RGBl. I, S. 538.
12 ebd.
13 vgl. Echterhölter, ›Das öffentliche Recht im nationalsozialistischen Staat‹, S. 19 ff.
14 Begründung zum Gesetzentwurf. – BA R 43 II/134, Bl. 25 ff.
15 ebd.
16 vgl. Friedrich, ›Aberkennung‹, S. 30.
17 VB v. 15. 7. 1933.
18 Schreiben RMdI an AA v. 22. 7. 1933. Antwortschreiben St.S. Bülows v. 9. 10. 1933. – PA Inland II A/B 83 – 76, 1. Liste (A–Z).
19 Aufzg. über die kommissarische Besprechung im RMdI v. 16. 8. 1933. – a. a. O.
20 In einem Rundschreiben des RMdI an die Landesregierungen vom 9. 8. 1933 heißt es, daß die in der Durchführungs-VO vom 22. 7. 1933 gegebene Fassung »ein dem Wohle von Volk und Staat abträgliches Verhalten« sich in gleicher Weise auf »staatsbürgerliche, politische, kulturelle und wirtschaftliche Betätigung« beziehe. »Bei der Fülle und Verschiedenartigkeit der hier möglicherweise obwaltenden Gesichtspunkte lassen sich im einzelnen erschöpfende Hinweise nicht geben.« – BA R 43 II/134 Bl. 41.
21 Aufzg. über die kommissarische Besprechung im RMdI vom 16. 8. 1933. – PA Inland II A/B 83 – 76, 1. Liste.

22 vgl. S. 203.
23 Reichs- und Preußischer Staatsanzeiger v. 23. 8. 1933. (Wieder abgedruckt in ›Ursachen und Folgen‹, Bd. IX, S. 246 f.)
24 VB v. 26. 8. 1933.
25 ›Der Angriff‹ v. 26. 8. 1933.
26 zit. nach Walter, ›Exilliteratur II‹, S. 20.
27 VB v. 30. 8. 1933. S. auch S. 203.
28 VB v. 30. 8. 1933.
29 Rd.Erl. AA v. 19. 9. 1933. – PA Ref. D Po 5 N.E. adh. 4 Nr. 1, Bl. 2. ›Handbuch des Auswärtigen Dienstes‹, S. 249 ff.
30 Rd.Schr. RMdI an die Landesregierungen v. 22. 7. 1933. – BA R 43 II/134, Bl. 40 ff.
31 Zweite Ausbürgerungsliste v. 24. 3. 1934. (Wieder abgedruckt in ›Ursachen und Folgen‹, Bd. IX, S. 247 f.)
32 Rd.Schr. RMdI v. 24. 3. 1934. Dieses Rundschreiben ging zugleich als Rd.Erl. des AA v. 8. 5. 1934 an die deutschen Auslandsvertretungen. – PA Inland II A/B 83 – 76, Ausbürgerungen, Allgem. Bd. 1.
33 Schreiben RuPrMdI an AA v. 30. 7. 1936. Hansmann erklärte in einem Brief an Neurath zu seiner Ausbürgerung, von der er durch die Presse erfahren habe, daß er sich seit dem 18. 3. 1933, dem Tage eines »nächtlichen Überfalls auf mich«, weder mündlich noch schriftlich betätigt habe. »Ich bitte also, mir umgehend mitzuteilen, was ich gegen Deutschland verbrochen habe.« Neurath, dem der Brief persönlich vorgelegen hatte, verfügte ihn eigenhändig zu den Akten. – PA Inland II A/B 83 – 76, 1. Liste (A–Z). Ebenso verfuhr die RKzlei mit einem Brief des ebenfalls ausgebürgerten Staatssekretärs a. D., Weißmann, in dem dieser die gegen ihn erhobenen Vorwürfe entschieden zurückwies und erklärte, in den 42 Jahren, die er »in Treue Preußen und dem Reich gedient« habe, niemals etwas unternommen zu haben, »was Volk oder Reich hätte schädigen können«. – BA R 43 II/134, Bl. 44 ff.
34 Schreiben AA (Ref. D) an RMdI. Konzept (Ab-Vermerk v. 24. 8. 1933). – PA Inland II A/B 83 – 76, 1. Liste (A–Z).
35 Vermerk Kotzes v. 24. 8. – ebd.
36 Rd.Schr. RMdI v. 24. 3. 1934. – PA Inland II A/B 83 – 76, Ausbürgerungen, Allgem., Bd. 1.
37 Schreiben AA an RMdI v. 22. 8. 1934 und Schreiben RMdI an AA v. 11. 9. 1934. – PA Inland II A/B 83 – 76, III. Liste (A–M).
38 Schreiben RMdI an AA v. 23. 7. 1934. – a. a. O.
39 Ein Vermerk auf dem Konzept jenes Rd.Erl. des AA an die deutschen Auslandsvertretungen v. 8. 5. 1934, mit dem diesen die neuen Richtlinien mitgeteilt wurden, bringt dies als Erwartung klar zum Ausdruck, wenn es darin heißt, es sei »unbedingt erforderlich«, diese »allgemein festgelegten Grundsätze mitzuteilen, damit eine gewisse Unsicherheit in d[er] Behand-

l[ung] d[er] Frage d[er] Ausbürg[erungen] vermieden« werde. – PA Inland II A/B 83 – 76, Ausbürgerungen, Allgem., Bd. 1.
40 Begründung des Entwurfs zum Ausbürgerungsgesetz. – BA R 43 II/134, Bl. 27.
41 s. S. 316.
42 ›Volksstimme‹ (Saarbrücken) v. 21. 9. 1934. Ein Faksimile dieses Saar-Aufrufs erschien am 26. 9. 1934 im VB, der die Unterzeichner als »Geschmeiß von Edel-Bolschewisten, Landesverrätern und Kriminellen« bezeichnete.
43 Schreiben Voigts (Referat Saargebiet im AA) an Gestapa v. 28. 7. 1934. – PA Pol. II, Saargebiet, Polit. Angelegenh. adh. Emigranten, Bd. 2.
44 Schreiben Pfundtners v. 11. 10. 1934. – PA Inland II A/B 83 – 76, III. Liste (A–M).
45 Schreiben Pfundtners an RAM v. 12. 10. 1934. – BA R 18/5511, Bl. 9.
46 Reichsanzeiger v. 3. 11. 1934 (wieder abgedruckt in ›Ursachen und Folgen‹, Bd. IX, S. 248). Von den Unterzeichnern waren u. a. schon ausgebürgert Heinrich Mann, Georg Bernhard, Leopold Schwarzschild, Ernst Toller.
47 VB v. 4./5. 11. 1934.
48 Rd.Erl. AA v. 30. 10. 1934. – PA Inland II A/B 83 – 76, III. Liste (A–M).
49 s. S. 317 ff.
50 Aufzg. Strohm v. 14. 12. 1935. PA Inland II A/B 83 – 76, Ausbürgerungen, Allgem., Bd. 1.
51 ebd.
52 ebd.
53 ›Nationalsozialistisches Handbuch für Recht und Gesetzgebung‹, S. 413.
54 Aufzg. Strohm v. 14. 12. 1935. – PA Inland II A/B 83 – 76, Allgem., Bd. 1. – Die (5.) Ausbürgerungsliste datiert vom 29. 2. 1936.
55 Schreiben RuPrMdI an AA v. 17. 12. 1934. – PA Inland II A/B 83 – 76, Ausbürgerungen, Allgem., Bd. 1.
56 Das ›Nationalsozialistische Handbuch für Recht und Gesetzgebung‹ von 1935 wertete die Tatsache, daß bis dahin »noch nicht ganz 100 Personen« die Staatsangehörigkeit aberkannt worden war, als Beweis für die »starke Beschränkung«, die sich die Reichsregierung in der Anwendung dieser Maßnahme auferlegt habe. Aus »guten Gründen« pflege man nur gegen Personen vorzugehen, »die in der Öffentlichkeit in bestimmter Weise bekannt sind«. – Ebd. S. 414.
57 s. S. 280 f.
58 Die Ziffern verteilten sich auf 4001 Widerrufserklärungen nach § 1 des Ausbürgerungsgesetzes und 136 Aberkennungen nach § 2. – Die Aufstellung findet sich im Anhang zum Demissionsschreiben McDonalds v. 27. 12. 1935. – PA Ref. Völkerbund, Länderakten, Deutschland-Flüchtlinge (Emigranten), Bd. 1.
59 Aufzg. Bülow-Schwantes v. 30. 12. 1935. – a. a. O.
60 ebd.

61 Aufzg. Kriege (RJustMin) über die Besprechung i. RuPrMdI v. 28. 12. 1935.
— BA R 22/20318, Bl. 9 ff.
62 Vorentwurf des Gesetzes. — a. a. O. Bl. 3.
63 Aufzg. Kriege v. 28. 12. 1935. — a. a. O.
64 Aufzg. Bülow-Schwante v. 30. 12. 1935. — PA Ref. Völkerbund, Länderakten, Deutschland-Flüchtlinge (Emigranten), Bd. 1.
65 Vermerk Bülow-Schwantes v. 31. 12. 1935. — a. a. O.
66 s. S. 254 f.
67 Handschriftlicher Vermerk Kamphoeveners auf der Aufzg. Bülow-Schwantes v. 30. 12. 1935. — PA Ref. Vbd. Länderakten, Deutschland-Flüchtlinge (Emigranten), Bd. 1.
68 Vermerk Krieges v. 3. 1. 1936. — BA R 22/20318, Bd. 1.
69 Schr. RuPrMdI an den Stellvertr.Chef u. Inspekteur der Preuß. Geheimen Staatspolizei v. 23. 1. 1936. — PA Inland II A/B 83 — 75, Bd. 6.
70 Schreiben RuPrMdI an AA v. 23. 1. 1936. Die deutschen Auslandsvertretungen wurden mit Rd.Erl. v. 18. 2. 1936 entsprechend angewiesen. — a. a. O.
71 vgl. Friedrich, ›Aberkennung der Staatsangehörigkeit‹, S. 22 und 30. Friedrich denkt an eine Durchsetzung des Rechtsgrundsatzes, daß nur die Tat bestraft werden dürfe, wenn sie hier von einer »beachtlichen Neuerung« spricht. Der Gesetzgeber hatte diese Bestimmung aber weniger deswegen eingefügt, um einem Rechtsgrundsatz zum Durchbruch zu verhelfen oder Genüge zu tun als vielmehr aus Zweckmäßigkeitserwägungen; § 1 des Ausbürgerungsgesetzes (Widerruf) kam gänzlich ohne den Nachweis einer Tat aus. Ohne eigenes Verschulden wurde dadurch ein Bevölkerungsteil en bloc ausgebürgert.
72 Liste v. 8. 6. 1935. — vgl. VB v. 13. 6. 1935.
73 Schreiben RuPrMdI an AA v. 21. 11. 1935. Das AA gab die erbetene Zustimmung zu diesen Richtlinien. Schr. AA an RuPrMdI v. 6. 12. 1935. — PA Inland II A/B 83—76, Ausbürgerungen, Allgem. Bd. 1.
74 Schreiben Gestapa (gez. Dr. Best) an RuPrMdI v. 28. 10. 1935. — PA Inland II A/B 83 — 76, II. Liste (H—Z).
75 Schreiben Gestapa (gez. Heydrich) an RuPrMdI v. 9. 3. 1936. — a. a. O.
76 ›Neuer Vorwärts‹ v. 3. 1. 1937.
77 Vorgang Ausbürgerung König in PA Inland II A/B 83 — 76, 12. Liste.
78 BA R 43 II/134, Bl. 37 ff. Für den Fall Spiecker hatte sich das RuPrMdI eigens die Zustimmung der Reichskanzlei eingeholt.
79 Vorgang a. a. O. Bl. 70 ff.
80 Schreiben Heydrichs an RuPrMdI v. 17. 4. 1941. — a. a. O.
81 Schreiben RuPrMdI an Gestapa und AA v. 23. 1. 1936. — PA Inland II A/B 83 — 75, Bd. 6.
82 Diese Auffassung wurde in einem Entwurf für ein »Gesetz über den Erwerb und Verlust der deutschen Staatsangehörigkeit« vertreten, der im September 1937 von der Abt. I des RuPrMdI Staatssekretär Pfundtner vorgelegt wurde. — BA R 18/5510, Bl. 42 ff.

83 Vorgang in PA Inland II A/B 83 – 76, I. Liste (A–Z).
84 Misch, ›Gesamtverzeichnis der Ausbürgerungsliste 1933–1938‹ (Nach dem amtlichen Abdruck des Reichsanzeigers zusammengestellt).
85 Notiz Hinrichs zur Vorlage U. St. S. und St. S. – PA Inland II A/B 83 – 76 Allg., Ausbürgerungen (Allgem., Listen), Bd. 2.
86 Schreiben RuPrMdI an AA, ProMi, RMdFin u. Gestapa v. 2. 8. 1937. – PA Inland II A/B 83 – 76, 12. Liste (A–G).
87 Presseanweisungen v. 2. 2., 24. 3., 5. 8. und 2. 12. 1937. Hagemann, ›Presselenkung‹, S. 144 Anm. 41, 42, S. 320 Anm. 134, S. 93 Anm. 288.
88 Notiz Hinrichs. – PA Inland II A/B 83 – 76 Allg., Ausbürgerungen (Allgem., Listen), Bd. 2.
89 Erl. RFSSuChdDtPol (i. V. gez. Heydrich) an Gestapa v. 30. 3. 1937. – PA Inland II A/B Handakten I Amtsrat Karl Heinrich.
90 Schreiben AA an RuPrMdI v. 24. 8. 1937 (i. A. v. Bülow-Schwante).
91 Vermerk auf dem Konzept des Schreibens v. 24. 8. 1937 an RuPrMdI. – ebd.
92 Rd. Erl. AA v. 8. 9. 1939. – PA Inland II A/B 83 – 76, Ausbürgerungen, Allgem., Bd. 2.
93 So waren nach einer Verfügung Schumburgs v. 5. 9. 1939 Hofrat Jüngling und die Amtsräte Radke und Heinrich ermächtigt, »abschließend in Reinschrift zu zeichnen 1. Entscheidungen über Ausbürgerungen von Juden, soweit es sich nicht um Personen besonderer Bedeutung handelt oder andere Gründe die Vorlage beim Chef des Referates notwendig machen, 2. Weiterleitung von Anfragen und Antworten in Emigrantensachen unter der gleichen Beschränkung ...«. — PA Inland II A/B Handakten I Amtsrat Heinrich, Nr. 1.
94 So etwa reichsdeutsche »Rotspanienkämpfer«. — (Erl. AA an Dt. Botsch. Paris v. 6. 3. 1939). — PA Inland II A/B Handakten Amtsrat Heinrich, Nr. 1; Fremdenlegionäre (Schr. RuPrMdI an RFSSuChdDtPol v. 21. 12. 1938). — PA Inland II A/B 83 — 76 Allgem. Bd. 2.
95 Adam, ›Judenpolitik‹, S. 292.
96 Aufzg. Rademacher v. 14. 12. 1940. — PA Inland II A/B 83 — 76, Ausbürgerungen, Allgem., Bd. 2.
97 Aufzg. Großkopf v. 3. 11. 1940. Eichmann wies darauf hin, daß auf diesem Wege im Oktober 9500 und im September 3000 Juden aus Deutschland abgeschoben werden konnten. – PA Inland II A/B 80 – 31, Bd. 2.
98 vgl. Adam, ›Jugendpolitik‹, S. 293 ff.
99 ebd. S. 310.
100 zu den Plänen und Vorarbeiten zu dieser Verordnung s. Adam, ›Judenpolitik‹, S. 292 ff.
101 zit. nach Adam, ›Judenpolitik‹, S. 301.
102 Rd. Erl. RSHA v. 9. 12. 1941. – BA R 58/256.
103 Amtliche Begründung zit. nach Friedrich, ›Aberkennung der Staatsangehörigkeit‹, S. 29.

104 Schreiben ProMi an AA v. 6.1.1934. – PA Inland II A/B 83 – 76 III. Liste.
105 s. S. 277 f.
106 RGBl. I S. 293.
107 Gesetz v. 14. 7. 1933. RGBl. I, S. 479.
108 RGBl. I, S. 1333.
109 ebd. §§ 20 und 23. Diese Bestimmung wurde beispielsweise auch dahin ausgelegt, daß die Befriedigung von Honoraransprüchen der beiden Rechtsanwälte, die von Thomas Mann den Auftrag zur Wahrnehmung seiner Interessen angenommen hatten, vom RFSS für unbillig erklärt wurden. Zur Begründung hieß es, nach dem Gesetz seien nur Ansprüche zu befriedigen, die vor einer Beschlagnahme des Vermögens, nicht aber jene, die im Zusammenhang mit dieser Maßnahme entstanden seien. – Vorgang v. Januar bis April 1941 in BA R 22/1498.
110 Vorgänge in BA R 22/1497.
111 Schreiben RuPrMdI an Oberste Reichsbehörden v. 18. 3. 1937. — a. a. O.
112 Die Rechtsetzung durch Verwaltungsmaßnahmen wurde von den Nationalsozialisten begrüßt. So schreibt Frick in der Begründung zu einem Gesetzentwurf über das Paß-, Ausländerpolizei- und Meldewesen am 27. 4. 1937: »Die Gesetzgebung des Dritten Reiches hat vielfach und mit Erfolg den Weg beschritten, den Inhalt der Gesetze selbst auf ein Mindestmaß zu beschränken und die Ausführung dem zuständigen Fachminister zu überlassen.« – BA R 43 II/411, Bl. 17
113 RGBl. I, S. 1161.
114 Schr. RuPrMdI v. 9. 1. 1937. – PA Inland II A/B 83 – 76 Allgem., Ausbürgerungen (Allg., Listen), Bd. 1.
115 Schr. RuPrMdI an RFSSuChdDtPol v. 14. 10. 1937. – a. a. O.
116 ebd.
117 Rd. Erl. v. 2. 4. 1941. – Befehlsblatt CdSSD Nr. 29/41, S. 149.
118 So ordnete Hitler beispielsweise im Herbst 1940 an, daß das »schon vor längerer Zeit« aus »staatspolizeilichen Gründen« beschlagnahmte Vermögen des emigrierten Fürsten Schwarzenberg (vor allem die an der Oberdonau gelegenen Besitztümer) durch den Gauleiter des Gaues Oberdonau verwaltet und deren Erträgnisse für kulturelle Zwecke verwendet werden sollte. Vorgang in BA R 43 II/1270, Bl. 1 ff.
119 Adam, ›Judenpolitik‹, S. 301.
120 Misch, ›Gesamtverzeichnis‹ (Einleitung).
121 Nolte, ›Faschismus‹, S. 459.
122 ›Nationalsozialistisches Handbuch für Recht und Gesetzgebung‹, S. 413.
123 ebd.
124 Walter, ›Exilliteratur II‹, S. 12.
125 vgl. die umfangreiche, in einem rechtshistorischen, rechtsdogmatischen und einem rechtspolitischen Teil vergleichende Darstellung v. H. Lessing, ›Das Recht der Staatsangehörigkeit und die Aberkennung der Staatsangehörig-

keit zu Straf- und Sicherungszwecken‹, Leiden, 1937. Dort auch in systematischer Übersicht die gesetzlichen Bestimmungen der einzelnen Länder.
126 ders., S. 78.
127 Nolte, ›Faschismus‹, S. 459.
128 Die Gültigkeit der Widerrufs-Vorschrift nach § 1 war auf zwei Jahre beschränkt und wurde am 31. 12. 1935 (in Westoberschlesien mit dem 2. 7. 1938) außer Kraft gesetzt. – ›Handbuch des Auswärtigen Dienstes‹, S. 250.
129 Walter, ›Exilliteratur II‹, S. 13.

2. Geiselpolitik

1 Rd. Erl. AA 83 – 29, 8/7 v. 8. 7. 1938. – PA Verschluß. Tschechoslowakei, Politische Angelegenheiten, Bd. 8. vgl. S. 289.
2 Aufzg. (ca. Frühjahr 1935) aus dem Polizei-Institut Berlin-Charlottenburg über »Die staatsfeindlichen Bestrebungen der aus Deutschland nach der nationalsozialistischen Machtübernahme geflüchteten Emigranten und ihre Bekämpfung.« – BA Slg. Schumacher 226 (Emigranten.)
3 VB v. 15. 7. 1933.
4 ebd.
5 Brief Scheidemanns an den Vorstand der SPD in Prag. – ›Sopade-Informationen‹, Nr. 7 v. 27. 7. 1933. – PA Gesandtschaft Prag A. III. 1. 6. 8. Sdbd. Politische Beziehungen, Emigration, Bd. 1.
6 ebd.
7 VB (München) v. 16. 8. 1933.
8 VB v. 16. 8. 1933.
9 Kommentar in der ›Deutschen Allgemeinen Zeitung‹ v. 17. 8. 1933: »Die in- und ausländische Presse hat bei dieser Gelegenheit zur Kenntnis nehmen können, wie ein sozialdemokratischer *Emigrant* [im Original gesperrt] seine Verleumdungen gegen Deutschland selbst Lügen strafe.«
10 PA Inland II A/B 83 – 42 Sdh. I. Greuelpropaganda des früheren Reichstagsabgeordneten Gerhard Seger. 1934.
11 Schreiben der Braunschweigischen und Anhaltinischen Vertretung beim Reich an AA v. 26. 1. 1934 (Abschrift eines Schreibens des Anhaltinischen Staatsministeriums, Abt. Inneres, v. 22. 1. 1934). – a. a. O.
12 Erl. AA an Dt. Ges. Reval v. 22. 2. 1934 – a. a. O.
13 ›Daily Herald‹ v. 23. 4. 1934.
14 Schreiben Lammers an ORR Volk vom Gestapa v. 26. 4. 1934. – BA R 43/398.
15 Schreiben Volk an Lammers v. 30. 4. 1934. – a. a. O.
16 Vermerk Lammers v. 3. 5. 1934. – a. a. O.
17 Brief Bismarcks an Bülow-Schwante v. 31. 3. 1934. – PA Inland II A/B 83 – 42 Sdh. I. Greuelpropaganda des früheren Reichstagsabgeordneten G. Seger. 1934.
18 Brief Bismarcks an Bülow-Schwante v. 17. 4. 1934. – a. a. O.
19 Telegramm Dt. Botsch. London v. 28. 3. 1934 an ProMi. – a. a. O.

20 Antworttelegramm des ProMi zitiert im Brief Bismarcks an Bülow-Schwante v. 31. 3. 1934. – a. a. O.
21 Brief Hoesch an Bülow v. 29. 4. 1934. – a. a. O.
22 ebd.
23 ebd.
24 Schreiben AA an ProMi und Gestapa v. 3. 5. 1934. – a. a. O.
25 Notiz über Mitteilung Diewerge vom ProMi vom 3. 5. 1934. – a. a. O.
26 Notiz Schumburg v. 7. 5. – a. a. O.
27 Ber. Dt. Botsch. London v. 8. 5. – a. a. O.
28 Telegr. Dt. Botsch. London v. 15. 5 – BA R 43 II/398 Die Frauendelegation betonte, »daß ihr Besuch nicht den Charakter eines Protestes trage, daß er durchaus unpolitisch sei und daß er lediglich zum Zweck habe, die menschliche Seite der Inhaftierung zu behandeln«.
29 Notiz Bülow-Schwantes für RAM v. 16. 5. – PA Inland II A/B 83 – 42 Sdh. I Greuelprop. d. früheren Abg. G. Seger.
30 Telegramm Anhaltinische Polizei Dessau an AA v. 19. 5. 1934. – a. a. O.
31 Schreiben v. 14. 6. 1934. – a. a. O.
32 Brief Bülow-Schwante an Bismarck v. 24. 4. 1934. – a. a. O.
33 Schreiben v. 14. 6. 1934. – a. a. O.
34 Ber. Dt. Botsch. London v. 3. 7. 1934 – a. a. O.
35 Hammer, ›Hohes Haus‹, S. 27.
36 Schreiben Thüringisches Min. d. Innern an RMdI v. 31. 7. 1933. – Pa Ref. D Po 5 N. E. adh. 4 Nr. 2, Ausbürgerungen, Bd. 1.
37 Schreiben Bremische Vertretung beim Reich [gez. Burandt] an AA v. 10. 8. 1933. – PA Ref. D. Po 5 N. E. adh. 4 Nr. 1, Bd. 1 b.
38 Schr. AA an Bremische Vertretung beim Reich v. 31. 10. 1933. – PA Ref. D Po 5 N. E. adh. 4 Nr. 2, Ausbürgerungen, Bd. 1.
39 Brief Schreibers an RAM v. 21. 3. 1936. Der Brief trägt die Paraphe Neuraths. – PA Inland II A/B 83 – 75, Bd. 7.
40 Schreiben Gestapa an AA v. 29. 5. 1936. – a. a. O.
41 Schreiben Sächsische Staatskanzlei an RuPrMdI v. 22. 4. 1936. – a. a. O.

3. Auslieferungsbegehren

1 Schreiben PrMdI [i. A. gez. Diels] an AA v. 14. 3. 1933. – Rd. Erl. AA v. 24. 3. 1933. – PA Ges. Prag. A.III.1.b.8 Sdbd, Politische Beziehungen, Emigranten, Bd 1.
2 Ber. Dt. Ges. Prag v. 18. 4. 1933. Der Referent fügte noch hinzu, bis dahin sei dem tschechoslowakischen Außenministerium noch kein solcher Fall bekannt. – a. a. O.
3 Cerny, ›Der Parteivorstand der SPD i. tschechoslowakischen Asyl‹, S. 179.
4 vgl. S. 36 ff.
5 ›Handbuch des Auswärtigen Dienstes‹, S. 281 ff.
6 Dies stellte das Reichsgericht noch 1933 fest. ›Juristische Wochenschrift‹, 62 (1933), Rechtsprechung. Deutsche Rechtsprechung in Auslieferungs-

sachen, S. 980 ff. – s. a. Kasche, ›Das politische Verbrechen in den deutschen Auslieferungsverträgen‹, ebd. S. 1639 f. Allgemein zum politischen Asyl, seiner Entwicklung und zum gegenwärtigen Stand Kimminich, ›Asylrecht‹.
7 Grossmann, ›Emigration‹, S. 9.
8 Deutsches Auslieferungsgesetz v. 23. 12. 1929. RGBl. I, S. 239.
9 Maier-Hultschin, ›Struktur der Emigration‹, S. 8.
10 VB v. 29. 12. 1934.
11 Presseanweisung v. 3. 1. 1935. – BA Slg. Brammer ZSg 101/5, Bl. 2.
12 Neumann, der später als Emigrant in Moskau lebte, wurde 1937 vom NKWD verhaftet und ist wahrscheinlich ein Opfer stalinistischer Säuberungen geworden. Buber-Neumann, ›Gefangene bei Stalin und Hitler‹, passim.
13 s. Fest, ›Gesicht d. Dritten Reiches‹, S. 444 (Anm. 2).
14 ebd. S. 186.
15 VO d. Reichspräsidenten v. 21. 3. 1933. – RGBl. I, S. 134.
16 Broszat, ›Staat Hitlers‹, S. 405.
17 Vermerk v. 9. 3. 1935 in Generalakten Reichsjustizministers, Auslieferung wegen politischer Taten. – BA R 22/3289.
18 Schreiben Reichsminister der Justiz an AA v. 25. 5. 1935. – a. a. O.
19 Grossmann, ›Emigration‹, S. 88 ff. Krause konnte glaubhaft nachweisen, daß er den Mord gar nicht begangen haben konnte. Folgt man den Nachforschungen Grossmanns, so gab es den Krause angelasteten Mord gar nicht.
20 Ich folge hier den Darstellungen Grossmanns, ›Emigration‹, S. 90f. und Stampfer, ›Emigration‹, S. 97.
21 Grzesinski, ›Inside Germany‹, S. 264 f. Lüth, ›Max Brauer. Glasbläser, Bürgermeister, Staatsmann‹, S. 27 f. – Brauer wurde nach dem Kriege und seiner Rückkehr aus dem amerikanischen Exil Erster Bürgermeister von Hamburg.
22 Gesetz zur Änderung von Vorschriften des Strafverfahrens und des Gerichtsverfassungsgesetzes v. 28. 6. 1935. – RGBl. I, S. 844.
23 Barth, ›Strafrechtspolitischer Rückblick‹, S. 113 (Der Verfasser war Leiter des Amtes für Rechtspolitik im Reichsrechtsstand der NSDAP).
24 Aufzg. Bülow v. 2. 11. 1934. – PA Inland II A/B 83 – 75, Bd. 3.
25 Broszat, ›Staat Hitlers‹, S. 407.
26 Grossmann, ›Emigration‹, S. 14. Von den 5 abgeschobenen Emigranten wurden zwei von der Gestapo verhaftet, die übrigen blieben auf freiem Fuß. Ber. Dt. Ges. Brüssel v. 21. 4. 1936. – PA Pol. II. Belgien 12. Innere Verwaltung. Ausweisung von Deutschen durch Belgien, Bd. 2.
27 Ber. Dt. Ges. Brüssel v. 21. 4. 1936. – a. a. O.
28 Brief Bräuer [Ges. Brüssel] an Rintelen [AA] v. 24. 4. 1936. – a. a. O.
29 Vermerk Rintelen v. 27. 4. 1936. – a. a. O.
30 ebd.

31 Erl. AA an Ges. Rat Bräuer in Brüssel v. 5. 5. 1936. – a. a. O.
32 Ber. Dt. Ges. Brüssel v. 30. 4. 1936. – a. a O
33 s. S. 97 f.
34 Vorgang in BA R 43 II/1496, Bl. 21 ff.
35 Aufzg. AA II Ts 2438 vom 2. 12. 1935.
36 Vermerk Thomsen über Besprechung zwischen AA, RJustMin u. Staatsanwaltschaft v. 12. 12. 1935.
37 Vermerk Lammers v. 10. 1. 1936. Schreiben Lammers an RAM und RMd. Just. v. 13. 1. 1936.
38 Schreiben RMdJust an St.S. u. Chef d. RKzlei v. 17. 2. 1936, handschriftlicher Vermerk. Bei der Besprechung zwischen AA, RMdJust und St.A. war man davon ausgegangen, daß das Verfahren, »bei dem der politische Charakter der Demonstration nicht zu verschweigen sein wird«, mit einer Verurteilung zu 6 Monaten Gefängnis enden werde. – Vermerk Thomsen v. 12. 12. 1935. Auch dies war schon zugunsten der Angeschuldigten, da nach § 123 StGB Gemeinschaftlicher Hausfriedensbruch mit Geldstrafe oder Gefängnis bis zu einem Jahr, Sachbeschädigung nach §§ 303 und 304 StGB mit Geldstrafe oder Gefängnis bis zu 2 bzw. 3 Jahren geahndet wurde. – Aufzg. AA II Ts 2438 vom 2. 12. 1935.
39 Vermerk Thomsen v. 12. 12. 1935.
40 Schreiben RJustMin an Tschechoslowakisches Justizministerium v. 26. 3. 1936. (Stempel: »Der Führer hat Kenntnis« und Paraphe Lammers.)
41 Die Tatsache, daß sich auch Kriminelle ins Ausland begeben hatten und dort versuchten, als politische Flüchtlinge anerkannt zu werden, ist gar nicht zu leugnen. Aber schon die Nennung von Kriminellen und Emigranten in einem Atemzug läßt die Diffamierungsabsicht erkennen. »Es war die raffinierte Methode der Goebbelsschen Diffamierungsaktion, die Emigranten als Kriminelle hinzustellen, so wie man die politischen Gegner auch in den Konzentrationslagern mischte, um sie zu diskreditieren.« Maier-Hultschin, ›Struktur‹, S. 8.
42 Zum Attentat, seinen Auswirkungen und der deutschen Haltung s. PA Politik II, Frankreich, Pol. 3 A. Frankreich/Jugoslawien, Das Attentat auf König Alexander I von Jugoslawien in Marseille am 9. 10. 1934. Bd. 1–6.
43 Rd. Erl. AA v. 25. 11. 1934. – a. a. O.
44 Aufzg. Bülow v. 26. 11. 1934. – PA Büro St.S., AD, Aufzeichnungen des Herrn Staatssekretärs über Diplomatenbesuche, Bd. 8.
45 zit. nach Denkschrift der Sopade vom Oktober 1937. (Diese Denkschrift wurde von der Sopade der Kommission zur Bekämpfung des politischen Terrors überreicht.) – BA R 58/454, Bl. 151 ff.
46 ›Journal des Nations‹ vom 2. 11. 1937. zit. nach Abschrift der Anlage zum Bericht des Dt. Konsulats Genf v. 25. 11. 1937. – BA R 22/3307.
47 s. dazu ›Journal des Nations‹ v. 2. 1937 und das in Oldenzaal (Holland) erscheinende Exilorgan ›Der Deutsche Weg‹ v. 14. 11. 1937, beide in Abschrift in BA R 22/3307. Der Artikel, auf den hier Bezug genommen wird,

war von Peter Reisner verfaßt und in ›Der Gerichtssaal‹, Bd. 109 (1937) S. 272 ff. erschienen.
48 Ber. Dt. Kons. Genf v. 25. 11. 1937. – BA R 22/3307.
49 Die Schlußakte der internationalen Konferenz zur Bekämpfung des Terrorismus wurde von 30 Staaten unterzeichnet, die Konvention über Verhinderung und Bekämpfung des Terrorismus von 19 Staaten (darunter einige ad referendum). – Akten dazu in BA R 22/3307 und 3308.
50 § 277 StPO. Dazu Gutachten der Rechtsabteilung des AA v. 15. 7. 1933. – PA Ref. D Po 5 N. E. adh. 4 Nr. 1, Bd. 1 a.
51 Als Frage politischer Zweckmäßigkeit hingegen sah man an, ob nicht wenigstens ein Ermittlungsverfahren eingeleitet werden sollte, das immerhin die Erlassung eines Haftbefehls und eines Steckbriefes wie auch die Vermögensbeschlagnahme ermöglichte. ebd.
52 Schreiben RuPrJustMin an Oberste Reichsbehörden v. 21. 1. 1935. Das Schreiben enthielt eine Einladung zu einer Besprechung über Änderungen der StPO über das Verfahren gegen Abwesende. PA Recht V, Juden- und Flüchtlingsfragen, Bd. 4.
53 RGBl I., S. 844.
54 Rd. Erl. RJustMin v. 17. 12. 1937. – BA R 22/1132. Ein Beispiel für einen solchen Antrag, den der GenStA von Braunschweig für die Eröffnung des Verfahrens gegen einen kommunistischen Emigranten einreichte in BA R 22/1135 (Schr. GenStA an RJustMin v. 10. 2. 1936).
55 Rd. Erl. RJustMin v. 17. 12. 1937. – BA R 22/1132.
56 vgl. S. 195 ff.
57 Rd. Erl. RFSSuChdDtPol v. 21. 6. 1937. Als Abdruck im Rd. Erl. des Bayerischen Staatsministeriums des Innern an die Regierungen und Bezirkspolizeibehörden vom 22 7. 1937. Darin heißt es weiter: »Dagegen besteht an der Festnahme ausgebürgerter Personen, denen eine politische Bedeutung nicht zukommt, kein Interesse. Zu den politisch bedeutungslosen Personen sind insbesondere diejenigen Juden zu rechnen, denen wegen volksschädigenden Verhaltens die deutsche Reichsangehörigkeit abgesprochen worden ist.« Sie waren am Grenzübertritt zu hindern. – BA Slg. Schumacher 226 (Emigranten).
58 Böhme, ›Der deutsch-franz. Waffenstillstand‹, S. 363 ff.
59 Erläuternde Notizen zu § 19 des Waffenstillstandsvertrags. – PA Recht Nr. 36. Völkerrecht, Kriegsrecht, Waffenstillstand mit Frankreich Bd. 1.

4. Entführung und Mord
1 Vorgang in BA R 43 II/1202, Bl. 8 ff.
2 zit. nach Cerny, ›Parteivorstand‹, S. 187.
3 Beispiele, z. T. gestützt auf Akten des tschechoslowakischen Innenministeriums, ebd. S. 188 ff. – Der Bericht eines an einer solchen Aktion beteiligten Reichsdeutschen nennt als Befehlszentrum ein »Sonderkommissariat der Obersten SA-Führung Standort Breslau«. – BA R 58/454, Bl. 5 ff.

4 Cerny, ›Parteivorstand‹, S. 189 f. IfZ Ms. 159, Bl. 180 f.
5 Die tschechoslowakischen Behörden verzichteten bei deutschen Flüchtlingen teilweise darauf, daß sie sich polizeilich anmeldeten. So auch im Fall Hubert Löbe, Neffe des ehemaligen Reichstagspräsidenten, der befürchtete, »angesichts der Nähe der reichsdeutschen Grenze und einer Verbindung reichsdeutscher Behörden mit hiesigen Vertrauensleuten an Sicherheit und Leben bedroht« zu sein. Am 13. 7. 1937 verschwand Löbe plötzlich aus seinem bisherigen Aufenthaltsort. Am 23. 1. 1938 wurde er in einem Walde tot aufgefunden. Der Tod konnte von den tschechoslowakischen Behörden nicht aufgeklärt werden. – IfZ Ms 159, Bl. 325 f.
6 Zum Fall Lessing vgl. Grossmann, ›Emigration‹, S. 93 f.
7 ›Exil-Literatur‹, Ausstellungskatalog, S. 46.
8 Ber. Dt. Ges. Prag v. 1. 9. 1933. – PA Ref. D. Po 5 N. E. adh. 4 Nr. 1, Bd. 2.
9 ›Prager Presse‹ v. 1. 9. 1933.
10 Cerny, ›Parteivorstand‹, S. 191 f. Auch auf Thiele soll eine Kopfprämie von 10 000 RM ausgesetzt gewesen sein.
11 Schreiben Gestapa (Heller) an den Reichsanwalt beim VGH v. 24. 2. 1937. – BA R 58/488, Bl. 11.
12 s. Strasser, ›Exil‹, S. 78 ff., Strasser, ›Mein Kampf‹, 110 ff.
13 Vorgang in PA Inland II Geheim. 83–45
83–75
14 Willi, ›Der Fall Jacob-Wesemann‹, Bern 1972.
15 Die nachfolgende Darstellung stützt sich im wesentlichen auf Willis Untersuchung.
16 Willi, ›Fall Jacob‹, S. 107 u. Anm. 1.
17 Diese Entscheidung fiel am 3. 5. 1935 auf einer Konferenz zwischen Hitler, Justizminister, Chef des Gestapa und Außenminister. – Aufzg. Neurath vom 3. 5. 1935. – PA Büro St.S., Schriftwechsel mit RM und Aufzeichnungen RM, Bd. 6.
18 Willi, S. 243.
19 Grossmann, ›Emigration‹, S. 81. Cerny, ›Parteivorstand‹, S. 194 ff.
20 Schreiben Gestapa an AA v. 29. 4. 1935. – PA Inland II A/B 84 – 11. Zwischenfall am Bahnhof Eisenstein (Lampersberger, Josef).
21 Vermerk Röhrecke v. 11. 5. 1935. – a. a. O.
22 Schreiben Gestapa an AA v. 16. 5. 1935. – a. a. O.
23 Handschriftlicher Vermerk Bülows v. 17. 5. 1935. – a. a. O.
24 Aufzg. Renthe-Fink v. 25. 5. 1935. – a. a. O.
25 zit. nach Willi, ›Fall Jacob‹, S. 180 Anm. 1.
26 Notiz Bülows v. 11. 5. 1935. – PA Büro RM 39. Tschechoslowakei, Bd. 3. Unter anderen wurde auch der Leiter der illegalen SPD in München festgenommen.
27 Noch am 25. 4. 1935 hatte es in einem von Best gezeichneten Runderlaß des Gestapa geheißen, daß wegen der in letzter Zeit häufig vorgekomme-

nen Grenzverletzungen (Entführungen), an denen allerdings nach Kenntnis des Gestapa keine Beamten der Gestapo beteiligt gewesen seien [einen Monat nach der Entführung Jacobs!], und wegen der jeweils damit verbundenen Angriffe in der ausländischen Presse Anlaß gegeben sei, darauf hinzuweisen, daß es Beamten der Gestapo »auf das strengste untersagt ist, sich mit derartigen Unternehmungen zu befassen«. Rd. Erl. Gestapa v. 25. 4. 1935. – BA R 58/273.
28 Handschriftliche Randbemerkung Köpkes auf der Aufzg. Renthe-Fink über die Unterredung mit Mastny v. 25. 5. 1935. – PA Inland II A/B 84 – 11. Zwischenfall am Bahnhof Eisenstein (Lampersberger, Josef).
29 ›Venkov‹ v. 1. 5. 1935. Übersetzung aus den Akten. – a. a. O.
30 Ber. Dt. Ges. Oslo v. 6. 5. 1935. – a. a. O
31 Schreiben AA an RuPrMdI v 6. 4. 1935, Schreiben Gestapa an AA v. 6. 6. 1935. – BA R 43 II/1461, Bl. 259–288, 304–306.
32 Zum Fall Formis s. Strasser, ›Mein Kampf‹, S. 119–128, Sonderegger, ›Mordzentrale‹, S. 50–73, Grossmann, ›Emigration‹, S. 95 ff. sowie PA Inland II A/B 82/3. Kurzwellensender der »Schwarzen Front« in Prag (Ermordung Formis).
33 Ber. Dt. Ges. Prag v. 28. 1. 1935. – PA Inland II A/B 82/2.
34 Erl. AA an Dt. Ges. Prag v. 23. 1. 1935. (»cessat«). – a. a. O.
35 Rd. Erl. Gestapa [gez. Heydrich] v. 7. 1. 1935. – BA R 58/1028.
36 Verhör Naujocks durch die tschechische Exilregierung in London v. 5. 3. 1945. Übersetzung in IfZ Ms 159, S. 341 ff.
37 ebd.
38 Aufzg. Bülow-Schwante v. 28. 1. 1935. – PA Presse-Abt., Tschechoslowak. Republik 3, Presse, Propaganda, Bd. 2.
39 Telegr. Koch v. 25. 1. 1935. – PA Inland II A/B 82/3, Kurzwellensender...
40 Vermerk Schumburg v. 26. 1. 1935. – a. a. O.
41 Notiz v. 2. 2. 1935. – a. a. O.
42 Ber. Dt. Ges. Prag v. 28. 1. 1935. – a. a. O.
43 ebd. In Unkenntnis der tatsächlichen Hintergründe schlug Koch weiter vor, durch eine Untersuchung »im Rahmen des internationalen Rechts« eine völlige Klärung des Tatbestandes zu verlangen, »das heißt also eine Aufhellung der oben behandelten [d. i. Emigrantenfrage und Haltung tschechoslowakischer Behörden] verdunkelten Hintergründe des Falles«, ebd.
44 Ber. Dt. Ges. Prag v. 2. 2. 1935. – a. a. O.
45 ebd.
46 vgl. S. 28 ff. Unter der Rubrik »Land der Humanitäts-Professoren« und »Humanitätsdemokratie« erschienen in der deutschen Presse mehrere Artikel über angebliches Prager Unrecht an den Sudetendeutschen, z. B. VB v. 17. 8. 1935.
47 Ber. Dt. Ges. Prag v. 7. 2. 1935. – PA Pol. Abt. II, Tschechoslowakei, Pol. 2, Bd. 12.

48 s. S. 30 ff.
49 Aufzg. Renthe-Fink v. 4. 2. 1935. – a. a. O. Bd. 11.
50 Telegr. Bülow an Dt. Ges. Prag v. 6. 2. 1935. – PA Inland II A/B 83 – 75, Bd. 4/5.
51 Willi, ›Fall Jacob‹, S. 167.
52 ebd. S. 170.
53 ebd.
54 Ber. Dt. Ges. Prag v. 11. 4. 1935. PA Pol. Abt. II, Politik 4, Donaupakt, Bd. 1.
55 Willi, ›Fall Jacob‹, S. 170.
56 Papen an Hitler v. 4. 4. 1935. – BA NS 10/50, Bl. 63–66.
57 vgl. Willi, ›Fall Jacob‹, S. 187 f.
58 Gesandter Eisenlohr in Prag, der sich selbst sonst eifrig für die Überwachung und Ausschaltung der Emigranten in der ČSR einsetzte, hatte in einem Bericht an das AA diese Frage gestellt, nachdem erneut in der tschechoslowakischen Presse von einem Entführungsversuch (an dem Sekretär Otto Strassers, Heinrich Grunow) die Rede war. Eisenlohr bat, die Angelegenheit zu untersuchen und die Verantwortlichen »so streng zur Verantwortung zu ziehen, daß einer Wiederholung derartiger Unternehmungen vorgebeugt wird«. – Ber. Dt. Ges. Prag v. 3. 7. 1937. – Inland II g. Namen. 494, Hirsch, Helmut 1937. – Als auf ähnliche Meldungen aus dem Jahre 1936 das Gestapa bei der Stapo in Breslau anfragte, konnte dort dann »nichts Sachdienliches mehr ermittelt werden«. Vorgang in BA R 58/463, Bl. 102 ff.
59 Tagebuch Gürtner, 15. 6. 1935. – BA R 22/1056, Bl. 113. So wurde zum Beispiel das Strafverfahren gegen drei SS-Leute, die Ende August 1933 über die Schweizer Grenze drangen und von dort einen tschechoslowakischen Staatsangehörigen verschleppten, aufgrund der Badischen Verordnung über Straffreiheit wegen der im Zusammenhang mit der ‹nationalen Revolution› begangenen Straftaten eingestellt.

Die deutsche Emigration als internationales Problem und die Haltung des Dritten Reiches
1. Die Einsetzung eines Hohen Kommissars für die Flüchtlinge aus Deutschland durch den Völkerbund

1 Zu der folgenden Untersuchung des deutschen Flüchtlingsproblems und seine Behandlung durch den Völkerbund liegt eine Reihe von Darstellungen vor, die jedoch durchweg auf veröffentlichtem Material basieren. Dazu seien folgende Arbeiten genannt, die hier benutzt wurden: Bentwich, ›The Refugees from Germany‹, London 1936. Simpson, ›The Refugee Problem‹, London 1939. Frings, ›Das internationale Flüchtlingsproblem 1919–1950‹, Frankfurt 1951. Die neueren Arbeiten von Grossmann, ›Emigration. Geschichte der Hitlerflüchtlinge‹, Stuttgart 1969, und von Walter, ›Exilliteratur II‹, Neuwied 1972, enthalten jeweils auch ein Kapitel, in

dem die Flüchtlingsfrage vor dem Völkerbund behandelt wird, jedoch ebenfalls ohne Aufarbeitung von bisher unveröffentlichtem Archivmaterial. Ben Elissar, ›La Diplomatie du IIIe Reich et les Juifs 1933–1939‹, Paris 1969, hat umfangreiches Archivmaterial, vor allem aus dem Bundesarchiv Koblenz und dem Politischen Archiv des Auswärtigen Amtes in Bonn in seiner Darstellung verarbeitet. Entsprechend dem Gegenstand seiner Untersuchung stehen die deutsche Judenpolitik und die internationale Diplomatie im Vordergrund. Die Flüchtlingsfrage selbst ist in dieser Thematik eingeschlossen aber dementsprechend auch vorwiegend unter dem Gesichtspunkt deutsche Judenpolitik und jüdisches Flüchtlingsproblem.

2 Walter, ›Exilliteratur II‹, S. 34 f.
3 vgl. Kapitel ›Interventionen‹, S. 16 ff.
4 Walter, ›Exilliteratur II‹, S. 36.
5 Antwortbrief des Generalsekretärs des Völkerbundes an das Büro des Internationalen Arbeitsamtes v. 9. 8. 1933. – PA Ref. Vbd, Länderakte, Deutschland-Flüchtlinge, Bd. 1.
6 Aufzg. f. St.S. Bülow v. 4. 8. 1933 und Schreiben Trendelenburg an AA v. 7. 8. sowie Brief Avenols v. 9. 8. 1933. – PA Ref. Vbd, Länderakte Deutschland-Flüchtlinge, Bd. 1.
7 Schreiben Trendelenburgs an AA v. 7. 8. 1933. – a. a. O.
8 Aufzg. Dieckhoff über eine Unterredung mit dem Präsidenten der amerikanischen Foreign Policy Association, dem späteren Völkerbundskommissar für die deutschen Flüchtlinge, vom 30. 8. 1933. McDonald war vom Gen.Sekr. d. Vbds. gebeten worden, vertraulich in Berlin zu sondieren. – a. a. O.
9 Aufzg. v. Rintelen vom 20. 9. 1933. – a. a. O. Zum weiteren Verlauf der Behandlung des Flüchtlingsproblems vor dem Völkerbund siehe Ben Elissar, ›La Diplomatie du IIIe Reich et les Juifs‹, S. 95 ff.
10 Telegr. Barandon an Gaus (dt. Delegation i. Genf) v. 21. 9. 1933. – a. a. O.
11 Aufzg. Bülow-Schwante vom 26. 9. 1933. – PA Ref. D Po 5 N.E. adh 10, Juden- und Flüchtlingsfragen, Bd. 1. – In den Niederlanden waren verschiedene Organisationen an die Regierung herangetreten, mit einem Antrag beim Völkerbund das Problem zu internationalisieren; so die holländische Gesellschaft für Völkerrecht, Ber. Dt. Ges. Den Haag v. 3. 8. 1933. – PA Vbd., Dtld.-Flüchtlinge, Bd. 1, so auch jüdische Organisationen. S. Cohen, ›Zwervend en Dolend. De Jodse Vluchtlingen in Nederland in de Jaren 1933–1940‹, S. 31. Cohen, selbst Präsident einer Flüchtlingsorganisation, berichtet von Unterredungen mit de Graef, der große Sympathien für einen solchen Schritt gezeigt habe.
12 Niederschrift über die Chefbesprechung am 26. 9. 1933 nachmittags 4 Uhr 15. – BA R 43 II/1399, Bl. 68 ff.
13 ebd.
14 Ben Elissar, ›La Diplomatie‹, S. 99.
15 Bentwich, ›Refugees from Germany‹, S. 59.

16 Offenbar ist dies auf Initiative Frankreichs im Einverständnis mit den anderen Staaten geschehen. Telegr. Dt. Delegation Genf an AA v. 30. 9. 1933. – PA Ref. D Po 5 N.E. adh. 10, Juden- und Flüchtlingsfragen, Bd. 1.
17 Aufzg. RAM v. 28. 9. 1933. – PA Büro RM 1 c Nr. 1, Bd. 3.
18 Entwurf Gaus' (AA-Rechtsabteilung) zu einer Erklärung vor der II. Kommission v. 30. 9. 1933. – a. a. O.
19 ebd.
20 Telegr. Dt. Delegation Genf an AA v. 7. 10. 1933. – PA Büro RM 18, Völkerbund, Bd. 35.
21 Aufzg. Woermann (dt. Delegation Genf) v. 7. 10. 1933. – PA Ref. Vbd., Dtld.-Flüchtlinge, Bd. 1.
22 Telegr. Dt. Delegation Genf Nr. 76 v. 7. 10. 1933. – a. a O.
23 Vermerk Barandons v. 7. 10. 1933. – PA Recht V, Juden- und Flüchtlingsfragen, Bd. 1.
24 Telegr. AA Nr. 68 an Dt. Delegation Genf [dringend!] v. 7. 10. 1933. – PA Ref. Vbd., Länderakte, Deutschland-Flüchtlinge, Bd. 1.
25 ebd.
26 Ergänzungen und Änderungen s. Telegr. Nr. 80 Dt. Delegation Genf v. 9. 10. 1933. – PA Büro RM 18. Völkerbund, Bd. 36.
27 SdN N⁰ officiel: A. 53. 1933. II. v. 10. 10. 1933. – PA Ref. D Po 5 N.E. adh. 10, Juden- u. Flüchtlingsfragen, Bd. 1. – Text der Resolution (auszugsweise in dt. Übersetzung) bei Grossmann, ›Emigration‹, S. 56, Bentwich, ›Refugees from Germany‹, S. 60 f.
28 Ben Elissar, ›La Diplomatie‹, S. 101.
29 vgl. S. 256.
30 Offensichtlich hatte man sich von deutscher Seite bemüht, die Bezeichnung ‹deutsche Flüchtlinge› nicht Eingang in die Völkerbundsakten finden zu lassen. In dem holländischen Antragsentwurf, den de Graef in Genf Neurath vorlegte (am 25. Sept.) hatte es geheißen: »L'Assemblée, tenant compte de la situation créé par le fait que des *réfugiés allemandes* se sont rendus en grand nombre dans plusieurs pays ...« Nach dem Gespräch mit Neurath legt de Graef am 28. 9. bei einem erneuten Gespräch mit Neurath die abgeänderte Fassung, wie sie dann auch eingebracht wurde, vor, in der es nunmehr hieß: »... créé par le fait qu'un grand nombre de *ressortissant allemande* se sont réfugiés dans plusieurs pays ...« – Telegr. dt. Delegation Genf v. 25. 9. 1933. – PA Büro RM 18. Völkerbund, Bd. 35, PA Büro RM 1 c Nr. 1, Bd. 3 (Hervorhebungen v. Verf.).
31 Rede v. 14. 10. 1933. In: ›Reden des Führers‹, hrsg. v. E. Klöss, S. 120–131.
32 Frings, ›Das internationale Flüchtlingsproblem‹, S. 37, Bentwich, ›Refugees from Germany‹, S. 62.
33 Bentwich, Refugees from Germany, S. 62 f.
34 SdN, Soixantedixseptième Session du Conseil. Procès-Verbal, v. 12. 10. 1933, S. 8. In: Ref. D Po 5 N.E. adh. 10. Juden- und Flüchtlingsfragen, Bd. 1.

35 Bentwich, ›Refugees from Germany‹, S. 63.
36 Ben Elissar, ›La Diplomatie‹, S. 101 f. – Aufzg. Gaus v. 4. 12. 1933: »... Er gilt als eine sachliche und Deutschland nicht abgeneigte Persönlichkeit. Er hat nach seiner Anwesenheit auf dem Parteitag in Nürnberg am 10. September von London aus einen Rundfunkvortrag ‹Encircled Germany› gehalten, worin er sich zwar über manches in einer für uns nicht angenehmen Weise äußert, aber den Friedenswillen des Herrn Reichskanzlers anerkennt.« – PA Ref. D Po 5 N.E. adh. 10, Juden- und Flüchtlingsfragen, Bd. 1.

2. Die Tätigkeit des Flüchtlingskommissars McDonald bis zu seinem Rücktritt 1935

37 s. allgemein dazu Ben Elissar, ›La Diplomatie‹.
38 Ber. Dt. Ges. Bern v. 14. 12. 1933. – PA Recht V, Juden- u. Flüchtlingsfragen, Bd. 2.
39 ebd.
40 Ber. Dt. Botsch. Washington v. 16. 1. 1934. – a. a. O.
41 Ber. Dt. Kons. Genf v. 14. 10. 1933. – a. a. O.
42 Ber. Dt. Kons. Genf v. 9. 12. 1933. – a. a. O.
43 Aufzg. Gaus v. 4. 12. 1933. – PA Ref. D Po 5 N.E. adh 10, Juden- und Flüchtlingsfragen, Bd. 1.
44 Schreiben AA v. 3. 2. 1934 an RMdI, RFinMin, RWirtMin, ProMi, PrMdI, Gestapa und Reichsbankdirektorium. – PA Recht V, Juden- und Flüchtlingsfragen, Bd. 2.
45 Aufzg. Dieckhoff v. 7. 2. 1934. – PA Recht V, Juden- und Flüchtlingsfragen, Bd. 2. – Aufzg. Rödiger v. 7. 2. 1934. – a. a. O. Bd. 3.
46 Aufzg. Rödiger v. 7. 2. 1934 und McDonalds »Memorandum für die deutsche Regierung bezüglich Pässe von Flüchtlingen aus Deutschland«. – a. a. O.
47 ebd.
48 Aufzg. AA v. 5. 2. 1934. – PA Recht V, Juden- und Flüchtlingsfragen, Bd. 2.
49 Aufzg. Rödiger v. 1. 2. 1934. – a. a. O.
50 Aufzg. Mackeben über die Ressortbesprechung im RMdI v. 9. 8. 1935. – a. a. O. Bd. 4.
51 Rd.Erl. AA v. 18. 7. 1934. – a. a. O. Bd. 3.
52 So nach Ziffer 1 der Ergänzungsbestimmungen zu § 11 der Paßbekanntmachung vom 7. 6. 1932, wie sie den deutschen Auslandsvertretungen durch Runderlaß v. 30. 8. 1934 bekanntgegeben worden waren. s. Rd.Erl. AA v. 12. 11. 1935. – PA Inland II A/B 83 – 75 A, Bd. 2.
53 Erl. AA v. 22. 8. 1935 an Dt. Kons. Rotterdam. – PA Inland II A/B 83 – 75 A, Bd. 1.
54 Aufzg. Mackeben über die Ressortbesprechung im RMdI v. 9. 8. 1935. – PA Recht V, Juden- und Flüchtlingsfragen, Bd. 4.

55 Rd.Erl. AA v. 12. 11. 1935. – PA Inland II A/B 83 – 75 A, Bd. 2.
56 ebd.
57 ebd.
58 Aufzg. Mackeben v. 9. 8. 1935. – PA Recht V, Juden- und Flüchtlingsfragen, Bd. 4.
59 ebd.
60 Rd.Erl. RuPrMdI v. 21. 9. 1935. – PA Inland II A/B 83 – 75 A, Bd. 11.
61 vgl. dazu das Kapitel über Maßnahmen des Dritten Reiches gegen rückkehrende Emigranten.
62 Aufzg. Mackeben v. 9. 8. 1935. – PA Recht V, Juden- und Flüchtlingsfragen, Bd. 4.
63 Nach einem handschriftlichen Vermerk Mackebens v. 3. 9. 1935 bestand hinsichtlich des AA-Runderlasses über die vorübergehende Rückkehr von Emigranten ins Reichsgebiet v. 6. 11. 1935 (Rd.Erl. AA V 12 774 – PA Inland II A/B 83 – 75 A, Bd. 1) mit der Gestapo eine »besondere Verabredung wegen Überprüfung Erlaß-Inhalts«. – Konzept des Erlasses – e. o. V 12 774. – PA Recht V, Juden- und Flüchtlingsfragen, Bd. 4. Es ist somit nicht ausgeschlossen, daß der Erlaß über die Paßbehandlung der Emigranten vom 12. 11. 1935 ebenfalls inhaltlich mit der Gestapo abgestimmt worden ist.
64 Erl. AA an Dt. Kons. Rotterdam v. 22. 8. 1935. – PA Inland II A/B 83 – 75 A, Bd. 1.
65 Aufzg. Barandon über eine Unterredung mit Norman Bentwich v. 21. 4. 1934. – PA Recht V, Juden- und Flüchtlingsfragen, Bd. 3.
66 Schreiben AA v. 30. 11. 1933 an RKzlei, RMdI, RFinMin, RWirtMin, RArbMin, ProMi u. Reichsbankdirektion. – BA R 43 II/137 b, Bl. 74 ff.
67 Aufzg. über die Ressortbesprechung im AA v. 6. 2. 1934. – PA Recht V, Juden- und Flüchtlingsfragen, Bd. 3.
68 Gesetz über die Einziehung volks- und staatsfeindlichen Vermögens vom 14. 7. 1933. – RGBl. I, S. 479. – Broszat, ›Der Staat Hitlers‹, S. 126.
69 Ber. Dt. Botsch. Washington v. 16. 1. 1934. – PA Recht V, Juden- und Flüchtlingsfragen, Bd. 2.
70 Aufzg. über Ressortbesprechung v. 6. 2. 1934. – PA Recht V, Juden u. Flüchtlingsfragen, Bd. 3.
71 ebd.
72 ebd.
73 Aufzg. Dieckhoff über Telefongespräch mit dem amerikanischen Geschäftsträger White vom 20. 4. 1934. – a. a. O.
74 Telegr. Dt. Botschaft London v. 1. 5. 1934. – PA Ref. Völkerbund, Länderakten, Deutschland-Flüchtlinge, Bd. 1. – McDonald hatte sich im Dezember 1933 bemüht, durch Schachts Vermittlung auch mit Hitler sprechen zu können. Sein Telegramm an Schacht wurde an Neurath weitergeleitet und von diesem Hitler vorgetragen. Hitler erklärte sich mit dem von Neurath ausgesprochenen Vorschlag, den Besuch McDonalds abzulehnen, »durchaus

einverstanden«. – PA Recht V, Juden- und Flüchtlingsfragen, Bd. 2. Ben Elissar, ›La Diplomatie‹, S. 103.
75 Telegr. AA an Deutsche Botschaft London v. 2. 5. 1934. – a. a. O. Das Telegramm hatte auch Neurath vorgelegen. St.S. Bülow bat, »unter Vermeidung unnötiger Schärfe McDonald entsprechend [zu] bescheiden«.
76 Memorandum des Vorstandes der SPD, Sitz Prag, zur Frage der politischen Flüchtlinge, Ende November 1933. – BA R 58/494 – 2, Bl. 104 ff.
77 Bericht des Parteivorstandsmitgliedes der SPD, Paul Hertz, über Verhandlungen in Genf wegen der Flüchtlingsfürsorge vom 30. 11. 1933. – BA R 58/494 – 2, Bl. 107 ff.
78 Memorandum der Sopade zur Frage der politischen Flüchtlinge. a. a. O.
79 Auch die Frage der Mitwirkung der Arbeiterorganisationen im Beirat stand zur Diskussion. Als einzige Arbeiterorganisation erhielt schließlich der IGB Sitz und Stimme im Beirat.
80 Bericht Hertz' über Verhandlungen in Genf wegen der Flüchtlingsfürsorge. – a. a. O.
81 ebd.
82 Rundschreiben des Parteivorstandes Nr. 7/34 an die Grenzsekretariate, Vertrauensleute und Flüchtlingsstellen der SPD v. 10. 5. 1934 mit der Denkschrift als Anlage. – a. a. O. Bl. 116 ff.
83 Aufzg. Barandon über Unterredung mit Norman Bentwich v. 21. 4. 1934. und Schreiben Barandon an Bentwich v. 15. 6. 1934. – PA Recht V, Juden- und Flüchtlingsfragen, Bd. 3.
84 Schreiben Barandon an Bentwich v. 15. 6. 1934. – a. a. O.
85 Schreiben Barandon an Bentwich [auf ein von diesem am 11. 7. 1934 übergebenes Memorandum] vom 15. 9. 1934. – a. a. O.
86 Aufzg. Barandon v. 19. 12. 1934. – PA Ref. Völkerbund. Länderakten, Deutschland-Flüchtlinge, Bd. 1.
87 Rd.Erl. Gestapa v. 28. 11. 1934. – BA R 58/269. Entsprechend wurden die Polizeistellen der übrigen deutschen Länder angewiesen. RdErl. BPP v. 5. 12. 1934. – BA Slg. Schumacher 226 (Emigranten).
88 Gesetz über die Änderung einiger Vorschriften der Reichsversicherungsordnung vom 23. 12. 1936. – RGBl I, S. 1128. Nach § 8 ruhten die Renten pp bei »staatsfeindlicher Betätigung«. Vorgänge dazu in BA R 18/6010.
89 Schreiben RMdI v. 12. 11. 1938 an AA. – PA Inland II A/B 83 – 75, Bd. 22.
90 Aufzg. f. St.S. Bülow v. 15. 11. 1934. – PA Recht V, Juden- und Flüchtlingsfragen, Bd. 4.
91 ebd.
92 ebd.
93 ebd.
94 ebd.
95 Grossmann, ›Emigration‹, S. 56.

96 Bentwich, ›Refugees from Germany‹, S. 64: »The High Commission was treated somewhat as a cast-off Child of the League.«
97 »Aufzg. II über die Entwicklung und den gegenwärtigen Stand der Behandlung des deutschen Flüchtlingswesens durch internationale Organisationen vom 31. Oktober 1936.« – PA Recht V, Juden- und Flüchtlingsfragen, Bd. 7.
98 Letter of Resignation of James G. McDonald, High Commissioner for the Refugees (Jewish and Other) coming from Germany. Adressed to The Secretary General of the League of Nations, with an Annex containing an Analysis of the measures in Germany against ‹Non-Aryans›, and of their effects in creating refugees. London, 27. Dez. 1935. – PA Ref. Völkerbund, Länderakten, Deutschland-Flüchtlinge (Emigranten), Bd. 1.
99 a. a. O., S. VI
100 a. a. O., S. X.
101 ebd. In der Übersetzung zitiert nach Grossmann, ›Emigration‹, S. 56 f.
102 Ber. Dt. Botsch. London v. 30. 12. 1935. – PA Recht V, Juden- und Flüchtlingsfragen, Bd. 5.
103 Ber. Dt. Botsch. Washington v. 8. 1. 1936. – McDonald sandte sein Abdankungsschreiben sämtlichen Mitgliedern des Senats und des Repräsentantenhauses zu. – a. a. O.
104 DAZ v. 3. 1. 1936; ›Berliner Nachtausgabe‹ v. 3. 1. 1936.
105 ›Völkischer Beobachter‹ v. 7. 1. 1936. Ähnlich auch die ›Berliner Börsenzeitung‹ v. 3. 1. 1936. Auch deutsche Diplomaten sahen dahinter nur das Judentum als treibende Kraft. So schrieb etwa auch der deutsche Botschafter in Washington anläßlich des Eintritts von James G. McDonalds in den Redaktionsstab der ›New York Times‹: »Dies scheint mir die [...] Vermutung zu bestätigen, daß sein in so sensationeller Form erfolgter Rücktritt seinerzeit von jüdischen Kreisen als eine antideutsche Demonstration inszeniert worden war.« – Bericht Dt. Botschaft Washington [Unterschrift Luther] v. 3. 4. 1936. –PA Recht V, Juden- und Flüchtlingsfragen, Bd. 6.
106 ›Berliner Börsenzeitung‹ v. 3. 1. 1936.
107 DAZ v. 3. 1. 1936.
108 ›Berliner Nachtausgabe‹ v. 3. 1. 1936.
109 s. S. 182 ff.

3. Fortsetzung der »unpolitischen« Flüchtlingshilfe durch den Völkerbund und Auflösung des Kommissariats für Flüchtlinge aus Deutschland
110 Ben Elissar, ›La Diplomatie‹, S. 108. Weiter wurde der Plan gefördert vom Nansenamt und McDonald selbst, vom »Weltkomitee des Roten Kreuzes«, dem »Weltkirchen-Hilfsamt«, dem »Weltamt für Hilfe an Auswanderer«, der »Gesellschaft der Freunde« (Quäker), dem »Weltverband der Völkerbundsgesellschaften« und der »Weltvereinigung für Kinderhilfe«. – AA-Schnellbrief v. 29. 8. 1935 an RuPrMI, RFinMin, RuPr-

WirtMin, ProMi, Gestapa und Reichsbankdirektorium. – BA R 43 II/ 1400, Bl. 5 ff.
111 Vermerk Mackebens v. 22. 8. 1935. – PA Recht V, Juden- und Flüchtlingsfragen, Bd. 4.
112 AA-Schnellbrief v. 29. 8. 1935. – a. a. O.
113 ebd. – Mit der Betreuung der nach der Abstimmung vom Januar 1935 aus dem Saargebiet (das bis dahin unter Völkerbundsverwaltung gestanden hatte) emigrierten Saareinwohner war das Nansenamt befaßt. Simpson, ›The Refugee Problem‹, S. 155 f.
114 AA-Schnellbrief v. 28. 8. 1935. – BA R 43 II/1400.
115 Ber. Dt. Kons. Genf v. 2. 10. 1935. – PA Recht V, Juden- und Flüchtlingsfragen, Bd. 5. – Italien wollte in Genf jede Verlängerung der Existenz des Nansenamtes oder die Errichtung einer weiteren Flüchtlingsorganisation verhindern. – Aufzg. Barandon über Unterredung mit dem italienischen Botschafter in Berlin v. 26. 1. 1936. – PA Recht V, Juden- und Flüchtlingsfragen, Bd. 5. Die italienische Ablehnung dürfte sich daraus erklären, daß die italienischen Emigranten bis dahin von keiner international-staatlichen Organisation betreut worden waren. Frings, ›Flüchtlingsproblem‹, S. 38. Aus gleichen Gründen wie ehedem Deutschland befürchtete wohl auch Italien eine Diskussion über seine Emigranten und die Ursachen. Ebenso dürfte die russische Ablehnung motiviert gewesen sein. Die russischen Flüchtlinge wurden vom Nansenamt betreut. Von den ca. 1,5 Millionen Flüchtlingen im Jahre 1921, die sämtlich von der Sowjetunion ausgebürgert wurden (Frings, ›Flüchtlingsproblem‹, S. 20 f.), befanden sich 1929 noch rd. 830 000 in Europa (Simpson, ›Refugee Problem‹, S. 109). Durch die langjährige Tätigkeit des Nansenamtes für die russischen Flüchtlinge war die Betreuung schon nahezu zu einer Selbstverständlichkeit geworden, so daß sich die Weltöffentlichkeit kaum mehr mit den Ursachen dieser Emigration beschäftigte. Eine Neuordnung des Flüchtlingswesens lag weder im italienischen noch im russischen und bedingt nur im deutschen Interesse. Die Sowjetunion sprach sich entschieden gegen ein Weiterbestehen des Nansenamtes und die Überweisung der Betreuung auch der deutschen Flüchtlinge an diese Organisation aus. Sie wandte sich auch gegen jede weitere Unterstützung der russischen Emigranten durch den Völkerbund. – Ber. Dt. Kons. Genf v. 12. 12. 1935. – PA Recht V, Juden- und Flüchtlingsfragen, Bd. 5.
116 Ber. Dt. Kons. Genf v. 2. 10. 1935. – PA Recht V, Juden- und Flüchtlingsfragen, Bd. 5. Frings, ›Flüchtlingsproblem‹, S. 38.
117 Zu Sachverständigen durften jedoch nur Personen ernannt werden, »die bisher nicht mit Arbeiten des Flüchtlingsschutzes betraut gewesen sind«. Ber. Dt. Kons. Genf v. 2. 10. 1935. – a. a. O. Ben Elissar, ›La Diplomatie‹, S. 109.
118 Grossmann, ›Emigration‹, S. 57.
119 ebd. – Aufzg. v. Keller über die Entwicklung und den gegenwärtigen Stand der Behandlung des deutschen Flüchtlingswesens durch internationale

Organisationen v. 31. 10. 1936. – PA Recht V, Juden- und Flüchtlingsfragen, Bd. 7.
120 Ben Elissar, ›La Diplomatie‹, S. 110 f.
121 Aufzg. AA v. 3. 12. 1936 »Über die Behandlung der Frage der deutschen Flüchtlinge durch den Völkerbund«. – PA Pol. I, Völkerbund, Flüchtlinge (Emigranten), Bd. 1. Ben Elissar läßt diesen Umstand unberücksichtigt, wenn er urteilt: »Depuis 1936, Neill Malcolm n'osait importuner Berlin au sujet des réfugiés.« S. 263.
122 Ben Elissar, ›La Diplomatie‹, S. 110.
123 Vertrauliche Notiz der Kgl. Norwegischen Gesandtschaft in Berlin v. 4. 1. 1936. – BA R 43 II/1400 Bl. 10.
124 Dies erklärte der norwegische Außenminister in Genf dem deutschen Konsul. Bericht Dt. Kons. Genf v. 2. 10. 1935. – PA Recht V, Juden- und Flüchtlingsfragen, Bd. 5.
125 Aufzg. Bülow v. 15. 1. 1936. – PA Recht V, Juden- und Flüchtlingsfragen, Bd. 5.
126 Schreiben AA an Norweg. Gesandten und RuPrMdI v. 18. 1. 1936. – BA R 43 II/1400 Bl. 11 ff.
127 Aufzg. AA über die Behandlung der Frage der deutschen Flüchtlinge durch den Völkerbund v. 3. 12. 1936. – PA Pol. I, Völkerbund, Flüchtlinge (Emigranten), Bd. 1.
128 Ber. Dt. Kons. Genf v. 3. 4. 1936. – PA Ref. Völkerbund, Länderakten, Deutschland-Flüchtlinge, Bd. 1.
129 Morse, ›Die Wasser teilen sich nicht‹, S. 183.
130 Grossmann, ›Emigration‹, S. 61 ff.
131 VB v. 12. 7. 1938, S. 1.
132 Simpson, ›The Refugee Problem‹, S. 224.
133 Frings, ›Flüchtlingsprobleme‹, S. 45.
134 ›Die neue Weltbühne‹, Nr. 29 (1938), S. 898.
135 Rd.Erl. AA 83 – 29, 8/7 vom 8. 7. 1938. – PA Verschluß. Tschechoslowakei, Politische Angelegenheiten, Bd. 8.
136 Vgl. vor allem die Darstellungen Ben Elissars, ›La Diplomatie‹, S. 377 ff. und Krausnicks, ›Judenverfolgung‹, S. 279 ff.
137 Frings, ›Flüchtlingsproblem‹, S. 42 f.

Das Exil als Faktor nationalsozialistischer Politik, dargestellt am Beispiel des Abstimmungskampfes für die Rückgliederung des Saargebietes 1933–1935
1. Die Abstimmungsziele des Nationalsozialismus
1 Zu den Modalitäten der Abstimmung und zum Abstimmungskampf siehe Zenner, ›Parteien und Politik unter dem Völkerbundsregime 1920–1935‹, Saarbrücken 1966, S. 21, 39 ff. Ferner Hirsch, ›Die Saar von Genf 1920 bis 1935‹. Rheinisches Archiv 46, Bonn 1954. Speziell zum Abstimmungskampf: Kunkel, ›Für Deutschland – gegen Hitler. Die Sozialdemokratische Partei des Saargebietes im Abstimmungskampf 1933/1935‹ [Saarbrücken

1968]. Aus zeitgenössischer deutscher Sicht: Kronhausen, ›Saarvolk im Kampf‹, Stuttgart 1934; unentbehrlich auch die Darstellung von Sarah Wambaugh, die Mitglied der Abstimmungskommission des Völkerbundes war. Wambaugh, ›The Saar Plebiscite. With a Collection of official Documents‹, Cambridge, Massachusetts 1940.

2 Niederschrift über den Empfang der parlamentarischen Abordnung aus dem Saargebiet durch den Herrn Reichskanzler am 15. 5. 1933 in der Reichskanzlei. – BA R 43 I/253, Bl. 103 ff.

3 VB v. 15. 1. 1935.

4 Kunkel, ›Für Deutschland‹, S. 37

5 Nach Angaben der Regierungskommission hielten sich im Februar 1934 lediglich 646, im Oktober 1934 insgesamt 1100 Emigranten im Saargebiet auf. – ›Survey of International Affairs 1934‹, S. 595.

6 Schulthess, Bd. 76 (1935), S. 17 f.

7 Bisher ist in den Untersuchungen zur Saarabstimmung (vgl. S. 294 Anm. 1) zwar stets auch die Emigrantenfrage im Saargebiet berücksichtigt worden (insbesondere Wambaugh hebt hervor, daß sie zum ständigen Angriffsobjekt der Nationalsozialisten wurde), doch geschah dies mit ihrer Eingrenzung auf das Saargebiet selbst. Daß aber die gesamte Emigration in ihrer Bedeutung als Kristallisationskern des ›anderen Deutschland‹ ihren gewichtigen Platz in der nationalsozialistischen Strategie und Taktik hatte, ist nur unzureichend beachtet worden. In der folgenden Darstellung ist der Versuch gemacht, hier die notwendige Ergänzung zur Geschichte des Abstimmungskampfes und seines Stellenwertes für den Nationalsozialismus zu liefern. Deswegen steht im folgenden der Faktor Emigration im Mittelpunkt. Der Verzicht auf eine annähernd gleiche Berücksichtigung anderer entscheidender Momente bedeutet nicht, daß sie in ihrer Relevanz verkannt oder herabgemindert würden. Sie sind hinlänglich bekannt und durch eingehende Untersuchungen gewürdigt worden.

2. Die Situation im Saargebiet nach der Machtergreifung im Reich

8 Aufzg. Voigt (Leiter des Saarreferates im AA) über die Besprechung mit Vertretern des Saargebietes im AA v. 15. 5. 1933. – Abgedr. bei Kunkel, ›Für Deutschland‹, S. 125 ff.

9 Aufruf der »Deutschen Front« v. 1. 3. 1934. – VB v. 3. 3. 1934. – Vgl. Zenner, ›Parteien‹, S. 298 ff.

10 Kunkel, ›Für Deutschland‹, S. 35 f.

11 ebd.

3. Die Einstellung von reichsdeutschen Emigranten in den saarländischen öffentlichen Dienst

12 Schreiben RMdI an PrMdI v. 1. 4. 1933. Schreiben PrMdI an RMdI v. 19. 4. 1933. – PA Politik II, Saargebiet, Politische Angelegenheiten, Emigranten, Bd. 1.

13 Schreiben Bülow an Lammers v. 23. 10. 1933. – BA R 43 I/253, Bl. 245 ff.
14 Schreiben NSDAP/Saar an den Saarreferenten im AA, Voigt, vom 9. 10. 1933. (Abschrift als Anlage zum Schreiben Bülows an Lammers v. 23. 10. 1933.) – a. a. O.
15 ebd.
16 Bülow an Lammers v. 23. 10. 1933. – a. a. O.
17 Lammers an Heß und Papen v. 28. 10. 1933. – a. a. O.
18 Lammers an Bülow v. 4. 1. 1934. – BA R 43 I/254, Bl. 3 f.
19 ebd.
20 Schreiben Gestapa an Lammers v. 8. 1. 1934. (Stempel: »Der Herr Reichskanzler hat Kenntnis«). – a. a. O. Bl. 11 ff.
21 VB v. 10. 1. 1934.
22 Aufzeichnung Neurath über Unterredung mit Knox während der Völkerbundstagung in Genf v. 26. 9. 1933. – PA Büro RM 1 c Nr. 1, Bd. 3.
23 Wambaugh, ›Plebiscite‹, S. 157 f.
25 ebd.
26 Kunkel, ›Für Deutschland‹, S. 30.
27 Zenner, ›Parteien‹, S. 259 ff., Wambaugh, ›Plebiscite‹, S. 133 f. Die Unsicherheit unter der Saarbevölkerung ging soweit, »daß manche Saarbewohner es aufgaben, ihre Beschwerde überhaupt vor Gericht zu bringen«. Hirsch, ›Die Saar von Genf‹, S. 79.
28 Ber. Stapo Trier v. 18. 5. 1933. – BA R 58/745–4. (Dort auch weitere Belege für die Zusammenarbeit mit reichsdeutschen Stellen).
29 Schreiben Gestapa an Lammers v. 8. 1. 1934. – BA R 43 I/254, Bl. 11 ff. – Eine Beschwerde Knox', daß die »Deutsche Front« und die Reichsleitung des Arbeitsdienstes im Reiche mit der Gestapo in Trier auf das lebhafteste zusammenarbeite, wurde von der Reichsleitung auf einer Pressekonferenz »vertraulich« als sachlich zutreffend bezeichnet. Anweisung vom 15. 8. 1934. – BA ZSg 101/4, Bl. 59.
30 Kunkel, ›Für Deutschland‹, S. 48 ff.
31 Schreiben Görings an AA v. 15. 1. 1934. – PA Pol.II, Saargebiet, Polit. Angelegenheiten, adh. Emigranten, Bd. 1.
32 Schreiben Gestapa an Lammers v. 8. 1. 1934. – BA R 43 I/254, Bl. 11 ff.
33 ebd.
34 Schreiben Görings an AA v. 15. 1. 1934. – PA Pol.II, Saargebiet, Polit. Angelgenheiten, adh. Emigranten, Bd. 1.
35 ebd. Auch Papen hielt es für notwendig, durch die Reichsregierung bei der Regierungskommission gegen ein solches Verfahren Protest einzulegen und die Entfernung der Emigranten aus dem Dienst zu fordern. Schreiben Papens an Neurath v. 9. 2. 1934. – a. a. O.
36 Note v. 27. 2. 1934. – BA R 43 I/254, Bl. 100 f.
37 ebd.
38 Aufzg. Voigt v. 2. 5. 1934. – PA Pol. II, Saargebiet, Polit. Angelegenheiten, adh. Emigranten, Bd. 2.

39 Note v. 28. 3. 1934. – BA R 43 I/254, Bl. 208 ff.
40 Solange es sich dabei nach nationalsozialistischer Auffassung um ‹deutschgesinnte› Beamte handelte, hatte man vom Reich auch keinerlei Einwendungen gegen eine solche Praxis zu erheben. Um aber zu verhindern, daß weitere durch das Gesetz zur Wiederherstellung des Berufsbeamtentums arbeits- und brotlos gewordene Beamte aus dem Reich im Saargebiet Anstellung fanden, wurden diejenigen, die sich um Anstellung bei der Regierungskommission beworben hatten, festgenommen und ihr Schriftwechsel beschlagnahmt. – ›Saarnachrichten‹, Nr. 3 v. 7. 2. 1934. (Die ›Saarnachrichten‹ waren ein von der Gestapo herausgegebener Informationsdienst für Behörden und Parteistellen.) – BA R 43 I/260, Bl. 93 f. Das Innenministerium betonte in einem Schreiben an die Obersten Reichsbehörden v. 27. 7. 1934, daß es »nicht im deutschen Interesse« liege, »reichsdeutsche in den Dienst der Regierungskommission des Saargebietes beurlaubte Beamte nach dem Reich zurückzuversetzen«. Es müsse »alles vermieden werden, was die deutsche Front im Saargebiet schwächen oder der Saarkommission die Möglichkeit geben könnte, freigewordene Stellen mit Emigranten zu besetzen«. – BA R 43 I/255, Bl. 71.
41 Erl. des Direktors des Innern, Heimburger, vom 14. 4. 1934. – Abschrift in PA Pol. II, Saargebiet, Polit. Angelegenheiten adh. Emigranten, Bd. 2.
42 zit. nach Kunkel, ›Für Deutschland‹, S. 49.
43 Diese Stellungnahme wurde am 3. 5. 1934 an reichsdeutsche Behörden geschickt (z. B. AA, Gestapa, RMdI usw.) – PA Pol. II, Saargebiet, Polit. Angelegenheiten adh. Emigranten, Bd. 2.
44 Anschreiben Watermanns zum Bericht des Bürgermeisterverbandes an AA v. 3. 5. 1934. – a. a. O.
45 ebd.
46 Im AA nahm man sachlich zu den Vorschlägen keine Stellung. Der Saarreferent Voigt warnte aber davor, »daß es die allerübelsten Folgen haben müßte«, wenn solche Schriftstücke in die Hände der Regierungskommission fallen würden. Er erinnerte an andere Fälle und empfahl, »unter allen Umständen« dafür zu sorgen, »daß kein einziges Exemplar dieser Niederschrift im Saargebiet verbleibt«. – Schreiben Voigts an Watermann vom 16. 5. 1934. – a. a. O.
47 Schreiben des Vorstandes der Vereinigung an Knox v. 20. 4. 1934. – PA Pol. II, Saargebiet, Polit. Angelegenheiten adh. Emigranten, Bd. 2.
48 Erlaß der Regierungskommission v. 25. 4. 1934. – a. a. O.
49 Abschrift der Note (Offizielles »Communiqué au Conseil« v. 4. 5. 1934). – a. a. O.
50 ebd. (Übersetzt v. Verf.)
51 Konzept eines Erlasses an die Botschaften in London, Paris u. Rom v. 1. 5. 1934 [»cessat«]. – a. a. O.
52 Schreiben NSDAP – Reichsleitung. Oberste Leitung der P. O., Amt für Beamte, an RAM v. 12. 6. 1937. – a. a. O.

53 ebd.
54 VB v. 28. 4. 1934.
55 So gab z. B. die ›Berliner Börsenzeitung‹ ihrem Leitartikel vom 28. 3. 1934 die Überschrift: ›Arm in Arm: Saarregierung und Saaremigranten‹, in dem sie die Anschuldigungen wiederholte, die Emigranten seien keine ehrenwerten Leute, sondern zu einem hohen Prozentsatz Kriminelle.
56 Schreiben »Oberpräsident der Rheinprovinz als Reichskommissar für die Übergabe des Saargebietes« an AA v. 26. 4. 1934. – PA Pol. II, Saargebiet, Polit. Angelegenheiten adh. Emigranten, Bd. 2.
57 ›Saarnachrichten‹, Nr. 4 v. 14. 2. 1934 (vgl. Anm. 40). – BA R 43 I/260, Bl. 85.
58 Note v. 30. 3. 1934 an Regierungskommission. [Konzept]. – PA Pol. II, Saargebiet, Polit. Angelegenheiten adh. Emigranten, Bd. 1.
59 Schreiben Staatsanwaltschaft Darmstadt v. 14. 2. 1934. – a. a. O.
60 Schreiben Hessisches Staatspolizeiamt an AA v. 28. 8. 1934. – Die Gestapo befürchtete zudem, daß durch eine »Bekanntgabe von Einzelheiten aus den Untersuchungsakten, die Ritzel durch die Regierungskommission zur Kenntnis gebracht würden, der Zweck dieser Untersuchung ernstlich in Frage« gestellt würde. Deswegen sprach auch sie sich dagegen aus, den Bericht der Staatsanwaltschaft an die Regierungskommission weiterzuleiten. – a. a. O. Bd. 3.
61 Note der Regierungskommission an AA v. 28. 5. 1934. Vgl. Schreiben AA an Preuß. MdI v. 15. 6. 1934. – a. a. O. Bd. 2.
62 Verbalnote AA an Regierungskommission v. 4. 10. 1934. – a. a. O. Bd. 3.
63 Schreiben PrMdI an den Herrn Reichsminister des Innern v. 5. 5. 1934. – a. a. O. Bd. 2.
64 Schreiben RMdI [i. V. Pfundtner] an AA v. 14. 6. 1934. – a. a. O. Für diese Einstellung waren offenbar die Erfahrungen, die man mit der Geiselnahme im Fall Seger gemacht hatte, nicht ganz ohne Einfluß.
65 ebd.
66 Schreiben Gestapa an AA v. 16. 3. 1934. – a. a. O. Bd. 1.
67 VB v. 3. 5. 1934.
68 ebd.
69 Schreiben Gestapa an AA v. 24. 4. 1934. – PA Pol. II, Saargebiet, Polit. Angelegenheiten adh. Emigranten, Bd. 2.
70 Schreiben Voigts an Gestapa. [Konzept v. 28. 7. 1934. Ab-Vermerk: 30. 7.] – a. a. O.

4. Die Frage der Sicherheitsgarantien für die Bewohner des Saargebietes
71 vgl. Anm. 27.
72 VB v. 26. 5. 1934. – In einer Denkschrift der SPD/Saar an den Völkerbund vom 20. 9. 1933 wies die Partei auf unablässigen Terror seitens der Nationalsozialisten hin. Unter anderem trug sie auch eine Sammlung von Drohungen gegen die Hitler-Gegner vor, die von führenden Nationalsozia-

listen ausgestoßen worden waren. So wurde gegen Max Braun in der benachbarten Pfalz ein Flugblatt folgenden Inhalts verteilt: »3000 Franken Belohnung. Der Kommissar der Pfalz zahlt 3000 Franken (500 Reichsmark) in bar, demjenigen, der zur Festnahme des Landesverräters und Separatisten Matz Braun im Reich beiträgt. Augen auf! Aufgepaßt!« Auf einer Saarkundgebung am Niederwalddenkmal hatte der Landesleiter der NSDAP ausgerufen: »Aber der Tag wird kommen, wo wir mit diesen Verbrechern abrechnen. Dann werden wir die Henker an den deutschen Kinderseelen erschlagen wie tolle Hunde.« – Denkschrift v. 16. 9. 1933. – BA R 53/91, Bl. 11 ff.
73 Kunkel, ›Für Deutschland‹, S. 23.
74 ebd. S. 24.
75 zit. nach Kunkel, ›Für Deutschland‹, S. 24. Dieser ominöse Satz ist in der von Röchling gemachten Aufzeichnung über die Besprechung enthalten. Er fehlt in dem offiziellen Protokoll der Reichskanzlei. S. BA R 43 I/253, Bl. 104. Dort heißt es nur: »Um aber auf die Stimmung im Saargebiet beruhigend zu wirken, könne man erwägen, daß am Tage der Rückkehr des Saargebietes ins Deutsche Reich eine Generalamnestie erlassen wird.«
76 VB v. 5. 6. 1934.
77 Kunkel, ›Für Deutschland‹, S. 24.
78 ebd.
79 Schreiben AA an Lammers, Papen, Frick, Goebbels u. a. v. 24. 10. 1933. – BA R 53/91, Bl. 10.
80 Kunkel, ›Für Deutschland‹, S. 21 f.
81 VB v. 5. 6. 1934.
82 VB v. 6. 6. 1934. – Papen als Saarbevollmächtigter der Reichsregierung war offensichtlich bestrebt, die gegebenen Versicherungen soweit wie möglich auch einzuhalten. In einem Schreiben an Lammers bat er darum, die Reichsminister »für alle Dienststellen des Reiches, der Länder und Selbstverwaltungsbehörden sowie für alle Dienststellen der NSDAP« anzuweisen, in Zukunft »jede Maßnahme – auch in Wort und Schrift« zu unterlassen, »die etwa als Drohung oder Druck auf saarländische Bevölkerungskreise ausgelegt werden könnte«. In völliger Selbstüberschätzung und aus mangelnder Einsicht in die tatsächliche Lage kündigte er an, die Reichsregierung werde »gegen Zuwiderhandlungen gegen diese von ihr übernommene Verpflichtung mit den schärfsten Mitteln eingreifen«. – BA R 43 I/254, Bl. 253.
83 VB v. 20. 7. 1934.
84 VB v. 15. 8. 1934.
85 ebd.
86 VB v. 12. 9. 1934, VB v. 15. 11. 1934.
87 VB v. 4./5. 11. 1934.
88 Wambaugh, ›Plebiscite‹, S. 221 ff. Kunkel, ›Für Deutschland‹, S. 24 f.
89 Telegr. Dt. Botschaft Paris [Köster] an AA v. 30. 9. 1934. – PA Pol. II,

Frankreich, Politik 2. Politische Beziehungen zwischen Deutschland u. Frankreich, Bd. 33.
90 a. a. O. Bd. 34.
91 Kunkel, ›Für Deutschland‹, S. 101 f.
92 VB v. 11./12. 11. 1934.
93 Schreiben Bürckels an AA v. 3. 11. 1934. – PA Pol. II, Saargebiet, Polit. Angelegenheiten adh. Emigranten, Bd. 3.
94 Kunkel, ›Für Deutschland‹, S. 25.
95 Erl. AA an die deutschen Missionen in London, Paris, Bern und Genf v. 21. 11. 1934. – PA Pol. II, Saargebiet. Abstimmung, Dreierkomitee adh. VI, Bd. 1. Entspannungsbereitschaft hatte der französische Botschafter in Berlin, François-Poncet, bereits am 16. 11. in einer Unterredung mit Neurath signalisiert. Frankreich würde es begrüßen, sagte François-Poncet, wenn die Stimmenzahl für eine Wiederangliederung an Deutschland ausfiele. Was die aufmarschierten Truppen anlange, so habe Frankreich »nicht die geringste Absicht, militärische Abenteuer zu unternehmen«. – Aufzg. Neurath v. 16. 11. 1934. – PA Büro RM 1 c Nr. 1, Bd. 4.
96 Erl. AA an deutsche Missionen in London, Paris, Bern und Genf v. 21. 11. 1934. – PA Pol. II, Saargebiet. Abstimmung, Dreierkomitee adh. VI, Bd. 1.
97 Telegr. Dt. Botsch. Rom an AA v. 7. 11. 1934. – a. a. O.
98 ebd.
99 Telegr. Dt. Botsch. Rom an AA v. 9. 11. 1934. – a. a. O.
100 Brief Neuraths an den Präsidenten des Ratsausschusses des Völkerbundes für das Saargebiet, Aloisi, vom 3. 12. 1935. – Abgedr. RGBl. II (1935) S. 123.
101 Rd.Erl. Gestapa v. 30. 9. 1936. – BA R 58/269.
103 Vermerk [gez. Strohm] v. 24. 11. 1934. – PA Inland II A/B 80 – 32. Innere Politik, Saarfragen, Bd. 1.
104 Aufzg. Bülow v. 23. 11. 1934. – PA Büro St. S., AI, Aufzeichnungen St. S. betr. interne Dienstanweisungen ..., Bd. 3.
105 VB v. 15. 11. 1934.
106 Aufzg. Bülow v. 23. 11. 1934. – PA Büro St. S., AI, Aufzeichnungen St. S. betr. interne Dienstanweisungen ..., Bd. 3.
107 VB v. 9./10. 11. 1934. Mit Schreiben vom 22. 12. 1934 an Knox forderte Bürckel auch offiziell die Entfernung der Emigranten aus dem saarländischen Polizeidienst im Sinne einer »Wiederherstellung der Rechtsordnung im Saargebiet«. DNB-Meldung v. 23. 12. – PA Pol. II, Saargebiet, Polit. Angelegenheiten adh. Emigranten, Bd. 3. – Eine Presseanweisung vom 9. 1. 1935 stellte zu den Putschabsichten der Emigranten fest: »Daß auf dem jetzt von Landjägern entblößten linken Saarufer sich Emigranten niederlassen werden und damit provokatorische Handlungen zu erwarten sind, wird in Berlin nachdrücklich bezweifelt.« – BA ZSg 101/5, Bl. 7.
108 Aufzg. Neurath v. 27. 11. 1934. – PA Pol. II, Saargebiet. Abstimmung, Dreierkomitee adh. VI, Bd. 2.

109 Handschriftlicher Vermerk Neuraths v. 27. 11. 1934. – ebd.
110 Da die Abkommen ihrem Inhalt nach internationale Übereinkommen waren, die sich auf Gegenstände der Reichsgesetzgebung bezogen, wurden sie in der für Staatsverträge üblichen Form im Reichsgesetzblatt veröffentlicht. RGBl. II (1935), S. 121.
111 Erl. AA an Missionen in London, Paris, Bern und Genf v. 4. 12. 1934. – PA Pol. II, Saargebiet. Abstimmung, Dreierkomitee, adh. VI, Bd. 2.
112 Der entsprechende Passus, der vom Völkerbund widerspruchslos hingenommen wurde, lautete: »Die vorstehenden Bestimmungen greifen in keiner Weise der deutschen Gesetzgebung auf dem Gebiete der Staatsangehörigkeit vor.« – Brief Neuraths an Aloisi v. 3. 12. 1934. – RGBl. II (1935), S. 125.
113 Bericht Weigelt v. 22. 11. 1934 über Unterredung mit Flandin. Weigelt führte als Nachfolger Flandins den Vorsitz während einer Tagung der Luftverkehrskommission der Internationalen Handelskammer in Paris im November 1934. Weigelts Bericht hatte St.S. Bülow, Neurath und Hitler vorgelegen. – PA Pol. II, Frankreich, Politik, 2. Politische Beziehungen zwischen Deutschland und Frankreich, Bd. 34, Bl. 99–105. – S. a. Jacobsen, ›Außenpolitik‹, S. 350.
114 Niederschrift über die Ministerbesprechung vom 4. 12. 1934. – BA R 43 I/256, Bl. 102 ff.
115 zit. nach ›Deutsche Briefe‹ Nr. 14 v. 4. 1. 1935, S. 152. – Beispiele für Benachteiligung, Unterdrückung und Terror gegen diejenigen, die sich für den Status quo eingesetzt hatten, vor und nach der Abstimmung, bei Kunkel, ›Für Deutschland‹, S. 25 ff.

5. Abstimmungspropaganda und Exil

116 Bericht des Ratsausschusses (Dreierkomitee) an den Völkerbundsrat v. 5. 12. 1934. – BA R 43 I/256, Bl. 70 ff.
117 Telegr. Dt. Botschaft Rom an AA v. 28. 11. 1934. – Abgedr. bei Kunkel, ›Für Deutschland‹, S. 101 f.
118 ebd.
119 Auf Betreiben des AA war die deutsche Presse gehalten, »das Wort ›status quo‹ für das Saargebiet nicht zu übersetzen, da damit die fremdländische Gesinnung dieser Vertreter deutlich gekennzeichnet sei«. – Presseanweisung v. 2. 11. 1934. – BA ZSg 101/4, Bl. 167.
120 ›Mitteilungen des Geheimen Staatspolizeiamts‹, Nr. 4 v. 10. 3. 1934. – BA R 58/1068, Bl. 63 ff.
121 Bereits Anfang Mai sprach Bürckel in einem Brief an Hitler von »der Richtigkeit unseres Kurswechsels in der Religionsfrage an der Saar«. Brief Bürckels an Hitler v. 9. 5. 1934. – BA NS 10/69, Bl. 208.
122 Aufzg. RAM v. 20. 9. 1934. – PA Büro RM 1 c Nr. 1, Slg. v. Aufzeichnungen des Herrn RM, Bd. 4.
123 ›Deutsche Briefe‹ Nr. 2 v. 12. 10. 1934, S. 32.

124 Schreiben AA [i. A. gez. von Bülow-Schwante], abschriftlich dem Reichsjustizministerium vom 27. 10. 1934. – PA Inland II A/B 83 – 40, Bd. 3.
125 Hitler, ›Mein Kampf‹, S. 129.
126 Aufklärungs- und Rednerinformationsmaterial, März 1934. (Im Besitz d. Verf.)
127 VB v. 2./3. 4. 1933.
128 VB v. 15. 6. 1933.
129 ebd.
130 Protestnote Knox' an AA v. 28. 3. 1934. – BA R 43 I/254, Bl. 208 ff.
131 Vermerk Köpkes v. 27. 4. 1934. – PA Pol. II, Saargebiet, Polit. Angelegenheiten adh. Emigranten, Bd. 2.
132 vgl. VB v. 7./8. 1. 1934.
133 DAZ v. 3. 2. 1934.
134 ›Berliner Börsenzeitung‹ v. 28. 3. 1934.
135 Brief Bürckels an Hitler v. 29. 5. 1934. Zit. nach Zenner, Parteien, S. 400 f.
136 VB v. 19. 10. 1934.
137 Mit Vorliebe wurden Saarkundgebungen an Orten nahe der Grenze zum Saargebiet abgehalten, damit auch Saarbewohner daran teilnehmen konnten. Deswegen bat Bürckel in einem Brief v. 9. 5. 1934 an Hitler, die nächste Saarkundgebung nicht in Koblenz, sondern in Zweibrücken stattfinden zu lassen. In Koblenz würde sie »von einer übergroßen Zahl Reichsdeutscher« besucht werden, »während vom Saargebiet aus finanziellen Gründen nur jene kommen, auf die es nicht mehr ankommt. Findet dagegen die Kundgebung in Zweibrücken statt, mein Führer, so werden jene ihr beiwohnen, die auch zu Fuß und mit dem Fahrrad dort hingelangen können; denn letzten Endes handelt es sich doch nur noch darum, die Arbeiter zu erfassen.« Die Voraussetzungen in Zweibrücken seien gut, es sei Platz für 7–800 000 Personen. – BA NS 10/69, Bl. 208.
138 VB v. 8. 5. 1934.
139 VB v. 28. 8. 1934. – Eine Entscheidung für die Rückgliederung wurde den Katholiken dadurch erleichtert, daß ein Teil der Bischöfe, selbst in dem Dilemma zwischen weltanschaulichen Vorbehalten und dem Willen zur Rückkehr, ihnen durch wiederholte Betonung der »Vaterlandsliebe als sittliche Pflicht« praktisch eine Entscheidung für die Rückgliederung empfahlen. – S. Zenner, ›Parteien‹, S. 322.
140 ›Deutsche Front‹ v. 2. 9. 1934.
141 VB v. 3. 1. 1935.
142 Goebbels auf einer Grenzlandkundgebung in Zweibrücken. – VB v. 8. 5. 1934.
143 VB v. 10. 1. 1935.
144 ebd.
145 VB v. 15. 1. 1935.
146 DNB-Material (15. 1. 1935). In BA R 43 I/256, Bl. 229 ff.

Abkürzungen

AA	Auswärtiges Amt
A.O.	Auslandsorganisation der NSDAP
BA	Bundesarchiv Koblenz
Ber.	Bericht
BPP	Bayerische Politische Polizei
CdS	Chef der Sicherheitspolizei
CdSSD	Chef der Sicherheitspolizei und des Sicherheitsdienstes
DAF	Deutsche Arbeitsfront
DAZ	Deutsche Allgemeine Zeitung
DNB	Deutsches Nachrichtenbüro
Erl.	Erlaß
GenSta	Generalstaatsanwalt
Ges.	Gesandtschaft
Gestapa	Geheimes Staatspolizeiamt
Gestapo	Geheime Staatspolizei
IfZ	Institut für Zeitgeschichte
ORA	Oberreichsanwalt
PA	Politisches Archiv Bonn
PrMdI	Preuß. Minister(ium) des Innern
ProMi	Reichsministerium für Volksaufklärung und Propaganda
RAM	Reichsaußenminister
Rd.Erl.	Runderlaß
RFSSuChdDtPol	Der Reichsführer-SS und Chef der Deutschen Polizei
RJustMin	Reichsjustizminister(ium)
RKzlei	Reichskanzlei
RM	Reichsminister
RMdI	Reichsminister(ium) des Innern
RSHA	Reichssicherheitshauptamt
RuPrMdI	Reichs- und Preußisches Minister(ium) des Innern
SD	Sicherheitsdienst des Reichsführers-SS
Sopade	Sozialdemokratische Partei Deutschlands (im Exil)
StGB	Strafgesetzbuch
StPO	Strafprozeßordnung
StS	Staatssekretär
VB	Völkischer Beobachter
VfZG	Vierteljahreshefte für Zeitgeschichte
VGH	Volksgerichtshof